Amedeo Molnár

Die Waldenser

W0054002

HERDER / SPEKTRUM

Band 4233

Das Buch

Die zur Zeit umfassendste Gesamtdarstellung des Waldensertums von seinen Anfängen bis zum 16. Jahrhundert. Die von dem Lyoner Kaufmannssohn Waldes begründete Ketzerbewegung, die auf eine Erneuerung der damaligen Kirche aus dem Geist einer neuen Deutung des Evangeliums abzielte, gehört zu den großen, aber bislang noch wenig erforschten häretischen Strömungen des Mittelalters. Amedeo Molnár, der international hoch angesehene Prager Gelehrte, untersucht hier die Botschaft und Struktur dieser geheimnisvollen Bewegung, ihre Triebkräfte, ihre Stellung zur Gesellschaft und ihren eigenen Wandlungsprozeß auf tiefgründige und zugleich anschaulich-plastische Weise. Für die Zeit der Verfolgung während der Albigenserkriege werden neue Fakten und Daten eingebracht; es erfolgt eine aufschlußreiche Konfrontation der Waldenser mit Franziskus von Assisi, seinen Intentionen und Ausstrahlungen. Schließlich gibt der Autor eine umfassende Synopsis der religiösen und sozialen Kräfte in der Hussitenzeit und ergänzt so einen wichtigen Abschnitt der Kirchengeschichte und des mittelalterlichen Selbstverständnisses. Für alle, die sich von der mittelalterlichen Kultur und Geschichte faszinieren lassen, eine spannende Lektüre, die bestens an Arno Borsts erfolgreiches und vielgerühmtes Buch über „Die Katharer" anknüpft.

Der Autor

Amedeo Molnár, Prager Theologe und Historiker, international anerkannter Mittelalter-Spezialist und profunder Kenner der europäischen Ketzerbewegungen. Zahlreiche Veröffentlichungen.

Amedeo Molnár

Die Waldenser

Geschichte und europäisches Ausmaß einer
Ketzerbewegung

Herder
Freiburg · Basel · Wien

Titel der tschechischen Originalausgabe: „Valdensti – Evropsky rozmer
jejich vzdoru"
© 1973 by Amedeo Molnár, Praha
Aus dem Tschechischen übersetzt von Erich Emmerling, Kapitel V (Die
waldensische Literatur) aus dem Italienischen übersetzt von Harald
Schreiber. Die deutsche Fassung wurde von Siegfried Hoyer, Leipzig,
durchgesehen.

Alle Rechte vorbehalten – Printed in Germany
Verlag Herder Freiburg im Breisgau 1993
© Amedeo Molnár, Valdensti
Herstellung: Freiburger Graphische Betriebe 1993
Umschlaggestaltung: Joseph Pölzelbauer
Umschlagmotiv: Wanderprediger, Miniatur aus dem 13. Jh., Bibliothèque
Nationale, Paris
ISBN 3-451-04233-9

I. Waldes und die Lombardischen Armen

Die Geschichte des oft als »christlicher Westen« bezeichneten Raumes ist gekennzeichnet durch eine ganze Reihe fast ständig wiederholter, wenn auch recht unterschiedlicher Reformversuche. Die Waldenser Bewegung, ein reformatorischer Anlauf, der sich im Mittelalter den Protestcharakter am längsten erhielt, und zwar dadurch, daß er das Paradoxon der evangelischen Verkündigung lebte, hängt mit der Lyoner Initiative von Waldes zusammen.[1] Sie zeichnet sich vor einem ganz bestimmten sozialen Hintergrund ab und verkörpert in beträchtlichem Maße das Unbefriedigtsein, das nach dem Hören des Evangeliums angesichts der Ordnungen und Bräuche, die Gregor VII. in der Christenheit eingeführt hatte, zurückblieb.

Hundert Jahre vor Waldes, in der Zeit des voll entwikkelten Kampfes zwischen der päpstlichen und der kaiserlichen Macht, hatte dieser Papst (1073–1085) energisch die feste Institutionalisierung der Kirche beschleunigt. Er verstärkte ihre Zentralisierung um den Heiligen Stuhl, unterdrückte die Wählbarkeit der Bischöfe, begrenzte aufs äußerste die Beteiligung der Laien an der Verwaltung des kirchlichen Lebens, unterstützte Entfaltung und Ausmaß der hierarchischen Vorherrschaft und erhob selbst Anspruch auf absolute und universelle Macht. Den Klerus, der seitdem zahlenmäßig ungewöhnlich zunahm und sich das Übergewicht seines Einflusses in den gesellschaftlichen Beziehungen sicherte, unterwarf Gregor zwar einer scharfen Kontrolle besonders im Hinblick auf moralische Verfehlungen und die Simonie, aber er erreichte so zugleich auch, daß die Priester in einer sich ständig vergrößernden Isolierung lebten und die Fähigkeit verloren, das Leiden des Volkes zu verstehen, geschweige gar sich mit ihm zu identifizieren.

Die von Gregor durchgesetzten Reformen bürgerten sich erstaunlicherweise schnell ein. Die Losung von der kirchlichen Freiheit wurde verstanden und vor allem auf der Ebene der rechtlichen Beziehungen realisiert. Die Beseitigung angeblich ketzerischer Bischöfe oder dem Teufel verfallener Fürsten verlangte eine Rechtfertigung der gewaltsamen Eingriffe, die gelegentlich von der sogenannten *militia sancti Petri*, weltlichen Vasallen des Papstes oder Soldaten in seinem Solde, ausgeführt wurde. In dieser Mentalität wurzelten auch die Konzeptionen der Kreuzzüge und der späteren Inquisitionsprozesse. Die einzige legitime Form der Gerechtigkeit wurde durch den Gehorsam vor Gott – identifiziert mit dem Gehorsam gegenüber dem Papst – garantiert. Ohne die anerkannte Unterwerfung unter den Papst gilt keine Treue, Liebe, Freiheit oder Gerechtigkeit *(fidelitas, dilectio, libertas* oder *iustitia)*. Im 12. Jahrhundert erreichten diese Prinzipien eine beinahe unbegrenzte Verallgemeinerung. Die Kirche dachte bei ihrer Verwirklichung keineswegs daran, etwa mit den Verhältnissen der feudalen Welt Schluß zu machen. Sie eignete sich vielmehr diese Gesellschaftsordnung an und trat als ihr Garant auf. Den Bodenbesitz betrachtete sie in Übereinstimmung mit ihrer Epoche als den wichtigsten und fundamentalen sozialen Größenwert. Die persönliche Abhängigkeit des Menschen von seinem Herren drückte sich in der Verpflichtung durch das Treuegelöbnis aus. Das ganze Leben war eingesponnen in ein Netz von Gelöbnissen, denen die kirchliche Weihe Gewicht und Charakter der Unverletzlichkeit verlieh. Wer sie dennoch verletzte, war von Strafverfolgung sowohl nach kirchlicher als auch weltlicher Rechtsprechung bedroht.

Wenn sich auch im 12. Jahrhundert durch das Aufblühen der Städte in Norditalien und Südfrankreich der Schwerpunkt des Wirtschaftslebens in die städtischen Zentren verlagerte, so war die offizielle Kirche doch nicht geneigt, ihre Privilegien aufzugeben: »Indem sie sich mit der organisierten karitativen Tätigkeit, die sie fest beherrschte, begnügte, interessierte sie sich wenig für die entwicklungsmäßig bedingten Veränderungen, die in der sozialen Stellung der Landbevölkerung und der Handwerker eintraten. Sie betont die Treue *(fidelitas)* und den religiösen Charakter der Gelöbnisse, verhält sich jedoch ablehnend gegenüber allen Freiheiten, die nur durch einen bestimmten Druck erlangt werden können. Sie versteht es nicht, beim Auftreten neuer Kollektive die Gelegenheit zu einer geeigneten Aplikation der geistigen Werte wahrzunehmen, die sie hütet. In politischer Hinsicht begreift sie ähnlich die kommunalen Bewegungen nicht, die viele ihrer Prälaten als Ergebnisse revolutionärer Leidenschaften betrachten; die Mehrzahl der Bischöfe bleibt gleichgültig oder sogar feindselig gegenüber den Bestrebungen, Schluß zu machen mit herrschaftlicher Willkür, die ein rein heidnischer Egoismus hervorgerufen habe. Obzwar also die Kirche auch weiterhin das Evangelium der Gerechtigkeit und der Liebe predigt, macht sie ihr weltliches Engagement blind für die unerläßlichen Reformen.«[2]

Das Evangelium in Lyon

Die Waldenser Bewegung hatte sich schon gewaltig ausgebreitet und war als ketzerisch schon seit mehr als einer Generation aus der herrschenden Kirche verdrängt worden, als die Prälaten sich erst die Frage nach ihrer Entstehung zu stellen begannen. Viele beantworteten sie mit dem Hinweis auf den Lyoner Kaufmann Waldes. Aber nur zwei von ihnen schilderten die Umstände der – wie sie meinten – unseligen Entscheidung von Waldes. Als erster war es ein dem Namen nach unbekannter Chronist aus dem Orden der Prämonstratenser in der Diözese von Laon, danach ein Dominikaner Stephan aus Bourbon. Der erste schrieb in den zwanziger, der zweite erst in den fünfziger Jahren des 13. Jahrhunderts. Wenngleich er erst als zweiter in der Reihenfolge erscheint, so müssen wir doch Stephan den Vorzug geben, einem erfahrenen und gut informierten Inquisitor, dem es gelungen war, sich mit einem Augenzeugen, ja einem unmittelbar an den reformatorischen Anfängen Waldes' Beteiligten bekannt zu machen.

Stephan, der gerade in Lyon die Dominikanerkutte genommen hatte, schildert uns Waldes als einen reichen Lyoner Kaufmann[3], der plötzlich und total von der Botschaft der Evangelien ergriffen wurde. Um sie sich besser anzueignen, ließ er einen beträchtlichen Teil der Heiligen Schrift in die Sprache des Volkes übersetzen. Er bediente sich dazu der Übersetzerdienste eines gebildeten Priesters mit Namen Stephan aus Anse und der Schreibkünste des jugendlichen Bernard Ydros. Eben diesen Bernard lernte unser Gewährsmann persönlich schon als begüterten Kleriker an der Kathedrale von Lyon und auch als guten Freund der Mönchsorden kennen. Ydros hatte in den Jahren 1195 bis 1209 eine der zwölf Stellen ständiger Altarpriester der Kathedrale inne. Von ihm erfuhr der Dominikaner wertvolle Einzelheiten über die Volksbibel, die einst Bernard nach dem Diktat von Stephan aus Anse für Waldes geschrieben hatte. Die aufwendige Arbeit hatte Waldes in Auftrag gegeben, noch bevor er seinem ganzen Vermögen entsagt hatte, aber als er schon von der Sehnsucht getrieben war, den Inhalt der Evangelien bis ins letzte kennenzulernen. Stephan aus Anse entschädigte er unter anderem durch die Schenkung eines Backofens, der unweit des Eingangstores zum Klosterkapitel erbaut war. Diesen Backofen vermachte später Stephan nach einigen zehn Jahren in seinem Testament 1187 dem Lyoner Kapitel. In dem erhalten gebliebenen Dokument[4] erwähnt er ausdrücklich diesen Ofen, der einst Waldes gehört habe *(furum, qui fuit Valdesii)*. Stephans Testament bestätigt somit die Richtigkeit der Mitteilung von Stephan aus Bourbon, daß Waldes, »um als Hörer der Evangelien zu erfahren, was sie berichten, mit beiden Priestern einen Vertrag abgeschlossen habe«.

Charakteristisch ist, daß wir aus dem zuverlässigen Bericht des Dominikaners an erster Stelle von den Evangelien hören und erst später von anderen Büchern, die Waldes aus dem biblischen Fundus auswählte. »In ähnlicher Weise«, fügt Stephan aus Bourbon hinzu, »schrieben sie für ihn noch mehr biblische Bücher und ebenso Ausschnitte aus den Heiligen Vätern, zusammengefaßt unter dem Titel Sentenzen. Waldes las darin so eifrig, daß er sie auswendig kannte.‹ Waldes' Entscheidung erweist sich von Anfang an als Antwort auf die Aufforderung des Evangeliums und entspricht gleichzeitig dem geschichtlichen Prozeß, mit dem sich die romanischen Sprachen gegenüber dem Vulgärlatein verselbständigten. Das Eindringen in die aus der Vulgatavorlage neu übersetzte Schrift und die dadurch eröffneten Evangelien stärkt Waldes und seine Gefährten früh bei der kritischen Betrachtung des Christentums, wie es sich konstituiert und etabliert hatte.

Der Jesus der Evangelien begegnete Waldes in einer mittelalterlichen Stadt. Lyon war außerdem Bischofsstadt. Waldes gehörte zweifellos jener jungen bürgerlichen Klasse an, die mit der Entwicklung der Städte Freiheiten errungen hatte, wie sie dem Kaufmann und dem Handwerker eine Bewegungsfreiheit sichern sollten, die im wesentlichen schon unabhängig von obrigkeitlicher Rechtskraft war. Diese jedoch hörte nicht auf, die Untertanen auf dem Lande hart zu bedrücken. Gerade im 12. Jahrhundert wurden diese Freiheiten – in Lyon genausogut wie in zahlreichen anderen Städten Westeuropas – zu Kennzeichen der stabilen Einrichtungen, die den städtischen Verfassungen zugrunde lagen. Als Angehöriger der privilegierten Schichten stand Waldes gewiß jenen Kreisen nahe, welche die Herrschaft in der Stadt an sich rissen. Im übrigen läßt sich seine Angewohnheit, in relativer Freiheit Entschlüsse zu fassen, auch an der Kühnheit deutlich erkennen, mit der er die ersten Konsequenzen seiner großen Begegnung realisierte. Von Waldes – so scheint es – strömte dauernd die Würde seiner einstigen gesellschaftlichen Stellung aus, wenn auch seine ersten Anhänger dem freiwillig Verarmten die anerkennende Anrede *domne Valdesi* [5] zuerkannten.

War nicht vielleicht in Waldes vor seiner Umkehr etwas von jener Bitterkeit im Verhältnis zu den Vertretern der herrschenden Religion, die in diesen Zeiten so häufig das bürgerliche Laientum charakterisiert, das sich gegen das Anwachsen von Macht und Reichtum der Geistlichkeit zur Wehr setzt? Wir können nur annehmen, daß er gegenüber der Sehnsucht der Lyoner Bürger nach Errichtung einer Kommune entsprechend dem Beispiel einiger norditalienischer Städte kaum gleichgültig geblieben sein dürfte. Wenigstens über die langwierigen Streitigkeiten wissen wir etwas, die von den Nachbarn mit der feudalen Kirche im Viertel Saint Jean geführt wurden, das direkt neben dem Viertel Saint Nizier lag, in das die Tradition die Heimat von Waldes verlegt.

Von dem Augenblick an, wo er für das den Armen geoffenbarte Evangelium gewonnen wurde, konnte sich Waldes freilich nicht mehr mit den Streitigkeiten jener identifizieren, die Rechte und Freiheiten erringen wollten, um ihre Profite zu sichern. Die Rückkehr zum Evangelium brachte Bruch und Trennung von den kompromittierenden Bindungen mit sich. Waldes stellte fest, daß die Glaubwürdigkeit der evangelischen Verkündung unlösbar mit der Armut verbunden sei. Die Entscheidung für die Armut ging bei ihm und seinen ersten Anhängern Hand in Hand mit dem Predigtruf zur Buße, zur eindringlichen Selbstkritik des Christentums. Es entstand eine Laienbewegung, die in ihrem Lebensstil getragen war von einem eigentümlichen Bewußtsein der christusgemäßen Verantwortung für die andern. Die Kirche kann – so lautete ihre Überzeugung – die apostolische Kunde nicht anders mitteilen, als dadurch, daß sie sich ihr selbst angleicht.

Alle Quellen sagen übereinstimmend aus: Waldes entsagte dem Reichtum und ging auf die Straße, um zu predigen. Das geschah gegen Ende der siebziger Jahre des 12. Jahrhunderts. Lediglich die Laoner Chronik[6], deren Darstellung jedoch offenkundig sehr viele legendäre Züge trägt, bietet ausschmückende Einzelheiten über die Bekehrung von Waldes. Danach läßt sich der Charakter von Waldes' bürgerlicher Wohlhabenheit zum Teil rekonstruieren. Wir erfuhren bereits, daß er die Übersetzungsarbeiten an der Bibel mit einem Backofen honorierte. Die Chronik von Laon berichtet weiter, daß seine Gattin, als er sie zwischen seinem beweglichen und unbeweglichen Eigentum wählen ließ, sich für seine Güter und Gewässer, Wälder und Wiesen, Häuser und Weinberge, Backöfen und Mühlen entschied.

Auch wenn der Laoner Prämonstratenser eine beträchtliche Vorstellungskraft und Erfindungsgabe verrät, so bewegt sich seine Darstellung doch in den Grenzen des Möglichen und besitzt Zeugniswert, wenigstens, soweit es um das Milieu geht, in dem Waldes lebte. Dessen Entscheidung für die Armut führt der Chronist in den prägnanten zeitgenössischen Kontext mit der Bemerkung ein, daß sich Waldes »an einem Sonntag zu der um einen Gaukler gescharten Volksmenge zugesellte und von dessen Worten tief ergriffen und berührt wurde. Er nahm ihn zu sich nach Hause, um ihn um so aufmerksamer anzuhören. Der Gaukler unterbrach seinen Gesang nämlich gerade an der Stelle, wo der selige Tod von Alexius im väterlichen Hause geschildert wird.« Es ist ziemlich unsicher, wie weit das Leben des heiligen Alexius überhaupt eine Rolle bei der Bekehrung des Waldes gespielt hat. Das ist um so ungewisser, weil in den Heiligenlegenden solches Ergriffensein durch die Darbietungen von Sängern seinen traditionellen Platz hat. Aber das Bild des Chronisten ist trotzdem ein hübscher Einblick in das städtische Leben am Ende des 12. Jahrhunderts und läßt ahnen, wie Waldes auf Art seiner Nachbarn und auch unter dem Einfluß der für sie bestimmten Literatur lebte, die sich stark von der höfisch-ritterlichen und dem Minnesang unterschied. Die Szene ist in keiner Weise ungewöhnlich und illustriert die Funktion der Spielleute, dieser Interpreten literarischer Werke, ohne die der mittelalterlichen Literatur keine Wirkung beschieden gewesen wäre. Sie wiederholte sich im Leben des Mittelalters unzählige Male, so daß sie zu einem festen Bestandteil der Legenden werden konnte. Zu den Feiertagen beobachten wir immer wieder Gaukler im städtischen Milieu beim Gesang von Liedern entweder auf den Plätzen, vor den Kirchen oder auch in den Häusern reicher Bürger. Sie bilden keine gesellschaftliche Klasse, sind von unterschiedlicher sozialer Herkunft, aber in ihre Position wurden sie in der Regel durch langes und hoffnungsloses

Warten auf eine einträgliche Stelle getrieben. Weder ein fester Wohnsitz noch eine Pfründe locken sie, auch wenn die Gesellschaft sie als deklassierte Menschen betrachtet. Die Bezeichnung Spielmann oder *Joculator* wurde zu einer Beschimpfung, die man Leuten nachrief, die als gefährliche Elemente betrachtet wurden und die man aus der Gesellschaft ausschließen sollte. Im 12. Jahrhundert sind die Gaukler herumziehende, fast rechtlose Intellektuelle mit verdächtig abenteuerlichen, unberechenbaren und beunruhigenden Zügen.

Der Spielmann, von dem die Laoner Chronik spricht, bot keine neue Ware an. Diese 625 Verse des Lebens des heiligen Alexius,[7] ein klassisches Poem der französischen Literatur, hatten damals schon über hundert Jahre Publikumserfolg hinter sich. Es ist sehr wahrscheinlich, daß sich der Chronist daran erinnerte, weil er die Entscheidung Waldes' für die Armut nicht anders verstehen konnte als im Sinne des schon traditionellen mittelalterlichen Lobes der Armut. Das Lied von Alexius ist eben ein solches Lob. Es besingt den Fall eines römischen Reichen, der fluchtartig seine Familie, eine junge Frau und allen Besitz verläßt und sich nach dem Osten einschifft, um dem Heiligen Lande näher zu sein. Siebzehn Jahre lebt er als Bettler und altert zerfurcht und mit Runzeln bedeckt bis zur Unkenntlichkeit. Kundschafter, die man ihm aus der Heimat nachschickt, beachten den bleichen Armen kaum, wenn er von ihnen dankbar ein Almosen empfängt. Aus der Stadt Edessa, wo man ihn beinahe zum Bischof ausgerufen hätte, flieht Alexius vor der Versuchung einer öffentlichen Anerkennung zurück nach Rom und bettelt dort unerkannt auf der Schwelle des eigenen Hauses weitere siebzehn Jahre. Und so öffnet er seiner Verwandtschaft die Tore der Barmherzigkeit:

Wenn vom Essen etwas übrig blieb, vom Almosen,
verteilte er gern alles. So demütig war er,
daß er anderen zum Schaden nicht dick werden wollte.
In die Kirche ging er, wenn der Chor sang,
zu jeder Feier ließ er gern sich führen,
die Schrift war doch der Ratgeber seiner Wege.

Nur Gottes Dienst weihte er das Leben,
und nie hätte er ein andres Ziel erwählt.

Wer damals am Ende des 12. Jahrhunderts das Leben des heiligen Alexius anhörte und nur etwas zeitgenössische Vorstellungskraft besaß, konnte dem Entsetzen über den Widerspruch zwischen Reichen und Armen nicht entgehen. Er brauchte bei weitem nicht nur an die wirtschaftliche Armut zu denken, sondern vor allem an die soziale Armut, an das Elend jener, die am Rande der Feudalgesellschaft lebten, außerhalb der Sicherheit des Grundbesitzes, außerhalb der Gesetze; herumvagabundierende Bettler, weil sie die Verbindung zu den angestrebten Pfründen verloren hatten. Dennoch ist im eigentlichen Falle Alexius nichts gegeben, was den Entschluß von Waldes hätte bestimmen können, seinen ureigensten Willen: arm zu sein für die Verkündigung. An dem klugen und frommen Einfall des Laoner Chronisten ist für den Historiker nur der Hinweis auf die Möglichkeit wertvoll, daß Waldes sein evangelisches Ideal des armen Wanderpredigers unter anderem auch an den Erfahrungen mit den Spielleuten orientiert haben könnte, die ohne gesicherte Existenz ihr Lied von Stadt zu Stadt, von Ort zu Ort trugen.

Die Laoner Legende von Waldes, die überhaupt auf dem Widerspruch zwischen Reichtum und Armut beruht, hat vielleicht einen zuverlässigeren Kern in der Erwähnung, daß der Lyoner Kaufmann in dem Bestreben, sich verantwortlich von der eigenen Vergangenheit zu lösen, seine beiden Töchter dem Orden Fontevrault anvertraut hat. Die Nonnen dieses Ordens haben ihren Gründer Robert von Arbrissel[8], der schon 1117 gestorben war, bis heute nicht vergessen. Von ihm sagte man, daß »er das Evangelium den Armen verkündet habe, Arme zu sich rief, Arme um sich scharte«. Sein ursprünglicher Gedanke war das Wanderpredigertum, das von Gegend zu Gegend von gemischten Männer- und Frauengruppen getragen wurde, deren Lebensstil allein schon wie eine Botschaft wirkte. Die Bischöfe verwehrten jedoch Robert, das zu verwirklichen, was an diesem Plan neu und ärgerniserregend war. Es gelang ihm aber wenigstens, Frauen vom Lande, von den Straßen der Städte und aus verrufenen Häusern zusammenzuführen und ihnen das Bewußtsein zu vermitteln, daß sie eine christliche Mission zu erfüllen hätten, und zwar vor allem unter den niederen sozialen Schichten. In seinem Orden der Armut Christi hatten die Frauen eine bevorzugte Stellung und Bestimmung, während die Brüder ihnen dienen sollten. Zu diesem Verhältnis zwischen den Geschlechtern ließ sich Robert durch die Auslegung des Wortes bestimmen, mit dem Jesus vom Kreuze herab seine Mutter der Pflege des Jüngers Johannes anvertraute (Joh. 19,27). Wir dürfen deshalb auch nicht ganz die Möglichkeit ausschließen, daß Waldes seinen Töchtern Gelegenheit geben wollte, der Kirche wirksam zu dienen, was damals Frauen so selten gewährt wurde. Wahrscheinlicher ist jedoch, daß wir in den Mitteilungen des Laoner Chronisten vor allem ein Zeichen von Waldes' Reichtum und seiner gesellschaftlichen Stellung sehen müssen. Der Orden von Fontevrault entwickelte sich zu seiner Zeit zu einer exklusiven Gesellschaft vermögender Damen oft adeliger Herkunft. In der Zeit von Waldes' Bekehrung waren die Äbtissinnen in Fontevrault vornehme Fürstinnen. In den Jahren 1155 bis 1180 war es zwar eine nicht näher bekannte Audeburge, aber alle übrigen, wie zum Beispiel Mathilde von Böhmen (1194–1204), entstammten mit Gewißheit den ersten europäischen Herrschergeschlechtern.

Eine wertvolle Stütze für die mutmaßliche zeitliche Fixierung von Waldes' Bekehrung ist in der Laoner Chronik der Hinweis auf eine allgemeine Hungersnot, der Waldes angeblich dadurch begegnen wollte, daß er an Bedürftige Essen ausgab. Ein solches Hungerjahr war nicht 1173, von dem die auch sonst mit Jahreszahlen ziemlich frei umgehende Chronik spricht, sondern 1176/1177. Weitere Einzelheiten braucht man auch nicht auf den Buchstaben genau zu nehmen, wenn man im besonderen bedenkt, daß die Laoner Chronik das Vorgehen von Waldes im Geiste katholischer Heiligenlegenden darstellt. Waldes hätte danach die Hungrigen ganze zwei Monate hindurch dreimal täglich verpflegt, bis er dann im August sein letztes Geld ausgegeben hätte. Durch eine öffentliche Kundgebung auf der Straße habe er sodann geradezu in Form eines Manifests sein Programm erläutert: »Mitbürger und Freunde«, habe er damals ausgerufen, »ich habe absolut nicht den Verstand verloren, wie ihr vielleicht glaubt, aber ich räche mich an den Feinden, die mich so schlimm versklavt hatten, daß ich größere Sorge mit dem Gelderwerb zu haben pflegte als mit der Suche nach Gott und daß ich mehr die Schöpfung als den Schöpfer ehrte. Ich weiß, daß mich viele darum verurteilen, weil ich vor den Augen aller so handle. Aber ich tue dies gleichermaßen mir als auch euch zuliebe. Euch zuliebe, damit ihr lernt, euch auf Gott zu verlassen und nicht auf den Reichtum. Und soweit es um mich geht, so möge mich der für einen echten Narren halten, der noch nicht erkannt hat, daß mir am Reichtum nichts gelegen ist.« Mag es in den Einzelheiten wie immer auch gewesen sein, wir müssen den Abbruch seiner Verbindungen zu den Satten ins Jahr 1177 verlegen, als nach dem vorangegangenen unfruchtbaren Sommer die Hungersnot den Höhepunkt erreichte.[9]

Das ureigentliche Motiv für Waldes' Entschluß, das dem Laoner Hagiographen entgangen war, erfaßten Stephan aus Bourbon, vor ihm namentlich der Zisterzienserabt Geoffroy von Auxerre [10] und Waldes' ergebener Schüler Durand von Osca viel besser: Waldes war sich schmerzhaft bewußt geworden, daß die Kirche an einem wesentlichen Mangel litt, wenn diejenigen versäumten, das Evangelium zu verkünden, die es zur unabdingbaren Aufforderung erklärten, eine bekennerhafte Lebensart zu führen, bei der Wort und Tat ein unteilbares zeugnishaftes Ganzes bilden. Das Wort Jesu über die Sendung der Apostel und ihren Predigtauftrag zog ihn an: »Er berief zwölf Jünger und schickte sie zu zweien aus, gab ihnen Gewalt über die unreinen Geister und gebot ihnen, nicht mehr auf den Weg mitzunehmen als einen Stab, nicht einmal Brot oder eine Tasche, kein Geld im Gürtel, nur Sandalen an den Füßen« (Mark. 6, 7–9 und Parallelen). »Gehet hinaus in die Welt und verkündet das Evangelium allen Geschöpfen« (Mark. 6, 15 und Parallelen). Als verbindliches Vorbild von Lebensauffassungen erschien ihm die

Bergpredigt Jesu: »Selig sind die Armen im Geiste, denn ihrer ist das Himmelreich« (Matth. 5, 3).

Dabei dachte er wohl kaum daran, daß er durch diesen Entschluß die Freiheit des Wortes Gottes jener Unfreiheit entwinden wollte, in die sie das feudale Kirchenregime gepreßt hatte. Die selige Vollkommenheit, gemessen an den Normativen des apostolischen Lebens, verlangte einfach, daß Armut, bezeugt in der bereiten apostolischen Gemeinsamkeit, eine Einheit mit der missionarischen Wanderpredigt bildete. Weder die Prälaten und Bischöfe noch die Mönchsorden, ja damals nicht einmal mehr die Zisterzienser verstanden sich dazu, diese Lebensfunktion der Kirche zu vertreten. Der Laienmut eines Waldes' und seiner ersten Lyoner Gefährten, mit dem sie zu predigen begannen, war der Hauptgrund dafür, daß die Bewegung gleich zu Beginn auf das Mißtrauen der kirchlichen Kreise stieß.

Man mag weniger an den episodenhaften Umstand denken, daß der verarmte Waldes vom Lyoner Erzbischof gezwungen wurde, falls er in der Stadt sei, sich bei seiner Frau verpflegen zu lassen, wenn auch diese Verfügung zeigt, daß in den Augen der Zeitgenossen seine Haltung die gewohnten Ordnungen von Familie und Stadt bedrohte; man muß mehr an die Besorgnisse denken, mit denen Guichard das Predigen von Waldes verfolgen mußte. Der Erzbischof war zwar bereit, Waldes und seinen Freunden das Recht auf Armut – das er höchstens als eine Eigentümlichkeit nur ihrer isolierten Gruppe ansah – zuzugestehen, er zögerte jedoch, ihnen das Recht auf Predigertätigkeit einzuräumen, durch welche diese evangelische Lebensart indirekt zu einem Programm erhöht worden wäre, das die ganze Kirche verpflichten konnte.

Erzbischof Guichard

Der Fall Waldes stand freilich nicht im Vordergrund von Guichards Interessen. Der mächtige Prälat hatte andere Sorgen, die ihm sein Amt bescherte, nicht zuletzt durch die Belastung mit dem Erbe langwieriger Streitigkeiten und sogar durch Kriege.

Als er – nicht ganz fünfzehn Jahre vorher – auf besonderes Verlangen des französischen Königs Ludwigs VII. für den Lyoner Erzbischofsstuhl designiert wurde, verließ er zwar sein Zisterzienserkloster in Pontigny, wo er Abt gewesen war und wo er gerade zu dieser Zeit den englischen Primas Thomas Becket vor dem Zorne Heinrichs II. verborgen hielt, aber Lyon öffnete ihm aus Furcht vor Kaiser Friedrich Barbarossa seine Tore nicht (1165). Nichtsdestoweniger erlebte er doch zwei Jahre später die Zeit, als Hunger und Pest die Heerscharen Friedrichs in der Lombardischen Tiefebene hinwegrafften und König Ludwig zu einem siegreichen Feldzug ins Burgundische ermutigten. Guigue II., Graf von Forez, ein alter Feind des Kaisers und seiner Parteigänger auf dem Lyoner Erzbischofssitz (Herakles von Montbrissier und Drogo), leistete dem König die Vasallenhuldigung und zwang auch das Lyoner Kapitel zur Ergebenheit gegenüber Guichard (1167). Guichard aber hatte noch nicht gewonnen. Die alten territorialen Streitigkeiten zwischen der Grafschaft Forez und der erzbischöflichen Herrschaft flammten erneut auf, und erst der Eingriff von Papst Alexander III. bewog Graf Guigue, einem Vergleich zuzustimmen. Durch einen detaillierten und ökonomisch günstigen Vertrag vom Jahre 1173 gewann der Erzbischof für die Kirche und zusammen mit Lyon auch das rechte Einzugsgebiet von Saone und Rhône, das sich weit und breit nördlich, südlich und westlich der Stadt erstreckt.

Diesen Erfolg verdankte er nicht zuletzt der politischen Parteinahme, bei der er, wie er jetzt merkte, gut gewählt hatte. In dem langjährigen Kampfe, den der deutsche Kaiser mit allen Mitteln gegen die lombardischen Städte und namentlich gegen den Papst führte und für den er vergeblich sogar den französischen König gewinnen wollte, stand Guichard treu an der Seite des römischen Alexanders III. und auf seiten König Ludwigs. Gerade in den Jahren, als das Auftreten Waldes' die Stadt Lyon erregte, war er mit dem überraschenden Umschwung in der großen internationalen Politik beschäftigt. Barbarossa, dessen Truppen kurz vorher bei Legnano durch die verbündeten lombardischen Kommunen eine vernichtende Niederlage erlitten hatten, unterwàrf sich im Juli 1177 dem Papste Alexander. In der zur Schau gestellten Szene, die sich vor dem Portal von St. Markus in Venedig abspielte, konnte Guichard mit Genugtuung die Bestätigung dafür erkennen, daß er richtig gewählt hatte.

Im übrigen erwies sich seine damalige Wahl als günstig für die Festigung der Machtposition und des Aufschwungs der Lyoner Erzdiözese, und es wäre unrecht, wenn man ihm nachsagen wollte, er wäre dazu nur aus Berechnung gekommen. Ähnlich wie viele seiner Ordensbrüder bestieg auch dieser Mönch den Bischofsstuhl mit dem festen Willen, dessen moralisches Niveau und sein Ansehen zu heben. Andererseits bestätigte aber auch er die Regel, daß die Mönchsorden, die einst abseits gestanden hatten, mit den Jahren ihren eigenen Einfluß in der kirchlichen Hierarchie zur Geltung bringen wollten. Darin war Guichard ein Schüler des Gründers Bernhard von Clairvaux, der knapp drei Jahrzehnte vorher der ungekrönte Herrscher Westeuropas gewesen war, das er mit seinen aufpeitschenden Worten bekanntlich in die Kreuzzüge gen Osten getrieben hatte. Und Bernhards Beispiel bestimmte auch Guichards Stellungnahme zu den beunruhigenden gesellschaftlichen und kirchlichen Erscheinungen. In dieser Hinsicht hatte er anscheinend nicht den Spürsinn und die Leidenschaftlichkeit eines Bernhard, aber in der Art seines großen Lehrers und nun schon verstorbenen Freundes rang auch er sein Leben lang mit der nicht geringen Versuchung, im Namen der Kirche die Welt zu gestalten, und dies, wenn es nötig wäre, auch auf einem anderen als gerade dem evangelischen Wege.

Von Bernhard wissen wir, daß er trotz seiner Flucht hinter Klostermauern das blieb, als was er geboren wurde, ein Feudalherr, Herrscher und Kriegsmann. Er starb 1153 in dem Kloster, das er gegründet und berühmt gemacht hatte, und so endete ein Leben, das in sich alle irregeleiteten Eroberungszüge der westlichen Christenheit in der ersten

Hälfte des 12. Jahrhunderts personifizierte. Mit einem kriegerischen Romantizismus, der von der Sehnsucht genährt wurde, das Heilige Land aus den Händen der Nichtchristen wieder zurückzuerobern, unterstützte er eifrig und manchmal plötzlich und unvermittelt die Vereinigung des mönchischen Ideals mit dem ritterlichen. »Die Welt wimmelt bisher von Mönchen und Rittern«, schrieb er.[11] »Was sie jedoch noch nicht gesehen hat und was erst das ergreifende Bild unseres Zeitalters wäre, das ist die durch Mönche verwirklichte ritterliche Lebensart.« Und mit einem ruhmrednerischen Traktat begrüßte er die Entstehung des kriegerischen Ordens der Templer. Er meinte, daß es kein Gesetz gäbe, das dem Christen verbiete, mit dem Schwert zu herrschen. Damit besiegelte er die unselige Entwicklung des kirchlichen Denkens, das von Tertullians und noch des Lactantius Protest gegen die Kriegführung bis schließlich zur Erklärung von Kriegen als gerecht, ja sogar als heilig weitergeführt und so in sein Gegenteil verkehrt wurde. Die Niederlage und das Mißgeschick der Expeditionen im Jahre 1147, zu denen er unter anderen auch den böhmischen Přemysliden Wladislaw II. zu den Waffen gerufen hatte, zwangen Bernhard von Clairvaux unmittelbar zu einer Revision seines Standpunkts, wenn nicht gar zur Buße. Tatsächlich begann er um diese Zeit die Schrift *De consideratione* abzufassen, aber keinesfalls um zu bereuen, sondern eher um sich und den Papst zu vergewissern, daß sein Anteil dem des Moses ähnele, der auch seinem Zorne freien Lauf ließ, als er von seinem Volke enttäuscht wurde. Seine Bestrebungen, Waffen und Krieg im Interesse der Selbsterhaltung und der Expansion des Christentums zu weihen, gab er nicht auf, doch ging es über seine Kräfte, die sonst so ungewöhnlich und bewundernswert waren, weil er so vielseitig in die Strukturen der institutionellen Kirche seiner Zeit verwickelt war. Man kann sich darüber wundern, daß er, eine Säule der päpstlichen Autorität, in *De consideratione* vor den Herrschergelüsten der römischen Pontifices warnte und ihnen – wenn auch mit etwas historischer Verspätung – empfahl, anstelle der Herrschaft den Dienst zu wählen – *non dominium, sed ministerium.* Aber wie hart er diesen Dienst verstand, bewies er im Prozeß, den er gegen Peter Abelard anzettelte und bis zu einer Verurteilung durchhielt, mit schon erkennbarer Spitze gegen Arnold von Brescia.

Und von daher, von der reuelosen Unbeirrbarkeit der gegen Arnold geführten Aktionen, klang dem Lyoner Guichard noch die Aufforderung im Ohr, die Kirche sorgfältig vor Leuten zu schützen, welche die apostolische Armut zu einem Programm erheben, dem man auch in der neuen Zeit nachfolgen würde. Man dürfte kaum daran zweifeln, daß sich Arnold wie ein Gespenst in Guichards Befürchtungen einschlich, als er die Brisanz der Predigten des Waldes beim Volke beobachtete.

In der ersten Hälfte des Jahrhunderts verkörperte Arnold [12] den Abwehrkampf des Volkes gegen die reichgewordene und machtmäßig emporgekommene Kirche. Im heimatlichen Brescia wurde er Zeuge des Aufeinanderprallens der bischöflichen Ansprüche mit dem Stadtregiment, das sich gerade zur Verteidigung der bürgerlichen Freiheiten rüstete. Die antiklerikale Bewegung hatte in Brescia schon jahrhundertealte Wurzeln und konzentrierte jetzt um die Mitte des Jahrhunderts ihre Kräfte zum Angriff. Sie fand in Arnold einen mutigen und unternehmenden Führer, der ganz vom Gedanken der Rückkehr der Kirche zur ursprünglichen Armut ergriffen war, zu jener Einfachheit im Sinne der prophetischen und apostolischen Verkündigung. Von seinen Studien in Frankreich kehrte Arnold voller Erinnerungen an seinen Pariser Lehrer Abelard heim, an dessen kühne Bestrebungen um einen neuen, lebendigen und kritischen Ausdruck des Inhalts der christlichen Glaubenslehre. Er verband die Theorie mit der aufrührerischen Praxis seiner Landsleute und verlangte die Enteignung des bischöflichen und klösterlichen Besitztums. Der Kampf war bei weitem nicht zu Ende geführt, als ihn die Nachricht erreichte, daß Abelard unter dem Verdacht der Ketzerei vor Gericht gestellt werden sollte. Er eilte im Jahre 1140 nach Frankreich, um sich Abelard an die Seite zu stellen, aber Bernhard von Clairvaux zögerte nicht, auch Arnold anzuklagen, er sei

Abelards Waffenträger und demnach ein gefährlicher Aufrührer; er erwirkte sogar bei Ludwig VII. einen Ausweisungsbefehl, und Arnold floh als Geächteter nach Zürich. Als ihn Bernhard auch dort verfolgte, ging er 1142 nach Passau und im nächsten Jahr im Gefolge des päpstlichen Legaten Guido in die böhmischen Länder, von wo Guido erst Anfang 1144 weiterreiste. Kaum hatte Bernhard erfahren, zu welch einflußreichem Beschützer sich Arnold geflüchtet hatte, als er sofort mit dem Unterton einer geradezu leidenschaftlichen Besorgnis an Guido schrieb: »Es heißt, daß sich Arnold, dieses Ungeheuer mit einem Taubengesicht, aber mit einem Drachenschwanz, der Mann, den Brescia ausgestoßen hat, vor dem sich Rom wehrt, den Frankreich vertrieben, Deutschland verflucht hat und den Italien nicht aufnehmen will, in Deiner Nähe aufhält. Ich warne und beschwöre Dich, diesen Schädling nicht mit Deiner Autorität zu decken.« [13] Nach drei Jahren spielte sich 1146 im italienischen Viterbo etwas Unerwartetes ab: Arnold kniete zu Füßen von Papst Eugen III. nieder und erflehte Vergebung. Aber sein inneres Gesicht richtete sich dabei auf die Ereignisse in Rom. Dort war es 1144 zu einem politischen Umsturz gekommen. Die vereinten Interessen der Bürgerschaft und des niederen Adels hatten zur Errichtung eines Verwaltungsamtes, des Patriziats, geführt, das mit der weltlichen Herrschaft des Papstes, dessen Autorität zu dieser Zeit durch die Verluste auf den östlichen Schlachtfeldern schwer erschüttert war, Schluß machen sollte. Arnold fühlte sich berufen, in Rom zu predigen, daß »die gegenwärtige Kirche nicht die Kirche Gottes ist, sondern ein Kaufmannshaus und eine Lasterhöhle, der Papst kein apostolischer Mann, sondern ein blutiger Herrscher und Peiniger der Kirche«. Gelang es Arnold auch, durch einen energischen Eingriff den Anteil des römischen Volkes an der Regierung zu stärken, so erstand ihm doch im Dezember 1154 in Hadrian IV. ein zielbewußter Feind. Der neue Papst verhängte, was noch nie dagewesen war, über Rom ein Interdikt, und Arnold blieb nichts übrig als zu fliehen. Auf der Flucht wurde er jedoch von Vasallen Barbarossas gefangen, von einem kirchlichen

Gericht abgeurteilt und danach gehenkt und verbrannt (1155).

Guichard schien es wohl nicht so, als würde Waldes in die Fußstapfen von Arnold treten, aber die Armut, die er mit seinen Freunden auf sich nahm, kontrastierte herausfordernd mit dem Anhäufen verschiedenartiger Güter durch die Priester und verurteilte, wenn auch unwillkürlich, deren Lebensführung. Am meisten befürchtete Guichard allerdings, daß sich die Laienpredigten von Waldes leicht in eine Verkündigung nicht mehr rechtgläubiger Anschauungen auswachsen könnten. Als Hüter von Tradition und Kirchenordnung, die das Recht zum Predigen nur den Bischöfen und Priestern vorbehielten, soweit denen diese Aufgabe ordnungsgemäß anvertraut war, gewährte Guichard dem Waldes keine Predigertätigkeit.

Gelächter im Konzil

Wir haben keinen verläßlichen Beweis für die Behauptung des Stephan aus Bourbon, daß Waldes direkt nach Rom vorgeladen wurde. Aber die Schwierigkeiten, denen seine evangelisierende Tätigkeit begegnete, und die Mißgunst, die Guichard gegen das Predigen der Laien zeigte, genügen zur Erklärung dafür, daß Waldes selbst von dem Augenblick an, als ein neues Konzil ausgerufen wurde, seine ganze Hoffnung auf die Reise nach Italien setzte. Was der Lyoner Erzbischof nicht dulden wollte, konnte gewiß das Konzil gestatten.

In den vergangenen zweihundert Jahren hatten die römischen Synoden, die bald zu allgemeinen Zusammenkünften der ganzen Christenheit erweitert worden waren, eine beachtliche Bedeutung erlangt und mehr als eine Veränderung der kirchlichen Verhältnisse bewirkt. Auch jetzt, im Frühjahr 1199, hatte Waldes keinen Grund, von vornherein die Möglichkeit auszuschließen, daß gerade dieses Konzil, von dem man die Bestätigung des kurze Zeit vorher zwischen Papst und Kaiser abgeschlossenen Vergleichs und das bis zur letzten Konsequenz gehende Durchdenken seiner Folgen für das Alltagsleben der Christen erwartete, auch sein Anliegen mit Verständnis hören würde. Wie könnte auch die Kirche ihren Sieg besser feiern, als sich 'in der Nachfolge Christi aller materiellen Gewinne, die ihr der Sieg eingebracht hatte, zu begeben und sich darüber zu freuen, daß sich zum Predigeramt Menschen anbieten, die keine anderen Ansprüche als die eigene Armut stellten? So etwa mag Waldes gedacht haben, als er sich mit einem seiner Freunde über die Alpen auf den Weg machte, um im März Rom zu erreichen.

Das Konzil war zahlreich beschickt, einerseits mit rund dreihundert bischöflichen Vertretern aus den verschiedensten europäischen Ländern und auch aus den östlichen Kreuzfahrerstaaten, andererseits mit den Gesandten der Könige und Fürsten. In der Gesandtschaft des englischen Königs Heinrich II. kam auch der Mönch Walter Map nach Rom, dessen Aufzeichnungen wir das einzigartige Zeugnis vom Auftritt des Waldes vor dem Konzil verdanken. Es ist für uns um so wertvoller, weil sich die detaillierten Nachrichten über die Verhandlungen auf dem Konzil, die ein anderer Teilnehmer, nämlich Wilhelm von Tyros, abgefaßt hatte, nicht erhalten haben. Wilhelm von Tyros war der bekannte Geschichtsschreiber der von Eroberungsdrang bestimmten Kreuzzüge, und seine Berichte waren seinerzeit in der Festung Tyros aufbewahrt worden. Wir wissen daher nicht, bei welcher der drei Sitzungen des Konzils Waldes dem Papste Alexander III. (1159–1181) vorgestellt wurde, wobei dem Laoner Chronisten zufolge Rolando Bandinelli den Waldes umarmte. Wir wissen jedoch, daß die Konzilskommission für Fragen der Beichte und Glaubenslehre das Verhör der beiden Ankömmlinge aus Lyon eben jenem Map anvertraute. Für diesen war die Mitarbeit an den Fragen des Konzils eine willkommene Gelegenheit, seine kirchliche Karriere zu beschleunigen. Später, schon als Erzdiakon von Oxford, beschrieb er seine Begegnung mit den Waldensern mit recht überheblichen Worten:

»Auf dem von Papst Alexander III. nach Rom einberufenen Konzil lernte ich Waldenser *(Valdesios)* kennen, dumme und ungebildete Leute, die sich jedoch nach ihrem Anführer Waldes nennen, der früher Bürger zu Lyon war. Sie zeigten dem Herrn Papst ein in gallischer Sprache geschriebenes Buch vor, das Text und Glosse des Psalters und der meisten Bücher des Alten und Neuen Testaments enthielt. Mit großem Nachdruck forderten sie, daß man ihnen das Recht zu predigen bestätige, weil es ihnen schien, sie seien genügend erfahren, wenngleich sie kaum das Abc gelernt hatten – ähnlich wie Vögel, die der Meinung sind, sie könnten überall frei herumfliegen, und dabei nicht einmal die feinen Fäden und Maschen des Netzes sehen ... Warum aber sollte man Perlen den Säuen und das Wort Ungebildeten vorwerfen, von denen wir wissen, daß sie es nicht begreifen und nicht verstehen, es weiter zu verkünden? Davor mögen wir uns ganz gewiß hüten! Möge das Fett vom Kopf bis in den Bart und bis auf den Saum des Gewandes tropfen, mögen die Wasser aus den Quellen fließen ... Ich, der Unbedeutendste von vielen Tausenden, die berufen worden sind, ich habe sie ausgelacht, und es tat mir leid, daß ihr Ansuchen mit einer gewissen Verlegenheit überhaupt behandelt wurde. Als ich von einem ehrwürdigen Prälaten, dem der große Papst selbst die Sorge um die Beichtangelegenheiten anvertraut hatte, aufgefordert wurde, setzte ich mich hin, auf das Schlimmste vorbereitet. In Gegenwart gelehrter Kenner des Gesetzes wurden mir zwei Waldenser vorgeführt, wie es schien Anführer ihrer Sekte, die mit mir keineswegs aus aufrichtiger Liebe zur Wahrheit diskutieren wollten, sondern um mich zu überzeugen und zum Schweigen zu bringen, so, als ob ich die Unwahrheit redete. Ich saß – zugegeben – etwas bestürzt da und befürchtete, daß ich in einer so illustren Versammlung die Sprache verlieren könnte. Der Prälat gebot mir just in dem Augenblick mit dem Verhör zu beginnen, als ich eine Antwort vorbereitete. Ich entschloß mich also, die Prüfung mit leichtesten Fragen über Dinge zu beginnen, die nicht zu kennen niemandem ansteht, wohl wissend, daß der an Disteln gewöhnte Esel Salat nicht verschmäht: Glaubt ihr an Gott den Vater? – Sie antworteten: Wir glauben. – Und an den Sohn? Sie antworteten: Wir glauben. – Und an den Heiligen Geist? – Sie antworteten: Wir glauben. – Ich fragte von neuem: Und an die Mutter Christi? – Wiederum sagten sie: Wir glauben. – Da lachten sie alle laut aus, und sie trollten sich ratlos und beschämt davon. Und das nach Gebühr, denn sie ließen sich von niemandem leiten und strebten dennoch danach, für andere Wagenlenker zu sein, wie Phaethon, der nicht einmal die Namen seiner Rosse kannte.«[14]

Die Pilger aus Lyon gingen wirklich wie Vögel in die Falle, die ihnen die schlauen Scholastiker gestellt hatten. Die wußten nämlich, daß man von Maria nicht als Mutter Christi sprechen dürfe, weil das Konzil von Ephesos 431 diese irrige Bezeichnung, seinerzeit von Nestorios, Bischof von Konstantinopel, geprägt, verurteilt und als Ersatz dafür empfohlen hatte, von der Mutter Gottes zu sprechen. Außerdem unterschieden sie sorgfältig zwischen dem Glauben an die Personen der göttlichen Dreifaltigkeit und dem unzulässigen Glauben an irdische Geschöpfe, auch wenn es die Mutter Jesu war. Waldes und sein Gefährte kannten selbstverständlich wegen ihrer Ungeschultheit diese gelehrten Distinktionen der professionellen Theologen nicht!

Die spöttische Mitteilung Maps, eingebettet in eine umfangreiche Schrift voller Anekdoten und mit dem bezeichnenden Titel »Über höfische Torheiten«, die er auf seinen Reisen gesammelt hatte, dokumentiert die überhebliche Verachtung, der das Ansuchen Waldes' auf dem Lateranischen Konzil begegnete. Sicher hat Waldes bis ans Ende seiner Tage jenen Augenblick in Erinnerung behalten, in dem sein hoffnungsvolles Vertrauen in das Konzil plötzlich zusammenbrach, vielleicht auch schon sein Vertrauen in die Geistlichkeit überhaupt. Auf seine Art, aber tief mag diese neue Situation ein Zeitgenosse von uns, ein Historiker der Dominikaner, nachempfunden haben, als er 1946 schrieb: »Walter Map bildete sich prahlerisch einiges auf seine Geschicklichkeit ein. Uns aber schmerzt nach achthundert Jahren dieses Gelächter. Die den Lyoner Armen hier aufgezwungene Demütigung wird zu einem für die Dauer erschwerenden Faktor des tragischen inneren Kampfes in ihrem Gewissen.«[15]

Nichtsdestoweniger verlor Waldes seinen Prozeß vor dem Konzil nicht total. Nicht einmal Map, so gehässig er auch sein mochte, konnte eine ausdrückliche Verurteilung des Programms von Waldes durch die im Lateran versammelten Konzilsväter verzeichnen, eine Gelegenheit, die er sich gewiß nicht hätte entgehen lassen. Das Konzil nahm einfach Waldes Angelegenheit nicht ernst. Sie wird mit keinem Wort in den siebenundzwanzig Beschlüssen des Konzils erwähnt, die sich unter anderem mit den südfranzösischen ketzerischen Katharern eingehend beschäftigten, mit grausamen Strafen alle jene bedrohten, die auf ihren Meinungen beharrten, und jeden unter den Schutz der Kirche stellten, der auf einen bischöflichen Wink hin die Waffen gegen sie erhob. In den Augen des dritten Lateranischen Konzils ist die Ketzerei nicht nur Irrlehre in theologischer Sicht, sondern gleichzeitig und hauptsächlich Aufruhr gegen Kirche und Gesellschaft, ein Aufstand, der mit allen zu Gebote stehenden Mitteln unterdrückt werden muß. Map konnte sich darüber ärgern, daß die Synodalen das Gesuch von Waldes mit Verlegenheit behandelten, er trug auch ausgiebig dazu bei, daß sein Prozeß bagatellisiert wurde, aber das Konzil sah deshalb in den Lyoner Armen noch keine Ketzer. Eher warnte es sie nur vor den gefährlichen Auswüchsen der Katharer und verwies sie an die zuständigen Bischöfe – dies alles um so eher, als der alternde Guichard zum Konzil nicht erschienen war und daher seinen Standpunkt nicht darlegen konnte.

Das Ziel, das Waldes erreichen wollte, war die Anerkennung, das Evangelium frei, ohne hierarchische Aufsicht und parochiale Gebundenheit predigen zu dürfen, ohne jegliche Investitur. Daran gemessen, hatte seine Reise nach Rom letztlich nur die Bedeutung, daß sie Abneigung, Unfähigkeit, ja direkt Furcht der Vertreter der institutionellen Kirche bloßstellte, dem einfachen Volke das Evangelium zuzugestehen. Das Bewußtsein, daß die Begegnung der ersten Waldenser mit dem Lateranischen Konzil symbolisch die Spannungen der kommenden Jahre vorankündigte, blieb sowohl in den Kreisen der herrschenden Kirche als auch bei den Waldensern lebendig.

Die katholische Tradition, wie sie schon vor Mitte des 13. Jahrhunderts Moneta von Cremona festgehalten hat, der die Waldenser in seiner Funktion als Inquisitor von Mailand kennengelernt hatte, versicherte,[16] daß das Konzil den Waldensern die Predigertätigkeit unter der Bedingung erlaubt habe, daß sie sich an die vier großen Kirchenväter, an Ambrosius, Augustin, Hieronymus und Gregor den Großen hielten. Wenn wir dieser Nachricht Glauben schenken dürfen (Moneta stützt sie auf ein Kurialdokument, dessen Text er nicht anführt), würde das Verhör durch Map nur als eine unangenehme, keineswegs jedoch entscheidende Episode der Konzilverhandlungen erscheinen. Aber auch bei dieser Möglichkeit dürfen wir nicht voraussetzen, daß das Konzil dem Waldes und seiner Gefolgschaft die Freiheit zum Predigen ohne Betonung der Aufsichtsautorität der zuständigen Bischöfe gewährt hätte. Dies um so weniger, als in der Kirche ein schon von Papst Leo I. erlassenes und um die Mitte des 12. Jahrhunderts in die Sammlung des Kirchenrechts aufgenommenes Verbot galt: »Außer den Priestern des Herrn wage es niemand – gleich ob Mönch oder Laie – zu predigen.« Die weitere Entwicklung bestätigt voll den kirchenrechtlichen Nachdruck auf die bischöfliche Oberhoheit, den wir hier beim Standpunkt der lateranischen Konzilväter voraussetzen müssen.

In der späteren Interpretation der eigentlichen Waldenser Bewegung[17] bekam die römische Reise von Waldes geradezu den Charakter einer Manifestation: Waldes hätte es gewagt, kühn bis zur Kurie vorzustoßen, vor den Papst zu treten, den Führer der verirrten Kirche, und vor ihm die Reinheit des Glaubens und der christlichen Lebensregeln zu verteidigen. Er stieß auf scharfe Ablehnung, denn die Kurie ertrug seine Worte nicht, aber die Stadt Rom hatte dennoch seine Predigt gehört, die in der Finsternis des konstantinischen Verrats das Licht des Evangeliums entzündet hatte. Schließlich war auch, als Ausnahmefall, der Durchbruch der Wahrheit in der Hierarchie gelungen, als angeblich einer der Kardinäle Gefallen an Waldes fand. Noch gegen Ende des 14. Jahrhunderts lebten diese Vorstellungen unter den Waldensern und rankten sich erregend um den umstrittenen historischen Kern, zusammen mit den kollektiven Erfahrungen des verfolgten Restes, den die herrschende Kirche an den Rand der Gesellschaft vertrieben hatte.

Zwischen der herrschenden Kirche und den Katharern

Wenn das dritte Lateranische Konzil Waldes ablehnte und die aktuelle Notwendigkeit seines Programms der Laienpredigt und der Armut falsch einschätzte, so deshalb, weil sich die hohe kirchliche Hierarchie mit dem Papst an der Spitze angesichts einer Gefahr, von der sie sich in diesem Augenblick unmittelbar bedroht sah, aus Selbsterhaltungstrieb dazu bestimmen ließ. Es ging um die von den Katharern ausgehende Gefahr.

Das Konzil versuchte gar nicht erst, die Ursachen der mächtigen Entfaltung einer Bewegung zu ergründen, die seit den sechziger Jahren des 12. Jahrhunderts in Südfrankreich nicht allein die mittleren, sondern auch schon die gesellschaftlichen Schichten des Adels erfaßt hatte. Die unzureichende Analyse macht die Kirchenväter blind auch gegenüber dem wertvollen Beitrag, den eventuell der Standpunkt von Waldes auch in der Katharerfrage bedeuten konnte. Die Verachtung, die sie den Forderungen Waldes' entgegenbrachten, verrät ihre Unfähigkeit, wenigstens die Zusammenhänge zwischen den objektiven äußeren Bedingungen zu erkennen, unter denen beide Bewegungen entstanden waren.

Falls Waldes geglaubt haben sollte, daß die Kirche auf dem Konzil, das doch in einer für sie günstigen Konstellation der Kräfte zusammengetreten war, erneut den Sinn ihrer Mission aufzeigen und allen Bestrebungen nach weltlicher Macht entsagen würde, so wurde er restlos enttäuscht. Das Konzil entließ den Papst weder aus den ständigen Kämpfen mit den kaiserlichen und fürstlichen Mächten, auch wenn es die Anhäufung kirchlicher Pfründen in wenigen Händen verbot. Die Bischöfe waren nach dem Konzil in gleicher Weise wie früher mit der ökonomischen Verwaltung ihrer Güter belastet. Die Beschlüsse des dritten Lateranischen Konzils betrafen praktisch nur technische Fragen der Kirchenverwaltung und der militärischen Schlagkraft der Christenheit; das brennende Problem der Predigt, ihres Inhalts und der erzieherischen Verantwortung der Kirche wurde dabei durch die völlig unzureichende Anordnung gelöst, daß bei jeder Kathedrale die Ausbildung der Kleriker einem besonderen Lehrer zu übertragen sei. Die direkte theologische Machtlosigkeit bewies das Konzil dann damit, daß es hinsichtlich der Ketzer auf jede sachliche Argumentation oder pastorale Fürsorge verzichtete und sich ihnen gegenüber auf brutale Gewalt berief:

»Wenn sich die Kirche auch auf Rat des heiligen Leo mit dem priesterlichen Gericht begnügt und nicht zu blutigen Hinrichtungen greift, so muß sie doch die weltlichen Gesetze um Hilfe bitten und das Eingreifen der Fürsten verlangen, damit die Furcht vor zeitlicher Strafe die Menschen zur Verwendung geistlicher Hilfsmittel führt. Weil also in der Gascogne, in der Umgebung von Albi, Toulouse und anderswo die Zahl jener Ketzer in großem Umfange angewachsen ist, die von den einen Katharer, von anderen Patariner und Paulicianer genannt werden, und weil dort überall öffentlich Irrtümer verkündet werden und sie einfache Zuhörer auf ihre Seite zu ziehen versuchen, so erklären wir sie für aus der Kirche ausgeschlossen samt ihren Beschützern und Hehlern. Allen verbieten wir, sich mit ihnen zu treffen. Wenn sie in ihren Sünden sterben, werde für sie keine Messe gelesen, und das christliche Begräbnis sei ihnen verweigert.«[18]

Die Ausbreitung der Ketzerei der Katharer hing mit den tiefen Veränderungen in der feudalen Welt zusammen, die Waldes auf seine Weise bewußt wurden. Die ausschließlich agrarisch bestimmte Welt verwandelte sich allmählich in eine, für die Kaufleute und Handwerker gemeinsam entscheidend waren. Waldes, einst ein bedeutender Bürger, wollte sich von dieser wirtschaftlichen Umwälzung nicht mitreißen lassen, die sich mit einem gewissen zeitlichen Vorsprung in den Mittelmeerländern anbahnte und von da aus ihren Einfluß bis nach Lyon erstreckte. Andererseits aber wollte er auch die Kirche in ihrer traditionellen Position nicht bestätigen. Die Heilmittel, die er ihr anbot, sollten verhindern, daß sie ein Opfer ihres Reichtums würde. Arm und wehrlos sollte sie sich erneut auf die bloße Macht des Wortes verlassen, das unter den Menschen Fleisch geworden war.

Auch die Katharer kritisierten die bis zum Überfluß reich gewordene Kirche, entsagten dabei aber nicht der Zusammenarbeit mit Kaufleuten und Adligen. Den Kaufleuten predigten sie die Zulässigkeit des Handelsprofits, den die Kirche umgekehrt nachdrücklich bestritt. Sie waren auch bereit, den besonderen Adelsstand zu respektieren, wenn sie vor allem des Schutzes mächtiger Herren und Fürsten sicher sein konnten. Der hohe und der niedere Adel nahmen sich der Prinzipien der Katharer an, ließen sich in Kämpfe mit der Kirche ein und versuchten, sich dabei an deren Verlusten zu bereichern. So können wir uns die schnellen Erfolge der Propaganda der Katharer in fast allen Ländern des Mittelmeeres und auch die Entscheidungen der Kirche erklären, wie sie 1179 auf dem römischen Konzil gefällt wurden.

Es ist nicht unsere Aufgabe, die komplizierten und bislang noch nicht ganz aufgeklärten' Wege auch nur zu untersuchen, auf denen sich die Katharerbewegung in das Licht der westeuropäischen Geschichte eingeschlichen hat. Es muß uns aber die auffällige Tatsache interessieren, daß sich das südfranzösische Katharertum gerade in den Jahren des Auftretens der Waldenser festigt, organisiert und zu seiner tragischen Entfaltung erhebt und daß es nach einigen Jahrzehnten zu einem unwillkommenen oder auch willkommenen Doppelgänger der Waldenser Brüder wird, von dem sie sich freilich abzugrenzen suchten, in dessen Arme sie aber immer wieder durch die Ungunst der Gesellschaft getrieben werden, die gegenüber beiden Bewegungen gleichermaßen feindlich ist.

Wahrscheinlich ist, daß auch das südfranzösische Katharertum [19] als »evangelische Häresie« entstanden ist, also als einseitige Betonung existentieller Abhängigkeit von einigen Aspekten der neutestamentlichen Verkündigung. Bald aber, schon von der zweiten Hälfte des 12. Jahrhunderts an, ließ es sich einfangen von dem spekulativen Zauber der dualistischen Sicht der Welt und ihres Geschehens, einer Anschauung, die vom byzantischen Osten her von neuem in die europäischen Länder hereingetragen wurde.

Von Byzanz aus flüchteten die Bogomilen in mehreren Wellen nach Westen, als sie von Kaiser Manuel Kommenos (1143–1180) hart bedrängt und verfolgt wurden. Aus einstigen Brüderschaften von Landleuten bildeten sie sich zu dieser Zeit beinahe in einen Mönchsorden um, der eifrig Betrachtungen über die scharfen Gegensätze zwischen Gut und Böse, Licht und Finsternis anstellte, besonders über Geist und Materie. Als ob sie die uralte Gnosis erneuern wollten, betrachteten sie es als unselig, überhaupt geboren zu sein, und konnten sich deshalb weder mit der Menschwerdung Christi noch mit dem alttestamentlichen Interesse Gottes an der Welt aussöhnen. Eine der Begleiterscheinungen des zweiten Kreuzzuges nach Osten war auch die Übertragung dieser Vorstellungen nach Flandern und Frankreich, zwei Länder, deren kämpferische Gesellschaftsschichten sich ausgiebig an dem »heiligen Kriege« beteiligten.

In den sechziger Jahren sind die Vertreter ähnlicher Ansichten im südlichen Frankreich schon relativ gut organisiert. Die Synode, deren Vorsitz im Jahre 1163 Papst Alexander III. in Tours selbst führte, konstatierte in den Beschlüssen über die Ketzer, daß sie wie der Krebs die gesamten Provinzen von Toulouse und der Gascogne ergriffen hätten. Zwei Jahre danach sind sie genügend stark, um die lokalen Obrigkeiten zur Einberufung einer keineswegs bedeutungslosen Regionalsynode nach Lombers südlich von Albi zu veranlassen. An dieser Zusammenkunft nehmen auch sieben katholische Bischöfe unter Leitung des Erzbischofs von Narbonne teil. Aus den anschließenden öffentlich geführten Streitereien geht noch nicht der Dualismus der Katharer hervor, wohl aber die einseitige Betonung des Neuen Testaments. Die ausschließlich dualistische Tendenz verstärkte im westlichen Katharertum wahrscheinlich der Vorkämpfer der Bogomilen, Niketas aus Konstantinopel. Im Jahre 1167 vermerkt ihn eine vereinzelte und nicht ganz unverdächtige Quelle im Lombardischen bei dem Anführer der Katharer, Markus, den er zur Position der Bogomilen von Dragovitsa überredet. Zum Unterschied von den sogenannten Bulgarischen Brüdern, bei denen ein deutlich erkennbares soziales Element und nationale Opposition gegenüber der byzantinischen Vorherrschaft sichtbar waren, gaben sich die Dragoviten gänzlich der religiösen Vorstellung vom ewigen Kampfe Gottes mit Satan hin, der zu einem göttlichen Prinzip erhöht wurde. Niketas begab sich zusammen mit Markus nach Frankreich zu der großartigen Versammlung der Katharer, die nach Saint Félix de Caraman bei Toulouse einberufen worden war. Dort organisierte er dann eine französische Bewegung innerhalb genau umgrenzter Diözesen und weihte für sie Bischöfe im Sinne der Dragovitischen Gemeinschaft. Nehmen wir auch diese Nachricht, die erst 1660 »entdeckt« und publiziert wurde, mit Reserve auf, so ist doch sicher, daß sich in dem halben Jahrhundert zwischen 1150 und 1200 das französische Katharertum zu einer relativ mächtigen Institution von kirchlichem Charakter entwickelte, die in mehrfacher Hinsicht mit der katholischen Kirche im Kampfe um öffentlichen Einfluß wetteifern konnte. Sie schlug ihre Wurzeln hauptsächlich auf dem Lande und erweiterte ihren Einfluß im Raume zwischen Toulouse und Albi im Herrschaftsbereich der Vicomtes von Déziere. Hier kam ihnen der Widerstand des Landadels gegen die ökonomischen Ansprüche der Kirche entgegen. Der Adel lehnte die praktischen Konsequenzen der gregorianischen Reform ab. Er wollte nicht auf jene drei Viertel der Zehnten verzichten, die ihm damals aus den Pfarren, mit Ausnahme der von Klöstern direkt verwalteten, zustanden.

Eine Reformation im Sinne des Evangeliums, wie man es vor allem den Armen verkündet hatte, hörte auf, im Vordergrund des Interesses der Katharer zu bleiben. Dafür wurde ihre ideelle Brisanz in gewissen Momenten für den Grafen von Toulouse oder den mächtigen Herrn Roger Trencavel von Béziers ein wertvoller Verbündeter gegen den Pariser Hof. Sie versuchten – wenn auch in sehr vermindertem Maße – diese Kräfte so auszunutzen, wie einst Konstantin der Große die Christen zur Festigung des erschütterten Römischen Imperiums gebraucht hatte. Das Ideal der apostolischen Armut, das den Katharern sechzig Jahre vorher die Gefolgschaft gesichert hatte, verschwand zwar noch nicht völlig aus dem Bewußtsein ihrer Parteigänger, hörte jedoch auf, den Grundstein des ganzen Gebäudes zu bilden.

Auf die späteren Generationen der Waldenser wirkten bis zu einem gewissen Grade einige Gebräuche der Katharer stärker ein als deren Lebensauffassungen, so zum Beispiel die scharfe Abgrenzung der eigentlichen Vertreter der Bewegung, bei den Katharern die Vollkommenen oder die Reinen genannt, von den übrigen Parteigängern oder nur Sympathisanten. In die Reihen der Vollkommenen konnte man allerdings bei den Katharern nur über eine sakrale Handlung der Tröstung, das Consolamentum, aufsteigen, das als Taufe aus dem Geiste die kirchliche Taufe ersetzte und überstieg und meist von den »unvollkommenen« Anwärtern bis auf den Zeitpunkt kurz vor dem Tode aufgeschoben wurde. Trat der Tod nicht gleich danach ein, wurde er ausnahmsweise beschleunigt durch selbstmörderisches Fasten oder Ersticken *(endura)*. An die verheißene Auferstehung glaubten die Katharer nicht, wie sie ja überhaupt nicht für eine Verlängerung oder Vermehrung des Lebens irgendeines Geschöpfes waren. Deswegen waren sie auch gegen das Eheleben. Als Schöpfer der Gesamtheit galt ihnen der Teufel. Die besondere Ehre, der sich jene Vollkommenen der Katharer erfreuten, die das Consolamentum noch bei voller Lebenskraft mit der Verpflichtung zu asketischer Abtötung des Leibes genommen hatten, fand ihren Ausdruck in der liturgischen Form, mit der sich ihre Gläubigen begrüßten. In der Regel beichteten sie den Vollkommenen auch und empfingen von ihnen die Sündenvergebung durch den Friedenskuß *(apparellamentum)*. In der Zeit ihrer Verfolgung entwickelten dann die Katharer vielfältige Formen der Untergrundarbeit von heimlichen Rundreisen bis zu Geldsammlungen. Ihre Methoden werden später auch die Waldenser übernehmen und ausbilden.

Waldes, der im vollen Sinne des Wortes ein Mensch seiner Zeit war, brauchte gewiß nicht das Lateranische Konzil abzuwarten, um sich die Wichtigkeit und die Dringlichkeit des Katharerproblems bewußt zu machen. Es ist sicher, daß die Unverzüglichkeit, mit der er trotz der hemmenden Eingriffe der kirchlichen Obrigkeiten den einfachen Leuten das Evangelium zu predigen begann, auch von dem Wunsche genährt wurde, mit den Erfolgen der Katharer beim Predigen der Nachfolge Christi gemäß den Evangelien Schritt zu halten. Antoine Dondaine dürfte sich kaum irren, wenn er schreibt, daß sich auch Waldes und seine Freunde »berufen fühlten zur Verteidigung des wahren Geistes der Evangelien, und zwar einerseits gegen das, was wir mit einem modernen Ausdruck Verrat der Intelligenz nennen könnten, und andererseits gegen äußere Feinde. Ähnlich wie die Prediger der Katharer, aber zur Bezeugung eines glaubwürdigen Christentums, begnügten sie sich nicht mit dem bloßen Predigen von Armut und moralischer Erneuerung, sondern bewiesen ihr Wort durch das persönliche Beispiel.«[20] Und so charakterisierte sie Walter Map in Rom: Sie haben keinen ständigen Wohnsitz, sie gehen immer zu zweit, barfuß, ohne irgendwelches Eigentum, wie die Apostel haben sie alle Dinge gemeinsam. Nackt folgen sie dem nackten Christus nach.« Aber bezeichnend fügte er hinzu: »Wenn wir sie gewähren lassen, werden wir selbst vertrieben werden.«[21]

Waldes vor dem päpstlichen Legaten

Der letzte Beschluß des dritten Lateranischen Konzils mobilisierte alle Kräfte der Hierarchie gegen die französischen Ketzer. In den Augen der Öffentlichkeit sollte er auch die älteren Aktionen rechtfertigen, bei denen der Löwenanteil gerade den Zisterziensern zugefallen war, den Erben des

Bernhardschen Geistes, denn eine Gruppe der mächtigen Zisterzienser Prälaten hatte schon 1178, noch vor der Einberufung des Konzils, in Toulouse eine scharfe Untersuchung gegen die Ketzer eingeleitet. Daran beteiligten sich unter Vorsitz des päpstlichen Prälaten Peter von Pavia, Titularkardinal von Saint-Chrysogone, die Bischöfe aus dem französischen Poitiers und aus dem englischen Bath, der Erzbischof von Bourges und der Abt Heinrich Marcy von Clairvaux [22]. Letzterer errang schließlich sogar (1181) durch seinen inquisitorischen Eifer den Titel eines Bischofs von Albano, zusammen mit dem Kardinalshut. Ihm vertraute Alexander III. auch die Durchführung des lateranischen Antiketzerbeschlusses an.

Heinrich nahm sich seiner Aufgabe in der Funktion des päpstlichen Legaten mit großer Entschiedenheit an. Mit beachtlichem Geschick überschwemmte er das ganze Languedoc mit Predigern, die vor den Ketzern warnen sollten. Selbst übernahm er unermüdlich den Vorsitz bei den zahlreichen regionalen Synoden und Konzilen, durch die er die Kirchenzucht zu festigen trachtete und die Priesterschaft zu einem kämpferischen Bewußtsein erwecken wollte. Vor keinem Hindernis machte er halt. So zögerte er zum Beispiel nicht, den Bischof von Narbonne abzusetzen, die katholische Ritterschaft der Provence und des Languedoc zu den Waffen zu rufen und das neu entstandene Heer zur Belagerung der Ketzerfestung Lavaur zu bewegen. Erstmals in der Geschichte organisierte hier ein päpstlicher Legat selbst militärische Kräfte und führte ihre Aktionen in einem anerkannt christlichen Lande an.

Dazu kam es 1181. Aber schon vorher wandte Heinrich seine Aufmerksamkeit auch Lyon zu, und frühestens im März 1180 berief er dort aus eigener Vollmacht und im Einverständnis mit Guichard eine Zusammenkunft der Geistlichkeit ein. Was beabsichtigte er damit? Zweifellos wollte er sich in der Erzdiözese Lyon ein ungefährdetes Hinterland sichern und sich damit die Hände frei machen für Aufgaben, die ihn im stürmischen Süden erwarteten. Er drängte deshalb darauf, zu allererst den Fall Waldes zu erledigen.

Waldes predigte weiter, ohne Rücksicht auf Warnungen und Vorbehalte. Nach Rückkehr aus Rom und nach den herben Erfahrungen bei den Begegnungen mit solchen Prälaten, wie der selbstzufriedene Walter Map einer war, ist es mehr als wahrscheinlich, daß er nicht mehr an die Mission des offiziellen Klerus glaubte. Was er ihm hauptsächlich vorwarf, war der Reichtum, durch den sich die Priesterschaft den direkten Zugang zu den breiteren Volksschichten unmöglich gemacht hatte. Die Art und Weise, wie sich Waldes seines Reichtums entledigt hatte, war tatsächlich wie eine Übernahme des Mönchsgelübdes der Armut aufzufassen. Als sich Waldes von seiner Frau verabschiedete, konnte der Lyoner Erzbischof darin leicht eine Handlung erblicken, die damalige kirchliche Gepflogenheiten nicht überschritt. Allgemein rechnete man damit, daß ein Laie, der Mönch werden wollte, dem Eheleben entsagte. Waldes aber wurde nicht Mönch, wie wir gesehen haben. Er entschloß sich zur Armut, damit sein Predigen glaubhaft würde. Darum erschien ihm auch die Predigertätigkeit der Katharer als Glaubenspropaganda nicht berechtigt genug. Ihre Träger waren – wie er urteilte – Menschen, die durch Krämerei Profiten nachjagten (*negociando aquirunt divicias*).

Der päpstliche Legat Heinrich dachte nicht daran, mit Waldes über diesen Unterschied zwischen den Predigern der Waldenser und der Katharer zu diskutieren, auch wenn Waldes viel an dieser Sache lag. Für den Legaten war dies ohne Bedeutung. Ihm ging es vor allem darum, daß der Fall des Waldes ganz eng eingegrenzt und auch isoliert wurde. Denn gerade das Predigen dieses Laien ohne jegliche Investitur erschien dem Legaten als »lästerlicher Eigendünkel« (*praesumptio sacrilega*).

So wurde denn Waldes vor eine erlauchte Versammlung ausgewählter Vertreter der Kirche und der höheren Lyoner Gesellschaftsschichten zitiert. Den Vorsitz führten charakteristischerweise drei hervorragende Zisterzienser: Legat Heinrich Marcy persönlich, der Erzbischof Guichard von Lyon und Geoffroy von Auxerre.[23] Letzterer, einst Abt in Clairvaux und Fossanova, stand zu dieser Zeit an der Spitze der Abtei Hautecombe und verstarb in dieser Würde auch acht Jahre später (1188). Als er seines persönlichen Anteils an dem Lyoner Konzil gedachte, erzählte Abt Geoffroy später[24], wie damals Waldes angeblich mit klaren Beweisgründen seines lästerlichen Eigendünkels überführt und zu dem feierlichen Versprechen gezwungen wurde, mit dem er jener Lebensweise entsagte, zu der er sich vor Jahren unerlaubt entschlossen hatte. Das Unerlaubte dieses Weges bestand nach unserem Abte darin, daß Waldes die gewählte Armut mit dem Dienst eines Wanderpredigers verbunden hatte. Waldes und seine Freunde »zogen durch Städte und Dörfer und wagten es dort, unter dem Vorwand der Armut zu predigen, wobei sie sich schamlos von Brot nährten, das sie nicht mit eigenen Händen erarbeitet hatten«. Darüber hinaus tadelten sie den Klerus, stellten ihn bloß und erlaubten Frauen, sich ebenfalls an der Predigertätigkeit zu beteiligen.

Von Anfang an unterschieden sich demnach die Waldenser von den Katharern dadurch, daß sie Frauen die Möglichkeit gaben, an dem gemeinsamen Werk mitzuarbeiten. Die hohen Persönlichkeiten des Lyoner Konzils von 1180 waren übrigens auch sonst verärgert über das soziale Milieu, mit dem Waldes nach seiner Bekehrung verschmolzen war. Das waren ihrer Meinung nach »durchwegs Leute, die der Verachtung wert waren, Leute niederer Herkunft und nahezu ungebildet«. Für uns ist allerdings die Feststellung wichtig, daß Waldes auch eine soziale Entscheidung getroffen hatte. Noch bevor sie ein Name, ein Synonym für die Waldenser geworden waren, erwiesen sich die Armen von Lyon als eine harte gesellschaftliche Realität. Einige Spitäler oder besser Armenhäuser, die man gegen Ende des 12. Jahrhunderts in Lyon an den Fingern einer Hand abzählen kann, waren bestenfalls ein linderndes Pflaster auf einer schmerzenden Wunde.

Der Abt von Hautecombe rundet das Bild ab, das wir uns bisher von dem frühen Waldensertum machen konnten. Waldes und seine ersten Gefolgsleute sind eine wandernde Gemeinschaft von Predigern des Evangeliums, die sich um der Glaubwürdigkeit ihrer Predigt willen jeden Reichtums und anderer Garantien begeben hatten. Zum Unterschied von den Katharern hat diese Gemeinschaft keinen institutionellen Charakter. Sie wollen keine Kirche gegen die Kirche sein. Möge der evangelische Sauerteig – so hoffen sie – den ganzen Teig durchdringen!

Dies alles erklärt, warum dem Legaten des Heiligen Stuhles soviel daran gelegen war, Waldes einzuschüchtern und zu zähmen. Die Synode von Lyon scheint direkt in dieser Absicht organisiert worden zu sein. Der Aufwand, mit dem die Frage der Waldenser dabei untersucht wurde, zeigt deutlich die historische Bedeutung von Waldes und die Kraft der Bewegung, die er durch seinen Gehorsam gegenüber dem Evangelium ins Leben gerufen hatte. Legat Heinrich drängte vor allem darauf, ein mögliches Einsickern der dualistischen Ansichten der Katharer in die Gemeinschaft der Lyoner Armen zu verhindern. Sobald auf diese Weise die Rechtgläubigkeit des Kreises um Waldes garantiert sei, wollte der Legat einen Schritt weitergehen: sich darum bemühen, daß die Gemeinschaft in die engen Grenzen eines Ordens eingegliedert würde, der sich ausschließlich auf das Gelübde der Armut konzentriert. Um jeden Preis wollte der Legat der Gefahr begegnen, daß sich aus dem evangelischen Rat, der die Armut empfiehlt und lobpreist, eine Aufforderung an die ganze Kirche entwickelte, die vielleicht sogar von den Wanderpredigern verbreitet würde. Die Kirche durfte nicht verarmen. Um das zu sichern, entschloß sich das Lyoner Konzil, Waldes auf das katholische Bekenntnis festzulegen. Diese Verpflichtung sollte er mit der Hand auf dem Buch der allerheiligsten Evangelien ablegen.

Das Protokoll über dieses Glaubensbekenntnis wurde erst im Jahre 1946 in der Nationalbibliothek von Madrid entdeckt.[25] Waldes, der den Text Wort für Wort vor dem päpstlichen Legaten und dem Lyoner Erzbischof Guichard wiederholte, bezeugte damit seine tiefe Verbundenheit mit dem seit Jahrhunderten tradierten christlichen Grundbekenntnis, er sagte jedoch kein Wort über die große, nicht verschweigbare Mission, das Evangelium zu predigen, von der er überzeugt war. Der Wortlaut dieses interessanten Bekenntnisses war ihm schon fertig vorgelegt worden. Er hätte ihm nicht zugestimmt, wenn er nicht einverstanden gewesen wäre. Es wäre aber töricht, anzunehmen, ein solcher Text habe den Kern seiner Bestrebungen erfaßt.

Der Verfasser dieses sogenannten Glaubensbekenntnisses des Waldes, vermutlich Heinrich von Marcy selbst, verwendete als Vorlage ein päpstliches Breve von 1053, in dem Leo IX. dem Patriarchen Peter III. von Antiochien die christlichen Grundwahrheiten erläuterte, indem er einen alten Text aus der Feder des Kirchenvaters Cesarius von Arles zitierte. Dieses Dogmenformular aus den ersten Jahren des 6. Jahrhunderts enthielt Fragen, die den Bischöfen vor ihrer Weihe vorgelegt werden. Der päpstliche Legat Heinrich von Marcy hatte diese Akte unter seinen Beweismaterialien, die er auch anderwärts geschickt zu nutzen verstand, denn er war ein gebildeter Theologe, wenn auch kein besonders origineller. Er legte jetzt dem Waldes dieses Dokument vor, das so abgefaßt war, daß es eben jene Grundelemente der christlichen Verkündung hervorhob, die sich scharf von der dualistischen Auslegung der Katharer unterschieden. Gleichzeitig reihte der Legat damit Waldes bewußt in die dogmatischen Traditionen der westlichen Kirche ein, und dies keinesfalls zu unrecht. Und Waldes, der in diesem Augenblick gezwungen war, über die Hoffnung, die er hegte, Rechenschaft abzulegen, tat dies friedfertig und ehrerbietig und mit gutem Gewissen (1. Petrusbrief 3,15):

»Allen Christen sei kund, daß ich, Waldes, mit allen meinen Brüdern vor diesen allerheiligsten Evangelien aus vollem Herzen bekenne, mit Glauben ergreife, mit dem Munde beweise und mit aufrichtigen Worten verkünde ...« So eröffnete Waldes vor der Lyoner Prälatenversammlung 1180 sein Bekenntnis. Es folgte die Aufzählung der genannten Artikel, zunächst jener, die Gott und sein Erlösungswerk betrafen, mit besonderer Betonung der Schöpfungsmächtigkeit Gottes, des einheitlich göttlichen Ursprungs des Alten und des Neuen Testaments und des wahrhaft menschlichen Wesens Jesu während seines irdischen Lebens. Jesus hatte Hunger und Durst, war von Müdigkeit und Schlaf ergriffen, litt tatsächlich, starb und wurde wirklich wiedererweckt und wird kommen, die Lebenden und die Toten zu richten.

Einen selbständigen Teil bildeten die Artikel mit den Aussagen über die Kirche und die Gültigkeit ihrer Sakramente, die unabhängig sind von der moralischen Verfassung der Priester. Es wurden die Kindertaufe, die Firmung durch den Bischof, die Anwesenheit Christi in der Eucharistie und alle Stufen der kirchlichen Hierarchie anerkannt. Gegen die Ansichten der Katharer war die Betonung der Notwendigkeit der Ehe gerichtet und der Nachdruck auf die aktuelle, praktische, keinesfalls metaphysische Bedeutung der Vorstellungen über den Teufel.

Charakteristisch ist meiner Meinung nach das Bestreben des Redakteurs, dem Waldes die Erklärung in den Mund zu legen, daß sein Entschluß zur absoluten Armut, seine Abkehr von der Welt nur die gehorsame Antwort auf einen bloßen Rat Christi sind, keineswegs jedoch auf sein ausdrückliches Gebot hin *(velut a Domino consultum)*. Diesen Rat will Waldes befolgen, als ob es ein Befehl sei, was allerdings – wie der päpstliche Legat es verstand – bedeuten würde, daß dieser Weg, den sich die neue Bruderschaft auserwählt hatte, nur sie, nicht jedoch die ganze Kirche verpflichte. Waldes mußte außerdem ausdrücklich bekennen: »Wir behaupten und glauben, daß auch diejenigen, die in der Welt verbleiben und sich ihres Eigentums nicht entäußern, ohne weiteres erlöst werden können.« Schließlich wurde Waldes noch zu der Erklärung veranlaßt, daß er unter seinen Gefolgsleuten niemanden dulden werde, der von diesen Artikeln abweicht.

Die in diesem Bekenntnis enthaltenen Artikel können uns freilich nicht ausreichend über die Lehren des ursprünglichen Waldensertums informieren. Ketzerei, auf die sich damals die Aufmerksamkeit der Kirche und der päpstlichen Legaten konzentrierte, war der Dualismus der Katharer. Deshalb eben lehnt das Glaubensbekenntnis von Waldes so deutlich die Grundsätze ab, die sich aus dieser Irrlehre ergeben. Es ist jedoch nicht ausgeschlossen, daß sich bereits zu diesem Zeitpunkt in der Lehre der um Waldes gescharten

Gemeinschaft irgendwelche Tendenzen zeigten, die dem Katharertum verwandt waren. Derjenige, der dem freiwillig verarmten Lyoner Bürger diese feierliche Erklärung aufgezwungen hatte, wollte zweifellos eine Barriere gegen das Einsickern von katharischen Prinzipien in die Waldenser Gemeinschaft schaffen und eventuell das Oberhaupt der neuen Gemeinschaft von Elementen distanzieren, die der unorthodoxen Lehre nicht widerstehen könnten.

Betrachten wir namentlich die abschließenden Formulierungen des Lyoner Dokuments, so müssen wir uns fragen, ob nicht Waldes hier noch ein zweites Mal das Opfer seiner Unkenntnis der scholastischen Ausdrucksweise wurde. Hatte sich ein Jahr vorher auf dem römischen Konzil gezeigt, daß er nichts über die scholastischen Unterscheidungen zwischen dem Glauben an die Personen der Dreifaltigkeit und zwischen dem einfachen Gutheißen der übrigen Glaubenssätze wußte, wie sie im apostolischen Glaubensbekenntnis vorkommen, so ist es mehr als wahrscheinlich, daß er jetzt, als ihm ein Text vorgelegt wurde, der eine exakte Unterscheidung zwischen evangelischen Ratschlägen und Geboten voraussetzte, absolut nicht merkte, wie er mit seiner Zustimmung selbst in die Falle ging. Und dennoch war diese Differenzierung wichtig. Die offizielle Theologie arbeitete schon seit Jahrhunderten damit. Auf dieser Grundlage konnte sie zulassen, daß zwar eine Minderheit von Christen im Zeichen der Bergpredigt Jesu ein Leben für das Ideal einer besseren Gerechtigkeit führen durfte, während andererseits die Möglichkeit gegeben war, der Mehrzahl der übrigen Christen das Recht zu geben, die hohen Ansprüche der Nachfolge Jesu nicht zu beachten und sich mit den halbherzigen Kompromissen nicht zu quälen, in die sie durch den Kontakt mit der Welt und dem Alltagsleben gerieten. Wie wir gesehen haben, lag aber der Sinn von Waldes' Bekehrung gerade darin, daß er diesem Alibismus entsagt hatte. Da er jedoch keine theologische Ausbildung im technischen Sinne genossen hatte, konnte es leicht passieren, daß er um die Unterscheidung zwischen evangelischem Rat und Gebot nicht wußte.

Das Bekenntnis, das er vor der Lyoner Versammlung wiederholen mußte, führte gewiß nicht die ihm gewohnte Sprache. Er vertraute jedoch darauf, daß es seine Absicht ausdrückte, das Evangelium in voller Einfachheit zu predigen, auch wenn dabei Ausdrücke aus der hohen traditionellen theologischen Wissenschaft verwendet wurden. Und er vertraute darauf um so sorgloser, weil er aus diesem Text auch Sätze heraushörte, die unmittelbar das ausdrückten, wovon sein Herz überlief. Ihm begegnete sicher sein ureigenster Gedanke, als er wiederholen und nachsprechen mußte: »Wir haben unseren Besitz an Arme gegeben, um selbst arm zu werden, und wir wollen nicht für das Morgen sorgen. Wir nehmen weder Gold noch Silber an, noch irgend etwas anderes, nur die notwendige Nahrung und alltägliche Bekleidung. Wir haben uns entschlossen, die evangelischen Ratschläge wie Gebote zu achten . . .«

Wie konnte Waldes ahnen, daß er durch das Nachsprechen dieser wahrhaftig klingenden Worte eigentlich der saturierten Kirche und ihrem Streben nach ökonomischer Sicherheit und Macht recht gab!

Darin aber bestand gerade die Absicht des päpstlichen Legaten Heinrich von Marcy, als er Waldes das Dokument zur Unterschrift reichte. Wir können uns leicht vorstellen, in welchem Geiste Heinrich in diesem Moment handelte. Kaum drei Jahre vorher (1177) hatte er den Traktat »Von der Pilgergemeinde Gottes«[26] geschrieben, ziemlich freimütig, um über die Gedanken zu informieren, von denen er lebte. Sie sind nicht originell, beweisen aber das lebhafte Interesse an der Ausbreitung und Größe der Kirche und ihrer äußerlichen Würde. Als Leser der Schriften Augustins sah er die Geschichte der Kirche im Rahmen der Hoffnung auf die letzten Dinge, wie sie von der urchristlichen Prophetie versprochen wurden. Wußte er demnach auch von den Grenzen der historischen Kirche, so ließ er sich trotzdem nicht davon überzeugen, daß ihre Aufgabe in dieser Zeit nur der Dienst sei. Heinrich von Marcy lobpreist mit jedem Schritt ihre Macht und Herrlichkeit. Ihr Vorbild ist die uneinnehmbare Festung Zion, die dem Ansturm der Feinde standhält und sie mit häufigen Ausfällen in Verwirrung bringt, keinesfalls jedoch Jerusalem, die heilige Stadt, eine Vision des Friedens. »Wie groß sind Macht, Ruhm und Vorherrschaft der Festung Zion! Mit ihrer Macht unterwirft sie nicht nur ganze Völker, sondern auch Könige und Kaiser.« Die Herrschaft der Priester ist das Ideal Heinrichs. Er preist die Päpste, rühmt den Klerus, verteidigt und rechtfertigt die Privilegien der Priesterschaft auch im wirtschaftlichen Bereich. Gott der Herr habe ihnen angeblich die Fruchtbarkeit der Erde anvertraut und ihnen selbst das Recht gegeben, ganze Menschenscharen zu versklaven. Paßt das vielleicht unbotmäßigen Laien unserer Tage nicht? Nur der blinde Neid verführt sie. Heinrich kann ihnen kein verständnisvolles Wort widmen, sie erwartet Kains Schicksal. Dem Klerus, der sowieso selbstsicher genug ist, prägt Heinrich eine übermütige Lässigkeit ein; man möge doch die Häuflein lästernder Leute ignorieren, die eine arme Kirche haben möchten! Kaiser Konstantin tat gut daran, als er selbst als erster dem römischen Oberpriester die weltliche Macht übertrug. Schreiten wir fort in dieser ruhmreichen Tradition! Gegenwärtig ist sie freilich etwas überschattet durch die für uns peinlichen Siege Saladins über die Kreuzfahrer und gewisse Streitigkeiten im Schoße des westlichen Christentums. Ermannen wir uns aber; der Glaube verdient es, daß wir ihn mit dem Schwerte in der Hand verteidigen, und nur die Priesterschaft allein vermag die Kirche in Wahrheit zu repräsentieren.

Wir brauchen weiter nicht zu betonen, welch tiefer Abgrund zwischen Heinrich von Marcy, dem ehemaligen Abt von Clairvaux und päpstlichen Legaten, und Waldes, dem Lyoner Armen, klaffte. Auf diesen Unterschied mußte jedoch hingewiesen werden, um sich zu vergegenwärtigen, warum die prächtige Aufmachung der Lyoner Prälatenversammlung Waldes und seine Gefährten nicht voll und dauerhaft von der christlichen Glaubwürdigkeit der machtstrotzenden Kirche überzeugen konnte, mochte formal dabei auch alles in freundschaftlichem Geiste abgelaufen sein. Der Legat Heinrich knüpfte gewiß an die kurz vorher gefaßten lateranischen Beschlüsse an, an denen die Waldenser wenigstens einen passiven Anteil hatten, und gebärdete sich möglichst väterlich. Die innere Spannung zwischen ihm und Waldes offenbarte sich erst etwas später. Der vorläufige und anscheinend versöhnliche Ausgleich in Lyon gab vielleicht den Anlaß zu der schon erwähnten Tradition der Waldenser über die freundschaftlichen Beziehungen zwischen Waldes und einem päpstlichen Kardinal. Die Waldensertradition spricht allerdings von dem Kardinal als dem apulischen, konnte aber ursprünglich Heinrich meinen, der in der Würde eines Kardinals seit 1181 als von Albano unterzeichnete.

Die Ausstoßung

Zwangen die Prälaten auch auf der Lyoner Synode von 1180 dem Waldes ein Bekenntnis nach offiziellem Zuschnitt auf, so konnten sie sich doch nicht von dem Gefühl befreien, daß die Waldenser Bruderschaft ihrer Aufsicht entgleite. Die Zuneigung der Waldenser zu den Armen und ihr wachsender Widerhall unter den einfachen Menschen verwandelte sich direkt in eine Art von geistlichem Streik, von Widerstand gegenüber den geltenden Formen des kirchlichen und ökonomischen Lebens. Stephan aus Bourbon unterdrückt nur schwer seinen Ärger, selbst als er mit einem zeitlichen Abstand von mehreren Jahrzehnten zu Waldes schrieb: »Er eignete sich das Recht zum apostolischen Dienst an, begann die Evangelien zu verbreiten und alles zu verkünden, was er aus ihnen auswendig gelernt hatte. Er predigte auf Straßen und Plätzen, rief eine große Anzahl Männer und Frauen zu sich und forderte sie auf, ihm nachzueifern. Er schickte sie in die umliegenden Dörfer, auch dort das Evangelium zu predigen. Es waren dies die Leute mit den elendsten Berufen. Ungebildete Männer und Frauen wanderten in den Dörfern umher, drangen in die Häuser ein, predigten fast überall, schließlich sogar in den Kirchen, und verführten die übrigen.«[27]

Nach dem Tode des Lyoner Erzbischofs Guichard (1181)

mußte Heinrich von Marcy in der Funktion des päpstlichen Legaten gleich einige der Bewerber um den Lyoner Stuhl ausschließen und begnügte sich erst mit Johann Bellesmains, dessen Berufung ein schärferes Eingreifen gegen die Lyoner Armen versprach. Während seiner Wirksamkeit wurden die Waldenser endgültig aus Lyon vertrieben, als sie sich gegen sein Verbot sperrten, die Schrift auszulegen und zu predigen. »Waldes erklärte ähnlich wie Petrus vor den Hohenpriestern, daß er Gott mehr gehorchen wolle als den Menschen.« Er ging von da aus ins Languedoc, wo er gemeinsam mit seinen Genossen nicht aus dem heiligen Erstaunen herausfand: »Warum freuen sich die Bischöfe denn nicht, wenn wir doch Christum predigen?«[28]

Die Bischöfe freuten sich tatsächlich nicht. Im Jahre 1184 vereinigten sie sich in Verona zu einem Konzil, das wiederum das Übereinkommen zwischen Friedrich Barbarossa und Papst Lucius III. festigen sollte. Heinrich von Marcy unterzeichnete in dieser Zeit die Mehrzahl der päpstlichen Urkunden, und zweifellos schob Lucius auf seine Anregung hin in den Konzilkanon, der sich mit der Ketzerfrage beschäftigte, auch den Namen der Lyoner Armen ein. Die Armen von Lyon werden zwar in der Constitution Ad abolendam vom 4. November nur als falscher Deckname der verurteilten Passaginer, Josephiner und Arnaldisten erwähnt, aber ein flüchtiges Lesen der Urkunde mußte den Eindruck erwecken, daß auch sie sich unberechtigt das Recht der Predigt angeeignet hätten. In der Kathedrale von Verona wirft der Kaiser prahlerisch seinen Handschuh zu Boden als Zeichen dafür, daß er die Ketzer zum Kampfe auf Leben und Tod herausfordert. Die Schüler von Waldes werden seit diesem Augenblick als Feinde der Christenheit gesehen, deren beide Mächte, die geistliche und die weltliche, sich zu ihrer Vernichtung verbünden. Im Sinne der Tendenzen, denen wir schon fünf Jahre vorher auf dem dritten lateranischen Konzil begegnet sind, beschreitet nunmehr die herrschende Kirche entschlossen den Weg der gewalttätigen und blutigen Unterdrückung der Ketzer. Dieser Weg mündet unversehens in die Errichtung der Inquisition, einer Einrichtung, die aus der Ehe des kirchlichen mit dem kaiserlichen Recht geboren wird.

Waldes begann seine Predigertätigkeit keineswegs gegen die Kirche, sondern in der Absicht, ihr Gespräch mit dem Evangelium an- und einzuleiten. »Aus der Gnade, die uns geschenkt wurde«, versicherten seine Gefährten, »und auf das Gebot des Herrn hin haben wir uns entschlossen zu predigen und zu beten. So treten wir den Weg der Rückkehr zur Urkirche an.« Für die ersten Waldenser war Waldes das Zeichen dafür, daß der Herr der Kirche seinem Versprechen treu blieb: »Der Sohn des höchsten Vaters hat sein Volk nicht gänzlich verlassen. Als er das Verhalten der Prälaten sah, das bestimmt ist von Habgier, Simonie, Hochmut, Raubgier, Prahlsucht, Hurerei und anderen Verbrechen, als er erkannte, daß durch ihre Art der Lebensführung auch die göttlichen Geheimnisse in Gefahr geraten waren, wählte er, ähnlich wie er zu Beginn seines Predigens ungebildete Fischer gewählt hatte, nun auch dich, Herr Waldes. Er vertraute dir an, daß du die apostolische Aufgabe (aporisma) weiterführest und daß du gemeinsam mit deinen Freunden die Unfähigkeit des Klerus im Kampfe gegen den Irrglauben wieder gutmachst.« [29]

Es ist gewiß auffällig, wie diese Rückkehr der Waldenser zur Urkirche *(ecclesia primitivorum)* den Prälaten und dem Klerus entsagt und wie konsequent sie den hierarchischen Aufbau der Kirche kritisiert. Das Bewußtsein der anvertrauten Mission formt eine neue, auf Wanderschaft beruhende Art des Dienstes am Wort im scharfen Gegensatz zur Seßhaftigkeit des Mönchslebens in Klöstern und zur Zufälligkeit des bischöflichen Predigens. Die Waldenser Armut steht ganz in Diensten der Mission. So wie Jesus zu Beginn seines Predigerwirkens siebzig Boten aussandte, daß sie zu zweit in die Städte vorangingen, wohin er später selbst kommen wollte, wandern auch die Waldenser Prediger zu zweit. Noch gute zehn Jahre nach dem Tode des Waldes ist die Erinnerung an ihn in einem Waldenser Dokument von 1218 mit seinem Gefährten Vivet verbunden, mit dem er unermüdlich Predigtwanderungen unternommen hatte.

Die letzten Jahre Waldes' verlieren sich für uns im Ungewissen. Er lehnt es ab, sich irgendwo niederzulassen und ansässig zu werden, er ist ständig auf Reisen, um das Evangelium zu verkünden. Dabei hat sein Wandern nichts von der einsiedlerischen Flatterhaftigkeit der Pilger, deren Ideal eine entvölkerte Wüste war und die ihre Verachtung der Welt und des Leibes noch bis ins frühe Mittelalter hineintrugen. Wir müssen eher an die Missionsreisen der Apostel denken, namentlich an Paulus, der sich auf den Straßen des römischen Imperiums von Gehilfen begleiten ließ, die mit ihm für das Königreich Gottes arbeiteten (Kol. 4,11). Die frühen Waldenser verliehen tatsächlich ihrem Sendungsbewußtsein wie Paulus den entsprechenden Ausdruck, wenn sie so häufig ihre Gewißheit in Jesus Christus betonten, dem Erlöser von menschlichen und kosmischen Machtansprüchen (z. B. 1. Kor. 3,10 ff.). Bei unseren Reisen ins kommende Königreich gelangen wir auf Wege, die zum Nächsten führen. In dieser Richtung ausschreiten aber können wir nur um den Preis, daß mit der üblichen Bequemlichkeit Schluß ist.

Der Historiker kann das Jahr von Waldes Ableben (ungefähr 1206/07) nur annähernd erraten, und den Ort wird er kaum sicher feststellen können. Die Ehrfurcht, der sich Waldes lange und ausdrücklich gerade bei den Lyoner Armen erfreute, deutet darauf hin, daß er auf französischem Boden starb. Gewiß scheint, daß er von einem gewaltsamen Tode, wie ihn so viele seiner Schüler erlitten haben, verschont blieb. Die Akten der Inquisitionsprozesse haben oft das Andenken an den Märtyrertod auch weniger bedeutender Persönlichkeiten bewahrt. Über den Tod von Waldes wissen sie jedoch nichts zu berichten. »Er verschwand ganz unauffällig«, schrieb F. M. Bartoš, indem er die irrige, wenn auch vielfach wiederholte Meinung widerlegt, Waldes sei in Böhmen gestorben, »wie so viele seiner Gefährten und Schüler, von denen er sich durch nichts unterscheiden wollte; als ein unbekannter Soldat des jahrhundertealten, ihnen auferlegten Ringens mit der Kirche, als ein einfacher und demütiger Jünger Jesu Christi, der er sein wollte und bis zum Tode blieb.«[30]

Die Armen von Lyon im französischen
Süden und in anderen Gebieten

Nach den Ereignissen von Lyon und Verona verbreitete sich das Predigen nach Art der Waldenser zuerst und am schnellsten im Languedoc, nicht nur deshalb, weil hier die offizielle kirchliche Aufsicht durch die deutlichen Sympathien des Volkes und auch einiger Adliger für alles, was nicht orthodox klang, stark geschwächt war. Hierher trieb die ersten Schüler Waldes' auch der Wille, den Katharern ihren ursprünglichen Sinn für die einfache Botschaft des Evangeliums wiederzugeben. Im französischen Süden verblaßte die Autorität der örtlichen Prälaten in dieser Zeit so stark, daß die Kirche sogar zeitweilig auf gewaltsame Eingriffe verzichtete und den Weg der Überzeugung einzuschlagen versuchte. Sie organisierte bemerkenswerte öffentliche Streitgespräche nach dem Vorbild scholastischer theologischer Disputationen. Die Zuhörer wählten in der Regel selbst ein Schiedsgericht, das über Gewicht und Beweiskraft der vorgetragenen Ansichten und Argumente entscheiden sollte. Die gelehrten Streitgespräche führten vorwiegend Katharer und Katholiken miteinander, aber im Jahre 1190 beteiligen sich auch Waldenser in Narbonne an der Diskussion. Wir begegnen ihnen erneut 1207 in Pamiers, und es ist wahrscheinlich, daß gerade sie die Anregung zu dieser Form der Verständigung mit den Katharern gaben, wenn auch auf der Ebene weniger offizieller Begegnungen.

So wenigstens urteilt Durand von Osca[31], ein Schüler von Waldes. Im letzten Jahrzehnt des 12. Jahrhunderts war Waldes in seinen Augen ein Auserwählter Gottes, der den evangelischen Glauben verteidigen sollte, da für diese Aufgabe weder die Prälaten noch ihr Klerus ausreichten. »Unser Weg ist in der Hinsicht neu«, versicherte Durand, »daß er sich ganz auf die Autorität des Neuen Testaments stützt. Unser Glaube und unser Lebensstil besitzen gerade im Evangelium ihre Bürgschaft.« Fest gegründet in dieser evangelischen Autorität treten die Waldenser an die Katharer heran, ohne jede Unterstützung durch die zeitgenössische Gesellschaft und Kirche. Obzwar sie dankbar das Zeugnis von Gottes Wort aufnehmen, auch soweit es durch die Vermittlung der Kirche zu ihnen dringt, so lehnen sie doch unerbittlich alles ab, womit die Kirche bei den Zeitgenossen Ärgernis erweckt. »Darum hassen uns die Priester«, ergänzt Durand, »und bedrängen uns mit häufigen Verfolgungen.« Wenn die Katharer oder der Klerus fragen, woher Waldes die Gewißheit seiner Mission nahm, antwortet ihnen Durand auch für seine Waldenser Freunde eindeutig: »Wisset, daß ihm Gottes Gnade von oben gegeben ward und er die Stimme des Evangeliums hörte, das da spricht: Selig sind die Armen im Geiste, denn ihrer ist das himmlische Königreich. Diese Stimme hat ihn unterrichtet und beglaubigt.« Kaum hätte man besser das demütige, aber auch unbeugsame Bewußtsein der Aufgabe ausdrücken können, mit dem die ersten Schüler des einstigen Lyoner Bürgers lebten.

Bei Durand überraschen seine relativ umfangreichen Kenntnisse. Er kennt die Heilige Schrift gründlich. In seinem *Liber antiheresis*[32] führt er daraus ganze Seiten an, weicht aber auch den Schriften der Kirchenväter und jenen Konfessionstexten nicht aus, die in der Lyoner Erklärung von Waldes erwähnt werden. Er weiß über die alten Ketzereien mit gnostischem Charakter Bescheid und vergleicht sie geschickt mit den Lehren der Katharer. Er unterzog sich einer gründlichen Studienarbeit, um das Material zusammenzufassen und zu klassifizieren, das wirksam zum Gelingen der Evangelisationsaktionen beitragen sollte, wie sie vom Begründer der Lyoner Armen eingeleitet worden waren.

Waldes verstand es also, sich selbst Mitarbeiter auch unter den Gebildeten auszusuchen. Das bewies schon die Methode, mit der er sich die biblischen Übersetzungen besorgte. Er erkannte aber den Grundsatz nicht an, daß die freie Predigt nur dann rechtsgültig sei, wenn ihre Absicht durch die Gelehrsamkeit des Predigers oder die kanonische Mission garantiert sei. Offenbar war es der Gedanke von Waldes, den die Waldenser bei den Streitgesprächen in Narbonne äußerten, wenn sie verkündeten: »Wer immer auch imstande ist, das Wort Gottes zu verbreiten, der ist verpflichtet, so zu handeln.«[33] Durand urteilte allerdings als Theologe, daß »theologische Pfeile« nicht in der Ausrüstung jener fehlen dürften, die sich »auf den apostolischen Weg begeben«.

Gegenüber den Katharern verteidigte Durand die Bedeutung des Alten Testaments. Es liefert ihm das Zeugnis vom einzigen Gott, dem Schöpfer des Universums, dessen Erbe der Menschensohn ist. Seine Schöpfungstat bezieht sich unteilbar, sozusagen mit einem Atemzuge, auf Körper, Seele und Geist. Dank des göttlichen Gesetzes existiert ein konstruktiver Zusammenhang zwischen dem Alten und dem Neuen Bunde, zwischen Schöpfung und Enderlösung, zu der es bestimmt nicht ohne Auferstehung des Leibes kommen wird. Jesus, der leiblich aus dem Stamme David und von einer ganz und gar menschlichen Mutter geboren wurde, bestätigt und garantiert damit Gottes Liebe zu dieser materiellen Welt. Die Welt ist freilich entgegen ihrer Bestimmung von ihrem Schöpfer abgefallen und hat sich mit ihm verfeindet, hat sich in sich selbst verschlossen und gewissermaßen in eine uneinnehmbare Festung zurückgezogen, aber in seiner Liebe hat »der Sohn seine Kirche rein und unbescholten auf der apostolischen Grundlage begründet, um die Festung dieser Welt zu belagern und zu erobern«.

Mit dieser kernigen Ablehnung des Spiritualismus der Katharer blitzt etwas von der ursprünglichen Dynamik der Waldenser auf, die ergriffen sind von Gottes Liebe zur Schöpfung. Weil Jesus Christus seinen grundlegenden Dienst an der Welt in seiner bloßen Leiblichkeit bezeugt hat, muß man ihm mit kühnem Anlauf in inkarnierter Liebe zu Gott und dem Nächsten nachfolgen. Seine Gerechtigkeit und Barmherzigkeit wendet sich den Erniedrigten und Schwachen zu, keinesfalls den Mächtigen. Analog dazu kann auch die Kirche nicht anders leben als in Übereinstimmung mit dem Lebenslauf des Gottessohnes, dessen Namen sie trägt.

Die relative kulturelle Einheit der Grafschaften Provençe und Languedoc hatte sich teilweise auch unter katalonischem Einfluß herausgebildet. Als der aragonische König Alfons II. von der Ausstoßung der Lyoner Armen aus der Kirche erfahren hatte, war er bemüht, sich als zuverlässiger katholischer Herrscher zu erweisen. Er ließ im Jahre 1194 verkünden, daß für die Armen aus Lyon kein Platz in seinen Landen sei.[34] Freilich war es leichter, mit einer Bewegung Schluß zu machen, deren Gefolgschaft in der Mehrheit innerhalb der ländlichen Bevölkerung und bei kleinen Handwerkern zu suchen war, als die Katharer anzugreifen, die sich damals der Unterstützung durch die führenden Gesellschaftsschichten erfreuten. Vier Jahre später wiederholte Peter der Katholische, der Sohn von Alfons, die Anordnung des Vaters, mit der »alle Waldenser, die Zerstörer des christlichen Glaubens und unsere öffentlichen Feinde«, über die Grenzen seines Landes verwiesen wurden.[35]

Im Norden ordnete 1192 in Lothringen Bischof Odon von Toul an, daß ihm die Waldenser *(Waldoys)* in Ketten vorgeführt würden. In Metz treten Waldenser Prediger auf, die vorher aus Montpellier vertrieben wurden.[36] Die kirchliche Obrigkeit fahndet nach ihrer Volksbibel und wirft sie in die Flammen (1200). Dem Metzer Beispiel folgt nach drei Jahren Lüttich. Man spürt vor allem die Bücher der Waldenser auf, gleichgültig ob sie in romanischer oder germanischer Zunge geschrieben sind.

Diese und ähnliche Maßnahmen bekunden nicht so sehr die schnelle Verbreitung des Waldenser Predigertums als vielmehr die Tatsache, daß die höhere Geistlichkeit an der Wende vom 12. zum 13. Jahrhundert von einem geradezu krampfhaften Selbsterhaltungstrieb ergriffen wurde, hervorgerufen durch die Sorge, wohin die Waldenser Botschaft mit der immer schärfer werdenden antiklerikalen Zuspitzung noch führen könnte. In dem Bestreben, dieser Bedrohung entgegenzutreten, entstaubte und erneuerte die offizielle Polemik gegen die Lyoner Armen die gleichen Argumente, die dem Klerus schon einmal im Kampfe mit den erbitterten Kritikern gedient hatten und die besonders Heinrich von Lausanne ausgesprochen hatte. Viele der Autoren erinnerten sich nun an die Thesen Heinrichs, wenn sie zur

Feder griffen, um die Kühnheit der Waldenser theologisch zu vernichten.

Der Mönch Heinrich von Lausanne[37] hatte schon 1116 in Le Mans Buße gepredigt. Als ihn der Bischof von dort vertrieb, wirkte er lange Jahre verschiedentlich in Südfrankreich, wo er auch Gedanken zuneigte, die ein anderer Volksprediger, Peter von Bruis, verbreitete. Dieser enthüllte die Eitelkeit der Kintertaufe, des Geheimnisses der eucharistischen Verwandlung, des Kreuzkultes, des Kirchenbaus, die Eitelkeit des Glaubens an den Einfluß von Gebeten für Verstorbene. Der Erzbischof von Arles ließ 1134 Heinrich verhaften und dann auf dem Konzil von Pisa verurteilen. Er sollte hinter die Klostermauern zurückkehren. Bernhard von Clairvaux, wie immer besorgt um klösterliche Rechtgläubigkeit, bot ihm das berühmte Giteaux an. Heinrich lehnte ein solches Gefängnis ab und kehrte zur Wanderpredigt zurück. Um das Jahr 1140 wurde er aber unweit von Toulouse doch wieder aufgegriffen und für immer zum Schweigen gebracht. In seinem wagemutigen und unermüdlichen Wirken drückte er die Sehnsucht nach einer geistlich orientierten und dabei einfachen Kirche aus, die von der sichtbaren herrschenden Kirche, die nach Macht gierte und durch ihre sakralen Prachtbauten bewundernde Aufmerksamkeit verlangte, sehr verschieden war. Gestützt auf das Neue Testament empfahl Heinrich die Taufe nur Erwachsenen, die sich bewußt und selbständig zum Inhalt des Glaubens bekennen konnten. Moralisch ungeeigneten Priestern bestritt er die Fähigkeit, die Sakramente vollwertig zu verwalten, er glaubte auch nicht, daß die traditionelle Weihe den Priestern die Macht über das menschliche Gewissen verleihe, die Macht zu binden und zu lösen.

Begreiflicherweise wurde die Haltung der südfranzösischen Waldenser zur herrschenden Kirche nach der Exkommunikation zu Verona nicht freundlicher, sondern verschärfte sich. Das mag auch durch Kontakte mit den Resten von Heinrichs Gefolgschaft gekommen sein, denn Durand von Osca, mag er auch der Kirche gegenüber ziemlich loyal gewesen sein, kritisierte doch die Simonie der Prälaten sehr scharf und bekannte, daß seine Genossen Gegenstand des Hasses der Priester und der Verfolgung durch sie seien. Als er später ganz in den Schoß der Mutter, der katholischen Kirche, zurückkehrte, setzte er doch die literarische Polemik mit dem Dualismus der Katharer in einem selbständigen Buche gegen die Manichäer *(Liber contra Manicheos)* [38] fort, wich jedoch einem Angriff gegen seine einstigen Waldenser Genossen aus.

Die antiwaldensischen Angriffe nahmen indes aus einer anderen Richtung zu, namentlich aus Kreisen der Mönche. Sie wurden zu Sprechern für die Kirche in einem Augenblick, als sie begann, neue Elitegruppen zu bilden, die der Entfaltung reformatorischer Empörerbestrebungen entgegenwirken sollten. Aus den Federn eines Prämonstratensers, eines Zisterziensers und eines dritten Mönches, dessen Ordenszugehörigkeit nicht zu ermitteln ist, besitzen wir wertvolle Zeugnisse über die Vorstellungen, die sich im Mönchsmilieu gegen Ende des 12. Jahrhunderts über die französischen Waldenser herausgebildet hatten.

Bernard, Verwalter der Prämonstratenserabtei in Fontcaude, schrieb seine antiwaldensische Polemik bald nach 1190. Er wollte mit ihr dem wenig gebildeten und ungelehrten Klerus einen Dienst erweisen, der seiner Meinung nach unfähig war, sich den Ketzern zu widersetzen, und die Pfarrgeistlichen aus den Zweifeln und Widersprüchen herausführen, in die sie durch die neuen Strömungen gerieten. Bernard von Fontcaude arbeitete dabei in den Traditionen seines Ordens, der gewohnt war, sich unmittelbar an den Grenzen zwischen dem kirchlich-klösterlichen und dem weltlichen Leben zu bewegen, wenngleich er dabei nach außen als Gemeinschaft von Ordenskanonikern auftrat. Zu dieser Zeit hatten sich die Prämonstratenser schon von der Wanderpredigt abgewandt, aber ihr Streben, ihren Einfluß in kirchlichen und weltlichen Angelegenheiten zur Geltung zu bringen, blieb ungeschwächt. Bernard ist auch vollkommen im Bilde über das religiöse Leben in der Diözese Narbonne. Er lobt die antiketzerischen Maßnahmen, die Erzbischof Bernard Gaucelin (1181–1191) getroffen hatte, und gibt eine detaillierte Darstellung aller der Probleme zwischen Katholiken und Waldensern, die auf der Disputation unter Vorsitz des Priesters Raymond von Daventrie in Narbonne durchgenommen worden waren. Zwölf Kapitel seiner Schrift *Adversus Waldensium sectam* baute er auf der Grundlage der zugehörigen Gutachten zu den strittigen Artikeln auf, die von beiden Parteien ausgearbeitet wurden, wenngleich er in das Material auch eine neue Ordnung einführte. Bernards Anordnung wird mehr oder weniger zum Vorbild für die katholischen Kontravenierenden kommender Jahrhunderte.[39]

Den typischen Hauptzug bei den Waldensern sieht Bernard von Fontcaude in ihrer radikalen Ablehnung des Gehorsams gegenüber der organisierten Kirche, deren Institution er in der geistlichen Hierarchie vom Papst bis zum niedrigsten Kleriker sieht. Sie aber wollen nach dem bekannten Wort des Apostels Petrus nur Gott gehorchen. Indem sie den Klerus schmähen, reißen sie zugleich das Recht zu predigen an sich. Das ist deshalb um so verwerflicher, weil diese Tätigkeit auch ihre Frauen ausüben. Sie berufen sich zu ihren Gunsten auf das Wort Jesu »Wehret ihm nicht!«, das für Johannes bestimmt war, als er das Recht, sich auf Jesus zu berufen, demjenigen bestritt, der nicht unmittelbar zum Kreise der Jünger gehörte (Mark. 9, 38–40). Bischöfe und Prälaten – behaupten die Waldenser – haben demnach kein Recht, ihnen zu verwehren, Christus zu predigen. Sie sollten sich besser freuen, wie sich darüber schon der Apostel Paulus (Phil. 1, 15–19) freute. Ideales Ziel der christlichen Gemeinden sollte der Wunsch sein, den schon Moses ausgesprochen hatte: »Möge das ganze Volk Prophet des Herrn sein« (Num. 11, 29). Jeder Laie, dem die Gabe des Heiligen Geistes zuteil geworden ist, trägt die Verpflichtung, das Wort Gottes zu verbreiten. Im übrigen wurde in der Vergangenheit die Erfüllung dieser Aufgabe niemals den einfachen Gläubigen zur Last gelegt. Die Lyoner Armen erinnern dabei an das seinerzeit von Gregor dem Großen (*Dialogorum liber* 1, 4) angeführte Beispiel: Zwei Laien, Honoratus und Equitius, schätzte die Kirche damals so hoch, daß sie Gewicht auf ihre Worte legte. Der erste wurde im 5. Jahrhundert zunächst Mönch im Kloster Lérin und schließlich Bischof von Arles. Equitius wurde als Laie im nächsten Jahrhundert Verwalter mehrerer Kongregationen in Unteritalien. Aus Zeiten, die ihrem eigenen Auftreten wesentlich näher lagen, erinnerten die Waldenser an Raymund Paulus und erläutern damit das Prinzip, daß das Predigen kein Reservat einer besonderen Gesellschaftsschicht sein dürfe. Der Wanderprediger braucht freilich keine Pfarrgrenzen zu beachten, noch muß er sich darum kümmern, was er essen und womit er sich kleiden wird.

Bernard scheint es, als ob die Waldenser die christliche Lehre nur auf das einengen, was sie für wesentlich halten und was die Schrift ausdrücklich nennt. Sie beachten keinerlei Fürbitten für Verstorbene, weil ihrer Meinung nach über die Erlösung hier auf Erden entschieden wird, solange die Zeit dafür gegeben ist (2. Kor. 6, 2). Sie bestreiten die Existenz des Fegefeuers. Soweit es sich um eschatologische Vorstellungen handelt, schwanken sie gleichsam zwischen der Auffassung, die sich mit der Aussicht auf die zwei einzigen Möglichkeiten begnügt, wie sie sich der Seele nach ihrer Lösung vom Körper eröffnen, nämlich entweder Himmel oder Hölle, und der Hoffnung auf das Letzte Gericht, das endgültig über die Zukunft der Menschen entscheiden wird. Sie trauen den gebauten Kirchen nicht und beten lieber irgendwo, am häufigsten privat daheim, und streben auch so danach, die Forderungen der Bergpredigt Jesu (Matth. 6, 6) zu erfüllen.

Bernard von Fontcaude führte sogar so etwas wie eine typologische Untersuchung der Schichten durch, aus denen die Waldenser am häufigsten Anhänger in ihre Reihen locken. Von unserem Standpunkt aus ist allerdings Bernards »Fragebogen« recht unvollkommen. Er gestattet zwar, das moralische und psychologische Profil der Schichten zu erkennen, die sich am ehesten durch das Predigen der Waldenser »verführen« lassen, sagt aber wenig aus über ihren sozialen Charakter. Nichtsdestoweniger betont er in diesem Zusammenhang die Erfolge der Waldenserpredigten bei

Frauen und auch wiederum die Zeugniswirksamkeit ihres Eifers. Insgesamt reagieren nach Bernard auf die Propaganda der Waldenser vor allem schwache, unerfahrene, naive Leute, während ihnen umgekehrt starke und gesellschaftlich gut situierte Menschen widerstehen.

Bernard verurteilt die Irrtümer der Waldenser auf der ganzen Linie. Da sie sich gegen die kirchliche Autorität gesperrt haben, sind sie des ewigen Todes wert, der sie, die aus der Kirche Ausgestoßenen, sicher ereilen wird. Es scheint jedoch, daß Bernard sie nicht dem Arme der irdischen Gerechtigkeit ausliefern wollte, um sie physisch zu vernichten, auch wenn er auf diesen Gedanken verfiel und ihn nicht als völlig absurd ablehnte. Andererseits preist er die Erhabenheit der Prälaten über das übrige Volk, was sich hauptsächlich aus ihrer Konsekrationsgewalt über die Elemente der Eucharistie und in ihrer Autorität als Lehrer erweist. Sie nicht zu achten bedeutet für ihn, das durch die Taufe geprägte Bild des neuen Menschen zu vernichten, das man in sich trägt. In allen Fragen des Glaubens und des Gottesdienstes ist einzig der Klerus entscheidend und in letzter Konsequenz allein der römische Nachfolger Petri. Losgelöst von der hierarchischen Kirche können die Waldenser nicht recht haben. Die prophetische Gabe, deren sie sich rühmen, wurde ihnen von dieser Kirche nicht übertragen, und das Predigen muß ihnen demnach unmöglich gemacht werden. Der Heilige Geist ist an die kirchliche Institution gebunden. Die Beispiele von Laien mit Neigungen zum Einsiedlertum, auf welche die Waldenser immer wieder verweisen, beweisen überhaupt nichts. In allen drei von ihnen angeführten Fällen ging es doch um Laien, die den Sachwaltern der Kirche voll ergeben waren. Bernard betont diesen Umstand stark. Sein Begriff der kirchlichen Autorität hängt eng mit der territorialen Verteilung des Christentums zusammen: »Fast jeder Ort auf der Welt ist Bestandteil einer Diözese, und jede Diözese hat fest abgesteckte Grenzen.« Jenseits der Bereiche der Pfarren und Diözesen können nicht einmal Priester und Bischöfe ihre Machtbefugnisse ordnungsgemäß ausüben, um wieviel weniger darf sich diese

»ein unbekannter Mensch und Laie« aneignen, »noch dazu mit unbestimmtem Wohnsitz!« Hier wird deutlich, wie sehr dieses Herumwandern der Schüler Waldes' Bernard beunruhigte, ihn, den Hüter einer zuverlässigen *stabilitas loci* und anerkannter Bräuche und Gewohnheiten. Er konnte immer nur vor diesen Störern der Ordnung warnen: Man darf sie nicht grüßen, man muß ihnen ausweichen, sie verstoßen.

Das farbenfrohe literarische Vermächtnis Alanus' von Lille *(ab Insulis)* erfreute sich im Mittelalter wegen seiner Mannigfaltigkeit großer Aufmerksamkeit. Alanus war Professor in Paris und Montpellier, wurde später Zisterzienser und starb 1203 in Citeaux. Während seines einflußreichen Wirkens in Montpellier gedachte er eine Widerlegung der vier Hauptrichtungen zu schreiben, in denen er die aktuellsten Bedrohungen der Kirche und ihrer Einheit erblickte, der albigensischen und waldensischen Ketzerei, der Juden und Heiden. Das abgeschlossene Werk widmete er bewußt dem Grafen Wilhelm VII. von Montpellier († 1202), dem weltlichen Herrn des Gebietes, wo die Begegnungen der Glaubenssätze und Gedanken in dieser Zeit besonders lebhaft und erbittert verliefen. Das zweite Buch von Alanus, *Summa quadripartita contra haereticos*[40], aus dem letzten Jahrzehnt des 12. Jahrhunderts, wendet sich an ein breiteres Publikum, nicht nur an Leser, die Schulen absolviert hatten, und versucht, die Leser durch allgemein zugängliche Verstandesgründe für eine Teilnahme an dem ideologischen Kampf gegen die Waldenser zu gewinnen. Bei der Darlegung ihrer Lehre ist Alanus vollständiger als Bernard von Fontcaude, wenn ihn auch die Fragen des Fegefeuers und des Gottesdienstes weniger interessieren.

Seine einleitende Behauptung, daß die Ketzer einschließlich der Waldenser ihr Gift aus den Kräutern alter dogmatischer Irrtümer kochten, führt Alanus nicht weiter aus und schreibt die Entstehung der Waldenser hauptsächlich dem Waldes und seiner Predigertätigkeit zu. Dieses freie Laienpredigen, dem jegliche offizielle Beglaubigung fehlt, irrt bei der Auslegung der Schrift trotz der Tatsache, daß die Waldenser gewisse Studien in ihren »Gymnasien« pflegen. Die

Lyoner Armen und schließlich auch die Frauen aus ihren Reihen widmen sich dieser Tätigkeit so ausschließlich, daß sie aufgehört haben, ihr Brot mit eigenen Händen zu verdienen. Mit dem Beispiel der Apostel Petrus und Johannes begründen sie ihren bedingungslosen Gehorsam gegenüber Gott. Sie erkennen die Tätigkeit ungeeigneter Priester nicht an und unterstellen damit die priesterliche Gewalt einem moralischen Gericht. Wenn sie dagegen umgekehrt das gemeinsame Sündenbekenntnis unter Laien anerkennen, so entwerten sie damit die, von Bischöfen erteilte allgemeine Absolution. Jede Lüge betrachten sie als Todsünde.

Für die einzelnen strittigen Anschauungen erbringt Alanus sowohl die Begründungen der Waldenser als auch biblische Gegenargumente, die ihm entscheidend erscheinen. Dank dieses Vorgehens lernen wir die Standpunkte der Waldenser mit allen ihren Schattierungen kennen. Wenn beispielsweise Alanus den Protest der Waldenser gegen jede Gewaltanwendung beschreibt, präzisiert er dabei gleichzeitig, daß die Waldenser damit die persönliche Abwehr nicht ganz ablehnen. »Gewalt kann durch gemilderte Gewalt abgewehrt werden«, meinen nach seinem Urteil die Waldenser, »der Feind darf jedoch niemals getötet werden.« Hier wie häufig auch an anderer Stelle läßt Alanus die normative Bedeutung der Bergpredigt für die Waldenser durchblicken. Selbst erläutert er sie freilich im Sinne der traditionellen kirchlichen Auffassung.

Er greift namentlich das Prinzip der Laienpredigt an. Persönliche Heiligkeit genüge nicht, um sie zu begründen. Die Zisterzienser seien zum Beispiel »um vieles heiliger als die Waldenser«, und dennoch predigen sie nur ausnahmsweise, wenn sie mit dieser Aufgabe betraut werden. Den Waldensern stellt Alanus in erster Linie die kirchlichen Traditionen und die Ordnung einer stabilen Gesellschaft gegenüber. Er ist selbst ein gebildeter, sprachgewandter und geschmeidiger Vertreter des Konservatismus, der bei den Waldensern auf eine sehr gefährliche Auffassung des Christentums stößt. Das ist um so gefährlicher, weil sie einen bedeutsamen Widerhall in den verschiedensten Gegenden finden, *per diver-*

sas mundi partes. Alanus will vor allem unter einflußreichen Leuten den Abfall zu den Waldensern abwehren, unter denen, die sozusagen die Klammern im sozialen Aufbau bilden. So war es kein Zufall, daß er in der Vorrede zu seiner Schrift den Grafen Wilhelm dafür lobt, daß er im Kampf mit so vielerlei Stürmen niemals das Schiff Petri verlassen habe.

Hinter den beiden erwähnten Autoren bleibt das Kapitel, das Ebrard von Béthune in seinem *Antihaeresie liber* den Waldensern widmete,[41] literarisch stark zurück. Der gebürtige Flame schrieb seine Kritik der Waldenser, der *Vallenses* oder *Xabatenses*, wie er sich ausdrückte, bald nach 1210. Es ist nur ein Konglomerat biblischer Zitate, die nach einer wenig disziplinierten allegorischen Methode ausgewählt und ausgelegt sind. Interessant an dieser verwirrten Polemik ist ihr Sinn für malerische Details, die das Alltagsleben der Waldenser charakterisieren. Wenn er sie als Xabatenses benennt, so will er damit darauf aufmerksam machen, daß sie gern Holzschuhe oder Sandalen trugen, die auf der Oberseite *(sotularis)* so ausgeschnitten waren, daß das Kreuzzeichen erschien. Dieser Waldenser »Wanderschuh« symbolisierte in den ersten zwei Generationen der Bewegung ihre Reisemobilität. Nach Ebrard sollen die Waldenser Prediger ganze Tage in einer Art *dolce far niente (sedent tota die ante solem)* verbracht haben. Ihre Ruhe hätten sie nur zur Essenszeit unterbrochen, wo sie auf den Marktplätzen der Städte erschienen, um zu betteln. Arbeit rühren sie mit keinem Finger an, ständig repetieren sie die Lobpreisung der Armen aus dem Matthäus-Evangelium (5, 3), verkünden, daß Geld die Menschen in die ewige Verdammnis stürze, aber fette Almosen duften ihnen ganz angenehm in die Nase. Sie seien so frech, daß sie es wagen, jede Unordnung zu kritisieren, die sie um sich erblicken. Sie werden sich aber nicht bewußt, daß ihre Auslegung des göttlichen Gesetzes absolut falsch ist. Sie schleppen Abschriften biblischer Bücher mit sich umher, verwenden sie reichlich und sind bestrebt, ihre Verwendung durch verschiedenfarbige Buchzeichen zu erleichtern. Alles in allem sind es Leute, welche die getreuen

Katholiken verführen und betrügen sollen; sie zählen sich zu den treuen Katholiken, sind aber in Wahrheit Sektierer, nichts als eben Vallenses mit Heimat im dunklen Tal der Tränen. Wahr ist, daß sie mit den Katholiken die Ehrfurcht vor dem Evangelium, der Sonntagsruhe, den Fasten und dem Gebet gemeinsam haben. Aber der Klerus hat sie zu Recht abgelehnt, so daß sie sich völlig ungesetzlich die Prophezeiung von Paulus aneignen und auf sich beziehen: »Alle, die Gott wohlgefällig in Jesu Christo leben wollen, werden verfolgt werden« (2 Tim. 3, 12).

»Ein Liebhaber von Sprachspielereien«, sagte der Historiker der Waldenser, Emilio Comba [42], von Ebrard, »der die Aufmerksamkeit nicht verdient, die ihm die Historiker gewidmet haben.« Er ist jedoch ein beredter Zeuge dafür, bis zu welchen Kindereien sich ein Gebildeter der herrschenden Schichten herablassen kann, wenn er blind jede Kritik ablehnt, die sich gegen diese Schichten richtet. Erst die starke Persönlichkeit des Papstes Innozenz III. gibt der volksfeindlichen Reaktion der Institutionalisierten Kirche größeres Gewicht und bessere Umsicht.

Die Katholischen Armen

In die Angelegenheiten der Waldenser in Metz mischte sich zunächst durch Briefe und dann durch die Entsendung von drei Äbten Innozenz III. (1198–1216) selbst ein. Bald danach wandte sich seine Aufmerksamkeit dem französischen Süden zu. In dieser Zeit wurde in den entwicklungsmäßig am weitesten fortgeschrittenen Ländern Europas die Organisation der kirchlichen Pfarrsprengel abgeschlossen. Der Sieg dieses Systems entsprach ausgezeichnet dem klerikalen Streben nach einer direkten Kontrolle der Gläubigen und den Bedürfnissen des Kampfes gegen die Häresie. Durch die Festigung der Parochien und durch das Bestreben, die gesamte geographische Ausdehnung der Christenheit mit einem relativ dichten Netz von Verwaltungseinheiten zu überziehen, die fähig waren, die Oberaufsicht über die Rechtgläubigkeit zu garantieren und das Eingreifen von

Ketzern zu ermöglichen, wehrte die Kirche häretische und sektiererische Entfremdungen ab. Im Jahre 1215 erlegt das Ökumenische Konzil jedem Christen die Pflicht auf, mindestens einmal im Jahr beim örtlich zuständigen Pfarrer die Beichte abzulegen.

Bevor er zu diesen Maßnahmen schritt, erprobte Innozenz auch andere Methoden. Im Jahre 1201 erkannte er die Gemeinschaft der »Humiliaten« in den lombardischen Städten an, eine Gemeinschaft, die noch siebzehn Jahre vorher in einem Atemzuge mit den Lyoner Armen in Acht und Bann getan worden war; nunmehr wird ihr gestattet, in der Gemeinde ein Leben mit regulären Versammlungen zu führen und Predigten von Predigern zu hören, deren Eignung die Bischöfe überprüft haben. Der Dienst am Wort wurde so allerdings eingekeilt in die alten kirchlich rechtlichen und verwaltungsmäßigen Beziehungen. Innozenz bewies hierbei seinen durchdringenden Sinn für gesellschaftliche und politische Realität. Viele Erscheinungen in der Kirche, die er für ungesund hielt, heilte er durch die Zubereitung von Gegenmitteln, die aus abgeschwächten Gaben krankheitserregender Keime gemischt waren. Bei den Humiliaten sonderte er geschickt oppositionelle Elemente aus und gab den konformistischen seinen kirchlichen Segen. Er brach damit ihren ursprünglichen Bestrebungen die Spitze ab, sich mit der disziplinierten Genossenschaft der Arbeiter, meist der handwerklich arbeitenden Wollaufbereiter, zu solidarisieren, die sich leicht einer Beschneidung der Freiheiten ihres Standes widersetzen konnten; damit stoppte er Tendenzen, die dem jungen Waldensertum auf italienischem Boden entgegenkamen. Dazu gehörte der Widerstand gegen die Eidesleistung und gegen das Gerichtswesen überhaupt und die Verkündung der Handarbeit als Voraussetzung für ein wahrhaft christliches Leben.

Wollte Innozenz III. die Kirche dazu bringen, daß sie mit dem immer dringender werdenden Ruf nach neuen Methoden christlicher Präsenz in der Gesellschaft Schritt hielt, ohne dabei an Aufgabe der theokratischen Ansprüche des Papsttums zu denken, so konnte er den missionarischen

Eifer zweier Spanier nicht unwillkommen finden, durch den der Kirche eine Hilfe angeboten wurde, die – wie sich später zeigte – ungewöhnlich wirksam war. Im Frühjahr 1206 beschwerten sich in Montpellier bei einem beinahe zufälligen Zusammentreffen drei Zisterzienser und päpstliche Legaten bei Diego, Bischof von Osma, und dem Unterprior seines Kapitels, Dominikus von Calaruega, über ihre Mißerfolge bei den Ketzern. Beide Spanier gaben ihnen eine Antwort, einfach wie das Ei des Kolumbus: Man müsse die Methode ändern. Barfuß gehen und ohne prächtiges Gefolge, ohne Geld und ohne besondere Vorkehrungen, nach Art der Apostel, nach Art der Lyoner Armen. Das Echo, das die Sektierer finden, lasse sich gerade dadurch erklären, daß vor den Augen der Leute die Worte nur dann Gewicht haben und vertrauenswürdig sind, wenn sie durch das lebendige Beispiel bestätigt werden. Diego und Dominikus begannen selbst nach dieser neuen Methode zu predigen. Die Berechtigung der neuen Methode bestätigt ihnen Innozenz gleich im Herbst. Nach Montpellier waren sie auf langen Wegen von Rom gekommen, wobei sie Gelegenheit hatten, auch die nördlichen Gebiete Europas kennenzulernen und Erfolge und Niederlagen der kirchlichen Arbeit bei den vormals heidnischen Völkern einzuschätzen. Sie lernten auf diesen Reisen die Erfahrungen ganzer Generationen kennen, vielleicht sogar die Ursachen des Mißerfolgs der missionarischen Bestrebungen des zweiten Prager Bischofs Adalbert bei den heidnischen Preußen. Schon zwei Jahrhunderte vorher hatte nach der Legende Brunos von Querfurt Adalbert tatsächlich auf nicht alltägliche Weise mit der bisherigen, von oben her geführten Mission abgerechnet und bereits auch einen neuen Weg erkannt, den Weg der menschlichen Solidarität und der Identifizierung mit den Lebensbedingungen der Menschen, zu dem der Zeuge im Namen des Evangeliums gelangt: »Unser Aussehen und unsere Kleidung schreckt – wie ich sehe – die Heiden ab. Deshalb – wenn sie zustimmen – legen wir das Priestergewand ab, lassen wir uns langes Haar wachsen und verhindern wir nicht, daß am unrasierten Kinn der Bart sprießt. Vielleicht werden wir unerkannt das Werk des Heils besser ausführen können; ihnen angeglichen, werden wir ihnen vertraulicher näher kommen, mit ihnen sprechen und leben. Und verdienen wir uns nach Art der Apostel das Brot durch unserer Hände Arbeit.« [43] Das war die erleuchtende Erkenntnis, daß das Evangelium wiederum nur mit evangelischen Mitteln verbreitet werden kann, daß die Gelegenheit zu missionarischer Wirksamkeit eigentlich erst dann gegeben ist, wenn ein Christ, der unter den gleichen Lebensbedingungen wie seine Nächsten lebt, nach den Quellen seiner Hoffnung gefragt wird. Der Adalbert Brunos sprach tatsächlich davon, daß sich gerade unter solchen Umständen »irgendeine Gelegenheit zum Predigen des Evangeliums finden wird«.

Ganz gleich, ob diese oder ähnliche Erinnerungen bei den beiden spanischen Pilgern unter dem Einfluß ihrer kurz vorher erfolgten Begegnung mit der bis dahin nicht endgültig gelösten Problematik des Christentums auf seinem nördlichen und östlichen Territorium mehr oder weniger klar aufstiegen; sicher ist, daß ihr Programm des evangelischen Predigertums vor allem als direkte Reaktion auf die Wirksamkeit der »Vollkommenen« bei den Katharern und besonders auf das Predigen der Waldenser entstand. Was aber für die radikaleren Waldenser unerläßliche und nicht wegzudenkende Konsequenz der christlichen Existenz überhaupt war, das wurde in dem entstehenden Predigerorden des Dominikus vorwiegend zu einer Frage der missionarischen Taktik, auf deren Unterstützung durch die weltliche Obrigkeit er keinesfalls verzichten wollte. In dieser Hinsicht entsprach er den Richtlinien des Papstes, der von sich verkündet hatte, daß er der Stellvertreter Christi auf Erden sei, König der Könige und Herrscher aller Herrscher.

Die Ähnlichkeit des Vorgehens bei den Lyoner Armen und bei den ersten Gefährten des späteren Heiligen Dominikus war beim ersten Hinsehen und Anhören so auffällig, daß die Unterschiedlichkeit ihrer Motivation leicht der Aufmerksamkeit der Zeitgenossen entgehen konnte. Der erste, der sich dadurch täuschen ließ, war Durand von Osca selbst.

Die Disputation, die im September des Jahres 1207 in dem Vorpyrenäenort Pamiers organisiert wurde und zu der Diego von Osma mit zwei anderen Bischöfen kam, wurde gerade auch von katholischer Seite schon im neuen Geiste geführt. Durand verfiel hier auf den Gedanken, daß der Augenblick gekommen sei, wo man von Innozenz das erhoffen könnte, was Alexander den Lyoner Armen abgelehnt hatte. Das günstige Echo bei den Menschen, das Diegos und Dominikus' Vorgehen gefunden hatte und von dem man voraussetzen durfte, daß der Papst damit einverstanden sein würde, beeinflußte offenbar am stärksten den Entschluß Durands und seiner sechs Kollegen der Disputation, deren Namen uns bekannt sind, sich anschließend sofort nach Rom zu wenden. Raymund Roger, Graf von Foix, bekannte sich zwar unter dem Eindruck der Disputation nicht sogleich zur Kirche, wohl aus Rücksicht auf seine Gattin, Gräfin Philippa, und eine seiner Schwestern, welch beide Damen schon seit langem den Ketzern wohlgesinnt waren. Aber der Wortstreit selbst ging ganz anders aus, auch wenn er einen durchaus ritterlichen Charakter trug. Den Vorsitz führte im großen Saal der Burg Castello Meister Arnold von Crampagne als Schiedsrichter, ein Priester und Freund der Waldenser. Ganze zwei Tage lang traten da vor ihm die Ritter der Dialektik auf, achteten sorgfältig auf alle Spielregeln, ähnlich wie die tapferen Kämpfer bei höfischen Turnieren. In unserem Falle verlangten die Regeln eine vorläufige schriftliche Formulierung der strittigen Fragen, eine polemische Darstellung der vertretenen Thesen und ihre Begründung durch biblische und patristische Autoritäten, eine abschließende terminologische Erklärung und Zusammenfassung *(determinatio)* und schließlich auch eine Antwort auf die Einwände der Opponenten. Also ein Vorgehen, wie es auch noch Jahrhunderte später die hussitischen Parteien bei ihren theologischen Auseinandersetzungen handhaben werden. Meister Arnold neigte sich beim Abschluß der Disputation klar der Argumentation der katholischen Redner zu. Er proklamierte sie zum Sieger und sagte sich selbst zeremoniell los von seinen ehemaligen Sympathien für die Waldenser. Er ahmte den Vasalleneid der Treue und Ergebenheit nach und legte seine Hände in die des Diego d' Osma. Damit verpflichtete er sich, »künftig männlich die ketzerischen Sektierer zu verfolgen«, ganz bestimmt die Katharer und vielleicht auch die Waldenser.[44]

Durand vermerkte eine solche formale Absage an das Waldensertum in Pamiers nicht. Als Vertreter des rechten Flügels der Waldenser Bewegung fühlte er sich vielleicht gar nicht angegriffen. Die katholischen Prediger, denen er in Pamiers gegenübergestanden hatte, treten nicht als Prälaten auf. In ihrem bekennerhaften Eifer, bedeckt mit Reisestaub und angewiesen auf das, was sie erbettelt hatten, blieben sie mit ihrer von Tag zu Tag ungesicherten Position kaum hinter der schlichten Bereitschaft der Schüler des Waldes zurück. Indem er Diego von Osma – auch wenn es ein Bischof war – mit Waldes verglich, dessen Vorbild ihn Jahre vorher aufgerührt hatte, verspürte Durand von Osca etwas von dem Eindruck, den Diego noch lange im Gedenken des Dominikanerordens hinterlassen sollte: »Von dem Gottesmann, dem Bischof von Osma, strahlte eine solche moralische Schönheit aus, daß sich ihm auch die Liebe der Ungläubigen zuneigte und er die Herzen aller anrührte, unter denen er lebte. Sogar die Ketzer urteilten, daß es undenkbar sei, ein solcher Mensch wäre nicht zum Leben vorbestimmt, ja sie meinten, er sei deshalb in ihre Gegenden geschickt worden, um gemeinsam mit ihnen die Regeln des wahren Glaubens zu erlernen.«[45] So schrieb in den Jahren 1233–34 Jordan der Sachse, der Nachfolger von Dominikus.

Durand und einige seiner Freunde machten sich nach Rom auf und erreichten dort im Dezember 1208 die Genehmigung ihrer Lebensweise. Innozenz III. gestattete ihnen, die von nun an den Namen der Katholischen Armen trugen, sogar die Predigertätigkeit; allerdings mußten sie einige Bedingungen erfüllen. Sie sagten sich von ihren älteren Waldenser Irrtümern los und bekräftigten feierlich, daß sie sich endgültig jetzt und für immer von den Armen von Lyon trennen, *a Lungdunensibus et nunc et in perpetuum.*[46] Dabei ging es nicht um Kleinigkeiten; vor allem hatten sie das

Prinzip, Gott zu gehorchen und nicht den Menschen, durch das Prinzip zu ersetzen, »den Päpsten, Erzbischöfen, Bischöfen und den übrigen Prälaten der zuständigen Diözesen und Parochien gehorsam zu sein«. Die Behauptung, ein von ungeeigneten Priestern erteiltes Sakrament sei ungültig, mußten sie als ketzerisch ablehnen und umgekehrt ausdrücklich die Überzeugung von der Gültigkeit der Eide und der Todesstrafe, von der Richtigkeit der Kirchensteuer und des Zehnten anerkennen. Mit einem Worte – sie gaben alles auf, was der Botschaft der Lyoner Armen Schärfe und Aggressivität gegeben hatte, was sie gegen die Reichen und Satten in der Kirche und auch gegen die Rücksichtslosigkeit der erzwungenen weltlichen Macht aufgerichtet hatte, was sie veranlaßt hatte, die Schranken zu durchbrechen, in die das priesterliche und auch das mönchische Leben eingepfercht waren. Von der ursprünglichen Waldenser Motivation behielten sie lediglich die freiwillig erwählte Armut im Dienste der Predigt bei, allerdings in der Auffassung, daß sie nur ein evangelischer Ratschlag sei, bestimmt für eine auserwählte Gruppe, um »mit den Ketzern disputieren zu können«. Das Predigen war bei den Katholischen Armen streng abhängig von einer besonderen, durch die kirchlichen Obrigkeiten erteilten Genehmigung und verlangte auch eine vorangegangene besondere Schulung, der sich die neue Gemeinschaft widmen wollte. Die Mitarbeiter Durands waren ohnedies in der Mehrzahl Gebildete und häufig direkt Priester. Ihre Gemeinschaft hatte keinen Laiencharakter. Für die Zukunft rechnete Durands römisches Glaubensbekenntnis mit der Organisation theologischer Bildungskurse, die theoretisch eine Tätigkeit fundieren sollten, die ihre Kraft auf die Rückführung Verirrter in den Schoß der heiligen römischen Kirche richtete.

Durands kompromißlerischer Ausgleich mit der herrschenden Kirche war freilich von Anfang an durch Inkonsequenz und Mehrdeutigkeit gekennzeichnet, die auch in den nächsten Jahren nicht überwunden werden konnten. Das war sicher auch eine Folge der Wachstumskrise innerhalb der Waldenser Bewegung. Es ist sehr wahrscheinlich, daß hier auf entscheidende Weise die Unausgeglichenheit, wenn nicht sogar die direkte Spannung zwischen dem Laientum der Waldenser und der klerikalen Gelehrsamkeit Durands und seiner Freunde mitwirkte. Der mächtige und anerkannte Eindruck, den die starke Persönlichkeit Waldes' auf Durand von Osca noch im letzten Jahrzehnt des 12. Jahrhunderts gemacht hatte, trat ungefähr seit 1206 in den Hintergrund. Die Bedeutung von Waldes' Initiative hat Durand zwar niemals bestritten, aber wenn er es für notwendig hielt, den Weg der Katholischen Armen einzuschlagen, so geschah dies wahrscheinlich deshalb, weil er sich von einem bestimmten Moment an gewissermaßen von der Forderung der Solidarität mit Waldes entpflichtet fühlte. Einzig Waldes' Abgang, lediglich der Tod dieses »Auserwählten des Sohnes des höchsten Vaters«, erklärt Durands Notwendigkeit, sich irgendwo anders anzuschließen.

Zuerst der Aufsicht des Papstes, später des Kardinals Leo Brancaleone anvertraut, hatten die Katholischen Armen gleich in den ersten Monaten ihrer Existenz bemerkenswerte Erfolge namentlich unter ihren ehemaligen Waldenser Gefährten. Erfolge, die um so leichter und verständlicher waren, weil anscheinend der Tod von Waldes die französischen Waldenser beträchtlich desorientiert hatte.

Wir sehen sie zunächst auf dem Territorium des Grafen von Toulouse und des Vicomte von Béziers-Carcassonne wirken. Nach dem Jahre 1209 zwingt sie der Albigenserkrieg, sich in östlicher Richtung und nach Süden zu verlagern.[47] Fest verankern sie sich im Rousillon, dringen dann in die Aragonischen Lande nach Barcelona, nach Marseille, aber auch bis Genua und Mailand vor. 1210 berufen sie Durand zum Prior und bestätigen damit definitiv ihre Trennung von der seinerzeitigen Konzeption des Waldes, der sich zäh gegen eine derartige Funktion sowohl für sich als auch für jeden anderen gewehrt hatte. Die Entscheidung zugunsten eines Priorats leitete bereits die Entwicklung zur Seßhaftigkeit ein. Im Mai 1212 erteilte der Papst den Katholischen Armen die Erlaubnis, ein ständiges Zentrum einzurichten. Sie wählten Elne, südlich von Perpignan, wo bald zwei Häuser entstanden, eins für die Prediger, das zweite, ein Laienhaus, für die Frauen, die gemeinsam ein Spital mit sechzig Plätzen versorgten. Zum Unterschied von einer etwa gleichzeitig erfolgten Klostergründung der Dominikaner in Prouille stützten sich die Häuser der Katholischen Armen in Elne ökonomisch auf Beihilfen und Almosen, keineswegs auf Stiftungen von Grund und Boden. Vielleicht klingt in diesem Mißtrauen gegenüber dem Grundbesitz letztmalig die alte Waldenser Forderung auf, daß sich die Prediger völlig von jeder ökonomischen Basis frei machen müßten.

Niemals gelang es Innozenz ganz, die Bedenken zu zerstreuen, mit denen die Mehrzahl der Prälaten die Entwicklung der Katholischen Armen verfolgte. Nicht einmal nach den wiederholten päpstlichen Gunstbezeugungen gegenüber der neuen Bruderschaft hörten sie auf, in ihnen die schon Jahre vorher aus der Kirche ausgestoßenen Waldenser zu erblicken. Durands Bestrebungen scheiterten auf diese Weise einerseits an der klerikalen Opposition, die manchmal durch ihr Beharrungsvermögen stärker als der päpstliche Wille war, andererseits an den Folgen der Kreuzzüge gegen die Albigenser. Die rücksichtslose Grausamkeit der Kriege mußte bestimmt bei diesen ehemaligen Waldensern erneut Zweifel an der Richtigkeit der Gewaltanwendung bei der Verbreitung des Christentums erwecken. Zugleich bewirkte sie, daß ihre Überzeugung vom Predigertum und von der missionarischen Sendung bei den Katharern eigentlich gegenstandslos wurde. Die Katholischen Armen, die auf ihre Weise die Lyoner Bewegung weiterführen und sie in den Grenzen der offiziellen Orthodoxie erhalten wollten, wurden letzten Endes auf Beschluß eines Konzils verboten, das – für ihren Fall in fast ironischer Weise – just in der Stadt Lyon (1245) zusammentrat.

Der Kreuzzug gegen die Albigenser

Das Verfahren gegen die Katholischen Armen war in der Strategie des Papstes ein Bestandteil der geistigen Kampagne gegen die südfranzösischen Ketzer, wozu bereits die

Mission der Zisterzienser und das Predigen der ersten Freunde des Dominikus gehört hatten. Die Ermordung des päpstlichen Legaten Peter von Castelnau in Saint-Gilles am 11. Januar 1208 wurde zum Vorwand für einen regelrechten Kreuzzug genommen, der übrigens schon lange vorher geplant war. Lyon wurde zum Sammel- und Ausgangspunkt der Truppen gewählt. Sobald der Sommer des Jahres 1209 angebrochen war, setzten sich zahlreiche Korps durch das Rhônetal in Marsch, aufgestellt von dem mächtigen Feudalherrn hauptsächlich aus dem französischen Norden als bereitwillige Antwort auf den Aufruf von Innozenz. Mit schnellen Bewegungen drangen sie tief nach Süden vor, verwüsteten am 22. Juli Béziers und eroberten Carcassonne. »Kämpft gegen die Ketzer mit gewalttätiger Hand und gestrecktem Arm, mit noch größerer Gewissensruhe, als wir den Kampf mit den Sarazenen führen, denn die Ketzer sind gefährlicher«, versicherte der Papst den Kämpfern.[48] Während noch auf allen Seiten die Scheiterhaufen für die Ketzer aufflammten, kehrten schon einige der Kreuzfahrer nach Hause zurück, aber an ihre Stelle traten in fortschreitenden Wellen immer neue und neue, um Simon von Montfort, der mit allen Machtvollkommenheiten ausgestattet war, die Häretiker in den eroberten Gebieten radikal ausrotten zu helfen. Ihr hartes Vorgehen, zum heiligen Krieg erklärt, bekam bewußt den Charakter einer geradezu religiös-liturgischen Aktion. »Während die einen kämpften«, versicherte der Augenzeuge Wilhelm von Tudèle in seinem Lied über den Albigenserkreuzzug, das er in den Jahren 1210 bis 1213 in den kurzen Pausen zwischen Schlachtenlärm und der Erstürmung befestigter Plätze verfaßte[49], »sangen die Priester Lobgesänge auf den Heiligen Geist und führten große Prozessionen durch.« Zwischen den verschiedenen Gruppen der Häretiker machte man jetzt schon keine Unterschiede mehr. Für diese abgestumpften Ritter verschmolzen die Waldenser mit den Katharern. An der Ketzerei verdächtigen Orten, namentlich dort, wo die Bewohner wagten, Widerstand zu leisten, kam es zu mörderischer Ausrottung ohne Unterschied und Differenzierung.

So wurden auch die Waldenser und ihre Parteigänger während der Albigenserkriege in Südfrankreich Opfer der Nachstellungen, Verhaftungen und Morde. Die Zahl dieser Opfer aus ihren Reihen läßt sich nicht mehr feststellen, die Tatsache selbst ist jedoch unbestreitbar. Nach den Verzeichnissen der bedeutendsten Irrgläubigen in Béziers, die der dortige Bischof Renaud von Montpeyroux am Vorabend des großen Mordens hatte anlegen lassen, wären hier auf 222 ketzerische Bürger nur 12 Waldenser entfallen. Aus dieser Zahl läßt sich allerdings nicht die Gesamtzahl der Waldenser in Béziers ableiten, denn dem Bischof ging es offensichtlich nur um die sozial bedeutsame bürgerliche Schicht, von der wir annehmen müssen, daß sie in der Regel den Predigten der Waldenser auswich. Aber auch so ist das zahlenmäßige Verhältnis zwischen den beiden Ketzergruppen nach Renauds Feststellungen gewiß bemerkenswert. Nach der Eroberung von Morlhon (Aveyron) im Jahre 1214 ließ der Kardinallegat Robert von Courcon sieben Waldenser verbrennen, die sich hinter die Burgmauern geflüchtet hatten. Das bewaffnete Volk Simons von Montfort machte sich mit Lust an die Exekutionen, *cum ingenti gaudio*, mit Freude, die auch der fromme Zisterzienser aus der Abtei Vaux-de-Cernay teilte, als er über die Begebenheiten berichtete.[50]

Mit einigen Unterbrechungen dauerten die Kreuzzüge volle fünfzehn Jahre. Bis 1218 führte sie der französische Magnat Simon von Montfort. Das Languedoc ergab sich schließlich ganz dem französischen König. Der Papst ließ zu, daß der heilige Krieg in einen Eroberungskrieg umschlug. Bereits seine Zeitgenossen beschuldigten ihn der Teilhaberschaft an den rasend gewordenen Leidenschaften und Gewalttaten. Mochte es auch einigen der katharischen Vollkommenen gelungen sein, aus Carcassonne nach Toulouse, aus Toulouse nach Foix, aus Foix in die Provence und weiter bis in die Berge zu entkommen, so überlebte die albigensische Ketzerei als Massenerscheinung doch nicht die französische Okkupation des Südens und die Inquisitionsmaßnahmen, die sie begleiteten.

Methoden und Umfang dieser Maßnahmen wurden dann

im Jahre 1229 vom Konzil zu Toulouse zu ständigen Einrichtungen erhoben. Fünfundvierzig Kanons dieses Konzils kodifizierten genauestens die Methoden zur Ermittlung von Ketzern. Von den Verordnungen wurden freilich in erster Linie die Katharer betroffen, aber auch die Waldenser entkamen nicht diesem wohldurchdachten Aufsichtssystem. Die Männer über vierzehn und die Frauen über zwölf Jahre waren verpflichtet, jedes zweite Jahr den Eid auf den herrschenden Kirchenglauben zu erneuern. Allen Laien wurde die Verpflichtung auferlegt, sämtliche erkannten Ketzer zu melden und alle Abschriften und Übersetzungen der Bibel in die Hand der Obrigkeit abzuliefern. Eine Ausnahme machte lediglich der lateinische Psalter. Vier Jahre später wird dann Papst Gregor IX. die Inquisition gründen, welche diese Prinzipien und Erfahrungen vertiefen, konsequent durchdenken und in die Praxis umsetzen wird. Südfrankreich wurde also zur ersten Bühne einer totalen antiketzerischen Mobilisierung. Die Kirche realisierte hier früher als anderswo die sichtbare und greifbare Einheit einer Gesellschaft, die sich christlich nannte und der Aufsicht der geistlichen Macht unterworfen war. Sie wandte dabei Methoden und Maßnahmen an, die ihr gerechtfertigt erschienen. Der Albigenserkrieg zeigte, mit welcher unaufhaltsamen Durchschlagskraft die mittelalterliche Kirche zur Monarchie wurde.

In der Zeit nach den Kreuzzügen gegen die Albigenser findet sich nicht die kleinste Spur von den früheren öffentlichen Disputationen. Hinweggefegt ist für die Waldenser jede noch so geringe Möglichkeit zu offenen Gesprächen mit den Vertretern der Kirche. Der Kreuzfahrergeist hat auf der ganzen Linie gesiegt. Wer sich nicht bekehren will, wird vernichtet. Die Kirche ist schon nicht mehr eine Gemeinschaft der Gläubigen, sondern die Kirche des Klerus, der priesterlichen Gewalt. Den zur Demut verurteilten Massen zwingt sie unveränderliche kanonische Normen auf, die von einer wenig verantwortlichen Administrative ausgearbeitet und durchgesetzt werden.

Waldes hatte vermeint, daß er in der Kirche wirken dürfte, zu ihrer Erneuerung und bei ehrfürchtiger Wahrung ihres sakramentalen Lebens. In diesem Geiste lehrte er seine Schüler mit dem Wunsche, daß die Bewegung nicht in organisatorischen Kleinkrämereien verflachen möge, sondern sich in organischer und arbeitsamer Einheit entwickle. Die letzten Jahre seines Lebens widmete er dem Kampf gegen einige seiner Meinung nach zentrifugale Tendenzen. Er ging dabei so energisch vor, daß seine Autorität als Gründer die neue Waldenser Generation zu belasten begann – obzwar auch sie nicht aufhörte, seine beispielhafte Initiative zu schätzen. Offensichtlich aus der Befürchtung heraus, die Bewegung könne in eine neue Institution kirchlichen Charakters, ähnlich der späteren Organisation der Katharer, ausmünden, lehnte Waldes beharrlich die Vorschläge einiger seiner Mitbrüder ab, den lokalen Gruppen der Waldenser eine festere Verwaltung und Regierung zu geben. Die Armen Christi sollten seiner Meinung nach allem zum Trotz fortfahren in ihrer unveräußerlichen Mission des ungesicherten Wanderpredigertums. Ihr missionarischer Schwung durfte nicht geschwächt oder zersplittert werden, weder durch Sorgen um den Lebensunterhalt noch durch Familienbindungen (Matth. 6, 25 f.). Was die Sakramente betraf, so überließ er gern die Sorge um sie der offiziellen Kirche. Für diesen Standpunkt konnte er sich unter Umständen auf die Feststellung von Paulus berufen: »Christus hat mich nicht ausgesandt, um zu taufen, sondern um das Evangelium zu predigen« (1. Kor. 1, 17). Ungeachtet der Exkommunikation, von der er zusammen mit seinen Gefährten betroffen wurde, entsagte Waldes nie dem Glauben an die eine unteilbare Kirche. Die römische Kirche, die sich längst nicht mehr um ihn kümmerte, blieb in seinen Augen auch weiterhin seine Kirche, *ecclesia Romana nostra*.[51]

Das war gewiß ein prekärer Standpunkt und entsprach wenig der realen Situation. Es ist daher kein Wunder, daß Durand von Osca seine Spannung und Zwiespältigkeit auf die Dauer nicht ertrug. Den Mutigen aber, die den Standpunkt von Waldes beibehielten, blieb nur übrig, sich nach seinem Tode in den Untergrund abdrängen zu lassen.

Der Krieg gegen die Albigenser und seine Folgen bewirkten, daß sich dieser Untergrund sehr bald mit gehetzten Katharern bevölkerte, die der Katastrophe entronnen waren. Zwischen den Resten der Katharer und den Lyoner Armen entstand auf verschiedene Weise eine neue Gemeinschaft der Verfolgten und ersetzte deren früheres Mißtrauen und ihre gegenseitige Zurückhaltung. Die Waldenser Prediger, verwiesen in ein geheimes Dahinvegetieren, unterliegen nicht selten, wenngleich in unterschiedlicher Abstufung, einigen Einflüssen der Lehre der Katharer. Zuerst stellen die Inquisitoren selbst und später auch die Geschichtsschreiber in vielen Gegenden einen gewissen katharo-waldensischen Synkretismus fest. In einigen Fällen müssen wir allerdings die Vermischung beider Elemente eher der Unübersichtlichkeit der Situation zuschreiben, in die äußere Beobachter einzudringen versuchten. Trotzdem besteht kein Zweifel, daß beide Bewegungen tatsächlich oft ansteckend aufeinander wirkten, was nicht verwunderlich ist. Auf der einen Seite zeigte sich hier anschaulich ein beachtlicher Mißerfolg der gewaltsamen Lösung der Ketzerfrage, auf der anderen Seite aber auch das Risiko, das jedes solidarische Zusammenleben unausweichlich mit sich bringt.

Der Kreuzzug gegen die Albigenser verdrängte auch die Waldenser an die Peripherie der Christenheit, gerade zu der Zeit, als sie sich zu ihrer expansiven Entwicklung anschickten. Künftig werden die Ordnungshüter die Lyoner Armen immer häufiger in weit entfernten und einsamen ländlichen Gegenden suchen und finden, häufig in den Berggebieten der Provence, vom Valintinois und der Dauphiné, von den Grenzlandschaften Vienne und Embrun her und auch im Val Queyras. Die Bewegung, der es ursprünglich darum ging, gegen den Entwicklungsstrom der sich konsolidierenden Parochien zu wirken, und die in die mittelalterliche Welt das Element des Vagierens und der Instabilität hineingetragen hatte, mußte auch – gezwungen durch die Umstände – in den Grenz- und gewissermaßen Zwischenräumen der organisierten Christenheit ortsgebundene Zentren mit vorwiegend nur latenter Nonkonformität herausbilden.

Um aber dem immer feindlicher werdenden formierten und von der offiziellen Kirche beherrschten Milieu und andererseits auch der Abfallbewegung, wie sie durch die Anerkennung der Katholischen Armen einsetzte, leichter einen genügenden Widerstand bieten zu können, mußten die Waldenser zunächst unwillkürlich, dann aber auch bewußt auf eine Festigung ihrer Struktur hinarbeiten. Öfter treffen sich jetzt die Lyoner Armen zu Beratungen, die sich bald in regelmäßige, einmal jährlich tagende Institutionen verwandeln. Es bildet sich eine Unterscheidung heraus zwischen den Armen im engeren Sinne des Wortes, die verantwortlich für das Predigen und die Lehrtätigkeit sind, und den übrigen Gläubigen oder zumindest Sympathisanten. In der Zwischenzeit zwischen zwei »Kommunen«, wie man jetzt sagte, übernehmen zwei der Armen die Funktion der Rektoren. Wir kennen zum Beispiel die Namen jener, die diese Aufgabe im Jahre 1218 übernommen hatten; Peter von Relana und Beranger von Aquaviva.[52] Im Hinblick auf das oft unausweichliche Ausscheiden von Waldensern aus stabilisierten Parochien der römischen Kirche ersteht aus der Notwendigkeit, sich zum gemeinsamen Abendmahl zusammenzufinden, die prinzipielle Frage, wer eigentlich das Recht zum Brechen des Brotes habe. Werden dazu auch schließlich eigene Diener aus den Reihen der Brüder ausgewählt, so wird deren priesterlicher Charakter doch bei weitem nicht von allen anerkannt, und ihre Funktion bleibt widerruflich. In den Augen der meisten französischen Waldenser blieb die eigentliche Konsekrationsgewalt ein Privileg der Priester der offiziellen Kirche. Auge in Auge mit der sakramentalen Kirche wagen die Lyoner Armen nicht, ihre Autonomie durchzusetzen.

Die Lombardischen Armen

Als es bereits so aussah, als ob die Bewegung der Lyoner Armen in eine Sackgasse geraten sei, erhielt sie eine außerordentlich wirksame Verstärkung von italienischer Seite. Von dorther meldeten sich Menschen aus den neuen gesellschaftlichen Schichten, die auch nach neuen Methoden des christlichen Bekennens verlangten. Diese Leute, die man bald die Lombardischen Armen nennen wird, schlossen sich noch vor Ende des 12. Jahrhunderts der Waldenser Brüdergemeinde an. Vom ersten Augenblick an waren sie sich ihrer eigenen spezifischen Wurzeln bewußt. Heutzutage erfaßt sie der Historiker nicht gerade leicht, wenn sie auch unzweifelhaft mit den Laiengemeinschaften in Mailand und anderen lombardischen Städten zusammenhängen, die sich auf eine Gemeinschaft konzentrieren, wie sie der gemeinsame Anteil an der Arbeit herausbildete. Die Mehrzahl dieser Gemeinschaften ging aus dem Arbeitsmilieu der Weber hervor. Missionarische Tätigkeit und Verfolgung brachten die Lyoner Armen diesen italienischen Gruppen nahe, die mit Recht radikaler Kritik an den ökonomischen Ansprüchen der Kirche und des Papsttums nicht sparten. Umgekehrt blieben auch die italienischen Bruderschaften nicht taub gegenüber den Predigten der Lyoner, die schon um das Jahr 1200 bis in den italienischen Süden vorgedrungen waren.

Der Zisterzienserabt Joachim von Fiore († 1202) begegnete ihrem Wirken nicht nur auf seinen Reisen, die ihn nach Veroli (1181) und Verona (1186) führten, sondern vermutlich auch direkt in Kalabrien. Dieser Abt[53], empfindsam empfänglich für den eschatologischen Inhalt der biblischen Verkündigung, war sich besser als jeder andere darüber klar, daß die Lyoner Armen so stark auf die Zukunft des Königreiches Christi orientiert waren und daß ihr Predigen gerade von da her diese drängende Angriffslust schöpfte. Hier müsse man – so schien es ihm kaum ganz zu unrecht – den subjektiven Grund für ihre Reiselust sehen, die sie nicht aufgeben mochten, und für die Besessenheit, mit der sie den Dienst am Worte Laien, ja sogar Frauen anvertrauten. Da sie in der damaligen Situation der Gesellschaft die vorwegnehmenden Anzeichen für das anbrechende Weltende erkannten, lehnten sie es ab, von ihrer Hände Arbeit zu leben, um sich uneingeschränkt ihrer Mission hinzugeben. Joachim war ganz bestimmt selbst auch ein prophetischer Visionär, und seine Sehnsucht nach einer spirituellen, geistlich orientierten Kirche, die eines Tages unwiderruflich die vorläufige materialisierte und administrative Verflochtenheit der menschlichen Beziehungen ersetzen würde, hörte in den folgenden Jahrhunderten nicht auf, die empörerischen Tendenzen innerhalb der Kirche immer wieder neu zu nähren. Aber bei der Einschätzung von Menschen und Dingen seiner eigenen Epoche blieb er ein zu guter Zisterzienser, als daß ihm nicht der Protest der Lyoner Armen gegen das Horten von Geld ein böses Ärgernis gewesen wäre, weil das Anhäufen von Schätzen in den von seinem Orden gegründeten Mönchsgemeinschaften üblich geworden war. Im übrigen identifizierten sich nicht einmal die Lombardischen Armen hinsichtlich des Begriffs der Arbeit mit dem Standpunkt der französischen Waldenser, den Joachim – im Sinne seines eindeutig spiritualistischen Bildes der Zukunft und auch soweit es die damals gegenwärtige Ära betraf, die vom Geist noch nicht völlig unterworfen war – im Namen seiner prinzipiellen Ergebenheit gegenüber dem Papst strikt ablehnte.

Die Lombarden[54] schätzten allerdings die wagemutige Tat von Waldes. Wenn sie sich aber zur Anerkennung seiner apostolischen und moralischen Autorität entschlossen und sich seiner Bruderschaft zugesellten, so taten sie das freiwillig nach reiflicher Erwägung, wobei sie von der Voraussetzung ihres eigenen Verständnisses des Evangeliums ausgingen. Das der Lyoner trug ihr Bewußtsein von der missionarischen Sendung in die eschatologische Bedrängnis der Christenheit hinein zu einer Zeit, in der das Wort Gottes kostbar geworden war; bei den Lombarden herrschte der Geist gegenseitiger Hilfe vor, der Gemeinsamkeit und der ausdrücklichen Achtung der Würde körperlicher Arbeit, die am liebsten in der brüderlichen Gemeinschaft ausgeübt wurde. Diese beiden ungleichen Methoden des Herangehens an die prinzipiellen Fragen stießen noch zu Lebzeiten des Waldes aufeinander. Den Unterschied zwischen beiden Auffassungen sprach – soweit wir wissen – erstmalig Johann von Ronco aus, einer Ortschaft unweit von Piacenza. Gegenüber Waldes, der am liebsten die Lombardischen Gemeinschaften in seine große Kampagne der Wanderpredigt einbezogen hätte, betonte er die Berechtigung der ansässigen und relativ stabilen *congregationes laborantium*. Sie sollten der Nährboden, gleichzeitig der praktische Ausgangspunkt und auch das Hinterland für den von den Wanderpredigern zu realisierenden Vorstoß zur Evangelisation sein. Die organisierte Arbeit war für ihn das Erkennungszeichen einer normalen Existenz des Christen. Johann von Ronco und seine Genossen reihten so ihre Lebensweise und ihr christliches Bekenntnis in den sozialen Kontext jener fieberhaften handwerklichen und händlerischen Tätigkeit ein, von der damals die lombardischen Städte geradezu überkochten, auch wenn sie dabei einen kritischen Abstand vom Prozeß der Kapitalakkumulation und Investition bewahrten. »Sie erwerben weder Weinberge noch Häuser«, sagt ein zeitgenössischer Beobachter von ihnen. Mit der hohen, geradezu theologischen Einschätzung der Handarbeit empörten sich die Lombardischen Armen gegen das aristotelische Vorurteil, das der kämpfende, aber nicht arbeitende Adel teilte, gegen die Ansicht, daß physische Anstrengung den Menschen erniedrige und ihm zur Schande gereiche.

Im Interesse seines anspruchsvollen Predigtprogramms wandte sich Waldes gegen den Lebensstil der körperlich Arbeitenden. Er befürchtete, er könnte die Bewegung auf den Weg der Verbürgerlichung führen und sie schrittweise die paradoxen Forderungen der Bergpredigt vergessen lassen. Waldes und seine Getreuesten arbeiteten körperlich nicht, handelten nicht, nahmen nichts in Besitz, kamen ohne Geld aus, legten keine größeren Vorräte an Nahrungsmitteln als für einen Tag an, begnügten sich mit einem Kleide. Sie waren frei von allem, was sie von ihrer eigentlichen Aufgabe ablenken konnte: wandern und predigen. Das war auch der Grund, warum Waldes den Vorschlag der italienischen Brüder ablehnte, wie er lebhaft von der Mailänder und Veroneser Gruppe vertreten wurde, daß man entweder Vorsteher der Bruderschaften auf Lebenszeit oder wenigstens zeitweilige und austauschbare Rektoren wählen sollte. Nur die Altersschwäche oder gar das Ableben von Waldes ermöglichte es den Lombardischen Armen, Johann von

Ronco zum Propst *(praepositus)* auf Lebenszeit zu wählen. Nach seinem Tode ging diese Funktion an Otto von Ramazello über.

Waldes hatte kaum die Augen geschlossen, als sich sofort ganz offen die bisher unterdrückten gegensätzlichen Tendenzen zeigten. Äußerer Anlaß war einerseits die relativ beachtliche 'Zahl von Gebildeten, die Durand von Osca gewonnen hatte, und andererseits die überraschende territoriale Ausdehnung der Bewegung und ihre weite Verbreitung. War es zu Lebzeiten Waldes' noch gelungen, verschiedene Krisen und Streitigkeiten zu überwinden, so brachen sie nach seinem Tode unaufhaltsam wieder auf, namentlich im Lombardischen. Schon zu Zeiten Barbarossas hatte der Erzbischof von Mailand Galdino (1166–1176) alle Hände voll zu tun mit der Unterdrückung der Ketzer in seiner Erzdiözese. In den folgenden Jahren differenzierte sich hier rasch das ursprüngliche Waldensertum in einige mehr oder minder selbständige Gruppen. Dem Namen nach kennen wir nur die den Waldensern analoge Gruppe von Ugo Speroni[55], dessen Gefolgsleute im Jahre 1220 mit der kaiserlichen Acht belegt wurden. Speroni selbst, ein Zeitgenosse von Waldes, lebte in Piacenza in dem Milieu der bürgerlichen Opposition gegen die herrschende Kirche und war ein erfahrener Jurist; er wandte sich aber nur mit Unlust von jener Kirche ab, die sich selbst vor allem als Institution begriff. Die Kirche, nach deren Erneuerung er strebte, sollte eine geistlich bestimmte Gemeinschaft sein und im Innern den Unterschied zwischen Priestern und Laien nivellieren. Speroni war der Meinung, daß das traditionelle Priesteramt ebenso wie Taufe und Meßgeheimnis die Entwicklung der wahrhaft inneren Gemeinsamkeit aller Gläubigen hemme, ja unmöglich mache.

Die Mailänder Gruppen[56] wurden von Durands propagandistischer Tätigkeit tief berührt. Indem sie sich auf die Gunst Innozenz' stützten, konnten Durands Schüler an die hundert der Mailänder »Armen« auf ihre Seite bringen, und dies um so leichter, als sie ihnen die Aussöhnung mit der Kirche versprechen konnten. Die hatte sie kurz vorher sehr hart angefaßt, als Erzbischof Philipp von Lampugnano (1196–1206), der die Armen für exkommuniziert hielt, ihre Versammlungsstätte *(schola)* schließen und zerstören ließ, die auf einer Wiese *(pratum)* stand und ihnen einst von der Stadt Mailand überlassen worden war. Dort hatten sie sich versammelt »und sich selbst und ihre Freunde aufgestachelt«. Im Jahre 1209 wurde das niedergerissene Haus wieder aufgebaut, sollte aber jetzt einem anderen Zwecke dienen. Mit Schreiben vom 3. April desselben Jahres verlangte Innozenz vom Mailänder Erzbischof und seinem Kapitel, er möge die Anhänger Durands von Osca zusammen mit den Menschen, die vor Zeiten die erwähnte Wiese benutzt hatten, mit der Kirche versöhnen. Er sollte von ihnen verlangen, den Irrlehren mit einer Formulierung abzuschwören, wie sie für die Katholischen Armen bestimmt war, und ihnen die Wiese oder einen anderen geeigneten Ort zur Nutzung übergeben. Noch ein Vierteljahrhundert später bemerkte der Dominikaner Peter von Verona, als er als Inquisitor 1234 nach Mailand kam, die letzten Überreste dieser Waldensergruppe »de prato«, wenn er auch feststellen mußte, daß diese Gruppe trotz einer großen Aufgeschlossenheit gegenüber den Ansprüchen der Hierarchie dennoch keine besondere Begeisterung für das Angebot des Papstes hegte. Wer Durands Beispiel gefolgt war, wollte offenbar auch in der neuen Bruderschaft in Einklang mit einigen seiner früheren Prinzipien leben. Ihre »Freunde« dachten beispielsweise nicht daran, die »Welt« ganz zu verlassen; die gemeinsame manuelle Arbeit und Produktion wie die Sorge um das bekennende und anfeuernde Wort überließen sie also den Predigern. Der Papst kam auch einer anderen ihrer früheren Überzeugungen entgegen, wenn er sie vom Militärdienst befreite und vom Feudaleid entband.

Im nächsten Jahr 1210 flüchtete Bernard Prim, ein weiterer der ehemaligen Waldenser, zu Papst Innozenz III. Prim, der als Prediger in Südfrankreich zu wirken begann, gewann jedoch Anhänger aus den Reihen von Klerikern und Laien sogar im Lombardischen. Die Artikel, denen er abschwören mußte, damit der Papst seine Tätigkeit genehmigte (Juni 1210), waren eindeutig waldensisch, und das Glaubensbekenntnis, das ihm zur Unterschrift vorgelegt wurde, verwendete wortgetreu den Text, der eine Generation vorher Waldes in Lyon vorgelegt worden war.[57] Mit bemerkenswerter Bereitschaft forderte der Papst den Bischof von Cremona auf, all denen ein geneigter Ratgeber zu sein, die sich in seiner Diözese dem Bernard Prim anschließen wollten. Zum Unterschied von der provenzalischen und katalanischen Gruppe der Katholischen Armen, die sich der Predigt und theologischen Disputationen widmete, zeichnete sich ihre italienische Gruppe durch physische Arbeitsamkeit aus. In zwei Jahren gewann sie eine präzisierende Genehmigung ihres *propositum converationis* dafür, daß sie künftig ständige Gemeinschaften mit mindestens acht Mitgliedern einrichten durfte, die sich Lebensunterhalt durch ihrer Hände Arbeit erwerben konnten. Beide Gruppen der Katholischen Armen, die französische und die lombardische, spiegelten also die charakteristischen Züge beider Typen des Waldensertums wider, aus dem sie hervorgegangen waren.

Die Zähigkeit, mit der Innozenz III. darauf drängte, daß sich in den lombardischen Städten Bruderschaften der Katholischen Armen konstituierten, bringt zum Ausdruck, wie notwendig es ihm erschien, der Welle der Lombardischen Armen entgegenzutreten. In dieser Hinsicht war der Papst unermüdlich. Seine pastorale Sorge und Diplomatie trägt fast jedes Jahr zur Einrichtung irgendeines neuen Organismus oder einer Institution bei, und dies gerade in der Zeit, da der große Albigenserkrieg mit seinen einschneidenden Veränderungen ausgereicht hätte, sein ganzes Interesse zu absorbieren. Trotzdem hatte keine der erwähnten Bruderschaften dauernden Erfolg. Diejenigen Lombardischen Armen, die sich zu ihnen bekannten, entschlossen sich dazu entweder aus Schwäche oder in der Hoffnung, damit endlich der Quälerei zu entrinnen, der sie seitens des Klerus ausgesetzt waren, und auf diesem Wege im Schoße der Kirche ein wesentliches Stück ihres Programms bewahren zu können. Aber schon im Jahre 1213 wurde sich Innozenz selbst des Mißlingens seines Unternehmens bewußt – zumindest, soweit es um die Mailänder Gegend ging. Im Oktober drohte er den Mailänder Ketzern, daß er mit Hilfe des südfranzösischen Königs und der französischen und italienischen Herren eine Kreuzzugsarmee aus der Provence gegen sie mobilisieren werde.

Einen weit durchschlagenderen Erfolg erarbeitete sich die päpstliche Taktik mit den neuen Bettelorden. Franz von Assisi, der ähnlich wie Waldes die evangelische Aufforderung bei der Aussendung der Apostel als ganz persönliches Wort gehört hatte, verlobte sich mit der Dame Armut und begann zu predigen. 1210 genehmigte Innozenz III. mündlich Lebensweise und Ordensregeln der Minoriten. In den folgenden Jahren gelang es dem römischen Stuhl, beide Bettelorden, die Franziskaner und die Dominikaner, dorthin zu bringen, wohin er die verschiedenen Waldenser Gruppen und letztlich auch die Katholischen Armen nicht abzudrängen vermocht hatte, nämlich zur Klerikalisierung ihrer Prediger.

Bekanntlich sind die Ähnlichkeiten bei der Berufung von Waldes und von Franz von Assisi (1182–1226) auffallend und wurden auch von niemandem bestritten.[58] Ähnlich wie Waldes wurde auch Franziskus von dem Gedanken erfaßt, die Urkirche in ihrer frühesten Epoche nachzuahmen, in der Zeit des Wirkens Jesu in Palästina. Gleich wie Waldes war er überzeugt, unter dem Druck der wegweisenden Gnade seines Herrn zu handeln. »Niemand hat mir gezeigt«, schrieb er in seinem Testament, »was ich tun soll. Der Allerhöchste selbst hat mir offenbart, daß ich nach dem Beispiel des Heiligen Evangeliums leben soll.« Auch in seinen Augen war das Wanderpredigertum glaubwürdig durch seine Armut, auch für ihn war diese Art zu predigen eine Nachgestaltung des freien Wanderns der Kirche durch die Geschichte. Die wirkliche brüderliche Gemeinschaft der Minderen Brüder sollte ähnlich wie die Bruderschaft der Waldenser das Evangelium unter den Menschen verkörpern, damit es auf diese Weise mitteilbarer werde. Ähnlich wie Waldes scheute auch Franziskus davor zurück, das Amt eines Priors in seiner Bewegung auszuüben, deren Entwicklung zu einer stabilisierten *societas* er mit schmerzlichen Bedenken verfolgte. Diese beiden im bürgerlichen Milieu aufgewachsenen und mit dem Evangelium konfrontierten Christen zeigten in bezug auf ihre Umgebung in hohem Maße gleiche Reaktionen.

Ungeklärt bleibt die Frage, ob nicht der Begründer der Minoriten irgendwie durch die Kunde von den ersten Waldensern angeregt wurde oder ob er die Notwendigkeit der Demut und Ehrfurcht vor den Prälaten eher deshalb betonte, um jeder Möglichkeit einer Trennung von der herrschenden Kirche auszuweichen, einer Trennung, die im Falle der Waldenser sehr bald unvermeidbar geworden war. Bekundete Franziskus auch in einigen persönlichen Beziehungen große Unabhängigkeit und Unnachgiebigkeit, so erklärt doch seine prinzipielle Bereitschaft zur Eingliederung seiner Aktion in den Kontext absoluter Ergebenheit in die Herrschaft des Heiligen Stuhls die ihm erteilte Genehmigung – auch wenn sich Innozenz von Anfang an deutlich bewußt war, daß das Programm der völligen Armut in Verbindung mit dem Predigertum sowohl Praxis als auch Theorie der Waldenser erneuerte. Bezeichnend ist allerdings, daß Franziskus und mit ihm seine ersten zwölf Mitbrüder gleich vom Jahre 1210 an die Tonsur nahmen. Franziskus äußerte niemals auch nur den geringsten Zweifel an der Autorität des Priestertums und an seinem sakramentalen Charakter. Die Ehrfurcht, die wir den Priestern schuldig sind, so lehrte er, quillt aus ihrer sakramentalen Macht: *tractant veneranda et maxima sacramenta.* Damit entwaffnete Franziskus allerdings in großem Maße die Opposition der Prälaten und bestätigte seine Loyalität gegenüber den traditionellen Institutionen. Er nahm die Welt ohne Kritik hin, so wie sie war, ungeachtet des Sündenfalles des Menschen, als hätte sie die Unschuld ihres ersten Tages bewahrt.

Waldes und Franziskus verstehen ihren evangelischen Gehorsam sehr unterschiedlich: Der des Waldes trennt die Autorität Christi und die soziale Autorität; der des Franziskus unterwirft sich der sozialen Autorität aus Liebe zur sakramentalen Kirche. Diesen Unterschied, der allerdings prinzipiell ist, können wir gewissermaßen im Zusammenhang mit den Veränderungen des päpstlichen Standpunkts zu den ketzerischen und »Armen«-Strömungen in der Zeitspanne von 1184 bis 1210 sehen. Zwischen Waldes und Franziskus liegt ein Zeitunterschied von einer ganzen Generation mit ihren kollektiven Erfahrungen, die dabei sicher ein beachtliches Gewicht haben. Als Waldes um das Jahr 1206 stirbt, ist Franziskus gerade in eine ganze Reihe Affären verwickelt, die ihn innerhalb von zwei Jahren zur Bekehrung führen. Wenn es nicht ausgeschlossen ist, daß Franziskus, Sohn eines reichen Tuchhändlers, in seiner Jugend mit dem Vater über Waldes gesprochen hat, wie es Paul Sabatier andeutet, so spielte sich sein eigener Fall bereits zu einer Zeit ab, in der die italienischen Waldenser mit ihren Besonderheiten die Aufmerksamkeit auf sich lenkten.

Auch hierbei ist man verführt, die Analogien zu verfolgen. Ähnlich den Lombardischen Armen hat Franziskus Ehrfurcht vor der manuellen Arbeit, wenngleich er sie nicht eben organisieren will. Wie jene ist er bereit zu den niedrigsten und verachtetsten Diensten, zum Beispiel für die Aussätzigen. Niemals spricht er über die Arbeit als Strafe für Sünden. Er denkt auch über die missionarische Aufgabe wie die Lombarden; bei dieser kühnen und anstrengenden Aktion begegnen seine Schüler im Jahre 1218 den Jüngern der italienischen Waldenser in Deutschland. Sie sind davon so entsetzt, daß sie ausrufen: »Herr, bewahre uns vor der lombardischen Ketzerei und der Roheit der Deutschen!« Fast gleichzeitig müssen sich beide Bewegungen mit den Schwierigkeiten ihres Wachstums zurechtfinden. Die Lyoner Armen und ihre italienischen Brüder eröffnen gemeinsame Aussprachen, die 1218 in der Beratung zu Bergamo gipfeln. Annähernd zur gleichen Zeit beginnen die Franziskaner Minoriten zu ihren Kapiteln zusammenzukommen, deren Bedeutung für die Entwicklung des Ordens entscheidend war.

Außer diesen Analogien, die einen modernen Leser überraschen können, darf man nicht übersehen, daß die sprudelnde Originalität des Poverello aus Assisi unbestreitbar ist, soweit es sich um die Persönlichkeit handelt. Stellen wir noch in Rechnung, daß wir von Franziskus unvergleichlich mehr als von Waldes wissen, sei es auch manchmal auf dem Umwege über Legenden, so wurzeln ihre wechselseitigen Analogien in dem gemeinsamen Willen, die evangelische Verkündigung im Milieu und in den Verhältnissen ihrer Epoche zu verwirklichen. Die Waldenser konnten wie die Franziskaner ihre Absicht nicht anders realisieren als im Zusammenhang mit der Entstehung und den ersten entscheidenden Schritten der städtischen Zivilisation, der Wiege einer neuen Religiosität, jener *pietas nova*, die sich nach einer interneren und persönlicheren Beziehung zu Gott sehnte und zugleich Wiege eines radikalen Reformismus war. Ich glaube jedoch nicht, daß Waldensertum und Franziskanertum lediglich und ausschließlich das Produkt des Auftretens neuer gesellschaftlicher Schichten auf der historischen Bühne waren. Keine der beiden Bewegungen drückte restlose Klasseninteressen aus, auch wenn sie sich mehr als eine Zeittendenz aneigneten und die Formen ihres Zeugnisses dem Milieu ihrer Entstehung anpaßten. In diesem Sinne waren beide Bewegungen Protest gegen das Lebensmodell, wie es von der einen Seite der Feudalismus anbot und von der anderen die Städte, mögen sie auch von beiden einige Elemente übernommen haben. Es genügt, sich zum Beispiel daran zu erinnern, wie der höfische Dienst, den Franziskus der Dame Armut erwies, formal von der courtoisen Poesie inspiriert wurde; oder daran, wie die Tendenz, sich um jeden Preis auf der sozialen und ebenso auf der ökonomischen Ebene zu organisieren – eine für die Bürger dieser Epoche so typische Tendenz –, sich in der Entstehung der Bruderschaften, Gesellschaften und religiösen Orden widerspiegelt und gleichermaßen bei den Lombardischen Armen und bei den Franziskanern in Erscheinung tritt. Sogar das Herumwandern der Waldenser und der Franziskaner entsprach den höheren Bedürfnissen der pastoralen Fürsorge, wie sie die Stadtbevölkerung in dem Moment verspürte, als die wachsende Anziehungskraft der Städte die alten Mönchsorden, die über das Land und an öden Orten zersplittert waren, ihrer ehemaligen Gunst beraubte.

Berücksichtigen wir den asketischen Charakter der franziskanischen Armut und die Ergebenheit des Heiligen von Assisi gegenüber der hierarchischen Prälatur der herrschenden Kirche, so müssen wir dem Waldensertum einen Pionierstatus dafür zuerkennen, daß es eine existentielle Solidarität mit Menschen riskierte, die allgemein erniedrigt, entehrt oder aus der Christenheit direkt ausgestoßen waren. Die Rückkehr zur evangelischen Armut war für die Waldenser im Unterschied zu den Franziskanern kein Weg zur Vollkommenheit für eine moralische Elite, sondern die einzige Möglichkeit, die ganze Kirche im gegebenen Zeitpunkt zum Gehorsam gegenüber ihrem Herrn zurückzuführen. Weder Waldes noch die Lombardischen Armen ließen zu, daß die aus ihrem Gehorsam wachsende Bewegung einer Kontrolle der herrschenden Kirche unterworfen würde.

Das Vierte Laterankonzil

Innozenz machte sich die Haupttendenzen seiner Epoche in sehr einprägsamer Weise bewußt. Der wirtschaftliche und gesellschaftliche Aufschwung Westeuropas, die sich beschleunigende Entwicklung der Geldformen der Rente neben und manchmal schon an Stelle der unfreien Dienste, die erste Konzentration von Kaufmanns- und Wuchererkapital – dies alles bewog Innozenz dazu, das städtische Leben sorgfältig zu beobachten. Verbündet sich die Kirche mit dieser neuen Welt, die offenbar ein vertrauensvolleres und persönlicheres Erleben des traditionellen religiösen Erbes wollte? Diese Frage war nicht leicht zu beantworten, zumal die gärende Welt sich öfters von den offiziellen Vertretern abwandte und die Grenzen der Orthodoxie nicht sonderlich zu respektieren gedachte. Das erklärt die wiederholten Versuche, die Katholischen Armen fester an die Hierarchie anzuschließen. Innozenz III. hatte Furcht vor der Anarchie, erkannte jedoch zugleich früher und besser als jeder andere in seiner Umgebung, daß die Kirche allzu lange den neuen Menschentyp unbeachtet gelassen hatte, der gerade im Entstehen begriffen war. Wenn die Konsequenz dieser Erkenntnis die Gunst war, die der Papst den Bettelorden bezeigte – eben von Innozenz erhielt Franziskus, wie Dante schrieb, »mit erstem Siegel bestätigt, was er betreibt«[59] –, so bestand andererseits bei ihm nicht die geringste Absicht, den kirchlichen Anspruch auf die Herrschaft über die Welt aufzugeben. Papst Innozenz III. entwickelte doch gerade eine großangelegte politische Aktion, die erneut das theokratische Programm Gregors VII. der alltäglichen Wirklichkeit annähern sollte.

Mit dem vierten lateranischen Konzil erreichten die päpstlichen Bestrebungen ihren Höhepunkt. Es trat gegen Ende des Jahres 1215 zusammen, und das Pontifikat Innozenz' erstrahlte dabei in vollem, wirklich blendendem Ruhme. In bezug auf die Waldenser bestätigte das Konzil für ewige Zeiten ihre Exkommunikation und gab ihr den definitiven juristischen Ausdruck. Durch die Mehrzahl seiner Beschlüsse wollte es allerdings der Kirche Richtlinien für ihre eigene Erneuerung geben, innerhalb der Gesellschaft, die in beschleunigte Bewegung geraten war. Es ist daher bezeichnend, daß man unter dem Kapitel »Über den katholischen Glauben« in die Konzilskanons fast wörtlich, wenn auch mit vielen theologischen Präzisierungen, jene Erklärungen über den Glaubensinhalt übernahm, zu denen sich seinerzeit Waldes und – dem Konzil zeitlich relativ nahe – auch Durand von Osca und Bernard Prim bekennen mußten. Innozenz drückte damit aus, welch große Bedeutung er gerade den mit der Entstehung und Weiterentwicklung des Waldensertums zusammenhängenden Fragen beimaß. Zu Beginn des 13. Jahrhunderts legte also das Konzil seiner Mitwelt eine Zusammenfassung der katholischen Dogmatik in Kurzform vor, die in bestimmtem Umfange als negative Antwort auf die Herausforderung konzipiert war, mit der in noch nicht lange zurückliegender Zeit die Waldenser aufgetreten waren. Die Hauptgefahr, auf die der Konzilstext nachdrücklich aufmerksam machte, blieb jedoch weiterhin der Dualismus der Katharer, den auch die Lyoner Armen von Anfang an ablehnten. Sobald aber der Konzilskanon Fragen der allgemeinen Kirche und ihrer richtigen Auffassung berührte, konnte er die Waldenser doch nicht unberücksichtigt lassen.

»Es gibt eine allgemeine Kirche der Gläubigen, und niemand kann jemals außerhalb von ihr erlöst werden.«[60] Inmitten dieser Kirche ist Christus persönlich in der Eucharistie anwesend; er wirkt hier durch den priesterlichen Dienst bei der sakramentalen Verwandlung von Brot und Wein in seinen Leib. »Dieses Sakrament kann niemand anders als ein dafür ordnungsgemäß bestellter Priester feiern, gemäß der Schlüsselgewalt in der Kirche, die Jesus Christus selbst den Aposteln und ihren Nachfolgern anvertraut hat.«

Damit war ein Maßstab gesetzt, der es ermöglichte, den rechten Glauben von jédem Irrglauben zu unterscheiden. Das Konzil erlegte außerdem allen Herren und Obrigkeiten der gesamten Christenheit die Pflicht auf, sich eidlich zu verbinden, alle Ketzer aus ihren Herrschaftsgebieten auszurotten. Ohne einen solchen Eid durfte niemand die Herrschaft in ererbten Gebieten antreten. Das Konzil verallgemeinerte damit die Methode, die sich für die Kirche zur Zeit der Kreuzzüge gegen die Albigenser bewährt hatte, und erhob sie gleichzeitig zum Gesetz. Darüber hinaus bestimmte es weitere Möglichkeiten beim Vorgehen zur Unterdrückung ketzerischer Regungen bis in die kleinsten Einzelheiten und setzte mit juristischer Präzision Rechte und Pflichten der bischöflichen Inquisition fest. Bereits die bloße Ablehnung der Eidesleistung, ein typisch waldensischer Standpunkt, wurde als ketzerisch erklärt. In Zukunft durfte kein neuer Mönchsorden begründet werden, es sei denn, daß er für seine Lebensregeln solche aus der Reihe der älteren, anerkannten Orden übernahm. Endgültig brachen alle Hoffnungen jener zusammen, die vielleicht doch geglaubt hatten, daß es ihnen doch gelingen würde, die den Katholischen Armen und den Bettelorden aufgezwungenen Grenzen zu überschreiten.

Das Konzil stimmte dem Willen des Heiligen Stuhls zu, die ökumenische Welt zu organisieren und zu beherrschen. Es bestätigte seinen Platz in Kirche und Gesellschaft und unterwarf ausdrücklich Klerus und Glaubensvolk seiner strengen Aufsicht. Ein besonders wirksames Instrument dieser Aufsicht sollte die jährliche Pflichtbeichte der Pfarrkinder sein. Der Papst wurde zum Oberhaupt auch der Ostkirche erklärt, Rom als hierarchisch übergeordnet gegenüber Konstantinopel, Alexandria, Antiochia und Jerusalem. Auch die europäische Politik mußte sich dem Sieg des hierarchischen Gedankens beugen. Die Grafschaft Toulouse, einst befestigte Basis der katharischen Ketzer, vertraute das Konzil Simon von Montfort an. Er hob die Magna Charta der englischen Freiheiten zugunsten des dem Papst ergebenen Königs auf. Im Hinblick auf die Kreuzzugsvorbereitungen stärkte er die Position von Kaiser Friedrich II. Schon im Juni 1217 sollten die Kreuzfahrer von Sizilien nach Osten aufbrechen. Durch religiöse und moralische Sanktion seg-. nete das Konzil die Vorstellung von der Priorität des sogenannten christlichen Westens und opferte dieser Vorstellung sowohl materielle Mittel als auch Menschenleben.

Die Prälaten kehrten aus Rom in ihre Länder durchdrungen von den Idealen des wahrhaft repräsentativen Konzils zurück, auf dem mehr als vierhundert Bischöfe und an die achthundert Äbte aus allen christlichen Gegenden zusammengekommen waren. Die Konzilskanons gingen dann sehr schnell in die kanonischen Sammlungen ein, und kaum einer der großen scholastischen Lehrer und Juristen versäumte es, ihnen seinen Kommentar hinzuzufügen. Wo auch immer die Waldenser zu dieser Zeit auf ihren Wanderungen in Europa eindringen mögen, nirgends und niemals entgehen sie nunmehr dem zermürbenden Druck dieser Gesetzgebung.

Es war noch kein ganzes Jahr vergangen, seit das Konzil seine Arbeit beendet hatte, als der französische Kanonikus Jakob von Vitry in Perugia mit eigenen Augen und nicht ohne Entsetzen den sich zersetzenden Leib des toten Papstes sah. Welcher Widerspruch, fiel ihm ein, zwischen diesem Tod und der unverwüstlichen Lebenskraft der Häresie! Ehe er nach Perugia kam, war der Kanoniker in Mailand gewesen, um dort zu predigen und in den Massen die Begeisterung für die Teilnahme am geplanten Kreuzzug zu stärken. Aber Mailand wimmelte geradezu auf Schritt und Tritt von Ketzern, so daß niemand wagte, gegen sie aufzutreten. Nur die Humiliaten konnten hoffen, daß dank ihrer Armut und Arbeitsamkeit noch jemand etwas auf ihre Worte geben würde. Unter dem Schutz des Papstes war es ihnen gelungen, in Mailand fast dreihundert eigene Kongregationen zu betreuen, wie Vitry richtig bemerkte. Sie fanden zwar beachtliche Resonanz, vermochten aber nicht, die Stimmen der Ketzer zum Schweigen zu bringen, wie das Jakob in einem an Freunde in Namur gerichteten Brief bitter bedauerte, den er im Oktober 1216 an Deck eines im Hafen von Genua ankernden Schiffes schrieb.[61]

Bergamo 1218

Die Maßnahmen des Vierten Lateranischen Konzils gegen die Ketzer mußten die Betroffenen dazu veranlassen, ihre Reihen und ihre Ordnung weiter zu festigen. Tatsächlich kann man sofort nach dem berüchtigten Konzil bei den Waldensern beobachten, daß sie sich mit neuer Entschlossenheit organisatorischen Fragen zuwenden und sich ihrer internationalen Einheit ausdrücklich bewußt werden.

Das Streben Johanns von Ronco, die Angelegenheiten der Lombardischen Armen in Ordnung zu bringen, wurde nicht ohne Widerspruch aufgenommen. Einige gaben einer Lösung den Vorzug, wie sie die Lyoner Armen vorgeschlagen hatten – nicht nur in administrativen Fragen, sondern auch in solchen, wie sie durch die eucharistische Praxis hervorgerufen wurden. Die Mailänder Gruppe der »Brüder von der Wiese« *(de prato)*, der wir schon begegnet sind, vertrat mit den französischen »Ultramontanen« die Auffassung, daß nur ein regulär geweihter Priester der römischen Kirche wirksam »Leib und Blut Christi konsakrieren« könne. Sie erkannte damit die Unerläßlichkeit eines offiziellen Priestertums an und lieferte dadurch allerdings die gesamte Bewegung der herrschenden Kirche auf Gnade und Ungnade aus. Einer Beratung der Lombardischen Armen, zu der es bei Mailand irgendwann zwischen 1205 und 1217 kam, gelang es nicht, den Streit zu schlichten.

Johanns Nachfolger Otto von Ramazello schätzte den Standpunkt der »Brüder von der Wiese« als hemmend und gefährlich konservativ ein. Nach Beratung mit seinen Glaubensbrüdern formulierte er schriftlich die Hauptfragen, die er für die wichtigsten hielt, damit man sich über sie mit den französischen Brüdern einigen könne. Zweifellos wollte er sie dazu bringen, ihren bisherigen Standpunkt zu radikalisieren. Das war seiner Meinung nach der einzig gangbare Weg für die ganze Bewegung, wenn man die Unzugänglichkeit und Verhärtung der römischen Kirche berücksichtigte. Durch die undisziplinierte Mitteilsamkeit eines der Veroneser Brüder gelangte Ramazellos vorläufiger Entwurf zu früh in die Hände der Lyoner Armen, noch bevor er endgültig durchdacht und mit den Lombardischen ausgehandelt war. Das gab Anlaß zu einem Briefwechsel zwischen den französischen und den italienischen Brüdern, bei dem Mißverständnisse eine beachtliche Rolle spielten. Um diese auszuräumen, wurde im Mai 1218 unweit von Bergamo ein Treffen von sechs ultramontanen Vertretern mit sechs lombardischen veranstaltet.[62]

Alle zwölf Teilnehmer versenkten sich in das Studium eines Fragespiegels, der entsprechend den Absichten der Lombarden zu Überlegungen über die Zukunft der Bewegung anregen sollte, in einer Situation, in der die herrschende Kirche sie endgültig und ohne Hoffnung auf eine ehrenvolle Rückkehr ausgestoßen hatte. Die Verhandlungen waren erfolgversprechend, weil die Lombarden schon vorher von ihren französischen Freunden auf einige heikle Fragen befriedigendere Antworten erhalten hatten, als sie zu erhoffen wagten. Es schien, als ob die Ereignisse nach dem Tode von Waldes beide Standpunkte einander angenähert hätten.

Wenn es Waldes einst getreu seinem Lyoner Glaubensbekenntnis abgelehnt hatte, die Bruderschaft außerhalb der offiziellen Kirche zu organisieren, wenn er sich irgendeine Organisationsform mit einem Rektor an der Spitze nicht einmal vorstellen konnte, jetzt – nach dem Ausscheiden des großen Inspirators – konnte man die Exkommunikation nicht mehr ignorieren, durch welche die Waldenser an die Peripherie der anerkannten Gesellschaft verdrängt wurden, und sie waren gezwungen, sich auf irgendeine Weise zu organisieren, ob sie es wollten oder nicht. Wir sahen, daß die Lombarden freilich mehr darauf abzielten, an die Spitze der Bewegung einen Vorsteher auf Lebenszeit zu wählen. Selbst hatten sie schon zweimal eine solche Wahl durchgeführt. Die gegenüber jeder Institutionalisierung mißtrauischen französischen Brüder wollten lieber ihre Vorsteher für zeitlich begrenzte Perioden wählen. In Bergamo kamen beide Seiten überein, die Entscheidung über diese Modalität der gemeinsamen Kommune zu überlassen. Sie sollte sich einer der beiden schon praktizierten Möglichkeiten zuneigen, jener, die ihrer Einschätzung nach der inneren Einheit am besten dienlich sein könnte. Über die eigentliche Notwendigkeit des Einsatzes von Rektoren aber bestanden schon keine Zweifel mehr.

Übereinstimmung wurde ferner in der Erkenntnis der dringenden Notwendigkeit erzielt, Diener des Wortes unabhängig von der römischen Kirche zu ordinieren. Sie waren einesteils aus der Reihe jener Brüder zu berufen, die diese Tätigkeit schon ausgeübt hatten *(nuper conversi)*, und andernteils aus Anhängern der Bewegung, die Ausdauer bewiesen hatten, auch wenn sie sich bisher mit dem Wanderpredigertum nicht beschäftigt hatten *(amici in rebus permanentes)*. Unentschieden blieb die Frage, ob eine solche Einrichtung der »Diener« dauernde oder nur zeitweilige Gültigkeit besitzen sollte *(eternaliter vel ad tempus)*. Auf Anregung der Lyoner Armen wurde die Entscheidung auch in dieser Sache auf die gemeinsame Kommune vertagt. Den Lombardischen gelang es jedoch, ein wirklich revolutionäres Prinzip durchzusetzen, das sich scharf von der katholischen Lehre der an das hierarchische Bischofstum gebundenen Sukzession unterschied. Es ging um das Prinzip, daß die Gemeinschaft der Gläubigen selbst das Recht zur Wahl ihrer Diener des Wortes habe. Übrigens wissen wir, daß die Lombarden von Waldes behaupteten, er habe seine Funktion durch Beauftragung seiner Brüdergemeinschaft ausgeübt: *Valdesius ordinem habuit ab universitate fratrum suorum.*[63] Die Beratung von Bergamo brachte in dieser Sache einen wahrhaften Umbruch. Die Waldenser erreichten eine prinzipielle Zuwendung zu einem selbständigen und unabhängigen *ordo ministrorum* ihrer Gemeinschaft. Dieser Schritt erfolgt nach vorhergegangenen Bestrebungen um eine theologische Begründung der Mission ihrer Prediger des Wortes Gottes ohne priesterliche Konsekration und bestätigte, daß sie den Boden eines sich schrittweise verselbständigenden ekklesiologischen Selbstbewußtseins betreten hatten.

Gerade die Lombardischen Armen waren es, die darauf aufmerksam machten, wie wichtig es für die weitere Existenz der Waldenser Bewegung sein würde, wenn man ein gesundes Gleichgewicht zwischen Predigt und Arbeit und zwischen Wanderpredigt und ansässigem Leben fände. Wenn sie auch anerkannten, daß sie in der Welt der Arbeit nur mehr oder weniger vereinsamte Freunde hätten, so waren die französischen Waldenser doch von sich selbst überzeugt, daß sie wie die Armen, ganz ihrer Predigeraufgabe hingegeben, dennoch das Recht auf Essen und Trinken hätten (1. Kor. 9,4), als Lohn für ihre missionarische Tätigkeit. Aber ihre Lebensweise setzte trotz ihrer Unsicherheit die stets ungestörte Existenz der Christenheit voraus, die sie ertragen und indirekt auch dann unterstützen würde, wenn sie von ihnen zur Buße aufgerufen würde. Die Exkommunikation von Verona, die sich mit den Albigenserkriegen und dem Vierten Lateranischen Konzil immer konsequenter und fühlbarer durchsetzte, zwang sie dazu, ihr Ideal den neuen Umständen anzupassen. Menschen, die von ihrer Predigt ergriffen wurden und ihre Freunde waren, wurden in einem von der kirchlichen Ideologie beherrschten Milieu sofort verdächtigt; auch wenn sie sich nicht aus eigener Initiative von der Gesellschaft trennten, so lehnte die Gesellschaft sie ab und verfolgte sie. Legten also auch diese Freunde nicht auf ihre Weise davon Zeugnis ab, daß sich an ihnen schon in dieser Welt antizipierend das Leben künftiger Zeiten gezeigt hat? Man mußte demnach auch ihnen etwas von der Verkünderfunktion der »Armen« im eigentlichen Sinne des Wortes zuerkennen, nämlich die Mission der Zeugen. Eben hierbei boten die Lombardischen Armen eine Lösung an. Als Erben der Arnoldisten und der ursprünglichen Bestrebungen der Humiliaten sahen sie keinen unüberbrückbaren Widerspruch zwischen der Handarbeit, auch wenn sie zu Erträgen führte, und der Evangelisationstätigkeit. Und dies um so weniger, als sie gemeinsames Eigentum hatten und ihre *laborantium congregationes* bereits Methoden des evangelischen Daseins waren, das wenigstens im Keim eine gewisse Alternative des kommunalen Lebens mit seinen Organisationen, die Angehörige bestimmter Handwerkszweige zusammenführten, charakterisierte. Bei der Beratung von Bergamo wurde einträchtig die Auffassung angenommen, daß es absolut legitim sei, »in der weltlichen Arbeit zu verbleiben« *(in terreno labore permanere)*, soweit sich dabei der Arbeiter dem Gesetz des Herrn unterordnet und die Ratschläge der »Armen« beachtet. Dem Willen des einzelnen blieb es überlassen, ob er sich direkt an den »Arbeitsgemeinschaften« der Lombardischen Armen beteiligen wollte. Die Nützlichkeit dieser Gemeinschaften wurde anerkannt, aber zugleich wurde der Wunsch geäußert, sie möchten ihre evangelische Freiheit ausgiebiger zur glaubwürdigen Bezeugung der Wahrheit des Evangeliums in der Gesellschaft anwenden. Unberührt sollte namentlich ihr Vertrauen zu den einfachen Mitteln bleiben, also Ablehnung des Weges der Gewalt und andererseits auch des Opportunismus. In diesen Dingen sollte ebenfalls die definitive Übereinkunft zwischen den Franzosen und den Lombarden durch eine gemeinsame Beratung bestätigt werden *(communi utriusque societatis consilio et concordia ad Dei honorem)*.

Die Bergamesische Beratung hatte sich noch nicht die Frage gestellt, ob der Prediger irgendein Handwerk erlernen solle, um niemandem zur Last zu fallen (nach 2. Thess. 3, 8), aber diese Frage erschien bereits am Horizont jener Gedanken, welche die Lombardischen Armen verfolgten; er drängte sich schließlich bald zwingend auf. Inzwischen wurde ein gemeinsamer Schritt getan in Richtung einer Abkehr vom negativen Standpunkt des Waldes' zu den Genossenschaften der Arbeitenden.

Es gelang den Unterhändlern von Bergamo nicht, sich ganz eindeutig über Taufe und Ehe auszudrücken. Wahrscheinlich ist, daß die Lombardischen Armen schon damals die Taufe durch einen katholischen Priester ablehnten und sie durch eine in ihren eigenen Gemeinschaften ersetzen wollten. Da ihre Predigten vorerst in der Mehrzahl erwachsene Zuhörer anzogen, so scheint die Erwachsenentaufe bei ihnen die Regel gewesen zu sein. Als die Lyoner Armen gewichtige Bedenken gegen diese Praxis erhoben, kamen sie schließlich gemeinsam überein, daß es erforderlich sei, auch die Kinder mit Wasser zu taufen. Weiter konnte man schon deshalb nicht gehen, weil sich in den die Taufe betreffenden Fragen nicht einmal die »Gemeinschaft der Waldenser« einig war. Stets überwog bei ihnen die Überzeugung, daß wirklich gültig nur die Taufe sei, die ein Priester vollzogen habe und nicht ein einfacher Laie.

Auch in das Problem der Ehe brachte die Beratung von Bergamo etwas Licht. Man kam überein, daß die Ehe nicht für leicht auflösbar anzusehen sei, namentlich dann nicht, wenn einer der Ehepartner die Zustimmung verweigert. Eine Scheidung ist nur bei Zustimmung beider Beteiligten oder bei Unzucht und Ehebruch zulässig. Offenbar kam das Resultat der Beratung auch in dieser Sache dem Bestreben der Lombardischen Armen entgegen, den Menschen auch da im Zusammenhang mit seiner sozialen Einordnung zu sehen, wo er durch den Glauben positiv auf den evangelischen Anruf geantwortet hat. Im Gegensatz dazu hielten es die französischen Waldenser für ausreichend zu einer Scheidung, wenn eine *occasio iusta* vorlag. Deren Eingrenzung stand dann ausschließlich der Gemeinschaft der Armen zu. Gewiß dachten sie dabei an Waldes, der vor Jahren Frau und Familie verlassen hatte, und an andere seiner Freunde, die Jesu Hinweis wörtlich nahmen und in seinem Namen Häuser, Brüder und Schwestern, Vater, Mutter und Kinder oder das Feld verließen (vgl. Matth. 19, 29). Der Historiker Karl Müller sprach seine Verwunderung darüber aus, daß es gerade die sonst so radikalen italienischen Waldenser waren, die sich in dieser Frage mit den Gewohnheiten aussöhnten, die auch die zeitgenössische Kirche pflegte. Sie erlaubte es tatsächlich Menschen, die sich im Herbst ihres Lebens zur

Annahme der Mönchsgelübde entschlossen, sich von ihrem Ehepartner zu trennen, wenn sie von ihm die Erlaubnis dazu bekamen. Nur hatten die Lombardischen Armen eher den Rat im Sinn, den der Apostel Paulus den ersten urchristlichen Gemeinden für die eindeutig missionarische Situation gegeben hatte (1. Kor. 7, 12–16). Wir dürfen nicht vergessen, daß die französischen Waldenser letzten Endes immer an eine Trennung von dem Milieu, aus dem sie hervorgegangen waren, vor allem als Gemeinschaft von Wanderpredigern dachten, während die italienischen diese ihre Trennung als gegenwärtige Gemeinschaft in der gegebenen Gesellschaft leben wollten. Der Einfluß dieser beiden Auffassungen läßt sich auch an den von beiden Seiten vertretenen Standpunkten erkennen, als sie sich zu Bergamo entschlossen, über Probleme zu sprechen, durch die sie sich einander ebenso annäherten, wie sie sich andererseits voneinander entfernten.

Disziplinarischen Charakter hatte der Fall zweier Brüder, zu denen die französischen Waldenser aus uns unbekannten Gründen die Beziehungen abbrachen. Die Konferenz von Bergamo handelte dafür einen gegenseitigen Vergleich aus, berührte dabei aber ein weiteres wichtiges Problem: Fragen einer obersten Autorität in Sachen der Lehre und des Lebens. Die Brüder Thomas und Johann Franzos waren bereit, wie die lombardischen Sprecher versicherten, den ultramontanen Brüdern die erforderliche Genugtuung zu geben; das aber sollte – wie beide Seiten überein kamen – nach Gott und seinem Gesetz geschehen, der für beide Parteien gültigen obersten Autorität. Und die Lombardischen versuchten, diesen Gedanken bis zur letzten Konsequenz weiterzuführen: »Nehmen wir an«, so drangen sie auf ihre Genossen ein, »ihr würdet irgendeinen Brauch oder eine Überzeugung vertreten, von denen ihr nicht klar aus Gottes Schrift beweisen könntet, daß sie ihren Platz in der Kirche Christi haben oder haben könnten. Würdet ihr es für richtig erachten, auf einem solchen Standpunkt zu beharren und uns zu zwingen, uns euch anzuschließen?« Auf eine so zugespitzte Frage konnten die Lyoner Armen nicht anders als negativ antworten, wenn sie nicht den Charakter von Waldes Initiative selbst bestreiten wollten. Damit verblaßte jegliche kirchliche Tradition, auch wenn sie vielleicht waldensisch war, mit einem Schlage und trat in den Hintergrund gegenüber der höchsten und bedingungslosen göttlichen Freiheit, der Freiheit seines Gesetzes, seiner Schrift. Nach den Lombardischen Armen orientiert sich die Kirche Christi immerfort an Gottes Gesetz und muß sich deshalb Tag für Tag auch in Christi Bild verwandeln, muß immer mehr und besser die Kirche Christi werden. Die Tiefe ihrer Wiedergeburt ist proportional ihrer Bereitschaft, die eigenen veralteten Gebräuche und Anschauungen zu verwerfen.

Das Prinzip des göttlichen Gesetzes mußte sich bei diesen Waldensern der zweiten Generation einerseits mit der Ehrerbietung gegenüber Waldes oder gar direkt mit dem Kult seiner Persönlichkeit auseinandersetzen und ausgleichen und andererseits ebenso mit der Praxis und der Lehre von der Eucharistie. Es scheint, daß die italienischen Waldenser bei diesen beiden Fragen die Möglichkeit, ja die Notwendigkeit einer Entwicklung der Auslegung und des Verständnisses der Wahrheit durch die Schrift *(veritas Scripturarum)* einräumten. Sie beriefen sich bei dieser ihrer Überzeugung auf das Bekenntnis des Paulus: »Solange ich ein Kind war, sprach ich wie ein Kind, dachte ich wie ein Kind, urteilte ich wie ein Kind. Als ich ein Mann wurde, überwand ich die kindliche Stufe« (1. Kor. 13, 11). Sie erkannten damit an, daß im Jahre 1218 die Waldenser Bewegung bereits ihre Geschichte hatte, welche die Erfahrungen einer menschlichen Generation überstieg und sich durch Wachstum und Reifung auszeichnete.

Die Lombardischen Armen hatten ihre Zweifel an dem definitiven Charakter von Waldes' Werk. Für sie war Waldes vor allem Initiator einer Bewegung, die durch den Gehorsam zum Evangelium in Gang gekommen war. Das, was Waldes in den letzten Jahren seines Lebens bei seinen unermüdlichen Reisen in Begleitung seines Gefährten Vivet geleistet hatte, durfte nicht als gültiges und verbindliches Muster unter allen Umständen und für immerdar erachtet werden. Dieser sachlich tiefgehende Vorbehalt gegen eine Überbewertung starker Persönlichkeiten konnte leider von den Lombardischen Armen nicht anders ausgedrückt werden als im Rahmen des Verdienstdenkens der zeitgenössischen Religiosität. Sie behaupteten, man könne Waldes und Vivet nur unter der Voraussetzung als erlöst ansehen, daß sie vor dem Tode Gott Genugtuung gegeben haben für alle ihre Schuld und für alle Fehler, die sie begangen hatten. Gegenüber diesen Zweifeln erklärte auf der französischen Seite Peter von Relana mit scharfen Worten, die Erlösung von Waldes stehe außerhalb jeden Zweifels.

Auch die Diskussion über das Abendmahl des Herrn zeigte, wie sehr die Waldenser von der formalen Seite her der theologischen Thematik und Methodik ihrer Sache verpflichtet blieben. Die Frage, wie es eigentlich zur Wandlung komme, war damals Gegenstand lebhaften Interesses sowohl bei den Theologen als auch beim Kirchenvolk. Das Wort »Verwandlung« *(transsubstantiatio)*, das auch die Lyoner Armen in der Diskussion von Bergamo gebrauchten, hatte Papst Alexander III. erst zu Waldes Zeiten in die scholastischen Disputationen eingeführt. Auf das Niveau einer dogmatischen Definition gelangte es durch den Beschluß des Konzils von 1215, bei dem Innozenz III. den Vorsitz führte, der ja selbst Verfasser eines der gründlichsten Traktate über das eucharistische Problem war.

Die ersten Waldenser zweifelten wohl am wenigsten an der Identität des wirklichen Leibes des Herrn mit dem konsekrierten Brot. Darin wichen sie in keiner Weise von der angenommenen Auffassung ab, die schon gute hundert Jahre im Gefolge einer neuen Welle eucharistischer Frömmigkeit und Empfindsamkeit bestand. Äußerlich manifestierte sie sich hauptsächlich in der Gewohnheit, vor dem Sakrament niederzuknien, und seit Ende des 12. Jahrhunderts auch in der feierlichen Erhebung der geweihten Hostie. Demgegenüber war die symbolistische Auslegung der eucharistischen Elemente, wie sie zum Beispiel um das Jahr 1140 Gregor von Bergamo kannte und bestritt, unseren zwölf Waldenser Abgesandten offenbar gänzlich unbekannt. Ihr Interesse stützte sich auf die Gemeinde rund um das Sakrament, wenn sie sich auch fragten, was eigentlich die sakramentale Tragweite beim Abendmahl des Herrn ausmache, das doch im übrigen Gesten und Gebräuche von Gastmählern übernahm, zu denen sich Menschen allgemein zusammenfinden. Bewirken sie die Worte der Konsekration allein, oder erst die Tatsache, daß sie von einem Priester ausgesprochen werden? Und wenn der Priester untreu oder gar glaubenslos oder moralisch ungeeignet ist, wie kann dann sein mündliches Gebet Gottes Segen herbeirufen? Wer entscheidet überhaupt über die Eignung des Dieners, wenn nicht gerade die Gemeinschaft, die bereit ist, nach Gottes Gesetz zu leben?

Die Diskussion von Bergamo scheint hier geradezu den Disput weiterzuführen, den ungefähr zehn Jahre vorher die Lombardischen Armen mit der Mailänder Gruppe *de prato* geführt' hatte. Damals ging es um den Begriff des Priestertums, diesmal quälte sich die Diskussion recht mühsam voran und kam nicht ohne die Terminologie der zeitgenössischen Eucharistologie aus. Mittels schon traditioneller Probleme und Fragen kreiste sie um den unausgesprochenen Kern, der eigentlich in dem Gedanken eines königlichen Priestertums all derer bestand, die Christus zugehören. Die Schwierigkeit lag darin, daß diese Waldenser sowohl in der sozialen Realität wie auch in ihrem eigenen Fühlen und Denken auf den Mythos des Priestertums stießen, der auf der Voraussetzung eines besonderen *ordo ad cultum* und der exklusiven Ausschließlichkeit des Priesters beim gottesdienstlichen Akt aufgebaut war. Es war weitaus schwieriger, eine Entmythisierung dieses Priestertums zu wagen, als die Laienpredigt zu begründen. Sie wurde von einigen Theologen des 12. Jahrhunderts durch die Beobachtung gerechtfertigt, daß im Alten Testament Kenner des Gesetzes keineswegs einzig und ausschließlich Angehörige des Priesterstammes Levi waren, sondern auch Nachkommen aus dem Stamme Simson. Für eine eventuelle Kritik des rituellen Priestertums bot jedoch die scholastische Theologie nichts als die Theorie der sogenannten simonitischen Häresie an, besonders des Pfründenkaufs. Diese Theorie war hauptsächlich im 11. und 12. Jahrhundert nicht ohne Bezug auf die Probleme ausgearbeitet worden, die durch den Aufstand der Mailänder Patarener entstanden waren. Nach dieser Theorie ist niemand Priester, der sich diese Würde auf simonitischem Wege erschlichen hat oder sich von einem Simoniten ordinieren ließ. Eine solche Ordination ist ungültig, und die erteilten Sakramente sind nichtig. Ein besonderes päpstliches Dekret erklärte im Jahre 1060 die Ungültigkeit von Ordinationen, die eventuell sogar gratis durch simonitische Prälaten erteilt wurden. Das Prinzip wurde gegen die Laieninvestitur formuliert und präzisiert, erhob aber gleichzeitig die moralische Unbescholtenheit des Dieners am Evangelium zum Maßstab für ein wahres Priestertum. Es überrascht daher nicht, daß die Waldenser, besonders aber die Lombarden, diese Waffe gegen die Priesterschaft der römischen Kirche richteten. Durch ihre Habgier war sie unfähig geworden, gültige Sakramente zu erteilen. Die römische Kurie mußte freilich durch eine derartige, für die Kirche kritische Applikation ihrer einstmals offiziellen Lehre ziemlich beunruhigt sein. Unter Innozenz III. war es wirklich notwendig, von diesen älteren Prinzipien ausdrücklich abzugehen. Eines der ersten Dokumente, die diesen Wandel signalisieren, ist das den Katholischen Armen im Jahre 1208 zur Unterzeichnung vorgelegte Glaubensbekenntnis: »Die Unwürdigkeit eines Bischofs oder Priesters kann weder der Kindertaufe noch der Konsekration der Eucharistie, noch allen übrigen Zeremonien schaden, welche die Kirche für die Gläubigen feiert.«[64] In diesem Lichte erscheint die donatistische Tendenz der Lombardischen Armen nur als eine Seite ihres mühsamen Weges zur Ekklesiologie der Gemeinde, eines Weges, an dessen Horizont die Entdeckung eines allgemeinen Priestertums jedes Christen wartet.

Im Dokument über die Beratung zu Bergamo wiederholt sich einigemal das Wort Kommune. Es bezeichnet eine Gruppe von Armen im engeren Sinne, also von verantwortlichen Predigern der einen oder anderen Waldenser *societas*, gleich ob der französischen oder italienischen. Die Art, wie man in Bergamo von der Kommune sprach, läßt erkennen, daß es auf beiden Seiten schon traditionell zu regelmäßigen Versammlungen gekommen war, denen Entscheidungen über Aufgaben und Lebensweise beider Gemeinschaften zuständen. Neu war, daß die Vertreter in Bergamo nunmehr über ein Zusammentreten der gemeinsamen Kommune beider Bruderschaften nachdachten, also gewissermaßen über eine Synode: *commune nostrum et illorum congregatum in unum.* Dieser Ausdruck überrascht nicht, wenn man bedenkt, daß ihn Menschen gebrauchten, die ständig die politische Struktur in den Städten vor Augen hatten. Mit Kommune wurde die freiwillige und durch Eid besiegelte Vereinigung wohlhabender Bürger bezeichnet, die diesen ihre Rechte und Freiheiten garantieren sollte. Die Mitglieder der Vereinigung übten gemeinschaftlich verschiedene Funktionen aus, die früher der Obrigkeit vorbehalten waren.[65] Die organisatorischen Anfänge der Waldenser, namentlich der lombardischen, spiegeln einige Elemente des kommunalen Lebens wider. Wenn beispielsweise die Kommune in den Städten anfänglich niemals die ganze Gemeinde umfaßte und nur die sozial höchsten bürgerlichen Schichten vereinigte, so faßte die Waldenser Kommune auch nicht alle »Freunde« der Bewegung zusammen, sondern nur *conversos*, Menschen, die mit Leib und Seele die Verantwortung für das Predigen auf sich genommen hatten. Die Analogie ist zwar recht frei und formal und gilt entschieden nicht in ökonomischer Hinsicht. Keinesfalls die wohlhabenden Besitzenden, sondern gerade die Armen bildeten bei den Waldensern die Kommune. Sie aber ist immer mehr davon überzeugt, daß auf ekklesialer Ebene sakramentale Funktionen auf sie übergehen werden, die ehedem ausschließliches Privileg der Priesterschaft waren.

Bedeutete also die Beratung von Bergamo den Übergang der Bewegung in eine Institution oder vielleicht sogar unmittelbar ihre Konsolidierung, eine oppositionelle Antikirche? Kaum. Vor allem erhoben sich recht starke Bedenken und Vorbehalte der Waldenser gegenüber jeglichen präzisierten Tendenzen, ohne ein sakramentales Leben in der

Form auszukommen, in der die offizielle Kirche seine metaphysische Gültigkeit garantierte. Die französischen Brüder betonten in Bergamo ihre ausschließliche Konzentration auf die Predigt durch freie Diener, die sich von gelegentlichen Spenden ernähren und sich nicht um das Morgen kümmern. Sie haben keine ausdrückliche Abneigung gegenüber der kirchlichen Hierarchie. Sie sind für eine innere Erneuerung der Kirche und geben lange dieser Erneuerung den Vorzug vor einer protestierenden Absplitterung. In dieser Richtung kamen die Lyoner Armen dem Franziskus von Assisi näher als dem Gegenwehrprogramm Arnolds von Brescia. Wäre nicht die harte Ablehnung der Kirche selbst gewesen – die Lyoner waren bereit, die Sakramente aus ihren Händen zu empfangen. Aber die verhärtete Ungunst der Kirche ließ sie erkennen, wie zutreffend in dieser Situation das Programm der Lombardischen Armen war.

Diese wiederum hielten ihren ultramontanen Brüdern den Mangel an Sinn für die Realitäten vor. Vom ersten Augenblick an waren sie der Meinung, daß jede Gruppierung von Gläubigen eine bestimmte äußere Organisation mit Elementen der Disziplin erfordere. Die Kirche, die ihre historische Mission verraten habe, hat auch das Recht verloren, weiterhin über das Gewissen derer zu herrschen, die Gott selbst durch sein Gesetz überwältigt habe. Jede gemeinschaftliche Manifestation der Christen müsse ihre Rechtfertigung, ihre Legitimation in der Kirche Christi suchen, letztlich also im Beispiel der ersten Christen.

Keiner der Teilnehmer an der Beratung von Bergamo hatte etwa die Absicht, zu behaupten, daß die Kirche Christi restlos identisch sei mit der Waldenser Bewegung. Ein gut informierter Zeitgenosse schrieb etwas später: »Die Lyoner Armen stimmen mit den Lombardischen in der Ansicht über die Kirche überein. Sie sind der Meinung, daß die Kirche, wenn sie den jetzt eingeschlagenen Weg weitergeht *(tenendo cursum quem tenet)*, nicht Christi Kirche ist, sondern eine böse Kirche.«[66] Diese Auffassung überwog sicher schon bei der Beratung zu Bergamo, wo jedoch die lombardischen Brüder von sich als von »unserer Gesellschaft«, »unserer

Vereinigung« oder einfach von den »italienischen Brüdern« und noch präziser von den »Armen im Geiste« *(nostra societas, nostra congregatio, fratres italici, pauperes Spiritu)* sprachen und damit den Ausdruck Kirche offenbar für Christi allgemeine Kirche vorbehielten. Ihr erkannten sie die wahre Existenz und Wichtigkeit zu, mochte sie sich für sie mit den Institutionen der römischen Kirche decken oder nicht.

Wir wissen nicht, ob die erwartete und vielleicht sogar auch vorbereitete gemeinsame Kommune beider Bruderschaften wirklich zusammengetreten ist. Dem Ton der von den Lombarden abgefaßten und nicht lange nach der Zusammenkunft in Bergamo unterschriebenen Zuschrift ist zu entnehmen, daß man sich von dieser Kommune nicht allzuviel versprach. Es ist nicht einmal sicher, daß die von ihnen vertretenen Vorschläge damals schon selbstverständlicherweise von den übrigen ihrer Mitstreiter angenommen waren. Verläßlich können wir nur sagen, daß die Konferenz von Bergamo die ganze Bewegung organisieren wollte. Ihre zweimal sechs Delegaten sollten wohl eine Analogie zu den zwölf Jüngern Jesu bilden und damit den festen Willen sowohl der Waldenser als auch der Italiener ausdrücken, sich bis zum letzten I-Punkt nach dem apostolischen Vorbild zu richten. Indem die italienischen Brüder nach dem Treffen zu Bergamo ein Präsidium bildeten, das ebenfalls aus zwölf Mitgliedern bestand, von denen bereits fünf an der Beratung in Bergamo teilgenommen hatten, übernahmen sie eigentlich die Verantwortung für die weitere Führung der ganzen Bewegung. Im Bewußtsein dieser Verantwortung gaben sie bereitwillig in die deutschen Länder »hinter den Alpen den geliebten Brüdern und Schwestern, Freunden und Freundinnen in Christo« eine detaillierte Nachricht von den Ergebnissen der Zusammenkunft in Bergamo.

Wie auch noch aus anderen Berichten hervorgeht, müssen wir die Lombardischen Armen als die zweiten Begründer der Waldenser Bewegung betrachten. Für zwei weitere Jahrhunderte drückten sie ihr das Siegel ihrer Entschlossenheit und Tatkraft auf. Den Gedanken einer guten Organisation der Arbeit in Genossenschaften, die fähig waren, notfalls auch unter den ungünstigsten Bedingungen zu wirken, stellten sie in den Dienst einer eigenständig geformten internationalen Bruderschaft und eines – wie sie von sich glaubten – christusmäßigen, bekennenden Lebensstils.

II. Zwei Jahrhunderte Leben im Untergrund

Die Inquisition

Entstehung und Ausbreitung des Ketzertums beantwortete die herrschende Kirche mit der Errichtung der Inquisition. Sie wurde schnell das wirksamste, wenn auch nicht das einzige Instrument zur Beaufsichtigung des rechten Glaubens und die Stütze zu seiner Erhaltung.

Bereits seit der ersten Hälfte des 11. Jahrhunderts verbanden Fürsten und Könige ihre Kräfte zur Unterdrückung des entstehenden Ketzertums. Die Synode von Orléans vom Jahre 1022 bedrohte erstmalig das Verbrechen, anders als gemäß der kirchlichen Auffassungen zu denken, mit der Strafe des Feuertodes. Im 12. Jahrhundert wurden es immer mehr Regionalsynoden, auf denen die Frage erörtert wurde, auf welchen Wegen man dem steigenden Zulauf zur Ketzerei Herr werden könne. Man dachte nicht nur an eine Verbesserung der Sitten bei den Priestern, an die Beseitigung der Simonie und des Konkubinats und an eine Erhöhung des Bildungsniveaus der Priester; auch die weltliche Macht wurde zu Hilfe gerufen, und den einzelnen Bischöfen wurde nachdrücklich ihre Aufgabe in Erinnerung gebracht, sich mit größter Sorgfalt um ihre Diözesen zu kümmern.

Neben diesem Typ der bischöflichen Inquisition setzten sich später mit wachsender Aggressivität die Aktionen der päpstlichen Legaten durch. Der Heilige Stuhl schickte sie, meist Kardinäle, in die von Ketzerei verseuchten Gegenden, damit sie dort die meist ratlosen oder direkt lässigen Bischöfe unterstützten oder vertraten. Zu den bedeutsamsten Aktionen dieser Art gehört das Einschreiten des Kardinals und Bischofs von Ostia, Alberico, gegen die Anhänger Heinrichs von Lausanne und gegen die Katharer (1145) und des Kardinals und Bischofs Heinrich von Albano gegen die Katharer und die Armen von Lyon (1179–1180).

Auf der Ebene der Pfarreien wurde die Kontrolle der Rechtgläubigkeit seit 1215 verstärkt durch die Erklärung der Pflicht jedes Christen, wenigstens einmal im Jahre zur Beichte zu gehen. Gleichzeitig wurde der Antiketzerfragespiegel präzisiert und verallgemeinert, der den Bischöfen oder den bischöflichen Beauftragten bei ihren Besuchen der Pfarrsprengel und den päpstlichen Legaten bei ihren regionalen Missionen die Untersuchungen erleichtern sollte. Da es mit keiner dieser Maßnahmen gelang, die Ketzer auszurotten, widmeten die Päpste ihre konzentrierte Aufmerksamkeit der vollen Entfaltung und dem konsequenten Durchdenken eben jenes außerbischöflichen Kontroll- und Unterdrückungssystems.

Ihre Möglichkeiten offenbarte die neue Institution in vollem Umfange seit Beginn der dreißiger Jahre des 13. Jahrhunderts. Sie erhielt damals eine konstante personale Ausstattung, die in den Augen der Zeitgenossen durch die päpstliche Autorität gesegnet war. Mit ihrer Organisation wurden in der Mehrzahl Angehörige der kurz vorher entstandenen Bettelorden beauftragt, vor allem Dominikaner, so daß man sie manchmal Mönchsinquisition nannte. Nach einigen Jahrhunderten waren die Waldenser neben den Katharern das gesuchteste Objekt inquisitorischer Nachforschungen.

Bevor er sich ans Werk machte, sicherte sich der Inquisitor die Mitarbeit der örtlichen Obrigkeiten. Dann ordnete er an, daß ihm jeder, der Ketzer oder der Ketzerei verdächtige Personen kenne, diese anzeige. Er setzte auch eine Frist fest, innerhalb der ein Ketzer oder ein der Ketzerei Verdächtiger noch Vergebung erlangen konnte, wenn er sich entschloß, sich selbst zu melden und zu bekennen. War die Frist verstrichen, eröffnete das Inquisitionstribunal seine Verhandlungen. Der Beschuldigte wurde aufgrund der Aussagen von Zeugen verurteilt, von denen er oftmals überhaupt nichts wußte. Er hatte keinen Verteidiger und antwortete selbst auf die Fragen beim Verhör. Sehr bald, etwa seit 1240, eignete sich die Inquisition die Folter als legitime Methode an, um Angeklagte zum Schuldbekenntnis zu bringen. Die Urteile wurden auf feierlichen öffentlichen Versammlungen verkündet. Das freiwillige Eingeständnis eines vermeintlichen Ketzers, begleitet von dem Gelöbnis, nie wieder den Irrlehren zu verfallen, war für ihn die Garantie einer Aussöhnung mit der römischen Kirche. Die Wirksamkeit einer solchen Aussöhnung hing freilich von der Erfüllung der auferlegten Buße ab. Das konnten Werke der Frömmigkeit sein, Fahrten in entfernte Wallfahrtsorte, demütigende Akte vor der kirchlichen Öffentlichkeit, das Tragen von Kleidern mit grauen Kreuzen zum Zeichen der Reue oder andere ähnliche Aufgaben. Wer sich bekehrte und seine Überzeugung unter dem Druck von Foltern oder auch nur aus Furcht vor ihnen gewechselt hatte, den erwartete in der Regel lebenslänglicher Kerker, ein unbußfertiger, verstockter oder rückfälliger Ketzer wurde zum Feuertod verurteilt. Das Haus, in dem er gewohnt hatte, sollte niedergerissen werden. Der Verlust aller Rechte umfaßte die Konfiskation allen Besitzes und konnte sich auch auf die Kinder und Enkel des Verurteilten erstrecken. Innerhalb von fünf Tagen hatte die weltliche Gewalt – der weltliche Arm, wie man sagte – das Todesurteil zu vollstrecken. In einigen Fällen führte die Inquisition auch postume Prozesse ein. Die leiblichen Überreste wurden dann ausgegraben und verbrannt. Vom Jahre 1311 an fiel ein ganzes Drittel der bei Ketzern konfiszierten materiellen Güter dem zuständigen Inquisitor zu.

Die perfekte Zusammenarbeit der Kirche mit den Feudalherrn, die einen solchen Inquisitionsbetrieb erst ermöglichte, war der Ausdruck des totalitären Charakters der mittelalterlichen Gesellschaft, der sogenannten Christenheit, letzte Konsequenz der konstantinischen Lösung der gegenseitigen Beziehungen zwischen Kirche und öffentlicher Verwaltung. Die erwähnten Maßnahmen wurden gegen die Waldenser, wo immer man sie auch entdeckte, das ganze Mittelalter hindurch in allen Ländern der europäischen Christenheit streng angewandt. Einzige Ausnahme war nach

Ausbruch der hussitischen Revolution das Land Böhmen, das schon im Jahre 1415 der letzte Inquisitor vor der Schlacht auf dem Weißen Berge verließ, der Dominikaner Nikolaus Václavův.[1]

Beträchtlichen Einfluß auf die Gestaltung der päpstlichen Inquisition hatten die bei der Unterdrückung der Albigenser gewonnenen Erfahrungen. Es scheint, daß die italienischen Inquisitoren besonders wesentlich auf die antiwaldensischen Inquisitionsregeln und -gebräuche eingewirkt haben. Sofort von 1232 an sehen wir sie in voller Aktion im Lombardischen, wo Gregor IX. anordnet, daß sie die inneren Streitigkeiten in den Städten wie Mailand, Bergamo oder Piacenza ausnützen sollten. Peter von Verona, Johann von Vicenza, Roland von Cremona, Rainerio Sacchoni und einige andere hatten gewiß ausreichend Gelegenheit, unter den sonstigen Ketzern auch auf Lombardische Arme zu treffen, und zwar nicht nur in der Lombardei selbst, sondern auch in Mittelitalien. Sie verfolgten die Ketzer überall, wo es die politischen Verhältnisse nur irgendwie zuließen. Das war nicht immer einfach. Die Inquisition stieß oft genug auf den Widerstand des Volkes, auf Trotz oder zumindest Verbitterung, und manchmal widersetzten sich ihr sogar Herren. Papst Alexander IV. mußte die Ehrfurcht des einfachen Volkes vor den Inquisitoren dadurch sichern, daß er die Erfüllung ihrer Mission mit der Gewährung unterschiedlichster Privilegien verband (1254). Da auch die ghibellinische Opposition auf mannigfaltige Weise hinsichtlich der politischen Ansprüche des Papstes verketzert wurde, entwickelten sich ihre Führer zu Beschützern der Ketzer, ohne daß dies unbedingt heißen mußte, sie hätten auch deren evangelisches Predigen angenommen. In langfristiger Perspektive gesehen, war die lombardische Inquisition bemerkenswert erfolgreich. Um ihr Gelingen machte sich das aktive Zusammenspiel der acht Inquisitoren besonders verdient; ihre Zahl stieg im Jahre 1304 auf zehn an.

Gegen die Waldenser in Piemont arbeitete vom Ende des 13. Jahrhunderts und im ganzen 14. eine Reihe von Inquisitoren meist sogar mit militärischer Unterstützung durch die Savoyer Grafen. Der Franziskaner Francesco Borelli entwickelte an der Spitze der Inquisition in der Dauphiné ein Vierteljahrhundert hindurch bis 1393 eine gefürchtete Aktivität. Er verstand es, eine Menge Mitarbeiter zu finden und seine Verhöre und Tribunale bis in die Alpen und auf Savoyer Gebiet auszuweiten. Es war dies das Resultat des Beschlusses von 1245, demzufolge ganz Südfrankreich Inquisitoren aus dem Minoritenorden zugewiesen wurde. Von 1288 an wurde ihnen dazu noch die Grafschaft Venaissin und nach weiteren vier Jahren auch die Dauphiné zugesprochen. Im übrigen Frankreich wurde die bischöfliche Inquisition verstärkt oder ersetzt durch die Mönchsinquisition der Dominikaner. Im Languedoc setzte die Inquisition das mit den Ausrottungskriegen gegen die Albigenser begonnene Werk fort und schuf sich ständige Sitze in Toulouse und in Carcassonne.

Um eine Anwendung der durch die Inquisition entstandenen päpstlichen Konstitutionen auf die deutschen Verhältnisse bemühte sich der Prämonstratensermönch Konrad von Marburg, übrigens ein aktiver Agitator für die nach Osten zielenden Kreuzfahrten. Er wurde 1233 ermordet, als Opfer einer Art Störung des feudalen Autonomismus. Nach seiner Beseitigung setzte sich die Inquisition erst in den sechziger Jahren des 13. Jahrhunderts in Bayern und in den österreichischen Ländern durch. Hundert Jahre später übte sie schon eine fieberhafte Tätigkeit in zahlreichen Ländern Mitteleuropas aus. Die ausgedehnte inquisitorische Kampagne, die 1390 der Zölestiner Peter Zwicker eingeleitet hatte und die durch ganze fünfzehn Jahre – wenn nicht noch länger – konsequent durchgeführt wurde, erfaßte in diesen Gebieten vor allem Sektierer, die des Waldenser Bekenntnisses verdächtig waren.

Entsprechend dem Charakter der Inquisitionsprozesse können die betreffenden Akten nicht anders als einseitig voreingenommen und schematisch sein. Dennoch sind sie wertvolle historische Dokumente für die Darstellung der Waldenser, auch wenn wir sie mit Umsicht verwenden müssen. Die verschiedenen Zentren der Inquisition teilten sich gegenseitig bereitwillig die Untersuchungsergebnisse mit. Besondere Handbücher, die oftmals an ganz abgelegenen Orten angewandt wurden, führten zu einer stereotypen Einförmigkeit der Fragen bei den Verhören. Fragespiegel zur Feststellung von Häresie des Waldenser Typs dienten manchmal jahrzehntelang bei den Ermittlungen sogar in geographisch weit voneinander entfernten Zentren. Die Formulierungen einiger den Ketzern zugeschriebener Prinzipien gingen auf diese Weise fertig aus einem ins andere Dokument über. Das mindert in bestimmtem Maße die Aussagekraft der diesbezüglichen Unterlagen, wenn wir mit ihrer Hilfe namentlich ab Ende des 14. Jahrhunderts auftretende eigenständige Züge bei den einzelnen territorialen oder lokalen Gruppen der Waldenser feststellen wollen.

Polemik im Dienste der Inquisition

Außer den Inquisitionsakten kennen wir einige außergewöhnlich gut informierte Traktate, die uns gestatten, die Standpunkte zu verfolgen, die das Auftreten der Waldenser in einigen Kreisen hervorgerufen hatte. Wir denken an Arbeiten, die gegen Mitte des 13. Jahrhunderts namentlich in der Lombardei geschrieben wurden, und zwar entweder von den Inquisitoren selbst oder von ihren Mitarbeitern, in der Absicht, die höheren Gesellschaftsschichten vor der drohenden Gefahr zu warnen.

Der bürgerliche Laie adliger Herkunft Salvo Burci aus Piacenza vergegenwärtigt uns zum Beispiel lebhaft die Reaktion seiner Umwelt auf die Missiontätigkeit der Waldenser. Sein *Liber supra Stella*[2] schrieb er im Jahre 1235 als ein in der herrschenden Kirche zufrieden heimisch gewordener Mensch: »Wo findet man schon größeres Fasten, zurückhaltendere Selbstdisziplin, freigiebigere Almosen? Wer anders baut Brücken und Krankenhäuser, wenn nicht die römische Kirche?« Dank einprägsamer Charakteristiken macht uns Burci fast zu Teilnehmern erregter Gespräche zwischen Katharern, Waldensern und Katholiken. In großen Umrissen zeichnet er die Geschichte der ersten sechzig Jahre des

Waldensertums und beweist mit zahlenmäßigen Aufrechnungen, daß die etwa sechs- bis achttausend Waldenser kaum die allgemeine Kirche darstellen dürften. Er nutzt die Erfahrungen aus seiner einstmaligen Bekanntschaft mit Johann von Ronco und zeigt, wie sich die anfänglich fast rechtgläubige Lehre der Waldenser durch die Berührung mit den Katharern angesteckt habe. Trotz seiner ganzen Selbstsicherheit fühlt sich Burci jedoch offensichtlich durch den Gedanken beunruhigt, daß die Waldenser nicht nur die Autorität der herrschenden Kirche, sondern auch die der weltlichen Macht ablehnen. Somit ist er einer der ersten, die den politischen Aspekt des Waldenser Protestes betonen.

Wie Burci von ihnen schreibt, empören sich die Waldenser gegen die verdorbene Kirche, die sich die Welt durch ihren Reichtum dienstbar macht, und mißtrauen der Religion, die sich auf das traditionelle Verständnis der menschlichen Beziehungen stützt. Sie wagen es, sich dagegenzustellen aus der Überzeugung heraus, daß sie jene biblische kleine Herde sind, die Christus außerhalb der ausgetretenen Pfade und zum Schlußmachen mit den alten Bindungen führt. Christus ruft seine Auserwählten auf, in einem paradoxen Widerspruch namentlich zu den Städten zu leben, in einem um so bezeichnenderen Widerspruch, als die städtischen Gemeinden besonders leicht der Versuchung unterliegen, direkt theokratische Ansprüche anzumelden. »Menschen, seid wachsam und unterbrecht allen Umgang mit dieser Hure. Die Prälaten dieser Kirche streben auf alle Arten danach, daß die Stadtgemeinden als Gesetz das peinliche Recht anerkennen, durch mannigfaltige Quälereien jene zu belangen, die sie für Ketzer erklären. Und wenn sich die Stadtgemeinden weigern, ihnen nachzugeben, verhalten sie sich feindselig gegen sie und drohen ihnen mit Exkommunikation ... Macht es euch bewußt, Menschen, daß man sie dem Tode ausliefert, weil sie es abgelehnt haben, abzuschwören ... Römische Kirche, deine Hände triefen vom Blute der Märtyrer!«

Burcis Waldenser haben keine fertige Theorie, wie die Welt zu organisieren sei. Sie klagen über die »christliche«

Gesellschaft in ihrer derzeitigen Form sakraler Unantastbarkeit und über die Zustimmung zur Berechtigung der ungleichen Verhältnisse zwischen Herren und Untergebenen. Salvo Burci begegnet dem waldensischen Angriff mit dem Hinweis auf die bekannte Stelle im 13. Kapitel des Römerbriefes. Seiner Meinung nach rechtfertigt der Apostel die gewalttätige Exekutivmacht der herrschenden Obrigkeiten. Die Waldenser lehnen diese traditionelle Auslegung ab und bringen eine eigene, mit der sie sich auf eigentümliche Weise in die Geschichte der Interpretation Paulinischer Gedanken einschreiben. Woran ihnen vor allem gelegen ist, das ist die Mission der Kirche Christi in der gegebenen Situation. Sie kann sie nur dann erfüllen, wenn sie die bisherige Angleichung ihrer Strukturen an die Feudalordnung aufgibt. Das Pathos dieses Protestes wird von der subjektiven Überzeugung der Waldenser genährt, daß sie in einer Tradition fortfahren, die ihnen zeitlich weit vorausging und ihre Wurzeln bereits in der Verkündigung des Alten Testament hat. So entsteht durch das Zurückgreifen in eine ferne Vergangenheit die waldensische Theologie der Geschichte des Gottesvolkes.

In der ganzen schleppenden Diskussion, die häufig mit dem Widerhall katharischer Erwägungen belastet ist, beharren die Armen auf dem an Burcis Adresse gerichteten Hauptvorwurf, daß er nämlich gemeinsam mit der offiziellen Kirche als Ausgangspunkt der christlichen Lehre keinesfalls die Heilige Schrift ansehe, sondern Vorstellungen irdischer Natur, welche die Grenzen menschlicher Möglichkeiten zuwenig beachten. Und in diesem Sinne äußern die Waldenser radikale Zweifel, an der angeborenen Unsterblichkeit der Seele ebenso wie an dem uralten Bestreben der Christenheit, sich mit peinlichen Kompromissen zufriedenzugeben, wenn es darum geht, die richtige Machtanwendung zu bestimmen.

Neben den zwar klugen, aber doch ziemlich durcheinandergemengten Bemerkungen Burcis ist das Werk des Dominikaners Moneta von Cremona das Ergebnis gewissenhafter, geradezu pedantischer Untersuchungen eines Fachmannes. Moneta gab seine Professur an der Universität Bologna auf, zog 1218 die Kutte des Predigerordens an und starb 1260 als Inquisitor in Mailand. In seiner monumentalen Schrift *Summa adversos Catharos et Valdenses*[3], an der er schon 1241 zu arbeiten begonnen hatte, schöpfte er einerseits seine reichen inquisitorischen Erfahrungen aus und ließ andererseits seinem auf beachtlicher Gelehrsamkeit beruhenden theologischen Spürsinn freien Lauf. Bewußt und mit der Ergebenheit eines Schülers bekennt er sich zum Ordensgründer Dominikus, der »mit all seinen Kräften das verdorbene Dogma der Ketzer zu vernichten strebte.« Moneta unterteilte das Werk in fünf systematisch angeordnete Bücher. Er beginnt mit dem Versuch einer Zusammenstellung der metaphysischen Prinzipien der Ketzer und kommt über eine Darlegung der christologischen Thematik schließlich zu den aktuellen Fragen des zeitgenössischen kirchlichen Lebens. Das Interesse an den Waldensern meldet sich erst in der Mitte des umfangreichen Traktats zu Worte und verstärkt sich im ekklesiologischen Schlußteil, der das fünfte Buch umfaßt, das offenbar mit einer gewissen zeitlichen Verzögerung gegenüber den vorangegangenen entstand. Moneta kennt die Lombardischen Armen als Augenzeuge und weiß sie von den Lyonern oder, wie er schreibt, den ultramontanen Armen zu unterscheiden. Das Bild, mit dem er sie uns schildert, stimmt ziemlich genau mit dem von Burci überein, auch wenn es differenzierter und gesättigter ist.

Er ist sich der Verschiedenheit der Waldenser von den Katharern bewußt, denn man dürfe seinem Urteil nach die waldensische Häresie nicht für eine metaphysische ansehen. Die Waldenser – so legt er dar – sind eine Bewegung, die beunruhigende Fragezeichen hinter historische Formen setzt, in denen sich das Christentum, nunmehr institutionalisiert, verkörpert. Die kritischen Fragen stellen die Waldenser gleichsam vom Neuen Testament her. Moneta vermerkt dabei ehrlich, daß die Waldenser auch das Alte Testament beachten und sogar bereit sind, es zur Beweisführung heranzuziehen, was gerade bei den Katharern nicht zutrifft.

Alles messen sie an biblischen Normen, und so erscheinen ihnen die neuen dogmatischen und auch sozialen Einführungen, wie sie hauptsächlich durch das Papsttum erfolgten, nicht als Fortschritt zum Besseren, sondern als Ergebnis des kirchlichen Verfalls, als Fehlentwicklung, als Verleugnung des Alleingenügens Jesu Christi für die Erlösung. Die Kirche gefällt sich im Spiel mit der Perspektive des Grabes, mit dem Fegefeuer, und hat den sakramentalen Verrichtungen den Vorzug vor der evangelischen Botschaft gegeben. Sie begnügt sich mit der Taufe Neugeborener, die sie vorher nicht im Glauben unterrichten kann und von denen sie auch kein bewußtes Glaubensbekenntnis verlangen darf. Der Verfall der Kirche, dessen Folgen sich in der Gegenwart manifestieren, ist eine in der Geschichte feststellbare Angelegenheit. Bereits die französischen Waldenser haben angeblich – nach Moneta – gern als Gegensatz auf der einen Seite Papst Silvester hingestellt, der nach dem Reichtum griff, als er ihm von Kaiser Konstantin angeboten wurde, und auf der anderen Seite Waldes, der dèm Reichtum entsagte. Aus diesem prinzipiellen Gegensatz entwickelt sich dann später bei den Waldensern die anachronistische Legende, bei der Waldes zu einem Zeitgenossen der Konstantinischen Schenkung zu Beginn des 4. Jahrhunderts wird. Zu Monetas Zeiten zogen die Waldenser einen solchen Schluß noch nicht, sie begannen vorläufig erst nach dem historischen Augenblick zu suchen, zu dem die Prälaten den Verrat begingen, indem sie zustimmten, daß das Christentum so mißbraucht werden durfte.

Ähnlich wie Salvo Burci argumentiert auch Moneta gegen die Waldenser mit dem Hinweis auf ihre relativ kurze Zeit zurückliegende Entstehung. Zeitlich reiche sie doch nicht vor den Lyoner Bürger Waldes zurück, der kaum achtzig Jahre vorher den neuen Weg der Armen beschritten hatte. »Demnach sind sie nicht die Fortsetzer der Urkirche, sie sind nicht Gottes Kirche.« Wenn sie auch anscheinend die hierarchischen Stufen der Bischöfe, Priester und Diakone anerkennen, so wäre es doch töricht zu behaupten, daß Waldes jemals die Weihen erhalten hätte. Übrigens habe ein

Lombardischer Armer namens Thomas direkt bestätigt, daß das Episkopat des Waldes von seinen Mitbrüdern herrühre. Offensichtlich hatte er also keine kanonische Würde und kann sich also auch nicht auf die apostolische Sukzession berufen. Das einzige, was man ohne weiteres anerkennen kann, ist die Tatsache, daß Waldes vom Papst die Genehmigung zum Predigen erhalten hat. Nach Moneta kann man sich davon leicht überzeugen, wenn man in das Dokument Einblick nimmt, das diese Tatsache beurkundet. Die Waldenser sind des Aufruhrs schuldig, der die Leugnung eines der grundlegenden Glaubensartikel einschließt, nämlich des Artikels von der Allgemeinen Heiligen Kirche.

Die Waldenser suchen die Wurzeln der päpstlichen Machtentfaltung in den kaiserlichen Privilegien, derer sich die römischen Bischöfe direkt zu der Zeit bemächtigt hätten, als sie in den Lateranpalast einzogen. Umgekehrt ist wiederum die Tradition vom Aufenthalt Petri in der kaiserlichen Stadt – nach den Waldensern – durch das Zeugnis des Neuen Testaments nicht bestätigt. Sie behaupten geradewegs, daß Petrus Rom niemals betreten habe, so daß jedes Nachforschen nach seinen Reliquien in Rom zum Mißerfolg verurteilt sei. Der römischen Kirche fehle jede zuverlässige Verbindung zum Apostel Petrus. Doppelt fehlen ihr sodann alle Kennzeichen evangelischen Lebens. Ihre grundlegenden Lebenshaltungen stünden in schreiendem Widerspruch zur Bergpredigt Jesu. Wenn die Prälaten wirklich Jesu Schüler werden wollten, müßten sie zuerst allen ihren Gütern, Kirchen, Kathedralen und prächtigen kultischen Bräuchen entsagen. Sie haben das Kreuz zum Symbol ihres Sieges und ihrer Macht erhoben, obzwar es ursprünglich die absolute Verstoßung Christi durch die Menschen bedeutete. Nach den Waldensern ist das Wesen der Kirche nicht durch eine abstrakte Definition zu bestimmen. Man kann es nur in ihrer Sendung erfassen. Wenn sie konkrete Aufgaben übernimmt, wenn sie also ihre Verantwortung zeigt, wird die Kirche zu dem, was sie sein soll, oder sie verfällt andererseits dem, wovor sie sich hüten sollte. Diesen Standpunkt, manchmal auch donatistisch genannt, vertreten die Lombardischen Armen bis zum Extrem. Sie meinen, daß in alle Zukunft von den Dienern einer Kirche, die ihre Mission verraten hat, nichts Gutes zu erhoffen ist.

Ebenso wie Burci ist auch Moneta wegen ihrer absoluten Ehrfurchtslosigkeit gegenüber der gewalttätigen Macht über die Waldenser erzürnt. Sie möchten am liebsten jeder weltlichen Rechtsausübung innerhalb der christlichen Gemeinschaft ausweichen und behalten die endgültige Entscheidung über die zwischenmenschlichen Streitigkeiten Gott und seinem Christus für den Tag des Jüngsten Gerichts vor. Die göttliche Zukunft schränkt auf diese Weise bei den Waldensern zumindest die soziale Autorität der bestehenden Ordnung ein. Wenn sich die Kirche von der zeitlichen Macht Hilfsdienste leisten läßt, um auf diesem Wege zu verfolgen, zu exkommunizieren, auszupeitschen und einzukerkern, so straft sie dadurch ihre eigene Mission Lügen. Und was soll man zu den zahllosen Fällen sagen, wo »sie den Kriegswagen *(carrocia)* Segen spendet, die im Dienste der ungerechten Kriege stehen«! Wenn jeder Krieg illegitim ist, so gilt dies um so mehr von einem Krieg, den der Papst dem Kaiser erklärt, oder von Kreuzzügen zu anderen Ufern des Meeres.

Monetas ständige Polemik gegen die Einwände der Gegner bewirkte, daß sich sein Werk letzten Endes in eine Abhandlung über die Kirche verwandelte. Wir haben dadurch einen der ersten in sich geschlossenen ekklesiologischen Traktate vorliegen. Moneta spricht dabei freilich ständig als Inquisitor, der sich wohl bewußt ist, daß er sich auf die Unterstützung beider Gewalten, der geistlichen und der weltlichen, verlassen kann. Mit voller Selbstverständlichkeit verteidigt er zum Beispiel die Inquisition und das Recht der Kirche auf Konfiskation des Eigentums der Ketzer. Aber gleichzeitig drückt er auch seine Übereinstimmung mit der Mentalität aus, die charakteristisch für die lombardischen Städte in einer Zeit war, in der sich bei ihnen der Übergang von der Kommunalordnung zur Signorie realisierte. Die *Signorie,* damals ein sehr modernes Schlagwort, tritt in Monetas Arbeit gerade in Verbindung mit seiner Verteidigung der Gewalt und der Untertänigkeit als berechtigte Formen auf.

Die Bedeutung, welche die herrschende Kirche jener Tätigkeit beimaß, die Burci und hauptsächlich Moneta ausübten, wurde bald öffentlich betont. Im Jahre 1253 erfolgte die beschleunigte Heiligsprechung des Dominikaners Peter von Verona[4]. Dieser Sohn katharischer Eltern, der für den Katholizismus gewonnen worden war, war das Jahr vorher von seinen ehemaligen Glaubensbrüdern unweit von Mailand ermordet worden, wo er als Inquisitor gewirkt hatte. Er hinterließ die *Summa gegen die Kätzer*, in der er eine gute Kenntnis auch der Lombardischen Armen bewies, so daß er verschiedentlich Burcis Informationen ergänzen konnte. Ein anderer Katharer, Rainerio Sacchoni, aus Piacenza gebürtig, kehrte um das Jahr 1250 eben unter dem Eindruck der Persönlichkeit Peters von Verona zum katholischen Glauben zurück. Er trat in die Fußstapfen seines geistigen Vaters und wurde nach dessen gewaltsamem Tode an die Spitze der lombardischen Inquisition gestellt. Er verfaßte 1250 für den Eigengebrauch ein Handbuch unter dem Titel *Summa de Catharis et Leonistis seu de Pauperibus de Lugduno*[5]. Soweit es sich um die Waldenser handelte, unterschied er sorgfältig zwischen Ultramontanen und den Lombardischen Armen und interessierte sich auch für ihre Lehre über Eucharistie und Taufe. Etwa um die gleiche Zeit schrieb ein anderer Mailänder, diesmal ein Franziskaner Jakob a Capellis, eine ähnliche Arbeit.[6]

Aus beiden Berichten, sowohl dem von Burci als auch dem von Moneta, klingt die ursprüngliche Leidenschaft der öffentlichen Streitigkeiten und Disputationen heraus, in die beide mit den Ketzern gerieten. In dieser Hinsicht finden wir in ihren Polemiken noch den Widerhall der großen Kontroversen, wie sie im französischen Süden zur Zeit des Übergangs vom 12. zum 13. Jahrhundert gepflegt wurden. Andererseits liefern Burci und Moneta auch den Beweis dafür, wie sich die Waldenser relativ spät bewußt wurden, daß die juristische Festung der Inquisition die Zeit der Diskussionskongresse und der Dialogturniere der Ritter des Wortes in eine nie mehr wiederkehrende Vergangenheit verdrängt hatte. Seit der Mitte des 13. Jahrhunderts verliert die aus den Reihen der Inquisitoren hervorgegangene Literatur für immer den Sinn für Diskussionen. Mehr und mehr macht sie scharfen und unbarmherzigen Verhören Platz, stellt endlose Verzeichnisse der Irrlehren auf und klassifiziert Fakten und Ereignisse nach vorher festgelegten Rubriken. Etwa in der Hälfte dieser Entwicklungskurve ragt ein wertvolles Dokument der Übergangsperiode bis gegen Ende des 13. Jahrhunderts heraus.[7] Es zeichnet unwillkürlich ein »Modell« der waldensischen Lebensweise in einer Situation, als die Waldenser schon längst die Grenzen des Landes überschritten hatten, in dem ihre Bewegung entstanden war, und stützt sich auf die Zeugenaussagen eines der »Freunde« der deutschen Waldenser. Wir dürfen nicht annehmen, daß sich überall alles so abgespielt hat, wie es diese Quelle schildert, aber in den Hauptzügen ist sie gewiß zuverlässig.

Es gibt zwei Kategorien der Armen Christi. Die einen heißen die Vollkommenen oder »die den Trost gewonnen haben« *(consolati)*, die anderen sind ihre Freunde. Den ersteren gebührt die Meisterwürde, und sie können den Vorsitz bei Versammlungen führen, an denen das Abendmahl des Herrn gefeiert wird. Sie entsagen allem Privateigentum und sogar jeder Erwerbstätigkeit. Ihre Freunde, die sich den Lebensunterhalt durch Arbeit sichern, unterstützen sie auf verschiedene Weise, damit sie sich ganz dem Studium und der Predigt widmen können. Die Meister oder Lehrer, manchmal wegen ihrer charakteristischen Fußbekleidung auch *sandaliati* genannt, besuchen zu regelmäßigen Fristen ihre Freunde und unterrichten sie im Glauben.

Die Lehre der Armen stimmt nach unserem Dokument im wesentlichen mit den katholischen Lehren überein. Nur in einigen wichtigen Punkten predigen ihre Lehrer eine unterschiedliche Botschaft. Sie glauben zum Beispiel nicht, daß der Papst auf Erden die gleiche Autorität wie Petrus habe. Sie leugnen die Existenz des Fegefeuers. Niemand hat jemals das Recht, wen immer auch zu töten oder zu schwören. Es gibt auch keinen Grund, warum sich die Menschen gegenseitig ihre Sünden bekennen oder unbedingt zur befohlenen Beichte gehen sollten.

Die Ketzer leben in verschiedenen Gegenden und Ländern mit ungleichen politischen Verwaltungen, gleich ob im Reich oder anderswo. Für ihre Könige oder andere Herrscher beten sie ebenso wie für ihre Feinde und Verfolger. Sie haben ihre eigenen Häuser, häufiger aber wohnen sie zu zweit oder dritt in besonderen Gästehäusern mit zwei oder drei Frauen zusammen, von denen sie behaupten, daß es ihre Gattinnen oder Schwestern seien. Das Tagesprogramm besteht in einem Waldenserhaus aus Gebeten, dem Studium der Heiligen Schrift, die auswendig gelernt wird, und aus körperlicher Arbeit. Das gemeinsame Essen leitet der Verwalter oder Rektor des Hauses mit einem Gebet ein und beschließt es mit einer dem letzten Buche der Bibel (Offenbarung 7, 12) entnommenen Lobpreisung. Das Waldenserhaus ist Zufluchtsstätte sowohl für Freunde als auch für Vollkommene. Aber nur die Vollkommenen begrüßen sich untereinander mit dem Friedenskuß.

Einmal im Jahr führen die Armen ihr Konzil oder Generalkapitel durch. In der Regel treffen sie sich irgendwo im Lombardischen oder in der Provence oder auch in einer anderen Gegend, wo eine bestimmte Anzahl von »Sandaliaten« tätig ist. Der Lombardei geben sie allerdings den Vorzug. Diejenigen, die aus den deutschen Landen dort hinpilgern, lassen sich von einem Dolmetscher begleiten. Das Kapitel vereinigt fast die gesamte Bruderschaft und setzt Gegend und Umfang für die Wirksamkeit der »Sandaliaten« im nächsten Jahre fest. Sie wandern dann zu zweit durch die Länder und Provinzen. Das Kapitel verteilt gleichfalls die durch Almosen von Freunden und Gläubigen gewonnenen Gelder. Die größten Anteile der erforderlichen Gelder kämen angeblich aus Deutschland.

Diejenigen, denen der schrittweise Besuch der Gläubigen anvertraut ist, beschaffen sich zunächst ein Verzeichnis der Orte, die sie bedienen sollen. Zu vorher schriftlich oder durch Boten ausgehandelten Zeiten kommen sie zum verabredeten Ort, am liebsten bei Nacht. In unserer Epoche veranstalten sie schon keine zahlenmäßig stärkeren Versammlungen mehr. Die Besuche finden eher im Winter als im Sommer statt, weil die Gläubigen in dieser Jahreszeit weniger durch Feldarbeiten in Anspruch genommen sind. Als Mitglied der Bruderschaft wird man in einem Waldenserhaus aufgenommen, der Anwärter muß Fragen beantworten, die ihm die Meister stellen, muß Treue zur gehörten Botschaft geloben und erklären, lieber sterben zu wollen als seine Freunde zu verraten.

Mag dieser ganze Bericht zur Idealisierung neigen, so denkt er sich doch weniger aus als die üblichen Verzeichnisse der Irrlehren, die man den Waldensern zuschrieb. Allerdings hat sich der Schreiber unseres Dokuments manchmal das, was er gehört hatte, auf seine Weise ausgelegt. Wir zweifeln kaum an der Existenz zweier »Arten« von Waldensern, nämlich den Armen im engeren Sinne des Wortes, also den Predigern, und den Freunden. Aber man könnte sich fragen, ob sich die Inquisitoren nicht vom Vokabular der Katharer beeinflussen ließen, wenn sie von waldensischen Vollkommenen oder den »Getrösteten« sprechen. Jedenfalls konfrontiert uns diese Schilderung mit dem Verhalten der Waldenser und ihrer Lebensweise bereits in einem relativ fortgeschrittenen Stadium ihrer Abseitigkeit: Zusammenkünfte mit beschränkter Teilnehmerzahl, die in der Regel nachts stattfinden; Treueverpflichtungen gegenüber der Gemeinschaft, die als geheime Gesellschaft organisiert ist; die aus der offiziellen Kirche exkommunizierten Mitglieder der Gemeinschaft geben die Hoffnung auf ihre Erlösung nicht auf und pflegen in geschlossenem Kreise das Studium der Bibel, die gemeinsame Beichte und die feierlichen Tischzeiten. Das ursprüngliche missionarische Ausdehnungsbestreben wird noch nicht ganz verleugnet, aber es manifestiert sich jetzt in weniger offenen, weniger auffälligen Methoden. Die Predigt verwandelt sich in ein Privatgespräch. Die Missionare werden zu Pastoren – Hirten. Um auch weiterhin in Kontakt mit der Welt zu leben, die ihnen zwar Feindschaft verkündet hat, ihrer Botschaft aber nicht ganz unzugänglich ist, sind sie gezwungen, ein banales Alltagsleben zu führen. Sie wandern durch die Lande als Händler und kleine Kaufleute.

Der Mehrzahl der übrigen erhalten gebliebenen Traktate, die der Frage der Waldenser gewidmet waren, fehlt jenes persönliche Herangehen, das uns den sonst ermüdenden Stoff erträglich gemacht hat. Die einzige Ausnahme bildet noch der *Tractatus de hereticis*, den in den Jahren von 1267 bis 1270 der Dominikaner Anselm von Alexandria geschrieben hat.[8] Der nuancierte Reichtum seiner Darstellung knüpfte an die Vorgänger aus dem Dominikanerorden bei der inquisitorischen Tätigkeit im Lombardischen an, vorwiegend an Sacchoni. Dafür verzichteten die zahlreichen weiteren Arbeiten mit ähnlicher Thematik vollends auf den letzten Rest eines »sympathischen« Einfühlens in den studierten Gegenstand, ein Einfühlen, das auf seine Art ein rührender Zug in der schriftstellerischen Tätigkeit der ersten Inquisitoren, besonders bei Stephan aus Bourbon, war.

Sehen wir uns zum Beispiel den Traktat über die Inquisition der Ketzer näher an, den auf der Grundlage von Quellen französischer Herkunft vermutlich ein deutscher Franziskaner geschrieben hat, der von den Forschern lange Zeit mit dem 1272 verstorbenen David von Augsburg identifiziert wurde. Dieser weitgereiste Mönch widmete der religiösen Unterrichtung seiner Ordensmitbrüder in Regensburg und Augsburg große Aufmerksamkeit und verstand es, durch prägnante pädagogische Kürzungen die Beziehungen und Reaktionen »des inneren und äußeren Menschen« auszudrücken. Er wurde Inquisitor und übertrug sein tiefes Mißtrauen gegenüber den Waldensern auf seinen Schüler Berthold von Regensburg, der es dann durch wirksames Predigen unter den Leuten verbreitete. Dieses Mißtrauen erfreute sich seit der Mitte des 13. Jahrhunderts allgemeiner Aufmerksamkeit in den Ländern des südlichen und mittleren Deutschland, und sein Widerhall reichte bis über die böhmische Grenze hinaus.

Das Handbuch[9] ging allerdings durch mehrere Redaktionen, deren letzte erst aus dem 14. Jahrhundert stammt. Der unbekannte Urheber, den wir als Pseudo-David bezeichnen, will zuerst Entstehung und Lehre der Lyoner Armen erläutern, die er mit dem französischen Namen *Pover de Leun* bezeichnet; zweitens will er eine geeignete Methode vorschlagen, die es den Inquisitoren ermöglicht, sich ihrer zu bemächtigen, und drittens will er dem Benutzer eine Sammlung aller die Waldenser betreffenden päpstlichen Anordnungen und weltlichen Gesetze bieten. Diesen geplanten Entwurf hat er nur unvollkommen realisiert, weil er sich selbst – wie vielleicht schon seine Vorgänger – ganz von dem zweiten Punkt hinreißen ließ, der alles Übrige verschlang. Die Armen, denen wir hier begegnen, sind durch ihr Leben im Untergrund durchtriebene und in der Verstellungskunst gewandte Menschen, eine geheime Verschwörerbande, die von den Inquisitoren eine ungewöhnliche Portion an Spürsinn und Scharfsinn verlangt. Das Handbuch scheut nicht davor zurück, den Inquisitoren die möglichst intensive Nutzung der Dienste von Spionen und Denunzianten zu empfehlen, die für ihre moralisch verwerfliche Arbeit eine besondere Erlaubnis von ihren Bischöfen zu erhalten hätten. In dem Bestreben, den Leser für das Ideal des »strengen Inquisitors« *(strenuus inquisitor)* zu gewinnen, widmet sich der Autor kurzen psychologischen Analysen, deren Ziel es ist, den Menschen zu Handlungen ohne jede Gewissensbisse zu bringen. Der historische Wert dieser Abhandlung besteht mehr in der Bekundung des veränderten Milieus und der neuen Mentalität in der Arbeit der Inquisitoren als in konkreten Informationen über die Ketzer. In den Methoden der Inquisition spiegelt sich die Gesamtentwicklung wider, welche die Beziehungen der Waldenser zur übrigen Gesellschaft zweifellos durchgemacht haben. Wenn sie jetzt unter der »Armut« und den niederen gesellschaftlichen Schichten verschwinden, so seien sie um so gefährlicher, weil sie die Unlust der Leute stärken, die Ketzer zu denunzieren. Sie streben zudem noch an, Schutz für sich wenn nicht direkt beim Klerus, so doch bei seiner Verwandtschaft zu finden.

Die Gunst einiger mächtiger Herren verstehen sie am häufigsten durch Vermittlung hochgeborener Damen zu gewinnen. Der Pseudo-David erinnert mehrmals an den geheimen Untergrundcharakter der Bewegung: Sie entgeht den polizeilichen Maßnahmen, breitet sich im Dunkel und heimlich aus und vermeidet die einstigen offenen Diskussionen. Weil man ihr früher einmal die akademische Kontroverse verweigert hat, verachtet sie jetzt konsequent alle Gelehrten. Der Autor leitet daraus ab, daß es auch der gebildetste Theologe unter solchen Voraussetzungen nicht wagen kann, unter den Waldensern mit Hoffnung auf Erfolg zu missionieren, selbst wenn er die Pariser Universität mit Glanz absolviert hätte! Den Waldensern kann man sich nur auf der Ebene des einfachen Volkes stellen, mit dem sie zusammen leben. Und gerade hier offenbart sich die Schwäche der Inquisition. Im übrigen vertraut der Autor selbst seinen Ratschlägen nicht allzuviel. Zum Schluß gibt er ausdrücklich der Verurteilung und Bestrafung der Ketzer den Vorzug vor ihrer ungewissen Bekehrung.

In ähnlicher Weise bezweifelt die Möglichkeiten eines theologischen Gesprächs mit den Ketzern auch ein unbekannter Inquisitor der Passauer Diözese, der sich für den eigenen Bedarf ein Handbuch zusammenstellte, in dem er eine praktikable Antwort auf die einerseits von Juden und andererseits von »Leonisten« vertretenen Hauptthesen zu finden hoffte.[10] Der Passauer Inquisitor konnte in bestimmtem Grade aus direkten Unterredungen mit Waldensern schöpfen, nutzte aber hauptsächlich das Material amtlicher Verhöre, bei denen er Zeuge war oder sogar den Vorsitz führte, und die Arbeiten älterer katholischer Polemiker. Seine inquisitorische Tätigkeit entwickelte er vermutlich zu der Zeit, als der seinerzeitige Breslauer Kanonikus Peter den Passauer Bischofsstuhl inne hatte (1265–1280). Vielleicht wurde sie auch im Zusammenhang mit den antiwaldensischen und antijüdischen Beschlüssen entfaltet, die im Jahre 1267 auf der Wiener Synode der Kardinallegat Guido von San Lorenzo in Lucina veranlaßt hatte.[11]

Der Passauer Inquisitor läßt den Leser nicht in Zweifel darüber, daß er irgendeine *subtilis disputatio* sehr wenig schätzt. Er will nur eine *simplex collatio*, eine einfache Faktensammlung, vorlegen, welche die Waldenser Bewegung in engster Abhängigkeit von der politischen Situation erläutert. Er ist überzeugt, daß der nicht zu bändigen Kampf zwischen kirchlicher und kaiserlicher Macht immer neues Wasser auf die Mühlen einer verderblichen volkstümlichen Propaganda der Andersgläubigen ist, die besonders stark das österreichische Landvolk beeinflussen, das kirchlich zum Passauer Bistum gehört. Ihren Verführungen unterliegen vor allem zahlreiche Handwerker, die in das Netz einer wohldurchdachten gemeinsamen Erziehung verstrickt sind, wie sie ganze Generationen dieser Leonisten durchlaufen. Erziehung und Lehre der Waldenser sind freilich nicht im mindesten scholastisch und wirken in erster Linie durch das lebendige Beispiel des Lebens. So verwandelt zum Beispiel der Dienst an Aussätzigen die Waldenser Zufluchtsstätten in wirkliche Schulen.

Verschiedene Teile des Passauer Handbuchs sind mannigfaltigen Ursprungs und von ungleichem Wert, doch ist vom dokumentarischen Standpunkt aus die Auswahl recht glücklich. Es sei nur daran erinnert, daß der Redakteur hier eine außergewöhnlich wertvolle Nachricht über die Waldenser Beratung zu Bergamo eingeschoben hat und – soweit es sich um sein eigenes Land und seine Zeit handelt – auch ein Verzeichnis der von der Waldenser Propaganda erfaßten Orte. An anderer Stelle gibt er wiederum eine sehr instruktive Übersicht über die Mißstände des damaligen kirchlichen Lebens, um zu zeigen, durch welche Unzulänglichkeiten und Fehler der Protest der Waldenser verursacht wird. Unter solche Mißgriffe zählt er auch die gewaltsame Bekehrung von Heiden zum christlichen Glauben etwa durch direkten Einsatz des Schwertes oder durch Androhung der Sklaverei; ferner die Behauptung, der Papst sei Gott auf Erden und unfehlbar; die Käuflichkeit sakramentaler Leistungen und die häufigen Betrugsmanöver mit Reliquien oder anderen Wundertaten. Es sieht wirklich so aus, als ob sich der Passauer Inquisitor darum bemüht hätte, das Niveau der Beichte zu heben und ihre öftere Wiederholung anzustreben, und er befürchtete, daß dies der Einfluß des böhmischen Königs und des Klerus verhindern könnte, der ihm damals auch in der Passauer Diözese unterstand.

Der Inquisitor von Toulouse und spätere Bischof von

Lodève, der Dominikaner Bernard Gui, faßte im Jahre 1323 in einem sehr umfangreichen Handbuch alle aus fast einem Jahrhundert stammenden Erfahrungen der Spezialisten dieser zur Unterdrückung der Häresie bestimmten Institution zusammen. Die längste Zeit seines fleißigen Lebens verbrachte er fast ausschließlich im französischen Süden, eben im klassischen Gebiet der Albigenser. Er konnte sich daher gut mit Lehre und Taten der vermeintlichen Ketzer vertraut machen, wozu auch die Waldenser gehörten. Es scheint, daß die politischen Spannungen und Kämpfe zwischen Philipp dem Schönen und Klemens V., der seit 1309 Avignon zu seinem Sitz gewählt hatte und wehrlos den pompösen Gerichtsprozessen zusehen mußte, die der König gegen die Vertreter des Templerordens inszenierte, Bernards inquisitorische Tätigkeit verlangsamt haben. Aber sofort nach 1316 organisierte er wieder einige Gerichtsverhandlungen gegen die Lyoner Armen. Acht von ihnen ließ er verbrennen, unzählige verurteilte er zu lebenslangem Kerker, und von sechs wissen wir, daß er ihre Gebeine ausgraben und zusätzlich verbrennen ließ. Hatte er demnach auch direkten Kontakt mit Leuten, die er in seiner *Practica officii inquisitionis* [12] als *Valdenses* bezeichnete, so stützte er sich bei der Darstellung ihres Ursprungs, ihrer Lehre und Gebräuche lieber auf die Unterlagen, die ihm andere Stützpunkte der Inquisition lieferten. Im Vergleich mit dem Buch der unter Vorsitz von Bernard Gui in den Jahren 1307 bis 1323 zu Toulouse gefällten Inquisitionsurteile zeigen sich in seinem praktischen Handbuch ein weit größerer Traditionalismus, Ehrfurcht vor früheren schriftlichen Belegen, ein methodisches Vorgehen, das er im übrigen auch in seinen zahlreichen hagiographischen Traktaten ängstlich pflegte.

Von den Waldensern handelt Gui ausführlich im fünften Teil seines Werkes *Practica*. Er widmet ihnen neun Kapitel, die er in der großen Übersicht aller Häresien an die zweite Stelle setzt, zu den Katharern, den falschen Aposteln, den Begharden, Juden, Zauberern und Wahrsagern. Bernard führt zwar seine Quellen nicht an, aber im wesentlichen faßt er die Mitteilungen Stephans aus Bourbon über den Ursprung der Waldenser zusammen, übernimmt die Schilderungen, die wir aus dem David von Augsburg zugeschriebenen Text kennen, und komprimiert noch weitere Quellen. Was er zum Beispiel über die regelmäßigen Generalkapitel der Waldenser Prediger und über ihre Gebetsbräuche sagt, entspricht ganz dem Bilde, das wir uns aufgrund des Dokuments machen konnten, in dem die Organisation der Waldenser Häuser beschrieben wird. Bernard bringt demnach eigentlich nicht viel Neues, wenn wir nicht die ergänzenden Skizzen hinzuzählen, die er aus den Verhören gewonnen hatte, die er selbst mit Waldensern aus der Umgebung der Stadt auch durchführte, und seine interessante, anzweifelnde Bemerkung, die er einem übernommenen Bericht hinzufügte, daß sich die Armen in finsteren Nächten verschiedenen Lastern hingeben. Bernard schließt diese Möglichkeit zwar nicht aus, reiht sie aber unter die geheimen, nicht zugegebenen Verirrungen der Waldenser ein und bemerkt schließlich sogar, daß sie vielleicht nur in einem früheren Entwicklungsstadium der Sekte oder bei ihren nichtfranzösischen Anhängern vorgekommen sein dürfte. Er versucht ebenfalls, die verschiedentlich zusammengetragenen Berichte über eine angebliche dreifache Hierarchie der Waldenser (Bischöfe, Priester und Diakone) zu präzisieren. Das alles ordnet er absichtlich in ein Werk ein, das zur leichteren Orientierung der Inquisitoren bei den Untersuchungen bestimmt ist. Sie fanden in dem Handbuch schon fertige Formulare und Muster für Zitationsbriefe (Vorladungen) und Haftbefehle vor, für Erklärungen über mildernde Umstände, Strafnachlaß oder Strafänderungen, Muster für Urteilssprüche und Abschwörformeln speziell für Waldenser, und schließlich eine Sammlung päpstlicher Erlässe, auf die sich das gesellschaftliche Prestige der Inquisitoren gründete. Auch der spätere Leser gewinnt aus dem Buche den Eindruck, daß es in einer Zeit entstand, in der sich die Inquisition etabliert hatte, in der sie fast selbstverständlich geworden war, bei ihren stabilisierten Methoden autoritäre Sicherheit gewonnen hatte, institutionalisiert und bürokratisiert worden war. In dem Bestreben, gerade der letzteren Gefahr zu begegnen, verweilt Bernard Gui mit sichtlichem Wohlgefallen beim Porträt des Inquisitors, wie man ihn sich wünscht: Er ist eifrig mit seiner Aufgabe befaßt, die Ketzerei aufzuspüren, er fürchtet sich vor nichts und schreckt auch vor Todesdrohungen nicht zurück, er ist schlau, vorsichtig und umsichtig und achtet sorgfältig sogar auf Gesten und Mimik, um niemandem Grund zu der Annahme zu geben, er handle vielleicht aus Grausamkeit oder Beutegier. Wir müssen allerdings fragen, ob nicht der Autor gerade durch das Empfehlen so vieler Rücksichtnahme und so großer Vorsicht doch indirekt die latente Unpopularität dieses Unternehmens zum Ausdruck bringt!

Im letzten Jahrzehnt des 14. Jahrhunderts wurde das Interesse der Inquisition an den Waldensern deutscher Nationalität in Mittel- und Nordeuropa lebendig. Der Zölestinermönch Peter Zwicker begann sie zuerst in Thüringen, Pommern und Brandenburg aufzuspüren, danach auch in den österreichischen Ländern. Er zog durch Wien, richtete aber sein ständiges Tribunal dann in der Steiermark ein. Dort wirkte er von 1395 an mindestens zwei Jahre. Diese große antiwaldensische Kampagne sollte mit seinen theologischen Kenntnissen auch Peter Engelhardt unterstützen, genannt von Pillichsdorf, nach einer Ortschaft, in der er eine Pfründe besaß. Er hielt sich vorwiegend in Wien auf, wo er Kanoniker am Stephansdom wurde. Gleich im Jahre 1395 schrieb er einen detaillierten Traktat [13] gegen die Waldenser Irrlehren, bei dessen Redaktion er anscheinend unter anderem auch das Material verwendete, das ihm Zwicker anvertraut hatte. Die Auffassungen, die Pillichsdorf den Waldensern zuschreibt, kommen den Prinzipien sehr nahe, wie sie in der kostbaren, erhalten gebliebenen Korrespondenz der österreichischen und lombardischen Waldenser aus der Zeit um das Jahr 1368 zum Ausdruck kommen. In Übereinstimmung mit diesem Briefwechsel gibt Pillichsdorf dem Waldes den Taufnamen Peter und nennt auch seinen Gefährten Johann von Lyon. Umständlich widerlegt er das angebliche Priestertum der Waldenser, das eine oppositionelle Alternative zum konstantinischen Charakter der sazerdotalen

Kirche sein will, und analysiert schrittweise ihre gefährlichsten Prinzipien. Aus ihnen spricht eine kritische Theologie der christlichen Geschichte und die Leugnung des traditionellen kirchlichen, hierarchischen und sakramentalen Systems. Gegen die biblische, vor allem neutestamentliche Argumentation der Waldenser stellt Pillichsdorf die entgegengesetzte Apologie der Kirche, die er ebenfalls durch die Aussprüche der Heiligen Schrift zu stützen versucht. Durch sein Vorgehen ähnelt die Methode des Wiener Theologen der Methode Monetas von Cremona. Ganz bestimmt ist das eine professorale Methode. Pillichsdorf erwarb übrigens die Professorenwürde an der Wiener Universität gleich im Jahre 1397, als er den berühmten Dialektiker und Prediger Heinrich Totting von Oyta auf dem Katheder ablöste, der in diesem Jahre verstorben war. Es ist nicht uninteressant, daran zu erinnern, daß in sozialer Hinsicht die Waldenser für Pillichsdorf als abhängig von den niedrigsten, subalternen sozialen Schichten des arbeitenden Volkes erscheinen. Sie besitzen eine beachtliche Anziehungskraft für einfache Ungebildete, die sich leicht von ihrem Mißtrauen gegenüber Priestern und Intellektuellen überhaupt verführen lassen. Die Waldenser können verständlicherweise weder Latein noch Griechisch, noch weniger Hebräisch. Die Schrift lesen und studieren sie nur in volkstümlicher Übersetzung. Ihre geheime Bruderschaft ist prinzipiell minoritär, und ihre Propaganda, gewitzt durch unendliche Verfolgungen, ist gleichermaßen zäh wie vorsichtig. Nichtsdestoweniger ist sich Pillichsdorf des endgültigen Erfolgs der Inquisition ganz sicher. Sein Optimismus beruht auf der Einschätzung ihrer bisherigen Siege in Thüringen, in der Mark Brandenburg, in Böhmen und Mähren, denen sich bald weitere Siege anschließen würden.

Die Verbreitung

Bereits der einfache Überblick über die Schriften der Verfolger gab eine Gesamtvorstellung über die territoriale Verbreitung der Waldenser. Das missionarische Ziel, das sie anstrebten, läßt sich mit den Worten ausdrücken, mit denen die Lombardischen Armen ihre Genossen Ugolino und Algosso empfahlen, als sie die beiden nach dem Jahre 1218 in den Norden jenseits der Alpen ausschickten: durch das lebendige Wort die Wahrheit zu verbreiten gegen den veralteten und verdammenswerten Brauch. Nehmen wir ähnlich wie sie als Haupttrennlinie die Alpen an, so können wir die Ausstrahlung der Waldenser in südlicher, nördlicher und westlicher Richtung verfolgen. Diese geographische Verteilung ist nicht nur bequem, sondern auch geeignet in Anbetracht der Besonderheiten, die jede der genannten waldensischen »Provinzen« aufweist. Im übrigen waren sich gerade die am besten informierten Inquisitoren der Zweckmäßigkeit dieser Dreiteilung bewußt, wenn sie die italienischen Waldenser *(Pedemontani)* von den in Mitteleuropa verbreiteten Glaubensgenossen *(Alemannici)* und jenen unterschieden, die dem französischen Gebiet treu blieben, in dem die Bewegung einst entstanden war *(Romani).*[14]

Der Süden

Das ganze 13. Jahrhundert hindurch und noch etwas länger bewahrte sich die Lombardei die Bedeutung des Brennpunktes der Waldenser Bewegung, von dem aus sie am dynamischsten und anziehendsten wirkte. Von weit her kamen hier, namentlich ins Mailänder Gebiet, die Waldenser, um sich eine eigenständige biblische Bildung anzueignen und Erfahrungen zu gewinnen für das Gemeinschaftsleben der kleinen Kommunen. Den Lombardischen Armen gelang es, kleine Gruppen von Freunden besonders in jenen Städten zu bilden, die in den vorangegangenen Generationen von Revolten erschüttert worden waren. Neben Mailand muß man hauptsächlich Legnano, Pavia, Piacenza, Bergamo, Cremona und Verona nennen. Die Expansion der Waldenser verdankt sicher viel dem Umstand, daß sie diese Städte, die an wichtigen Handelswegen lagen, bestens kannten. Noch um das Jahr 1350 werden sie als Obstverkäufer, Kürschner, Schuhmacher, Bäcker, Weber oder Färber beschrieben.

Es war demnach zuerst das Italien der städtischen Kommunen, das die Lombardischen Armen aufnahm und ihnen einen für ihre Botschaft relativ empfänglichen Boden gewährte. Fast bis zur Mitte des 13. Jahrhunderts verheimlichen dort die Waldenser ihre Anwesenheit auch nicht und nutzen voll jene freiheitliche städtische Atmosphäre, wie sie in der Mehrzahl der Fälle durch den Kampf der Bürger und Kaufleute mit der Oberherrschaft der Kirche und ihrer Bischöfe entstanden war. Von den Zeiten Innozenz' III. bis zu Innozenz IV. beschweren sich die Päpste bitter über die schlecht verhüllte liberale Duldung der städtischen Kommunen und auch einiger Herren gegenüber den Ketzern. Die allgemeine Unzufriedenheit mit den Privilegien der Kirche, durch welche die verschiedensten sozialen Ungleichheiten verfestigt wurden, gab der Ketzerbewegung mehr als eine Gelegenheit, Anteilnahme und Solidarität mit jenen auszudrücken, die sozial im Nachteil waren. Bei der opportunistischen Einschätzung der städtischen Situation waren die Katharer geschickter und elastischer als die Lombardischen Armen. Keine einzige Quelle erwähnt auch nur ein Wort darüber, daß die Waldenser einen so massiven Einfluß auf die eigentliche Struktur der städtischen Organisation ausgeübt hätten, wie das um das Jahr 1250 den Katharern in der piemontesischen Stadt Cuneo bei der relativ antifeudalen Formulierung der städtischen Statuten gelang.

Dadurch, daß die Lombardischen Armen dem christlichen Bekenntnis der einfachen Laien Geltung verschafften, nahmen sie sich brüderlich der Menschen an, denen in der Mehrzahl der ökonomische Aufschwung jener Schichten fehlte, aus denen sich zu dieser Zeit noch die Katharer rekrutierten. Andererseits aber spiegelte allein schon das Vokabular, dessen sich die Waldenser bei der Beratung von Bergamo bedienten, das städtische Milieu wider, mit dem sie in Kontakt standen. Wenn die städtische Kommune anfänglich nicht alle Bewohner umfaßte und nur die sozial höhergestellten Schichten zusammenschloß, so bildeten analog auch nicht alle »Freunde« der Bewegung die Waldenser Kommune, sondern ausschließlich die *conversi*, also jene, die sich mit Seele und Leib verpflichtet hatten, die Verantwortung für die evangelische Predigt zu übernehmen. Die Analogie war freilich nur äußerlich und annähernd. Sie versagte in ökonomischer Beziehung, sofern sie nicht etwa eine direkt polemische Absicht haben sollte, denn hier bildeten nicht reiche oder erwerbskräftige Besitzer, sondern gerade im Gegenteil Arme die Kommune. In geistlicher Hinsicht hatten diese »Armen« trotzdem das Gefühl, immer mehr Funktionen zu übernehmen, die einst Privileg des Klerus waren. Von allem Anfang an hing jedoch ihr missionarischer Eifer mit einem bestimmten Standpunkt, ja einer sozialen Forderung zusammen, in der sich höchstwahrscheinlich das Erbe der Patariner und Arnoldisten zu Worte meldete.

Wir erwähnten schon, daß in der Mehrzahl der Fälle Angehörige der Bettelorden die Inquisition durchführten. Beide Orden ließen sich am liebsten in Städten nieder. Mit dem Minoritenorden und dem Predigerorden verläßt das Kloster die Einsamkeit der ländlichen Täler und betritt die volkreichen Städte. Die neuen Bruderschaften kolonisierten sozusagen diese Städte. Die Ordensgemeinschaften rissen in den Städten häufig Funktionen an sich, die früher den Pfarreien vorbehalten waren. Sie übten so mitten in der Laienwelt einen Einfluß aus, der die Wirksamkeit der Weltgeistlichkeit und auch jenes Mönchtums stark in den Schatten stellte, das noch nach alter Art lebte. Im Laufe der zweiten Hälfte des 13. Jahrhunderts erschienen neue und mannigfaltige Methoden der Zusammenarbeit des weltlichen Volkes mit den erfindungsreichen Bettelorden und ersetzten so die älteren vielversprechenden Ansätze für ein Zusammenwirken der Bürger mit den ketzerischen Gruppen. Unter dem Schutz der neuen Orden entstehen in den italienischen Städten hier und da freie religiöse Vereinigungen, die sich auf den Kult der Jungfrau Maria konzentrieren, auf karitative Hilfe für die Armen und auf Krankenpflege. Durch ihre Vermittlung gewinnt die offizielle Kirche erneut ihren Platz in der Gesellschaft zurück. Es ist dies eine Bewegung, der die Züge einer gewissen ersten Gegenreformation nicht fehlen.

Durch dies alles wird die Stellung der Waldenser in den Städten immer labiler. Im Verlauf der beiden Jahrhunderte, die uns in diesem Kapitel interessieren, werden wir zu Zeugen einer bemerkenswerten Entwicklung, bei der die im städtischen Milieu geborenen Waldenser schrittweise gezwungen sind, ihre soziologische Wiege zu räumen und sich auf das Land und dort noch in die entlegensten Einöden zu flüchten. In den Städten werden sie systematisch aufgespürt und verfolgt. Das Signal dazu gab in Mailand der Erzbischof Heinrich Septala im Jahre 1228. Nur selten gelingt es den Waldensern, sich ungestört davonzumachen oder den Polizeimaßnahmen um Haaresbreite zu entrinnen, wie es den zu Padua um das Jahr 1270 verhafteten Waldenser Frauen glückte. Als vielbesuchtes Handelsgebiet war die Lombardei ein gefahrloseres Ziel der Pilger als jede andere Landschaft. Waldenser Delegaten, die aus dem europäischen Norden oder Westen dorthin kamen, konnten zwischen den Pilgern verschwinden, von denen man annahm, daß sie bis an die apostolischen Schwellen, *ad limina apostolorum Petri et Pauli,* nach Rom strebten. Wenn in der gleichen Zeit die Bedeutung der Waldenser Gruppen in den deutschen Landen stark anwuchs, so war dies das Verdienst der ersten Impulse, die durch Botschaft und musterhafte Organisation der Lombardischen Armen gegeben wurden. Auf ihre Lehre kommen wir in einem anderen Kapitel zurück. Aber ihre Organisation hatte bereits apostolischen Charakter, weil sie versuchte, bis in Mimik und Gesten einen Lebensstil darzustellen, wie er in den zeitgenössischen Vorstellungen den apostolischen Versammlungen zugeschrieben wurde (vgl. dazu S. 209 f.). Aber gerade weil sie in den Untergrund verdrängt und schließlich auf das Land vertrieben waren, verschärften sie die Aggressivität ihrer Kritiken an der westlichen Christenheit. Auch darin wurden sie zum Vorbild für ihre Brüder nördlich der Alpen und deren grundsätzlichen Standpunkt. Sie unterhielten übrigens mit ihnen auch einen regelmäßigen Briefwechsel, der zwar als Ganzes verlorengegangen ist, jedoch durch einige erhalten gebliebene Stücke wenigstens bezeugt wird.

Obzwar die lombardische Inquisition eine fieberhafte und systematische Tätigkeit entfaltete, dauerte es doch mehr als hundert Jahre, ehe sie ihr Ziel erreichte. Um das Jahr 1370 verfallen die Lombardischen Armen zwar noch nicht ganz der Verzweiflung, konstatieren aber nüchtern, daß Verfolgungen und Unrecht sie an den Rand der Ausrottung gebracht haben: »Oftmals wurden uns unsere Bücher weggenommen und fast vollständig vernichtet, so daß wir zur Not gerade noch die Heilige Schrift bewahren konnten.« [15]

Ein fruchtbares Missionsfeld fanden die Waldenser in den Alpentälern des westlichen Piemonts und in der Dauphiné. Es scheint notwendig, sich von der Vorstellung einer massenhaften Zuwanderung der Waldenser in diese Täler zu befreien, denen sie zwar den Namen gegeben haben *(valli valdesi)*. Im 13. Jahrhundert bilden die Waldenser bei weitem noch keine zusammenhängende Population, die in der Lage gewesen wäre, sich nach Art nomadisierender Stämme umzusiedeln. Ihre Organisation flüchtiger Wanderprediger und das Netz der Gästehäuser dient ausschließlich der Erweckung und Aufrechterhaltung des Freundeskreises. Ferner ist zu unterscheiden zwischen ethnischer und sprachlicher Verwandtschaft der Bevölkerung in der Dauphiné und den Cottischen Alpen einerseits [16] und der Tatsache eines sehr ungleichartigen Charakters der Bekehrung dieser Bevölkerung zum Evangelium, wie es die Waldenser verkündeten.

Die ersten Erwähnungen von Waldensern, die durch die Alpentäler gezogen sein mochten, reden von der Missionstätigkeit der Wanderprediger. Bischof Arduin von Turin ist vor dem Jahre 1207 beunruhigt über Sektierer, die sich vorübergehend am Taleingang *(Porte)* des Flusses Chisone zeigten. Der Bischof hält sie für sogenannte Apostoliker, und ihre Zugehörigkeit zu den Waldensern ist tatsächlich sehr ungewiß. Aber gleich 1210 beauftragt Kaiser Otto IV. bei seinem kurzen Aufenthalt in Turin den Bischof Carisius, aus seiner Diözese »die Waldenser Ketzer und jeden zu vertreiben, der den Rasen falscher Lehren aussät« [17]. Zehn Jahre später spricht das älteste Statut der Stadt Pinerolo die gleiche Sprache: »Wer auch immer trotz Warnung einen Wal-

denser oder eine Waldenserin unter seinem Dache auf-
nimmt, zahlt eine Strafe von zehn Soldi.«[18] Die Waldenser
gehören bis dahin offensichtlich nicht zu den ständigen An-
siedlern dieser Landschaft.

Erst gegen Ende des 13. Jahrhunderts ist die Inquisition
gezwungen zuzugeben, daß in der Dauphiné ebenso wie im
Val Perosa ein beachtlicher Teil der Bevölkerung dem Waldensertum *(vaudixia)* zuneigt. Die erste bekannte Hinrichtung betraf eine Waldenserin in Pinerolo 1312. Die Abtei
Pinerolo wurde zum Mittel- und Ausgangspunkt der Unter-
drückungsaktionen gegen die Waldenser. Nach 1300 steigt
ihre Zahl rasch an. Die Mehrzahl der für diese Zeit feststell-
baren Waldenser stammt hauptsächlich aus den Luzerner
Tälern, doch treten die Waldenser auch im Tale Susa, im
Tale des Flusses Sangone, schließlich auch in den Städten
der Niederungen wie Pianezza, Castagnola, Moncalieri, Car-
magnola und Chieri auf. Eine bedeutsame Gruppe der Waldenser bildet die Bevölkerung im Tale der Poquellen. Auf
der anderen Seite der Alpen leben sie in zahlenmäßig starken Gruppen in den Tälern des sogenannten Briançonnais,
wo sie seit 1338 die Inquisition beunruhigt, die ihr Tribunal
gewöhnlich in Embrun hält, dem Sitz des Erzbischofs, von
wo aus sie auch bewaffnete Angriffe auf die Waldenser
Bergbewohner richtet. Die Wirkung der Verfolgungen von
diesen Orten aus ist bis ins sogenannte Val Puta (später
Vallouise) zu spüren, bis ins Tal Argentière und Freissinie-
res, und dringt bis an den oberen Rand des Tales Chisone
vor.

So auffällige Bekundungen prowaldensischer Sympathien
in einem zusammenhängenden, wenn auch begrenzten Gebiete kann man freilich nicht allein mit dem Widerhall der
evangelischen Predigt der Lombardischen Armen erklären.
Wir dürfen den relativ einheitlichen Charakter der Alpen-
gebiete nicht übersehen, in denen einerseits die Macht der
späteren Herzöge von Savoyen entstand und andererseits
die Macht der Dauphins der französischen Krone. Kaum
auffällig ist auch der Umstand, daß die integrierte Anwesenheit von Waldensern in den Alpentälern chronologisch

mit der Ausweitung der Urbarmachung der Südalpen zusammenfällt, zu der es gerade gegen Ende des 13. und zu Beginn des 14. Jahrhunderts kam. Zwischen dem Po und dem Flusse Durance an der von Italien nach Spanien über die französische Provence führenden Straße wurde Mont Genèvre zum Schnittpunkt der Wechselbeziehungen der romanischen westlichen Welt. Die sprachliche Verwandtschaft war hier für lange Zeit der Ausdruck einer Gemeinsamkeit von Interessen und Traditionen. Diese Gemeinsamkeit und der Güteraustausch förderte der ständige Kreislauf von Beziehungen und die Blutsverwandtschaft zwischen den Bewohnern des Gebietes von Vienne auf der französischen und dessen von Luserna auf der piemontesischen Seite. Ohne sich dessen bewußt zu werden, nützte die waldensische Mission auch die Spannungen und Antagonismen zwischen dem patriarchalischen Leben in den höchstgelegenen Tälern und den feudalen Formen des weltlichen und kirchlichen Lebens, wie es sich an den Einmündungen der Durchgangstäler in die Ebenen herausgebildet hatte.

Friedrich Engels [19] schlug tatsächlich auch vor, die geschichtliche Zähigkeit der alpinen Waldenser als Aufbegehren des Berglermilieus, in dem die patriarchalischen Strukturen vorherrschten, gegen die Raubgier des Dominikalfeudalismus zu verstehen, der von der Ebene her vordrang. Engels konnte freilich seinerzeit nur recht vage Vorstellungen von den historischen Anfängen des Waldensertums haben, und wir werden ihm kaum folgen können bei der Schlußfolgerung, daß die Haltung der alpinen Waldenser eigentlich der reaktionäre Versuch gewesen sei, die geschichtliche Entwicklung aufzuhalten. Aber Engels erfaßte scharfsinnig und als erster die Tatsache, daß das antifeudale Motiv eine wichtige Rolle in der Geschichte dieser Waldenser spielte. Wir begegnen ihm bei den Revolten der Talbewohner, die sich seit den dreißiger Jahren des 14. Jahrhunderts gleichermaßen gegen die Inquisition und die Herren richteten. Man kann dabei auf das prägnante Beispiel der im Herzen der Waldensertäler liegenden Angrogna verweisen, wo der katholische Ortsgeistliche 1332 ermordet wurde, weil er die Waldenser beim Inquisitor Albert de Castellario anzeigen wollte. Nach dieser Tat rotteten sie sich zusammen und belagerten lautstark die Burg, in die sich der Inquisitor geflüchtet hatte. Nach mehr als hundert Jahren wiederholte sich dieser Vorgang, wiederum in Angrogna. Die Waldenser erblickten in Don Roberto, dem Priester in der Ortschaft San Lorenzo, gleichermaßen den Vertreter der kirchlichen Unduldsamkeit wie des Feudalregimes, das sie unterdrückte. Im Jahre 1448 stürmten sie sein Haus und erschlugen ihn. Als sie daraufhin Jakob di Buronzo, ein Inquisitor aus dem Predigerorden, vor Gericht lud, erschienen sie auf dem Marktplatz von Luserna unter Führung von Claudio Pastre eher als drohendes denn als demütiges Element.

Andere ähnliche Vorkommnisse – in Bricherasio wurde zum Beispiel 1374 der Inquisitor Antonio Pavoto aus Savigliano beim Verlassen der Kirche ermordet – beweisen, daß diese Bergbewohner eine kollektive Mentalität besaßen, die schon längst die Haltung einer prinzipiellen Gewaltlosigkeit überwunden hatte, wie sie die Armen in der ersten Zeit bekundet hatten. Ihre Reaktionen sind typisch für die ländliche Häuslerbevölkerung, die mit der zuständigen Obrigkeit und mit dem Feudalstädtchen um die freie Ausübung ihrer Rechte kämpfen muß. Diese Obrigkeit waren im Tale Val Pellice drei Zweige des Geschlechts derer von Luserna (Manfredi, Rorenghi und Bigliori), im unteren Tale Val Chisone das Geschlecht Bersori und die schon früher erwähnte Abtei Santa Maria in Pinerolo, im Tale San Martino – manchmal nach dem Flüßchen auch Germanasca benannt – wiederum die Abtei von Pinerolo, später die Herren Truchetti und andere Adelsgeschlechter. Diese auf Zusammengehörigkeitsgefühl und wechselseitiger Bürgschaft beruhende Selbsthilfe der waldensischen Bergler erhielt anscheinend relativ spät äußerlich erkennbare Rechtsformen, offenbar erst als Antwort auf den sich steigernden Druck der feudalen Ausbeutung. Die Tendenz zur Herausbildung von juristischen Kommunen, die fähig waren, spürbare Privilegien oder Freiheiten ökonomischen Charakters zu verlangen oder zu erzwingen, läßt sich im Val San Martino schon seit dem 14. Jahrhundert erkennen und dringt bald danach auch in die Nachbartäler vor. Dieser Emanzipationsprozeß, der sich ausdrückt im Erlangen von Privilegien, in der Befreiung wenigstens von einigen Formen der Unfreiheit, im Gewinn von Erleichterungen bei Steuern und Zöllen oder auch von gewissen Rechten, ging Hand in Hand mit der sich festigenden Hinneigung der dortigen Landbevölkerung zum Waldensertum. Tatsächlich deckt sich auch seit dieser Zeit die Einteilung in Katholiken und Waldenser im ganzen mit der Aufteilung in die feudale und bürgerliche Klasse und in die Klasse der Bauern. Das Schwergewicht der Arbeit der alten Lombardischen Armen lag in den kleinen Gruppen von Gläubigen, deren kleinste, aber nichtsdestoweniger wirksame die Zweiergruppe der Prediger war. Diese Struktur diente gut der vom Bewußtsein, sie habe als Sauerteig zu fungieren, getragenen Minderheitsbewegung, entsprach aber überhaupt nicht mehr den Bedürfnissen der »Freunde«, die sich in den Alpentälern allmählich in eine Population umwandelten, in ein Volk, das fähig war, sich eine bestimmte bürgerliche Organisation zu geben und schließlich auch nach sozialen Verbündeten umzusehen.

Unter dem aufreibenden Druck der brutalen Verfolgungen mußte es deshalb zwangsläufig zur praktischen Annäherung zwischen Waldensern, Katharern und allen übrigen erklärten Häretikern kommen. Folge ihrer Solidarität in Leid und Kampf war freilich oft das wechselseitige Ineinanderfließen von Vorstellungen und Ansichten. Die Waldenser Lehre bekam üppige fremdartige Auswüchse, die zu beseitigen nicht einmal den »Kommunen« mit fast synodalem Charakter der Lombardischen Armen gelang, wie sie im 14. Jahrhundert in den Luzerner Tälern und im Gebiet Perosa abgehalten wurden. Diesen Beratungen der Waldenser schenkte sogar Papst Johannes XXII. in Avignon – wenn auch mit Bedenken anderer Art – seine Beachtung, als er 1332 beim Verhör des Predigers Martin Pastre und seiner Anhänger die Anwendung der Folter anordnete. Der Kontamination und manchmal einer direkten Verwirrung in der

Lehre erwehrten sich zu dieser Zeit nicht einmal die Waldenser Prediger. Der waldensische Historiker Emilio Comba[20] beurteilt diese Sachlage eher als eine einfache Koexistenz zweier ungleichwertiger Standpunkte, genährt vom Selbsterhaltungstrieb angesichts der gleichen Gefahr. In der Theologie war freilich der Selbsterhaltungstrieb stets ein sehr schlechter Ratgeber.

Einige entfernte katharische Reminiszenzen treten bei jenen dreißig piemontesischen Waldensern aus den Ortschaften Giaveno, Coazze und Valgioie in Erscheinung, die der Inquisitor Alberto 1335 auf der Burg Giaveno seinem Gericht unterwarf, weil er in ihnen Schüler Pastres erkannte.[21] Ein halbes Jahrhundert später ist solcher katharischer Widerhall bei Waldensern schon weit häufiger, wenn auch manchmal recht konfus, wollen wir den Bekenntnissen vor den Inquisitionsgerichten der Jahre 1387 bis 1388 in Pinerolo und Turin Glauben schenken. Nach ihnen könnten wir etwa drei Gruppen bestimmen, die nebeneinander in allen diesen damals bekannten Ortschaften der »Waldenser Täler« lebten und sich gegenseitig beeinflußten: Waldenser, katharisierte Waldenser und Katharer. Die näher zur Ebene wohnenden, hauptsächlich in Chieri, lebten in zugestandenen Verbindungen mit den bosnischen Katharern. In Bosnien hatte sich das mönchische Katharertum seit 1232 nämlich direkt in einer staatlichen Institution organisiert. Der Adel unterstützte es dort, und die katharische Kirche äußerte ihren Dank dafür, indem sie sich in den Dienst des Kampfes stellte, den das bosnische Slavonien um die politische Unabhängigkeit gegen den ungarischen Ausdehnungsdrang führte. Das ruhelose Herumsuchen von sektiererischem und abschmeckerischem Zuschnitt, ein Kennzeichen der Krise, welche die ganze Bewegung der Ersten Reformation gegen Ende des 14. Jahrhunderts durchmachte, wird gut verkörpert in der Person des Jakob Bech, der im Juli 1388 zu Turin verhört wurde. Bevor er eingeweihter Katharer wurde, der unmittelbar von bosnischen Mönchen unterrichtet worden war, hatte er einige Zeit bei Florenz als Gefährte der sogenannten Apostoliker oder Brüder vom armen Leben zugebracht. Danach wurde er in Perugia Fraticell, was ihn keineswegs daran hinderte, im Bergland der Dauphiné ganze zwei Jahre in vollkommener Gemeinschaft mit den Nachfolgern der Lyoner Armen zu leben.

Der heterodoxe Gärungsprozeß dieser Art, die Frucht der nicht abreißenden Verfolgungen, der unendlichen Quälereien und der direkt aufgezwungenen Kontakte mit den anderen Gefährten im Unglück, die ebenso außerhalb der Gesetze gestellt waren, ließ dennoch Persönlichkeiten mit subjektiv starker Überzeugung emporwachsen, die von eschatologischen Hoffnungen genährt war. Das beweist zum Beispiel das augenfällige Verhör von Jakob Ristolassio, einem Mitglied der Gruppe aus Chieri. Das Verhör inszenierte der Inquisitor Susa aus Rivoli am 27. Februar 1395 direkt in Chieri vor einer großen Versammlung von Geistlichen und Notabeln. Das Bild der Zukunft, wie es Ristolassio verkündete, überwand nicht ganz den katharischen Dualismus und pfropfte davon abgeleitet dem Stamm der alten Waldenser Botschaft joachimitische Motive auf. Sie waren Ristolassio durch die Verbindung mit Angelo della Marca vermittelt worden. Im Bereich der Sexualethik eröffneten diese Vorstellungen der »Freizügigkeit« die Tore.

Und trotzdem widmete zu Beginn des 14. Jahrhunderts ein Martin Pastre, bevor er verhaftet wurde und in den Kerkern von Marseille sein Ende fand, all seine Kraft der Aufklärungs- und Beichtarbeit in Waldenser Diensten. Er durchwanderte kreuz und quer alle Berge und Hänge, die zwischen Pinerolo und Saluzzo liegen, ja ging sogar noch weiter bis ins Gebiet von Nizza. Gegen Ende dieses Jahrhunderts drangen die bis aus dem fernen Apulien gekommenen Waldenser Meister über Berge in die piemontesischen Täler und von dort in die Dauphiné und nach Val Puta vor. Bei Anbruch des 15. Jahrhunderts besuchte sowohl auf der französischen wie auch der italienischen Seite der Dominikaner Vinzenz Ferrer, der einstige Führer herumschwärmender Geißler, die Waldenser Täler. Er kam dorthin als katholischer Prediger ausnahmsweise ohne bewaffnete Assistenz und konstatierte ausdrücklich, daß er Waldensern und Katharern in gemeinsamem Zusammenleben begegnet sei. Auch ihm war wohl bewußt, welche anregende Wirkung auf sie die zweimal im Jahr stattfindenden Besuche der Waldenser Meister *de Apulia* ausübten. Noch um die Mitte des 15. Jahrhunderts hatten die Alpenwaldenser regelmäßige Kontakte mit Apulien. In der Zeit zwischen zwei Besuchen ließen sich die süditalienischen Meister in den piemontesischen Tälern durch eine Art von Stadthaltern vertreten. Einer von ihnen, Philipp Régis aus dem Val San Martino, war der erste, von dem wir die Waldenser Meister *barba*, d. h. »Onkel«, nennen hören; er bekannte bei seiner Verhaftung 1451, daß er schon zweimal diese lange Reise in Begleitung seines Gefährten Franz Aydetti aus dem Tale Perosa unternommen habe.[22] Das bedeutet also, daß die Waldenser Täler von einer waldensischen Bevölkerung relativ dicht besiedelt waren, die tatsächliche Leitung der Bewegung aber immer noch weit südlicher zu suchen ist.

Die Kontakte zwischen den Waldensern in Apulien und in den Alpen wurden durch die Tatsache erleichtert, daß beide Gruppen die gleiche Sprache redeten. Unter der Herrschaft Karls I. (1265–1285) entstanden in Apulien ganze Ortschaften mit aus der Provence stammenden Menschen. Der Zweck dieser Besiedlung bestand darin, ein Gegengewicht gegen die sarazenischen Einflüsse zu schaffen. Neben Interessen militärischer Art waren dabei wirtschaftliche Belange entscheidend. Als der Nachfolger Karls II., der Hinkende (1285–1309), den Versuch unternahm, im Lande die Wollproduktion und die Tuchmacherei einzuführen, berief er aus den nördlichen Gegenden sogar die der Ketzerei verdächtigen Humiliatenbrüder. Aus ähnlichen Bedürfnissen und Erwägungen entstand um das Jahr 1315 die Borgo degli Oltramontasi benannte Ortschaft unweit von Montalto in der Provinz Cosenza, und nach einem weiteren halben Jahrhundert entstanden noch die Ortschaften San Sisto, Vacarisso, San Vincenzo und Guardia Piemontese. Man müßte allerdings noch zuverlässig beweisen, was 1643 der Waldenser Historiker Pierre Gilles behauptet[23], nämlich daß es sich insgesamt um Ansiedlungen von Kolonisten aus Val

Pellice und Val Chisone handelte. Mit relativer Sicherheit läßt sich nur feststellen, daß zwischen diesen alten Kolonisten seit der zweiten Hälfte des 14. Jahrhunderts eine überraschend hohe Anzahl von Waldensern zusammen mit anderen Nichtkonformisten in Erscheinung tritt.

Nach dem Tode Roberts (1343), des berühmten »weisen Königs«, der es gewagt hatte, in einem selbständigen Traktat die Lehre von der Armut Christi und seiner Apostel zu verteidigen, überfluteten Kriege das Königreich Neapel mit Blut und schwächten die Zentralgewalt so, daß die Barone in ihren ausgedehnten Herrschaftsbereichen nahezu absolute Herren wurden. Die päpstliche Inquisition hatte hier freie Hand, wurde aber nicht überall so unterstützt, wie sie es gern gesehen hätte. Obzwar sich das Königreich der Anjou herausbildete und dank der ausgiebigen Gunst der Päpste auch hielt und entwickelte, und obwohl sich demnach die örtlichen Pfarreien eine feste Herrschaft über ihre Untertanen sichern konnten, die man zur Entrichtung des Zehnten ohne Aufschub oder Erleichterungen zwang, wurde doch andererseits offenkundig, daß die durch die verschiedenen Kolonisationswellen verursachten Verschiebungen im wesentlichen für die Verstärkung des waldensischen Elements günstig waren. Im Jahre 1355 erzürnte sich Innozenz VI. ernsthaft über die Zahl der Ketzer, von denen es in Kalabrien wimmle! Er wußte von diesen umbeqemen Menschen, daß sie hierher von anderswo – *de diversis nationibus* – eingedrungen waren.[24]

Der glühende Missionsdrang der Waldenser war im ganzen Süden der italienischen Halbinsel, aber auch in anderen Gegenden zu erkennen. Ihr unermüdliches Wanderpredigertum brachte die lombardischen und piemontesischen Inquisitoren zur Überzeugung, daß der »oberste Hohepriester der Sekte« seinen Sitz eben gerade im Süden habe. Wir begegnen den Spuren dieser süditalienischen Prediger in den Alpen über den Zeitraum von mehr als einem Jahrhundert. Noch 1494 gelingt es dem französischen König Karl VIII., bei seinem Feldzug nach Italien in Oulx einen gewissen »Barba« zu verhaften, der aus Apulien gekommen war. In den heterodoxen piemontesischen Kreisen erfreuten sich die »Barben« allen Anzeichen nach einer großen Wertschätzung, was das Eindringen von Anschauungen und Lehren der süditalienischen Missionare auch in diese Bereiche sehr erleichterte. Ihre Lehre vermochte sich nicht auf dem Niveau der ursprünglichen Botschaft der Lombardischen Armen zu erhalten, sie unterlag den Vorstellungen und Stimmungen, wie sie charakteristisch für die süditalienische oppositionelle Bewegung nach der päpstlichen Konstitution *Cum inter nonnullos* vom Jahre 1323 waren. Johannes XXII. verurteilte darin die Behauptung als ketzerisch, Christus habe mit seinen Aposteln in Armut gelebt. Die Verurteilung traf tief und bedrohte zugleich existentiell die Anhänger der unbeugsam strengen Auslegung der Ordensregel des Franz von Assisi, bekannt unter dem Namen der Fraticelli. Sie neigten manchmal geradezu krampfhaft joachimitischen Hoffnungen auf eine vollkommene Erneuerung des geistlichen Lebens unter dem unwiderstehlichen Druck des Heiligen Geistes zu. Sie verhärteten zwar in ihrem trotzigen, ja widerspenstigen Standpunkt, blieben dabei jedoch offen gegenüber ihren Weggefährten aus anderen Dissidentengruppen. Robert von Anjou versuchte sie wenigstens für einige Zeit in seinem Königreich zu schützen. Es nimmt daher nicht wunder, wenn Innozenz im Hinblick auf die Situation in den neapolitanischen Herrschaftsbereichen von ihnen fast in einem Atemzuge mit den zahlreichen anderen Ketzern spricht, *quamplures alii heretici et patarini*. Dazu zählen auch die süditalienischen Katharer. Sie wurden Zeugen des Zusammenbruchs des kaiserlichen Ghibellinismus, auf den sie sich gestützt hatten, und sie erlebten die Inthronisierung der Politik der Guelfen und Anjou, die der Inquisition einen weiten Spielraum eröffnete. Die einsetzende Bedrängung trieb all diese verfolgten Proskribierten sich gegenseitig in die Arme; aus der Kirche ausgestoßen, angewiesen auf Bettelei und Landstreicherei, wichen sie auch weiterhin den Städten aus, die sich übrigens im Königreich Apulien nicht weiterentwickelten. In ihren kleinen, vor der Öffentlichkeit geheimgehaltenen Gemeinschaften hatten sie sicherlich allerhand zu tun, um nicht den Versuchungen zu erliegen, die den Männern und Frauen aus dem gemeinsamen Flüchtlingsleben erwuchsen. Wenn sich die Bewegung der Katharer einst als Verbündete dem regionalen Adel in Frankreich und der Ghibellinenpartei in Italien zugesellt hatte, also historischen Kräften, die entgegen ihrer scheinbaren Unerschütterlichkeit bereits ihre Krise durchmachten, so ist begreiflich, warum sich ihre verstreuten Anhänger in dem Moment, als der Boden unter ihnen unsicher wurde, entweder an die späten Versionen des joachimitischen Mythos oder wiederum an die nüchterneren Waldenser mit ihrem tiefen Mißtrauen gegenüber jeder Gewaltanwendung anklammerten. Andererseits muß man wiederum voraussetzen, daß die Solidarisierung der apulischen Waldenser mit der Leidenschaft dieser Unbefriedigten neue Elemente in ihre Gedankenwelt hineinbrachte.

Können wir auch kaum von einer voll durchgeführten organisatorischen Zentralisation der italienischen Waldenser sprechen, so ist doch sicher, daß die Sorge um effektive Methoden der Verkündung der evangelischen Botschaft ihr charakteristischer Zug blieb. In diesem Sinne war jedoch in dem Zeitraum, von dem wir sprechen, ihr Brennpunkt nicht im Piemont, sondern zuerst im Lombardischen und später in Apulien. Im 15. Jahrhundert ging er nördlicher nach Aquila in den Abruzzen über und später in die Nähe von Spoleto.

Nördlich der Alpen

Sehr bald, noch vor Ende des 12. Jahrhunderts, erreichte die Predigt der Waldenser auf dem Gebiet der Bischofssitze von Toul (1192) und Metz (1199) eine Bevölkerung, die dem Landstrich benachbart war, in dem die Sprachgrenze zwischen dem französischen und dem deutschen Element verlief. Hier wirkten die Lombardischen Armen missionierend von der Umgebung des südfranzösischen Montpellier her ein. Wenn sie auch zeitweilig bis in die Diözese Lüttich (1203) und nach Reims (um 1230) vordrangen, so hatte ihre Arbeit dort dennoch keinen dauerhaften Erfolg. Im Talgebiet des Niederrheins war die Anwesenheit der Waldenser eher sporadisch. Die Anhänger Ortliebs von Straßburg teilten mit den Waldensern den äußerst zurückhaltenden Standpunkt zum Eid und zur obrigkeitlichen Macht, aber ihre Frömmigkeit lebte doch von einer unterschiedlichen Stimmung. Ähnlich wie die Brüder und Schwestern vom freien Geiste werden sich die »Ortlieber« auch weiterhin häufig in der Nähe der Waldenser bewegen, und zwar hauptsächlich in den deutschen Ländern, aber die Inquisition ortet und verzeichnet sie mit beträchtlicher Verspätung.

Bedeutungsvoller und dauerhafter war der Missionserfolg der Lombardischen Armen in Süddeutschland. Die Lombardischen setzten die Absichten ihrer französischen »ultramontanen« Brüder fort, mochten aber dabei ihre eigene Auffassung über die Wege und Mittel, mit denen das Evangelium zu verkünden sei, nicht aufgeben. Das läßt sich bereits nach 1218 aus dem Bericht über die Waldenser Konferenz herauslesen. Die Führer der Lombardischen Armen schickten ihn ihren Mitbrüdern nördlich der Alpen. Der epistelartige Charakter des Berichts verlebendigte bewußt mittels Paulinischer Formulierungen (Phil. 1,3) die Perspektive, in der einst der Apostel der Heiden den Fortschritt der evangelischen Predigt im Rahmen des römischen Imperiums sah. Leider bleibt diese prächtige Primärquelle zur Geschichte der Waldenser für lange Zeit ein vereinzeltes Dokument seiner Art. Erst gegen Ende der beiden Jahrhunderte, von denen in diesem Kapitel die Rede ist, finden wir ein Gegenstück dazu in der Korrespondenz, die um das Jahr 1368 die lombardischen und die österreichischen Waldenser miteinander führten.

Wenn wir die Verbreitung der Waldenser nördlich der Alpen schildern sollen, sind wir also wiederum vorwiegend auf die Quellen inquisitorischen Ursprungs angewiesen. Deshalb ist es unmöglich, lückenlos und in allen Einzelheiten den Rhythmus dieser Verbreitung in den deutschen und slawischen Ländern darzustellen. Im Hinblick auf die immer bewußter betriebene Verheimlichung der Bewegung ist vorauszusetzen, daß es ihr in einigen Gegenden für lange Zeit gelang, der Aufmerksamkeit der Verfolger zu entrinnen. Viele Gruppen hielten sich tatsächlich lange in der Anonymität. Wo es nur irgendwie möglich war, nützten sie gewiß lokale Besonderheiten und die relative Unabhängigkeit einiger Verwaltungseinheiten aus. Aber die geistliche und weltliche Macht hielt das Volk in zu engen Fesseln, als daß zu hoffen war, man werde dem immer mehr vervollkommneten Netz der Kontrollmaßnahmen endgültig entkommen, das aus Furcht vor Aufruhr in jeder Diözese und in jedem Teilgebiet der Christenheit von den herrschenden Schichten immer fester geknüpft wurde. Nach Mitteleuropa und noch weiter nach Norden trieb die Waldenser nicht allein der missionarische Elan, sondern auch die Hoffnung, sie würden dort ein weniger exakt eingegrenztes System der Pfarreien und ein kleineres Joch gesetzlicher Verpflichtungen antreffen. Wie sich dieses System schrittweise erweiterte und sein Netz im Sinne der Konsequenzen verdichtete, die das IV. Lateranische Konzil (1215) vorgezeichnet hatte, und je härter es jeden zum jährlichen Beichtgang und zur österlichen Kommunion in der Pfarrkirche zwang, um so häufiger begegnen wir Waldenser »Freunden« gerade in den Randgebieten des damaligen römisch-deutschen Reiches. Hier entgingen sie dem Auge leichter unter dem Schutz halb abenteuernder Kolonen, für die sie willkommene Hilfsarbeiter sowohl in der Landwirtschaft als auch in den Gewerben waren. Trotz dieses angestrengten Bestrebens, allen pflichtgemäßen Agglomerationen und Konskriptionen zu entgehen, bei denen Pfarrer und Bischöfe das entscheidende Wort hatten und über alle Verdächtigungen peinlich wachten, war es doch außerordentlich schwierig, sich nicht zu verraten. Das bemerkte mit kritischem Einschlag auch ein tschechischer Satiriker um das Jahr 1360:

»Ein Ketzer, der in ein Land kommt, wo er unbekannt ist, erfreut sich zwei oder drei Jahre der Heimlichkeit; und so mag er kaum allzubald viele Leute zu seiner Ketzerei bewegen.«[25]

(Freie Übersetzung eines Vierzeilers in Alttschechisch)

Die Inquisition der päpstlichen Legaten und Mönche, eifriger und zielbewußter als die bischöfliche, forscht die Spuren der Ketzer relativ bald aus.

Die Inquisitoren können sich freilich irren oder die Öffentlichkeit über manche Einzelheit täuschen, insgesamt ist jedoch nicht daran zu zweifeln, daß sich ihre Tätigkeit auf Gegenden konzentrierte, die von »ketzerischer Abtrünnigkeit« tatsächlich ergriffen waren. Berücksichtigen wir ihre trainierte Wachsamkeit und seit Beginn des 14. Jahrhunderts noch ihre zusätzlich wachsende materielle Interessiertheit, die mit dem Gelingen ihrer Untersuchungen zusammenhing, so ist wenig wahrscheinlich, daß sie in den verschiedenen Ländern des Reiches mit größerer Verspätung aufgetreten wären, nachdem die einzelnen Häresien oder häretischen Gruppen erkannt worden waren. Es ist jedoch anzunehmen, daß die Ketzer in der Regel einen zeitlichen Vorlauf, von mehreren Jahren bis zu einer oder zwei Generationen, gegenüber den Inquisitoren hatten, die sie in bestimmten Gebieten zuerst entdeckten. Beginnend mit der großen Untersuchungsaktion des Konrad von Marburg in den dreißiger Jahren des 13. Jahrhunderts folgen nacheinander direkt dem Papst unterstellte Inquisitionen in verschiedenen Diözesen mit sehr ungleicher Intensität und Frequenz. Wegen Mangel an erhalten gebliebenen oder bekannten Quellen wissen wir im übrigen nur von einem Teil dieser Aktionen. Bedeutung und überraschend großen Umfang der mitteleuropäischen Diaspora der Waldenser enthüllt eigentlich erst der inquisitorische Fang im letzten Jahrzehnt des 14. Jahrhunderts, der Jahre dauerte und eine weite geographische Ausdehnung erreichte.

In der ersten Hälfte des 13. Jahrhunderts gewannen die Waldenser einige Freunde im oberen Rheinland und in Schwaben, in größerer Anzahl dann in Bayern und in Österreich. In keinem dieser Länder blieben sie gleichgültig gegenüber anderen derartigen Volksbewegungen. Mit ihnen verband sie die grollende Verbitterung der armen und untertänigen Bevölkerungsschichten in Stadt und Land über die konkreten Folgen der Friedensschlüsse zwischen der kirchlichen Hierarchie und der Welt des Feudalismus. Wenig wahrscheinlich ist, daß sie ihren Kampf mit dem Streben derer identifiziert hätten, die vom Kaiser eine Gesamterneuerung der in Verfall geratenen christlichen Tugenden erwarteten. Dennoch konnte sich die Predigt der Waldenser offenbar eine gewisse Anziehungskraft sogar inmitten der schleppenden Kämpfe zwischen Kaiser- und Papsttum bewahren. Kaiser Friedrich II. versuchte, die latente Sympathie der Volksbewegungen zu nutzen. Im Jahre 1248 hatte er zum Beispiel mit diesem Programm Erfolg bei einer Gruppe Unzufriedener in Schwäbisch-Hall. Aber diese Aufrührer gegen die kirchliche Oberhoheit eigneten sich aus der Predigt der Waldenser Armen nur die Forderung nach einer armen Kirche und die Ablehnung der Bettlerorden, namentlich des erfolg- und einflußreichen Zisterzienserordens, an.

Ungefähr zur gleichen Zeit faßten die Waldenser in der Diözese Konstanz Fuß (1243). In Mitteldeutschland gedachten sie damals der großen Verfolgung, die zehn Jahre vorher Konrad von Marburg eingeleitet hatte. Dank peinlicher Verhöre und zweifelhafter Zeugen hatte er viele Waldenser auf den Scheiterhaufen gebracht. In Bayern verfolgte sie die Inquisition der Dominikaner des Regensburger Bistums seit 1262. Vor seinem Aufbruch zum Kreuzzug befahl der Bayernherzog Ludwig II. allen seinen adeligen Dienstmannen (*ministerialibus universis*), den Brüdern aus dem Predigerorden in allem behilflich zu sein. Er war gewiß, daß es gerade und einzig allein die tapferen Ritter seien, die entschlossen waren, kriegerisch in ferne Lande zu ziehen, die wahrlich als Nackte dem nackten Christus folgten (*nudi nudum Christum*), denn sie hätten allem entsagt und sogar ihr familiäres Glück hinter sich zurückgelassen. Keinesfalls aber hätten sie im Sinn, die in der Heimat angehäuften Schätze der ketzerischen Willkür preiszugeben! Mit den östlichsten Gegenden des Passauer Bistums und den Herzogtümern Steiermark und Österreich werden diese Donauländer – wie wir noch sehen werden – zu einer wichtigen Basis des weiteren Aufblühens des Waldensertums in Europa.

Was Mittel- und Norddeutschland betrifft, so drang dorthin das Waldensertum wahrscheinlich zu Beginn des
14. Jahrhunderts vor. Es rief relativ bald die Bedenken einiger Bischöfe und des Papstes hervor, nicht jedoch anfänglich
der örtlichen Obrigkeiten, noch des niederen Klerus. Wahrscheinlich ist der Einfluß der Waldenser auf Ketzer, welche
die Inquisition im Jahre 1332 besonders unter den weniger
begüterten Bürgern Nürnbergs ausfindig zu machen suchte.
Um das Jahr 1350 trug man gegen sie in Würzburg Bedenken, wo der Augustinermönch Hermann von Schilditz sie
und ihre Lehre in einem eigenen Traktat attackierte. Im
gleichen Zeitraum sind sie ganz bestimmt in Thüringen,
Sachsen und im Meißnischen vorhanden. Nicht uninteressant
ist, daß sich gerade in Wittenberg Waldenser Frauen tapfer
zu ihrer Überzeugung bekennen. Sie bilden dort ein vielbesuchtes Zentrum waldensischen Gemeinlebens heraus, das
damals (1336) Verbindung hielt zu Waldensern im Vogtland (Plauen), in der Stadt Erfurt und in der Mark. Dieses
letztgenannte Land nördlich von Brandenburg bildete zusammen mit Pommern[27] einen Bestandteil des ausgedehnten
Landkomplexes an der Oder mit dem Fluß als Achse. Schon
reichlich hundert Jahre vorher hatte die deutsche Kolonisation dieses Gebiet auf Kosten des slawischen Elements
endgültig erfaßt. In der folgenden Phase öffnete sich dieser
Raum mehrmals nacheinander den nachziehenden Wellen
friedlicher Arbeiter aus dem Binnenland. Sie wurden nunmehr nicht nur von den hohen Feudalherren und den
kleinen Rittern hierhergerufen, die durch Großgrundbesitz
reich geworden waren, sondern auch von der Kirche mit
ihren Institutionen und von Ordens- oder Klostergemein-
schaften und kriegerischen Mönchen. Die Waldenser nutzten wenigstens einige der damit gebotenen Möglichkeiten.
Lehnten sie auch prinzipiell jeden Anteil an irgendwelchen
Aggressionen ab – sie nahmen nicht einmal die Beschäfti-
gung als Waffenträger adliger Eroberer an –, so legten sie
doch in diesen Ländern Familienheimstätten an, wo die
alten Waldenser Auffassungen vom Vater auf den Sohn
übergingen und in regelmäßigen Abständen die wandernden

Prediger und Lehrer einkehrten. Sprachlich waren sie selbst Deutsche, aber Familienbeziehungen brachten sie auch der slawischen Urbevölkerung nahe.

Im Jahre 1336 befürchtete die kirchliche Obrigkeit, daß die Einwohner von Angermünde in der Uckermark von der Ketzerei bedroht seien. Der Magdeburger Bischof unterwarf sie daraufhin Verhören, deren Organisation dem Bruder Jordanus anvertraut wurde. Bei dieser Gelegenheit wurde ausnahmsweise auch die Frau eines verbrannten Waldensers begnadigt, weil die Inquisition ihre Schwangerschaft berücksichtigt hatte. Mit Hunderten anderer Waldenser wird sie jedoch nach fünfzig Jahren erneut von der im Ostseegebiet wütenden Inquisition aufgegriffen. So wird schon vor der Mitte des 14. Jahrhunderts behauptet, daß sich in all diesen Ländern und in Polen die Handwerker, besonders die Weber und die Hutmacher, über die Waldenser damals die erregende Mitteilung machen: »Es gibt auf Erden Menschen, die Gottes Wort reden, wie es sich gehört.«[28]

Die durch derartige Nachrichten beunruhigten Päpste bemühten sich, möglichst schnell einzugreifen: Im Jahre 1318 wurde die Inquisition in den Diözesen Krakau und Breslau installiert. Sie rief die zuständigen Fürsten gleichermaßen wie den Markgrafen zu Meißen auf, die Untersuchungsaktionen wirksam und ausgiebig zu unterstützen. Der Papst wandte sich 1327 mit einem ähnlichen Aufruf an den Erzbischof von Gnesen und den Bischof von Kamin. Es handelte sich um ein Gebiet, in das die Waldenser Prediger vom linken Oderufer her eingedrungen waren. Zur gleichen Zeit lassen sich Waldenser in schlesischen Städten feststellen. Sie wurden Objekt unbarmherziger Verfolgungen gemeinsam mit anderen Ketzern, von denen an die fünfzig 1315 in Schweidnitz verbrannt wurden. Es kam vor, daß die Waldenser Auffassungen mit den örtlichen erbitterten Rebellionen gegen die Folgen der kirchlichen Oberherrschaft zusammenflossen. Von dieser Art waren zum Beispiel die scharfen Angriffe in den Predigten des Johannes von Pern in Breslau zu Beginn der vierziger Jahre des 14. Jahrhunderts. Den Papst erklärte er direkt als den Antichrist und

Rom zur Babylonischen Hure. Der Inquisitor Johann Schwenkfeld aus Schweidnitz rief in Breslau einen solchen Haß gegen sich hervor, daß er es schließlich für zweckmäßig hielt, sich unter den Schutz des böhmischen Königs zu flüchten. Aber während seines Aufenthalts in Prag brachten ihn dort von seinen Breslauer Feinden gedungene Mörder um.

In den österreichischen Ländern [29] fanden die ersten waldensischen Prediger gleich in den ersten Jahrzehnten des 13. Jahrhunderts nicht geringen Widerhall. Um das Jahr 1266 waren im Raum zwischen Inn und Wien und zwischen Alpen und mährischem Grenzgebiet nicht weniger als vierzig Parochien bekannt, die mit Anhängern der »Leonisten« durchsetzt waren. Es waren dies einerseits Landleute, andererseits Handwerker, deren angeblicher Bischof in Ansbach in Niederösterreich residierte. Angeblich hatten sie häufige Kontakte mit Brüdern im Lombardischen. Zur kirchlichen Geistlichkeit nahmen sie einen sehr kritischen Standpunkt ein, verlangten die Abschaffung des Zehnten und eine Einschränkung der Kirchengüter, so daß die Priester gezwungen wären, auch manuell zu arbeiten. In Neuhofen pflegten sie Aussätzige, was offenbar kein vereinzelter Fall war.

Alle diese Waldenser wurden Opfer der von der päpstlichen Politik hervorgerufenen Maßnahmen, durch die energisch die auf dem Konzil von Lyon (1245) gefaßten Beschlüsse verfolgt wurden. Das Konzil wollte vor der ganzen Welt demonstrieren, daß nur diejenigen Herrscher ihre Macht legitim ausüben können, die ergeben und bereitwillig alle Hinweise der päpstlichen Kurie erfüllen. Daher enthob das Konzil mit großem Pomp den Kaiser seines Thrones, weil er den Ketzern Schutz und Gunst gewährt hatte. Um auch im Königreich Böhmen die ghibellinischen Tendenzen zu schwächen, setzte damals Innozenz IV. den deutschen Fürsten Bruno von Schauenburg als Erzbischof von Olmütz ein. Bischof Bruno, dem es tatsächlich gelang, die ghibellinische Opposition in Mähren und auch in Böhmen zu unterdrücken, setzte sich als unentbehrlicher Ratgeber Přemysl II. Otakar durch und griff als Verwalter des Herzogtums Steiermark im Jahre 1261 in die österreichischen Angelegenheiten ein. Möglicherweise brachte er auch die beiden Franziskaner Bartholomäus und Lambert als Inquisitoren mit, die Papst Alexander IV. schon 1257 ernannt hatte. Ihre Aufgabe war, die Ketzerei gerade »im Bereich des Königreichs und der Oberherrschaft des böhmischen und polnischen Königs« auszumerzen, ein Hinweis, der sich sehr gut auch auf die österreichischen Länder beziehen ließ, die Přemysl untertänig waren. Bartholomäus war außerdem beauftragt, unter Böhmen, Österreichern und Polen einen Kreuzzug zu propagieren, der sich unter Führung des böhmischen Königs vor allem gegen die heidnischen Litauer richten sollte. Zu dieser militärischen Aktion kam es erst gegen Ende des Jahres 1267. Die österreichische und steirische Ritterschaft beteiligte sich daran in großer Anzahl, und eben im vorangegangenen Jahre hatte die Verfolgung der österreichischen Waldenser ihren ersten Höhepunkt erreicht.

An der Südflanke waren die österreichischen und steirischen Waldenser mit Kärnten und Krain benachbart. Man brauchte nur die Drau zu überschreiten, um sich in Gegenden, die schon der Verwaltung des Patriarchats von Aquileja unterstanden, mit einer vorwiegend slawischen Bevölkerung zu treffen, zu der die Einflüsse der bosnischen und slawonischen Kirche unschwer vordrangen. Wie wir sahen, war die Anziehungskraft dieser Kirchen noch gegen Ende des 14. Jahrhunderts so bedeutend, daß sie auch auf die heterodoxen Gruppen des italienischen Piemont einwirkte. Zu Beginn jenes Jahrhunderts beobachtete der Patriarch von Aquileja, Ottobuono de Razzi (1303–1315), mit Unbehagen, daß sich die Ketzerei von Süden nach Norden ausbreitete. In Graz machte sich die Inquisition gleich im Jahre 1311 an die Arbeit, und der Salzburger Erzbischof und der Bischof von Passau unterstützten sie dabei. Im folgenden Jahre verlagerte sie ihre Tätigkeit nach Krems, wo die Dominikaner sechzehn Ketzer verbrennen ließen. Deren Auffassungen treten uns aus den Protokollen der Inquisition als Konglomerat teilweise katharischer Gedankengänge entgegen mit Ausblick auf die endliche Erlösung der Dämonen und sogar des Teufels selbst! Nichts beweist, daß es ehemalige Waldenser gewesen wären. Wenig überzeugend ist auch der Versuch, diese in Krems hingerichteten Ketzer bezüglich ihres Bekenntnisses mit jenen zu identifizieren, die in fast vierzig Ortschaften im Raum zwischen St. Pölten und Traiskirchen aufgegriffen wurden. Elf von ihnen wurden im gleichen Jahre 1315 sofort in St. Pölten verbrannt, zwei in Wien, und ihre Anführer mit Namen Neumaister zusammen mit seinem Freunde Andreas in Himberg bei Wien. Wir wissen nichts darüber, welcher Lehre diese letzteren folgten, aber als Orientierung ist ihre Aussage wertvoll, daß sie mindestens schon in der zweiten Generation im Lande lebten. Tatsächlich waren »Leonisten« schon vor 1270 in jenen 38 Ortschaften angetroffen worden, aus denen sie stammten, und Neumaister erklärte, daß er seine leitende Funktion schon ein halbes Jahrhundert lang ausübe. Wir dürfen ihn deshalb mit hoher Wahrscheinlichkeit als den »Bischof« ansehen, der seine Residenz in Ansbach hatte. Sein Gefährte Andreas war von Kindheit an in einer Gemeinschaft erzogen worden, die alle Züge einer Waldensergemeinde aufweist. Vielleicht waren sie nicht ganz unzugänglich gegenüber jenen phantastischen Ideen geblieben, wie sie bei den in Krems hingerichteten Sektierern beliebt waren, ein direkter Beweis dafür fehlt jedoch. Aus den Vernehmungen geht umgekehrt klar hervor, daß sich die österreichischen Waldenser ihrer zahlenmäßigen Stärke und auch ihrer Beziehungen zu Böhmen bewußt waren und daß sie unablässig den Augenblick heransehnten, in dem ihre jetzt noch gedämpfte Predigt wieder voll in der Öffentlichkeit ertönen könnte.

Um das Jahr 1365, also ein rundes Jahrhundert nach der ersten großen Verfolgung der österreichischen Waldenser, war freilich diese Hoffnung noch immer nicht erfüllt. In dieser Zeit büßten die Waldenser an der Donau nichts von ihrer zahlenmäßigen Stärke ein und wurden sich eher noch der allgemeinen Unzufriedenheit mit dem fiskalischen Charakter des kirchlichen Lebens und seiner Verwaltung bewußt, wie ihn der drückende Einfluß des avignonesischen Papsttums erzwang. Aber die Verfolgungen hörten nicht auf, und die Perioden relativer Ruhe, wie etwa die Regierungsjahre des österreichischen Herzogs Rudolf IV. (1358–1365), waren zu kurz, um über Nacht der waldensischen Predigt die alte Durchschlagskraft und Offenheit zurückzugeben. Rudolfs Nachfolger Albrecht III. berief aus Olmütz den Inquisitor Heinrich, der in der Steiermark eine große Aktion so durchdacht und mit solcher Erfindungsgabe entfaltete, daß er viele Waldenser dazu brachte, ihre Überzeugung zu widerrufen. Leider sind uns die Akten seiner Inquisition nicht erhalten geblieben, aber ihre Nachwirkungen waren tief und lange spürbar. Der größte Verfolger der mitteleuropäischen Waldenser, Peter Zwicker, verhehlte später nicht seinen Dank gegenüber seinem Vorgänger. Indem er sein »frommes Andenken« anrief, verriet er die Namen einiger Waldenser Frauen, die seinerzeit Heinrich in der Steiermark und in Mähren zum wahren katholischen Glauben bekehrt habe.

Die tiefe Krise, die das österreichische Waldensertum unter diesem Druck der Inquisition durchmachte, läßt das Bruchstück einer Briefsammlung[30] ermessen, deren Hauptthematik die Waldenser Abfallbewegung ist, die, wie es scheint, besonders die Schicht der Gebildeten unter den Waldensern erfaßt hatte, deren geographisches Zentrum von alters her das Städtchen Sankt Peter in der Au in Niederösterreich gewesen war. Die Anführer der österreichischen Waldenser, die trotz allem ihrem Bekenntnis treu geblieben waren, aber Zeugen davon wurden, wie sich eine Reihe ihrer Freunde von der Inquisition brechen ließ, um die Vision eines endlich ruhigen Lebens zu gewinnen, wandten sich um Rat an ihre italienischen Mitbrüder. Ihrer Meinung nach konnte man den Erfolg der Inquisitoren unter anderem durch den überzeugenden Eindruck erklären, den ihre theologische, fachlich geschulte Argumentation hervorrief. Die Inquisitoren tadelten an den Waldensern die intellektuelle Armut ihrer Gedankengänge, die Außerachtlassung allgemein anerkannter Autoritäten und die Unwirksamkeit ihres Gemeinschaftslebens im Blick auf die Erlösung. Vier Lombardische Arme – Johann, Girardus, Peter und Simon – schrieben den österreichischen Glaubensgenossen einen Brief, um ihnen die Solidarität der italienischen Gruppen mit den Verfolgten zu bekunden und ihnen zu helfen, den Hauptanwürfen gegen sie zu begegnen. Ihre brüderliche Antwort war noch von einer besonderen Denkschrift begleitet, die sich auf die Vorstellung konzentrierte, die sich damals die Waldenser über ihre eigene Vergangenheit, über ihren Ursprung und ihre Sendung in den Wandlungen der Geschichte des Christentums bis zum gegenwärtigen Augenblick machten. Im Jahre 1368 ergriff Johann Leser die Feder, um im Namen der österreichischen Konvertiten zum Katholizismus zu antworten und sie von dem Verdacht zu reinigen, sie seien Abtrünnige. Er begründete und rechtfertigte die Abkehr vom Waldensertum mit der heiligen Fürsorge um die ewige Seligkeit und damit, daß ihnen angeblich von neuem Gelegenheit gegeben wurde, die sakramentale Macht der herrschenden Kirche zu erkennen und andererseits den rebellischen Charakter des Waldenser Protestes zu durchschauen. Im übrigen, so meinte er, habe die Bewegung der Waldenser in den ganzen letzten zweihundertfünfzig Jahren nicht aufgehört, innerlich zu verarmen und zu einer Winkelsekte zu degenerieren. Als absolut überzeugenden Beweis dafür nannte Leser die Tatsache, daß die einstmalige waldensische Predigt jetzt völlig verstummt sei.

Eine ähnliche Enttäuschung über die Unwirksamkeit und totale Vergeblichkeit der Waldenser Predigt, die nur noch nächtens gehalten werden könne, weil sie keine kirchliche Genehmigung habe, die allein Gesetzlichkeit und Öffentlichkeit garantieren würde, spricht auch aus einer weiteren Antwort, die Johanns Freund Siegfried an die ehemaligen italienischen Mitbrüder richtete. Johann selbst ist auch Verfasser einer kurzen Verteidigung des Katholizismus gegen die Waldenser Kritiken und gegen ihre Auffassung, die Kirche habe zur Zeit Kaiser Konstantins ihre Aufgabe verraten. Vielleicht stammt aus seiner Feder auch der für einen unbekannten Waldenser »Notar« bestimmte Brief, in dem die Vorteile der zwar institutionellen, aber dennoch göttlichen Kirche geschildert werden, die deshalb auch unverwundbar ist, selbst wenn ihre Vertreter irgendwie moralisch abgesunken sein sollten.

Der Quellenwert dieser Korrespondenz ist ganz außergewöhnlich, da sie uns besser und unmittelbarer als die Protokolle der Inquisition in das Denken gleich zweier der bedeutendsten Waldenser Gruppen, der lombardischen und der österreichischen, Einblick gewährt und zeigt, wie es sich in der zweiten Hälfte des 14. Jahrhunderts herausbildete. Die Thematik, mit der sich die Korrespondenz beschäftigt, war freilich von der besonderen, durch den Druck der Verfolgungen bedingten Situation erzwungen. Aber es ist dies gleichzeitig die zentrale Thematik, deren Wichtigkeit den Waldensern im Lichte von zwei Jahrhunderten erduldeter Unterdrückung aufgegangen war. Die Antworten fallen allerdings unterschiedlich aus, je nachdem, ob sie von einem Bekenner oder einem Abgefallenen gegeben werden, aber ihr gemeinsames Gespräch kreist unweigerlich um die für beide Seiten lebenswichtigen und brennenden Probleme. Es erweist sich, daß die sich häufenden Fälle der Apostasie nicht ausschließlich Folgen der Unterdrückungen und Verfolgungen waren, sondern eher Anzeichen für die innere Krise von Bewegung und Gemeinschaften, in denen manche den Glauben an ihre eigene Sendung verloren. Die Abkehr von der Predigt und vom Anspruch auf ihren öffentlichen Charakter mußte notwendig auch eine Schwächung der Hoffnungen auf den Sieg der Sache des Evangeliums mit sich bringen, trotz tausenderlei objektiver Hindernisse. Sobald auf diese Weise der missionarische Elan ermattete, verschloß sich die Bewegung in sich selbst. Die Tradition wird weiter verbreitet, indem sie von den Eltern auf die Kinder übertragen wird, und schiebt in den Mittelpunkt von Interesse und moralischem Streben immer mehr die Treue zum ererbten Vermächtnis, die als grundlegende Tugend gewertet wird. Der Blick richtet sich auf die eigene Vergangenheit, und zwar deshalb um so öfter und bevorzugter, weil eben über diese Vergangenheit die Feinde ein äußerst abfälliges Urteil sprechen. Die Waldenser versuchen immer weiter, das Alter ihrer Bewegung nachzuweisen und die historische Berechtigung ihrer Trennung von der übrigen Christenheit überzeugend zu begründen. Anstatt vor allem mit der Verkündung ihrer Botschaft, die an alle ohne Unterschied gerichtet war, fortzufahren, begnügten sie sich mit der Verteidigung ihrer Position als Minorität in der Hoffnung, daß ihre Gemeinschaft die gegebene Leidenszeit als auserwähltes Volk überleben werde. Der Prozeß dieser allmählichen Veränderung erfaßte zwar nicht alle Elemente des ursprünglichen Protestes der Waldenser gegen den kirchlichen Verrat am Evangelium, führte aber zu deren Abstumpfung und erlaubte, daß sie vom Drang nach sektiererischer Selbsterhaltung in einigen Situationen aufgesogen wurden. Die einen unterliegen schließlich dem imponierenden Eindruck der Allmacht und der blendenden Erfolge der offiziellen Kirche, andere wiederum, entschlossen zum Ausharren, werden versuchen, aus der Ausweglosigkeit der Stellung, in die sie hineingeraten waren, durch Überbewertung ihrer schmerzvollen Sendung herauszukommen. Sie werden deshalb weiter die rudimentäre Theologie der von den Vätern ererbten Geschichte zu Ende denken, freilich unter objektiven Bedingungen, die für eine so anspruchsvolle Aufgabe wenig günstig sind. Die erzwungene und über das erträgliche Ausmaß hinaus verlängerte Existenz im Abseits und im Geheimen schwächte in der ganzen Bewegung das Bewußtsein für die öffentliche Tragweite der Forderung des Evangeliums.

Der Abfall, die Apostasie relativ bedeutender Angehöriger des österreichischen und steirischen Waldensertums wirkte erschütternd auf die gesamte Bewegung. Die Inquisition verstand dies aufs ausgiebigste zu nutzen. Sie ließ keine Information brachliegen, die ihr über neue Konvertiten zuging, und viele von ihnen verpflichtete sie zu kontramissionarischer Arbeit innerhalb des ihnen vertrauten und bekannten Milieus der früheren Glaubensgenossen. So wissen wir zum Beispiel, daß sie dem ehemaligen Waldenser Johann aus der Steiermark auferlegte, die Erfurter Waldenser zur Rückkehr in den Schoß der Kirche zu bewegen. Auch wenn dieser Versuch mißlang, bleibt doch die Tatsache bestehen, daß gleich zu Beginn der großen Aktion in den neunziger Jahren die Inquisition ein wertvolles Verzeichnis von zwölf besonders profilierten Waldenser Meistern und Lehrern von – wie man fast sagen kann – europäischer Bedeutung in Händen hatte. Die Gegenden, aus denen sie stammten, erstreckten sich von Ungarn und Polen über Sachsen, Bayern und Schwaben bis in die Schweiz. Zwei tüchtige und erfolgreiche Inquisitoren holten aus diesem Umstand das Maximum heraus. Ausgerüstet mit den erforderlichen Vollmachten leiteten sie eine systematische Untersuchung ein, die mit einem Schlage den Umfang der Waldenser Expansion in Mittel- und Osteuropa offenbarte, und zwar auch in Ländern und Gegenden, die bis dahin am wenigsten verdächtig gewesen waren. Sie erbrachten damit ungewollt den Beweis dafür, daß die Kräfte der Waldenser Bewegung auch trotz der großen Krise, die sie kurz zuvor erst bis in die Grundfesten erschüttert hatte, noch nicht ganz erschöpft waren.

Die Inquisitoren, die wir meinen, waren Martin von Prag und Peter Zwicker.

Anscheinend hatte sich der erstere früher als Zwicker für die Arbeit in Diensten der Inquisition gewinnen lassen. Als »Martin, Priester aus Böhmen« leitete er schon 1371 die Verhöre der Straßburger Beginen. Im Jahre 1380 verfolgte er die Waldenser in Bayern und elf Jahre später in Würzburg und Erfurt, wo wir ihn zum erstenmal bei der Zusammenarbeit mit Zwicker antreffen. Von 1393 bis 1397 ist er daheim in Prag, aber 1399 steht er wieder an der Spitze inquisitorischer Untersuchungen, diesmal in Bamberg. Im Jahre 1401 geht er nach Ungarn und hilft dort mit bei Zwickers Inquisition in Sopron (Ödenburg). Danach geht er mit Zwicker in die Steiermark und 1404 nach Buda (Ofen). Die kirchliche Hierarchie schätzte seine Fachkenntnisse in Ketzerfragen hoch ein. Für den Bischof von Regensburg arbeitete er 1395 ein Gutachten über die Waldenser aus und vertiefte sich in der Freizeit in eine Theorie der Predigertätigkeit.

Peter Zwicker stammte aus Wormditten in Preußen. Er war Rektor der Schule im oberlausitzischen Zittau gewesen, trat aber 1381 in die Kongregation der Cölestiner ein, die in diesem Lande erst elf Jahre vorher von dem Luxemburger

Karl als dem König von Böhmen eingeführt worden war. Zwicker wurde bald Prior des Klosters Oybin bei Zwickau und gleichzeitig Provinzial der ganzen Kongregation. Im Jahre 1391 begegnen wir ihm an der Seite Martins von Prag als Inquisitor in Erfurt. Der inquisitorischen Tätigkeit bleibt er für mehr als ein Jahrzehnt treu und zeichnet sich durch ein unermüdliches Aufspüren von Waldensern aus, wobei er nach einem vorher auf der Grundlage sorgfältig zusammengetragener und klassifizierter Informationen festgelegten Plane vorgeht. Nach erfolgter Inquisition macht Zwicker Abschriften des Materials den Mönchsorden der jeweiligen Landstriche zugänglich, damit sie zur ergänzenden Kontrolle oder späteren inquisitorischen Aktionen in den betreffenden Gegenden verwendet werden können.

Beachtlich ist die Mobilität und rasche Übertragbarkeit von Zwickers Inquisitionsgerichten. Nach der Tätigkeit in Erfurt entfaltete er eine Großaktion in der Mark Brandenburg und in Pommern (1392–1394). An die fünfhundert Waldenser aus der Neumark und der Uckermark durchliefen damals Zwickers Kerker oder standen vor seinem Tribunal in Stettin. Von 1395 an war Zwicker erneut für zwei Jahre in Steiermark, wo er wie üblich ein detailliertes Verzeichnis der Waldenser Irrlehren verfassen ließ. Die Sekte der Waldenser bestehe in den Ländern der österreichischen Herzöge nunmehr schon länger als hundertvierzig Jahre. »In unseren Tagen«, ergänzte er [31], »begann sie seit Dezember 1395 schon nicht mehr im geheimen zu wüten, sondern direkt mit waghalsigen Gewalttaten, wobei sie das Volk mit Mord und Brandstiftung bedrohte, und zwar hauptsächlich nach dem Tode des tief betrauerten Herzogs Albrecht« (gestorben am 29. August). Umgeben von den ersten österreichischen Prälaten richtete Zwicker im Benediktinerkloster Garsten ein Inquisitionstribunal ein, in jenem Kloster, in dem er später auch beerdigt wurde. Die Untersuchungen, die er dort einleitete, stützten sich auf eine noch von Heinrich von Olmütz stammende Dokumentation, die verdächtige Untertanen aus einigen den österreichischen Herzögen unterstehenden Gebieten erfaßte, Wien nicht ausgenommen.

Mit besonderer Härte verhielt sich Zwicker gegenüber den sogenannten *relapsi*, ehemaligen Ketzern, die sich zwar durch öffentliches Bekenntnis wieder in die einzig wahre katholische Kirche eingegliedert hatten, aber später erneut zu ihrem ursprünglichen Waldensertum zurückkehrten. Die Witwe Elsa Feuer aus dem Dorfe Dambach, die einst der überredungsgewandte Inquisitor Heinrich in den Schoß der Kirche zurückgeführt hatte, wurde im Jahre 1391 vor der Kirche von Garsten brutal gedemütigt. Nach sieben Jahren konstatierte Zwicker mit nicht geringer Erbitterung, daß die bisherigen Bestrafungen nicht ausgereicht hatten, die Feuer von der Existenz des Fegefeuers und der Zulässigkeit des Eides zu überzeugen. Er übergab sie deshalb der weltlichen Gewalt, um sie verbrennen zu lassen. Eine ganze Reihe ähnlicher Fälle erledigte Zwickers Inquisition auf gleiche Weise. Zwicker wurde sich auch hier bewußt, daß ähnlich wie in Pommern der niedere Klerus nicht immer ein von seinem Standpunkt aus verläßliches Element darstellte. Viele Dorfpfarrer duldeten oder billigten sogar mehr als eine Auffassung der Waldenser. Geradezu strafwürdig erschien ihm in dieser Hinsicht das Verhalten des Klerus in der Passauer Diözese. Im ungarischen Ödenburg (Sopron) entdeckte Zwicker mit Martin von Prag eine zahlreiche, deutschsprechende Kolonie von Waldensern. Viele ihrer Mitglieder wurden dem Gericht übergeben, und im Januar 1401 ließen die Inquisitoren ihre Häuser niederreißen. Die ausdauernde Verfolgung aller Spuren von Waldensern führte sie aus Ungarn nach Hartberg in der Steiermark, wo sie zähe und altertümliche Familientraditionen bei den Waldensern vorfanden. Bei dieser Gelegenheit enthüllte Zwicker Zusammenhänge zwischen diesem weit verzweigten Waldensertum auch mit Wien und mit dem Territorium der heutigen Slowakei. Dorthin reiste er den Ketzern erneut im Jahre 1403 nach und brachte sie im Juni des folgenden Jahres vor sein Tribunal in Buda (Ofen).

Durch seinen inquisitorischen Eifer und auch durch die alarmierenden Aufrufe, die er namentlich seit 1395 an Papst, Kardinäle, Prälaten und auch weltliche Fürsten und

Herren aussandte, verschaffte sich Zwicker in diesen Kreisen hohe Gunst und Unterstützung und manchmal auch Nachfolger. Man begann nach Waldensern auch in Gegenden zu fahnden, wohin Zwicker persönlich nicht gelangen konnte. So bringt der Ausgang des 14. Jahrhunderts die Aufdeckung aller Hauptzentren der Waldenser Bewegung in Mitteleuropa. Die Feststellungen über die Stärke der bis dahin fast vollkommen geheim gebliebenen Waldenser Diaspora in den deutschen Ostseeländern wirkten fast wie eine Offenbarung. Zwicker machte dadurch indirekt auch auf die Waldenser Propaganda in den polnischen Gebieten aufmerksam, während die Prozesse, die er in der Steiermark inszenierte, den Vorhang auch über das Vordringen des waldensischen Elements nach Ungarn und in die Slowakei, ja bis nach Siebenbürgen hoben. Überall in diesen Ländern erscheint das Waldensertum wie ein Epiphänomen der deutschen Kolonisation, und es war keineswegs Zufall, daß jetzt erst die Waldenser auch in der Schweiz entdeckt wurden. Zwickers Unterlagen verzeichnen ja auch die Existenz eines Waldenser »Rektors« Nikolaus aus Solothurn. Etwas später zwang im Jahre 1399 der Dominikaner Hans von Landau in Bern hundertdreißig Waldenser zum Widerruf. Im gleichen Jahr unterwarf eine Inquisitionskommission in Freiburg (Ü), bestehend aus je einem Dominikaner, Franziskaner und Juristen und beauftragt vom Bischof von Lausanne, dreiundfünfzig Personen, die der waldensischen Ketzerei verdächtig waren, ihren strengen Verhören, aber verurteilte sie nicht.

In Südböhmen

Über das Königreich Böhmen, das im 15. Jahrhundert in der Geschichte der Waldenser eine entscheidende Rolle spielt, wurde bisher nur gelegentlich gesprochen, weil die innere Entwicklung des böhmischen Staates eigentümlich und relativ unabhängig war. Unterstand er auch in politischen Fragen dem Heiligen Römischen Reich, so wirkte sich doch in ihm die kaiserliche Gesetzgebung niemals direkt und unge-

brochen aus. Außerdem hatte das Waldenser Prediger-
wesen, das sich in diesem Gebiet bei seinem Auftreten auf
das in sprachlicher Hinsicht deutsche Milieu beschränkte,
weniger Gelegenheit, in die tschechisch sprechende Bevölkerung einzudringen. Auch wenn wir nicht mit den Ketzern
rechnen, die aus der Fremde nach Böhmen vor kirchliche
Gerichte geschleppt wurden, so sind die ersten Waldenser in
Böhmen doch Deutsche. Im Laufe des 13. Jahrhunderts und
auch noch im 14. kamen die deutschen Kolonisten in verschiedenen Gegenden Böhmens und Mährens vorwiegend
aus den nächstgelegenen Gebieten des Reiches. Zum Unterschied von der erobernden deutschen Kolonisation in den
ausgedehnten Landschaften zwischen Elbe und Oder kamen
in die Sudetenländer häufig auch Vasallen oder Untertanen,
die ihren Herrschaften in der Hoffnung entlaufen waren,
hier Boden und damit auch Lebensunterhalt zu finden. Die
eigentliche Kolonisierung vertrauten die heimischen böhmischen Herren sogenannten Lokatoren an, deren Aufgabe es
war, innerhalb einer festgesetzten Frist auf dem zugeteilten
Boden eine neue Ortschaft ins Leben zu rufen. Ihnen lag
also daran, für diese mühsame und unaufschiebbare Aufgabe Kolonen in ausreichender Anzahl zu gewinnen. In
einigen Fällen war offenbar bereits dieses Vorgehen eine
günstige Gelegenheit für Waldenser Landarbeiter. Eine weitere Gelegenheit bot sich den Waldensern in dem Augenblick, wo es dem Lokator gelang, Privilegien zu bekommen
und Handwerker zu beschäftigen.

Ist es auch nicht möglich, den Anteil der Waldenser an
der Rodung direkt nachzuweisen, so ist doch ganz unbestreitbar, daß die Entfaltung der deutschen Kolonisation
hauptsächlich in Südböhmen auf den Territorien der Österreich benachbarten Herrschaften für die Waldenser Infiltration günstige Bedingungen schuf. Im Jahre 1318 fordern
päpstliche Zuschriften u. a. zwei südböhmische Herren auf,
eine wirksame Unterstützung der Inquisition nicht zu versäumen. Einige zwanzig Jahre später wurde bereits konstatiert, daß z. B. die ganze Gemeinde Groß-Bednárec auf
den Gütern Oldřichs III. von Neuhaus (Jindřichův Hradec)

praktisch waldensisch war bis auf drei Ausnahmen: Richter, Bader und Gemeindehirt blieben Katholiken. Weitere Freunde gewannen die Waldenser in der ländlichen Umgebung und sogar in der Stadt Neuhaus selbst, und das zu einer Zeit, als die Bedeutung der Stadt im Ansteigen war. In ihr kreuzten sich Handels- und Heerstraßen, von denen die eine nach Mähren und Znaim, die zweite über Drosendorf nach Wien und die dritte über Budweis nach Linz und also nach Steiermark führte. Wer nach Westen wollte, konnte nach Prag gelangen oder auf die nach Bayern führende Straße abbiegen.

Im Jahre 1335 ernannte Benedikt XII. zwei neue Inquisitoren für die Diözesen Prag und Olmütz: den Dominikaner Gallus von Kosořice und den Franziskaner Peter von Načeradec, die sich beide ausgezeichnet dazu eigneten, die Antiketzeruntersuchungen besonders in Südböhmen zu führen weil ihnen diese Gegenden seit langem vertraut waren. Gallus stammte aus Neuhaus, und Peter übte als Mitglied des Herrengeschlechts der Witkowitzer bedeutenden Einfluß auf Herrn Oldřich von Neuhaus eben zu der Zeit aus, als dieser Magnat die Festigung seiner Macht anstrebte. Seit Oktober 1335 arbeitete die Inquisition unmittelbar in Neuhaus und zitierte die Untertanen aus Groß-Bednárec und den umliegenden Dörfern vor ihr Tribunal[32]. Die vorgeführten Ketzer bekundeten eine klare Abneigung gegenüber allen Formen inoffizieller und auch offizieller Eidesleistungen und eine große Ergebenheit zu ihren Wanderlehrern, die dreimal im Jahre zu ihnen kamen. Sie äußerten auch Forderungen ökonomischen Charakters. Bis auf eine Ausnahme hatten sie deutsche Namen. In der Mehrzahl waren es Bauern und Handwerker (Tuchschneider, Schuster, Zimmerleute). Ihre Lehrer Albert und Gottfried unterrichteten sie heimlich in Verstecken, nahmen ihnen die Beichte ab und gewährten Sterbenden die letzten Tröstungen. Sie selbst hielten Verbindungen mit Prag, Znaim und Bayern. Die Waldenser Gemeinde besorgte ihnen zu diesem Zweck einen Wagen. Im Jahre 1337 setzte die Inquisition ihre Arbeiten im Dominikanerkloster in Prag fort, enthüllte weitere

Zusammenhänge der waldensischen Bewegung mit König-grätz in Ostböhmen und schließlich sogar ihr geheimes Pra-ger Zentrum. Es scheint, daß viele dieser Ketzer über die Hauptwege ins Land gekommen waren, auf denen sich der Tuchhandel abspielte. Die Waldenser aus der Umgebung von Neuhaus wurden danach erneut im Jahre 1338 verfolgt. Diese Verfolgung rief bei ihnen einen solchen Widerstand hervor, daß sie am Ende zu offenem Aufruhr übergingen.

Um diese Zeit ließ Herr Oldřich eine der Kemenaten sei-ner Burg mit einem Freskenzyklus ausmalen, der bis heute erhalten geblieben ist. Es stellt das legendäre Geschehen um den heiligen Georg, den ritterlichen Recken, dar, der durch seine soldatische Tapferkeit den gefährlichen Drachen über-windet und tötet.

Herr Oldřich ließ in dem Zyklus sein eigenes Porträt ver-wenden, mit dem Schild in der Hand, um so zu zeigen, wie vollkommen er das Ideal der Kreuzfahrer verkörpere. In diesen ideologischen Zusammenhang gehört auch noch seine Reise nach Avignon, wohin er dem Inquisitor Gallus folgte. Er legte dort dem Papst dar, wie sehr seine eigenen Rechts-streitigkeiten identisch seien mit den Interessen der Inqui-sition, und erreichte im März 1340 das, wonach er so lange gestrebt hatte: Das am 6. Tage dieses Monats vom Papst ge-gebene Breve fordert Herrn Oldřich auf, sich an die Spitze eines Kreuzzuges zu stellen, mit dem der Aufruhr in seinen Herrschaftsgebieten unterdrückt würde. Für dieses gottgefäl-lige Werk erflehte der Papst den Segen für den böhmischen Magnaten herab und versprach seinen freiwilligen Helfern einen gleicherart wirksamen Ablaß wie für die Pilger ins Heilige Land. Die Ketzer, die der Papst in seinem Schrei-ben als »Deutsche und Fremde« bezeichnete, sollten absolut ausgetilgt werden. Herr Oldřich, der durch die militärischen Rüstungen, die er in Diensten des abenteuernden Königs Johann von Luxemburg leisten mußte, ökonomisch völlig er-schöpft war, konnte sich nunmehr aufgrund des päpstlichen Breves an dem bekannten Privileg beteiligen, das den In-quisitoren ein Drittel und der weltlichen Obrigkeit alles übrige Eigentum zusprach, das bei verurteilten Ketzern konfisziert wurde. Noch 1341 forderte Benedikt XII. und 1346 erneut Klemens VI. die böhmischen Herren auf, der Inquisition ihre Gefängnisse zur Verfügung zu stellen, weil die Neuhauser und Landsteiner Kerker bei weitem nicht ausreichten. Eine bemerkenswerte Anzahl der Verhafteten mußte bis nach Prag geschafft werden.

Die Antiketzerkoalition zwischen weltlicher und geistlicher Gewalt, die sich im Falle der Waldenser auf der Neuhauser Herrschaft so gründlich bewährt hatte, wurde in den folgenden Jahren noch verstärkt. Karl IV., König von Böhmen und zugleich deutscher Kaiser, ließ in sein gesetzgeberisches Programm für die böhmischen Länder vom Jahre 1350 einige Paragraphen aufnehmen, die eine vollständige Liquidierung der Häresie in den Ländern der böhmischen Krone garantieren und ihre neuerliche Entfaltung unmöglich machen sollten. In ähnlichem Geiste unterstützte der erste Prager Erzbischof Ernst von Pardubitz (1344–1364) das seit 1318 in Böhmen ständig amtierende Inquisitionstribunal. Erhöhte Aufmerksamkeit widmete er dem Süden Böhmens, wohin er 1358 den Inquisitor Svatobor von Dlouhá Ves (Langendorf) entsandte. Er sollte das Einsickern der ketzerischen Ansichten in die Gebiete von Písek und Bechyně verhindern. Zwanzig Jahre später begegnen wir den Waldensern erneut in diesen Gegenden (1377), diesmal auf der Herrschaft Kozí Hrádek. Es sind drei deutsch sprechende Leute aus Bednárec, zweifellos Nachkommen der Waldenser Aufrührer von 1340. Sehr wahrscheinlich ist, daß die Prager Diözesansynode, die in ihrem Beschluß von 1381 zu schärferem Auftreten gegenüber den unrühmlich bekannten Waldensern vom Lande – *illorum rusticorum Valdensium* – aufforderte, eben vor allem an diesen Winkel Böhmens dachte.[33]

Seine böhmische und europäische Politik brachte Karl IV. zu seiner Zeit so sehr in Übereinstimmung mit dem Avignonesischen Papsttum, daß das Königreich Böhmen damals als eine Feste der katholischen Orthodoxie galt. Mit welcher Sorgfalt hier die »Rechtgläubigkeit« gepflegt wurde, deutet z. B. ein Handbuch für den Priester an, das der erzbischöfliche Vikar Stefan von Raudnitz (gest. vor 1365) zusammenstellte. Er unterwarf die vertraulichsten Regungen der menschlichen Seele der Beichtaufsicht und zögerte auch nicht vor der damals offenbar aktuellen Frage, ob es zulässig sei, das Beichtgeheimnis für eine gerichtliche Anzeige des ketzerischen Ehepartners der beichtenden Person auszunützen. Es darf daher auch nicht verwundern, wenn – wann immer es in dieser Zeit um die Festigung oder auch nur den Schutz der beherrschenden Position der Kirche in Mitteleuropa ging – immer häufiger nach Inquisitoren gerufen wurde, die durch Erziehung oder Dienststellung mit den Ländern der böhmischen Krone eng verbunden waren. Es genügt, nochmals an die Namen Heinrich von Olmütz, Martin von Prag und vor allem an Peter Zwicker zu erinnern; alle diese böhmischen Staatsangehörigen wirkten als Inquisitoren vorwiegend außerhalb Böhmens. Der erste von ihnen bewog während seiner Inquisitorentätigkeit in Steiermark in den sechziger Jahren auch den Waldenser Johann von Prag zur Konversion, aber das war vermutlich ein Deutscher wie auch die anderen Ketzer, die in Böhmen abgeurteilt wurden, ein Umstand, den wir schon früher erwähnt haben. Den Zeitgenossen war er noch auffälliger und veranlaßte sie zu Überlegungen. Im Jahre 1409, also schon zur Regierungszeit von Karls Sohn Wenzel, nutzte Hieronymus von Prag, ein Freund von Johann Hus, das Ketzerproblem zur Manifestation des tschechischen Selbstbewußtseins, als er im Prager Karolinum bei einer Festversammlung ausrief: »Ich bezweifle nicht, daß ihr mir aus der lebendigen Erinnerung bezeugen werdet, wie häufig hierher viele, ja allzu viele Menschen aus fremden Nationen gebracht wurden, die dann an diesem heiligen Ort nach Recht und Gesetz der Ketzerei überführt wurden und die man dann verbrannt hat; aber weder habt ihr, noch haben eure Väter oder die Väter eurer Väter jemals gehört, daß ein reiner Tscheche wegen Ketzerei verbrannt worden wäre.«[34] Das war gewiß eine rhetorische Übertreibung, jedoch gestützt durch die damals allgemein bekannte Wirklichkeit. Gleichzeitig deutete sie aber auch daraufhin, welchen beunruhigenden Widerhall die Anwesenheit deutscher Waldenser im Lande fand. Von anderer Seite wissen wir, daß im Jahre 1393 der Tscheche Wenzel aus dem Dorfe Suschan (Sušany) bei Komotau den Inquisitoren geloben mußte, daß er seine früheren Beziehungen zu deutschen Waldensern für immer aufgeben werde. Die Ketzer aus Stradim bei Neuhaus, die im gleichen Jahre zu Prag verbrannt wurden, waren vermutlich ebenfalls Waldenser. Der Olmützer Bischof Nikolaus berichtete gleich im nächsten Jahre dem Papst, daß einige Leute in seiner mährischen Diözese, die angeblich Waldenser waren, *de secta Valdensium,* ihre Irrlehren abschwören und in die Kirche zurückkehren wollten.

Zu diesen Nachrichten können wir noch das Interesse hinzurechnen, das Johlin von Wodnjan in seiner Predigerpostille den Waldensern widmete. Dieser Kanoniker der Kreuzfahrer vom Hl. Grabe stammte aus dem südböhmischen Wodnjan, wurde 1389 Pfarrer der Kirche St. Wenzel am Zderaz in Prag und schrieb in dieser Funktion in den Jahren 1403 und 1404 eine breit angelegte Postille, in der er unter anderem die Ansichten und das Verhalten der Waldenser einer detaillierten Analyse unterzog. Das läßt sich wenigstens teilweise damit erklären, daß er recht lebhafte Erinnerungen an die religiösen Verhältnisse in seiner Heimatgegend nach Prag mitbrachte, was um so verständlicher ist, als wir den Autor mit jenem Priester Johelin [35] von Wodnjan identifizieren dürfen, der 1381 die Auflage erhielt, dem Prager Konsistorium einen Nachweis der erforderlichen päpstlichen Dispens vorzulegen, weil er Sohn und Enkel überzeugter und abgeurteilter Ketzer war. Wir begegnen in Johelin demnach einem Nachkommen der südböhmischen deutschen Waldenser, der verständlicherweise bei seiner kirchlichen Karriere um so eifriger bestrebt war, Beweise für seine Rechtgläubigkeit zu liefern. Dazu eigneten sich ausgezeichnet die Inquisitionsakten eines Peter Zwicker, und Johelin zögerte nicht, sich ihrer zu bedienen, ordnete aber die Waldenser dennoch in neue Zusammenhänge ein. In den kirchlichen Predigern, die dem Volke ihre Reformtheorien verkündeten, sah er eine unerwünschte Stärkung der Waldenser Ketzerei. Er war auf diese Weise eigentlich der erste, der auf einen möglichen objektiven Zusammenhang zwischen dem böhmischen vorhussitischen Predigertum und den Waldensern aufmerksam machte.

Alles deutet demnach darauf hin, daß die Waldenser zu Beginn des 15. Jahrhunderts in Böhmen gut bekannt waren, sowohl wegen ihres Glaubens als auch wegen ihrer grundsätzlichen Lebensauffassungen, selbst wenn sich ihr Einfluß auf die deutschen Sprachinseln beschränkte und zudem durch Verfolgungen und Abfallbewegungen geschwächt wurde. Ebenso müssen wir voraussetzen, daß es auf der Ebene des einfachen, nichtprivilegierten Volkes zwischen Deutschen und Tschechen zu einem leichteren und wirksameren Austausch der waldensischen Ideen kam, als das die erhalten gebliebenen Quellen bekunden. Hauptsächlich in Südböhmen ist mit beachtlicher gegenseitiger Solidarität zwischen Waldensern und dem tschechischen Landvolk zu rechnen, das analog in Spannungen zur örtlichen Obrigkeit geriet.

Der Westen

Die historische Lebenskraft der Lyoner Armen, der späten Schüler von Waldes und seinen Gefährten, kommt aber jener, mit der die italienischen Waldenser und ihre Zweige über die Mauer der Alpen hinauswuchsen, nicht gleich. Die ursprüngliche und in ihrem Umfang überraschende Missionsbewegung der ersten Generation überlebte kaum die Wirren und Schrecken der Kreuzzüge gegen die Albigenser. Die Ursache davon ist in dem ungeheuren Erfolg zu suchen, den die offizielle Kirche seit Beginn des 13. Jahrhunderts verbuchen konnte, als die Katholischen Armen sich ihr feierlich anschlossen und so zum päpstlichen Gehorsam zurückkehrten.

Trotzdem blieben die Lyoner Armen im Languedoc und in der Provence zahlreich genug vertreten, besonders in einem Raum, der sich nach Zeugnissen aus dem zweiten Jahrzehnt des 13. Jahrhunderts von Katalonien und dem

Meere von Narbonne bis zum Meer bei Bordeaux erstreckte. Hier überall werden geheime Zusammenkünfte registriert, geleitet von Leuten ohne Schuhzeug, »Barfüßern« mit nur leichten Sandalen an den Füßen, die den Eid und jeglichen Mord ablehnen. Die Landbevölkerung ist ihnen lange wohlgesinnt und unterstützt sie mit Kost und Bekleidung. Manchmal sind es ganze Scharen, die diesen Predigern in Waldeinöden folgen. Aber die Eingliederung des Languedoc in das Königreich Frankreich – als Folge der Kreuzfahrerunterdrückung – beendete ähnliche Sympathiekundgebungen für die Waldenser. Nach der definitiven Errichtung des einheitlichen Königreichs der Kapetinger (1271) sind die Hoffnungen jeder noch so kleinen nichtkonformen oder sogar Widerstandsbewegung ganz gering geworden.

Zunächst hatten die Waldenser Freunde versucht, sich in Gemeinden, schließlich sogar mit eigenem Friedhof, zusammenzuschließen. Ihre Prediger wurden – soweit sie die öffentliche Verkündigung des Evangeliums noch nicht aufgegeben hatten – vielfach auch als Heilkundige aufgesucht. Sie setzten sich gern mit den Freunden an einen gemeinsamen Tisch, dessen Charakter halb sakramental war. Sobald sich aber die Inquisition vieler dieser Prediger bemächtigt hatte – zuerst in den bei Castres am Flusse Agout gelegenen Ortschaften (seit 1234), dann in Gourdon und Montcuq und hauptsächlich in Montauban (1242) – war für die Zukunft eine solche Organisation der Waldenser Gemeinden unmöglich geworden. Fast zur gleichen Zeit werden Waldenser in der Diözese Nîmes ermittelt. Im Jahre 1251 verurteilt die Inquisition in Narbonne ergriffene Waldenser Frauen zu lebenslänglichem Kerker, während man sich in Avignon und in Arles anschickt, die Waldenser mit besonderen juristischen und militärischen Maßnahmen auszurotten.

Am Ende des Jahrhunderts sind auch schon die »Freunde« der Armen, in den amtlichen Aufzeichnungen weiterhin *Valdenses* genannt, in den Untergrund verdrängt. Die Verfolgung konzentriert sich nunmehr auf Einzelpersonen. Charakteristisch ist der Fall des Johann Philibert. Dieser burgundische Geistliche wurde in die Gascogne geschickt, um dort nach einem Waldenser zu forschen, dem es gelungen war, den Händen der Inquisition zu entkommen. Als er nach Auch kam, stieß Johann Philibert auf eine zahlreiche Waldenser Gemeinde mit regelmäßigen Zusammenkünften. Ihre Mitglieder beteiligten sich jedoch aus Vorsicht an den üblichen katholischen Gottesdiensten, um auf diese Weise jeder Verdächtigung auszuweichen. Philibert wurde trotzdem von Beispiel und Wort der Waldenser eingenommen und wurde einer der ihren. Im Jahre 1298 wurde er das erste Mal von Besançon aus verhaftet, doch gelang es ihm noch, die Inquisitionsrichter von der Vorteilhaftigkeit seiner Freilassung zu überzeugen. Sobald er in Freiheit war, eilte er zu seinen waldensischen Freunden in der Gascogne. Der Inquisitor Bernard Gui bemächtigte sich seiner 1311, ließ ihn aber erst nach acht Jahren zusammen mit anderen Freunden als ketzerischen Meineidigen verbrennen. (Über Bernards inquisitorische Tätigkeit vgl. weiter oben S. 124). Ähnliche Verborgenheit und Geheimhaltung versuchten die Waldenser auch in der Franche-Comté zu wahren, selbst als sie sich in einer Gemeinschaft organisierten, an deren Spitze ein auf Lebenszeit gewählter *maior* oder *maioralis* stand. Seit Anfang des 14. Jahrhunderts kennen wir die Namen des Maioralis Johann von Lothringen und seiner beiden Nachfolger Christin und Jakob.

Seit 1309 hat das Papsttum seinen Sitz in Avignon. Die scharfe Zentralisation der Kirchenverwaltung, die das Papsttum planmäßig und schrittweise dadurch realisierte, daß es sich die Erteilung der meisten bedeutenderen Benefizien vorbehielt und Ordnung in seine Finanzstruktur brachte, lastete mit ganzem Gewicht auf dem kirchlichen und gesellschaftlichen Leben des 14. Jahrhunderts und wurde gleichzeitig zur Quelle aller Konflikte mit der französischen Krone. Die Avignoner Päpste, mehr Juristen als Theologen, erklärten auch die Behauptung für ketzerisch, Christus und die Apostel hätten kein Eigentum besessen. Wollten sie damit auch vor allem das Reformprogramm der franziskanischen Spiritualen unschädlich machen und die

Schärfe der Kritik abstumpfen, die am prägnantesten Marsilius aus Padua im Jahre 1324 formuliert hatte, so belegten sie noch entschiedener die Waldenser mit dem Kirchenbann. Die waldensische Kritik, mochte sie auch manchmal von äußerer Anpassung überschichtet sein, schärfte sich doch vor dem Hintergrund der allgemeinen Kirche, die zu einem riesenhaften Administrationsapparat anwuchs, der völlig von ökonomischen Interessen und Aufgaben absorbiert wurde, weiter zu.

Heinrich von Chamay erneuerte 1328 in Carcassonne die von Bernard Gui gegen die Waldenser eingerichtete Inquisition. Benedikt XII. beeilte sich 1335, eine neue Verfolgung der Waldenser in Vienne und im Gebiet Valentinois durchzusetzen, noch bevor er den aufwendigen Umbau des Bischofspalasts zu Avignon begann, der als unbezwingbare Festung und gleichzeitig Verwaltungszentrum umgestaltet werden sollte. Wenig später unterstützte Benedikt mit seiner Autorität das bewaffnete Einschreiten gegen die südböhmischen Waldenser, von dem wir schon sprachen. Sein Nachfolger Klemens VI. erteilte eine ähnliche päpstliche Zustimmung zu inquisitorischem Eingreifen, deren Durchführung er Peter Dumont übertrug, gegen die Waldenser in der Provence. Wir wissen z. B., daß auf die Androhung dieser Maßnahmen hin sieben Waldenser (1353) vom Glauben ihrer Väter abfielen. Andere Waldenser zerstreuten sich auf der Flucht vor dem Inquisitionstribunal der Stadt Toulouse schon 1344 über das Gebiet Béarn, in der Grafschaft Foix und auch im Aragonesischen.

Dort flüchteten sie sich zweifellos zu Freunden, deren Väter schon zur Zeit der Anfänge der Bewegung ins Land gekommen waren. Bereits 1242 beauftragte der Erzbischof von Tarragona die theologischen Fachleute, unter denen später der berüchtigte Raymund von Penyafort hervorragte, mit der Zusammenstellung eines Handbuches der Rechtsnormen, die bei der Unterdrückung der Ketzerei gewahrt werden mußten. Der Erzbischof sprach zwar auch von den Waldensern, meinte aber vor allem die Katharer. Trotzdem entlarvte die Inquisition von Carcassonne im Laufe von acht

Jahren auch Waldenser katalanischer Herkunft. Es scheint tatsächlich, als hätten in diesem Lande die »guten Leute aus Lyon« beim einfachen Volke Gehör gefunden, jene *bons homes de Leun*, von denen der katalanische Troubadour Huguet de Mataplana sang.[36]

Die näheste und für die Zukunft bedeutsamste Gruppierung von Waldensern auf französischem Boden lebte in der bergigen Dauphiné. Im 13. Jahrhundert waren ihre Bewohner zuerst Vasallen der Erzbischöfe von Embrun gewesen, aber dann begannen sie auch mit deren Macht zu konkurrieren und zu rivalisieren. Lange Zeit waren sie Magnaten untertan, die zwischen Alpen und Rhône als prinzipiell reichsunmittelbar herrschten; erst 1349 wurde Humbert II. zugunsten des erstgeborenen Sohnes des französischen Königs seiner Länder verlustig. Die erwähnten politischen Verhältnisse waren nicht immer der Festigung der kirchlichen Position und ihres Einflusses dienlich. Zudem boten sich die Bergtäler in den höchsten Lagen der alpinen Dauphiné als Zufluchtsstätte für Verfolgte direkt an. Die steilen Täler des Flusses Durance, die Täler Freissinière, Argentière und Valpute, verbunden durch Queyras mit den nach Osten gewandten Waldenser Alpentälern, bildeten in der Geschichte der Waldenser ein nur von der Grenze zwischen Savoyen und der Dauphiné durchzogenes Ganzes. Die Grenze hatte administrative Bedeutung, und beim Festsetzen der Kompetenzen der einzelnen Inquisitionsgerichte wurde manchmal Rücksicht auf sie genommen. Im wesentlichen blieb sie aber eine gedachte Grenze, einerseits wegen ihrer praktischen Unzugänglichkeit, andererseits und hauptsächlich deshalb, weil das mittelalterliche alpinische Waldensertum schließlich in einer einheitlichen Erscheinung heranreift. Wir dürfen daher den Leser auf das verweisen, was auf den vorangegangenen Seiten bereits zur Sache mitgeteilt wurde.

Hier wollen wir nur betonen, wie tödlich die Existenz der Waldenser in der Dauphiné durch den Umstand bedroht wurde, daß das Papsttum zu Beginn des 14. Jahrhunderts nach Avignon übersiedelte. Als die Päpste diesen neuen Sitz zur Hauptstadt der Welt gemacht hatten – wie das der Dichter Petrarca gesagt hat –, gedachten sie sich nicht damit abzufinden, daß das wie Avignon am Fluß Durance gelegene und so mit dem Papstsitz doch eng verbundene Gebiet von der Ketzerei infiziert blieb. Sie sorgten deshalb dafür, daß ein ständiges Inquisitionstribunal auch die leisesten Spuren irgendwelcher Ketzereien anzumerzen versuchte. In diesem Sinne schritt Benedikt XII. – wie wir gesehen haben – schon 1335 beim Dauphin und den zuständigen Bischöfen ein. Seit 1338 dringt der Inquisitor aus Embrun bis in das berüchtigte Valputa vor. Die Waldenser werden verurteilt und bestraft, ihr Hab und Gut wird konfisziert. Die Verallgemeinerung dieses Vorgehens und seine Verteilung auf lange Jahre läßt die Inquisition in dieser Gegend zu einer Institution werden, die systematisch die eingezogenen Güter ausbeutet oder Vorteile aus dem Schrecken zieht, der auf die verbliebenen Dörfer, Einöden und bis dahin unberührt gebliebenen Täler gefallen ist. So wenden z. B. 1345 die Talkommunen Pragela, Mantoules, Fénestrelles und Usseaux um den Preis eines hohen Lösegeldes das schlimmste Unheil von sich ab. Zu einem leider nur kurzfristigen und sehr relativen Waffenstillstand trug der Eifer des Erzbischofs von Embrun, Wilhelm des Bordes (1352–1363), bei, der sich entschloß, persönlich »die verlorenen Schafe selbst in den entlegensten Winkeln aufzusuchen«. Aber neue Maßnahmen des Franziskaners Franz Borelli kräftigen die Aggressivität der Inquisition. Die volle Entfaltung dieser Maßnahmen glich in Valputa einer systematischen Ausrottung. Gregor XI. setzte den Plan einer gründlichen Säuberung der ganzen Dauphiné fort und wünschte – soweit es sich um Valputa handelte – dort ein Minoritenkloster einzurichten. Diesen Wunsch erfüllte erst Klemens VII. im Jahre 1391 durch die Gründung eines Klosters in Briançon. Mit nicht geringen diplomatischen Anstrengungen überwand schließlich Gregor die Lässigkeit der weltlichen Obrigkeiten, die das Interesse an den Konfiskationen verloren, mit denen man die bereits an den Bettelstab gebrachte Bevölkerung drangsalierte. An die Spitze der neuen Aktion wurde wiederum der bewährte Borelli gestellt. Er ließ eine so große Anzahl Waldenser verhaften, daß der Papst den beschleunigten Bau weiterer Kerker in Embrun, Avignon und Vienne anordnen mußte. In ihnen litten die Gefangenen bis zum Tode, so daß es Gregor im August des Jahres 1376 für notwendig erachtete, an die Barmherzigkeit »aller Gläubigen« zu appellieren: »In Anbetracht ihrer Armut können die Ketzer in den Kerkern nur dank frommer Almosen gläubiger Menschen existieren.« Mag sich der Papst der bitteren Ironie seines Schrittes bewußt geworden sein, als er Barmherzigkeit für Menschen verlangte, die er selbst an den Rand des Todes gebracht hatte?

Nicht einmal der Tod Gregors XI. im Jahre 1378, der ihn in Rom ereilte, wohin er sich am Ende seiner Tage begeben hatte, ja auch nicht die große Kirchenspaltung der folgenden Jahre vermochten die zermürbende feindliche Bewegung zu stoppen, die in der Dauphiné gegen die Waldenser organisiert wurde. Borelli setzte seine Untaten in Valputa, Argentière und Freissinières auch unter Klemens VII. fort. Im Jahre 1380 loderten Scheiterhaufen für Ketzer nicht nur in Valputa, sondern auch in Embrun, ja sogar in Grenoble auf und wurden in den folgenden dreizehn Jahren immer aufs neue entfacht.

Der letzte Papst von Avignon, der Aragonier Pedro de Luna, der es als Benedikt XIII. ablehnte, zurückzutreten, wie die Pariser Universität von ihm verlangte, wurde in seinem eigenen Palast so lange gefangengehalten, daß er nicht in der Lage war, die Aktionen und Methoden seiner Vorgänger fortzusetzen. Er entschloß sich auch in der Frage der Waldenser zu einem anderen Vorgehen: Im November 1399 machte sich sein Beichtvater und Landsmann Vinzenz Ferrer von Avignon aus zu einer langen Reise als volkstümlicher Bußprediger auf den Weg. Er durchwanderte zunächst die Provence, Savoyen, die Dauphiné und Piemont, alles Gegenden, in denen man das Vorhandensein von Waldensern gerade in jenen Schichten voraussetzen durfte, an die er sich wandte. Auf dem Wege durch die ehemalige Lombardei ließ sich Vinzenz durch die überwältigende Darstellung eines Pilgers aus Etrurien davon überzeugen, daß soeben der Antichrist geboren worden sei. Der Dominikaner nahm an, das Weltende stehe vor der Tür, und konzentrierte sich nunmehr in seinen Predigten auf die Bekehrung von Juden und Waldensern – in der Hoffnung, damit die geweissagte Entknotung der vorletzten Ereignisse in der Geschichte der Menschheit zu beschleunigen. Auf ausdrücklichen Wunsch des Papstes, dem er auch in den Bedrängnissen des päpstlichen Schismas die Treue hielt, durchwanderte er auch die waldensischen Alpentäler. Als er dann bis nach Genf kam, übersandte er von dort seinem Ordensgeneral am 17. Dezember 1403 einen detaillierten Bericht über die Erfahrungen, die er dabei gewonnen hatte.

Wenn er auch formal zwischen den Tälern, die zur Diözese Embrun (Freissinières, Argentière, Valputa) gehörten, und den Tälern Luserne und Angrogne unterschied, so ist doch offenkundig, daß er alle diese Ketzertäler, *valles haereticorum*, administrativ als eine spezifisch einheitliche Region auffaßte, die sowohl mit Waldensern als auch mit Katharern bevölkert war, *tam Waldensium quam Cazarorum perversium*. Angeblich mindestens dreißig Jahre, also eine ganze Generation, hatten sie nichts anderes gehört als eben die ketzerischen Waldenser Predigten von Wanderlehrern, die zweimal im Jahre aus dem fernen Apulien zu ihnen kamen. »Das führt mich zu dem Schluß«, schrieb der eifrige Sohn des Predigerordens, »daß die Schuld der Prälaten und aller übrigen unermeßlich groß ist, denen ihr Amt und ihre Mission gebieten, diesem Volke zu predigen, die sich aber lieber in den großen Städten in geschmückten Kemenaten rekeln und den Vergnügungen hingeben.«

Mit gewisser Befriedigung stellte Ferrer jedoch fest, daß die Schulen der Waldenser im Tale Angrogna hinweggefegt waren, was die Folge der Tatsache gewesen sein sollte, daß es für dieses eine Mal gelungen war, Guelfen und Ghibellinen zu einem einheitlichen Vorgehen zusammenzuführen. Vinzenz' Bericht mußte beim Leser den Eindruck erwecken, daß dank der mustergültigen Zusammenarbeit von geistlicher und weltlicher Macht und bis zu einem gewissen

Grade auch als Folge von Ferrers eigener Predigertätigkeit das Gebiet der Waldenser Täler »pazifiziert« war.

Als der Wiener Professor Peter von Pillichsdorf gegen Ende des 14. Jahrhunderts die Verbreitung der Waldenser in Europa bilanzierte, zählte er sorgfältig alle Länder auf, die dank ihrer Treue zum Katholizismus von den Predigten der Armen unberührt geblieben waren.[37] Er machte eine Aufstellung dieser seiner Meinung nach glücklichen Länder, in denen die Menschen weiterhin fast in völliger Unschuld leben *(immunes a tua secta penitus conservati)*, in geographischer Reihenfolge von Westen nach Osten: England, Frankreich, Flandern, Brabant, das Herzogtum Geldern, Westfalen, Dänemark, Schweden, Norwegen, Preußen und das Königreich Krakau. Das war eine im ganzen zutreffende Auswahl, und Pillichsdorf fügte selbst gleich hinzu, daß er, soweit es das Königreich Krakau betreffe, keinen Anspruch auf absolute Zuverlässigkeit erhebe. Damit gab er freilich auch zu, daß diese elf glückseligen Länder eigentlich eine große Ausnahme bildeten. Gegen seinen Willen sprach also dieser keineswegs letzte historische Zeuge seine Bewunderung für das Ausmaß der waldensischen Expansion über ganz Europa aus, wenn er auch andererseits die begründete optimistische Hoffnung auf eine baldige Ausrottung des Waldensertums in Österreich und Ungarn nicht verhehlte.

Strukturen und Standpunkte

Die Verbreitung der Waldenser Bewegung wurde einerseits durch die Absicht bedingt, die ihr Predigen verfolgte, andererseits durch mannigfaltige Faktoren anderen Charakters. Das Predigen der Waldenser fand in den verschiedenen gesellschaftlichen Schichten einen unterschiedlichen Widerhall. Das hing bis zu einem bestimmten Grade bereits mit dem Inhalt dieser Mission zusammen. Wir kommen darauf in einem anderen Kapitel noch zurück. Hier geht es uns mehr um morphologische und strukturelle Probleme, wobei wir versuchen, aus den uns verfügbaren Quellen äußere Erkennungsmerkmale, charakteristisches Verhalten und die Ein-

stellung der Waldenser im 13. und 14. Jahrhundert kennenzulernen.

Anfangs wollte die Predigt der Lyoner Armen jeden ansprechen, also eine wesentliche und unabdingbare Funktion
der christlichen Kirche erfüllen; eine Funktion, welche die
zeitgenössische Geistlichkeit in einem Maße vernachlässigte, daß sie fast schon im Absterben war. Die ersten Gefährten des Waldes waren davon überzeugt, daß sie innerhalb
der allgemeinen Kirche eine Gemeinschaft apostolischer
Prediger bildeten. In der Mehrzahl der Fälle waren sie freilich Laienprediger, und den apostolischen Charakter ihrer
Verkündigung sollte vor allem die Armut bezeugen. Diese
Tatsache charakterisierte mit einem Schlage ihre Existenz
und erzwang eine Einstellung, die schon im Keim eine soziale Zuordnung enthielt, welche auch die Mitteilbarkeit
ihrer Mission selbst mitbestimmte. Sie anzuhören waren in
erster Linie Kleinbürger und Handwerker bereit, Bauern
und Dörfler. Zwei Jahrhunderte der Verfolgungen und auf-
gezwungener Geheimhaltung trugen wirksam zur weiteren
Spezifizierung des Charakters der waldensischen Propaganda bei und modifizierten eindringlich die gesellschaftliche Anziehungskraft des Waldensertums. Wir sahen bereits, wie die Waldenser in dieser Zeit gezwungen waren,
ihre städtische soziale Wiege zu verlassen und nach und
nach die entfernte ländliche Peripherie aufzusuchen. Von
der Mitte des 14. Jahrhunderts an wurden wir Zeugen des
Erlahmens der missionarischen Ausbreitung der Waldenser.
In vielen europäischen Gegenden begnügt sich die Bewegung mit dem Weitergeben der eigenen Traditionen von der
Generation der Väter zur Generation der Söhne. Um das
Jahr 1400 können wir direkt von einer Krise des Waldensertums sprechen, die vom Gewicht der die Gemeinschaft belastenden soziologischen Gesetzmäßigkeit hervorgerufen
wurde, derzufolge sich die Treue zum Evangelium schrittweise in eine Familientradition umwandelte, die in den
Randgebieten über Generationen gehütet und bewahrt
wurde. Damit drücken wir gleichzeitig aus, daß sich zwischen den Jahren 1200 und 1400 nicht nur die soziale Zuge-

hörigkeit der Waldenser und ihrer Freunde entwicklungsmäßig veränderte, sondern auch die Struktur ihrer Gemeinden oder Gruppierungen und ihrer Verkündigungsmethoden selbst.

Der Charakter unserer Quellen erleichtert die Erforschung und Evidenz »aufzählbarer Fakten« durchaus nicht und gestattet auch kein Aufstellen von Entwicklungskurven mit ausreichend dichten Kennziffern, durch die eine eindeutig zuverlässige Interpretation möglich wäre. Wir können die *Zahl* der Waldenser und ihrer Sympathisanten in den verschiedenen Ländern oder Landschaften nicht bestimmen. Die wenigen Angaben, die zeitgenössische Berichterstatter machen, zeugen wenig von deren Sinn für richtiges Schätzen. Wenn im Jahre 1235 Salvo Burci von nicht ganz 8000 Lombardischen Armen schreibt, steht er klar unter dem Eindruck der Analogie zwischen dem raschen Erfolg der missionarischen Predigt des Apostels Petrus in Jerusalem und dem bescheideneren und langsameren Erfolg der ketzerischen Wanderprediger. Wollte also Burci die Zahl der Sektierer eher herabsetzen, so versuchte der Märtyrer Neumeister achtzig Jahre später diese Zahl sichtlich zu vergrößern. Seiner Behauptung nach hätten die Waldenser allein in den Donauländern die Zahl 8000 weit überschritten, ja es gäbe ihrer einfach eine unzählbare Menge, *numerus infinitus.* Im Jahre 1368 wiederum hielt einer jener Waldenser, die sich von der Antipropaganda der Prälaten gewinnen lassen hatten, die Anzahl der Waldenser Prediger für völlig bedeutungslos. Und wenn es ihrer auch zehntausend wären, rief er in ironischer Übertreibung, so hätte damit ihre polemische Argumentation keinesfalls an Überzeugungskraft gewonnen!

Aus den Inquisitionsprotokollen lassen sich zwar einige dokumentarische Zahlen ableiten, aber ihre statistischen Summen können nur ein begrenztes Milieu erfassen, und wir dürfen sie nicht als gleich verläßlich wie ähnliche neuzeitliche Zahlenangaben ansehen. So bildeten z. B. vierzig von den Inquisitoren 1241 in Montcuq abgeurteilte Waldenser die Hälfte aller damals justifizierten Ketzer, während es in

Montauban schon 155 Waldenser von insgesamt 257 Verurteilten waren. Diese Daten markieren zwar die zahlenmäßige Bedeutung der Waldenser im Verhältnis zu den Katharern an den beiden genannten Orten, aber diese Relation gilt nicht für den gesamten französischen Süden. Im allgemeinen Sinne ist die Angabe über den relativ hohen Anteil der Frauen an der Waldenser Bewegung charakteristischer. In Montcuq waren es ihrer 29, in Montauban 62. Für beide Orte aber fehlen uns alle Andeutungen über die soziale Stellung der Waldenser oder über ihre Berufe. Man kann nur konstatieren, daß das Waldensertum in dieser Gegend schon zu diesem Zeitpunkt ganze Familien wie die der Carbonnel in Montauban erfaßt hatte.

Die Lyoner Armen und ihre Schüler aus dem Languedoc, gewonnen durch Wanderprediger und mitgerissen vom Beispiel des Waldes, der sein Haus verlassen und damit auch die Familienbande durchschnitten hatte, dachten noch keinesfalls daran, sich mit ihrer Verkündigung im Familienkreise zu verbergen. Einhundert Jahre später führen uns jedoch die deutschen Waldenser in ein anderes Milieu der Erkenntnisgewinnung. Eine achtzigjährige Waldenserfrau aus Mohrin bekennt vor den Inquisitoren, daß sie schon in einer Waldenser Familie geboren sei. Eine siebzigjährige Witwe aus Prenzlau bekehrte sich – wie sie sich erinnert – schon als Kind und zwar unter dem Einfluß ihres waldensischen Vaters, der selbst schon von Waldenser Eltern erzogen worden war. Die Akten der Inquisition in Stettin, die zwischen 1392 und 1394 ein halbes Tausend an Waldensern oder ihren Freunden und Gönnern überprüft hatte, wimmeln geradezu von ähnlichen Angaben. Das Waldensertum wurde dort offenbar mittels Lehre und Übungen reproduziert, wofür Familie und Geschlecht die Hauptverantwortung übernahmen. Auch ein abgefallener Waldenser, Siegfried aus Österreich, bestätigte im Jahre 1368, daß es Familie, Leib und Blut waren, die ihn in den Irrlehren befangen hielten, von denen er sich schließlich lossagte: »In meiner Unwissenheit war ich den Traditionen meiner Väter gefolgt.« [38]

Wenn wir der Informiertheit Johannes' XXII. glauben dürfen, so hätten die periodisch zusammentretenden Kapitel der Waldenser in den Alpentälern Pellice und Chisone bis zu 500 Personen vereinigt. Diese relativ hohe Zahl kann freilich das Echo auf den Eindruck sein, den die alarmierenden Nachrichten über die demographische Stärke der Waldenser in den Luserner Tälern und im Gebiet Perosa im letzten Drittel des 14. Jahrhunderts hervorgerufen hatten, und wir können sie nicht wörtlich nehmen. Dies um so weniger, weil sich schwer entscheiden läßt, ob es sich hierbei um ein rein lokales Zusammentreten der Bewohner dieser Täler handelte, das nur formal den Versammlungen von Ordenskapiteln ähnelte, oder wirklich um Versammlungen mit dem Charakter von Synoden, bei denen Vertreter der ganzen Bewegung zusammenkamen, die von weit her dorthin gefahren waren. Die Waldenser selbst bewahrten sich noch tief ins 14. Jahrhundert hinein die Erinnerung an das Aufblühen ihrer synodenartigen Beratungen, die angeblich häufig mit tausend oder sechshundert Teilnehmern beschickt würden, von denen aber nicht alle unmittelbar Delegaten waren. Sofern es um Delegaten, also Prediger oder Meister, geht, läßt sich umgekehrt schwer schätzen, wie zahlreich die Gruppen waren, die sie vertraten oder besser gesagt versorgten. Wir wissen, daß die deutschen Waldenser zu einigen dieser Gelegenheiten Delegationen entsandten, die nicht stärker als fünf Personen waren. Im 14. Jahrhundert bildeten diese deutschen Waldenser einige geographisch unterschiedliche Zentren. In welchem Umfange aber waren tatsächlich bei den periodischen Synoden, die in der Regel angeblich im Lombardischen zusammentraten (*potius in Lombardia quam alibi*),[39] diese Waldensergruppen aus Brandenburg, Sachsen, Schwaben, Bayern, Österreich oder Ungarn vertreten und waren überhaupt oder wie oft in ähnlicher Weise Gruppen der übrigen Waldenser Diaspora repräsentiert? Das sind Fragen, die wir vorläufig nicht beantworten können.

Vermögen wir demnach die Anzahl der mittelalterlichen Waldenser nicht zu bestimmen, so bleibt es doch eine feststellbare Tatsache, daß ihre Entstehung und schnelle Verbreitung die Kirche als eine durchorganisierte Institution mit übernationalem Recht ernstlich beunruhigte. Denken wir nur an die charakteristische Reaktion der kirchlichen Autoren, die wir schon oben verfolgt haben! Sie verheimlichten keineswegs die Verlegenheiten, äußerten aber häufiger direkt verächtliche Erbitterung über das niedrige Milieu, in dem die Bewegung entstanden war, auch wenn die Polemik solcher Autoren dabei den Nachdruck auf die Fragen der Lehre und der religiösen Moral legte.

Waldensern begegnen wir freilich in fast allen gesellschaftlichen Schichten, und gegenüber allzu vereinfachten Auslegungen muß betont werden, daß sich ihre Predigt im Prinzip an alle Menschen richtete. Ihr *sozialer Widerhall* war freilich ungleich. Waldes hatte unter seinen Schülern schließlich auch Intellektuelle, wie es zum Beispiel sein gelehrter Bewunderer Durand von Osca war. Nach dem Zeugnis des Papstes Innozenz III. (1206) hatten die ersten Waldenser in ihren Reihen auch gelehrte Kleriker, und das Schreiben, das die Lombardischen Armen nach dem Jahre 1218 an ihre deutschen Mitbrüder richteten, beweist, daß ihre Vorkämpfer nicht nur das Lateinische ganz ordentlich beherrschten, sondern daß sie auch geschickt mit der geeigneten biblischen und patristischen Dokumentation umzugehen verstanden. Das läßt sich auch von den Briefen sagen, welche die österreichischen und lombardischen Waldenser gegen Ende der sechziger Jahre des 14. Jahrhunderts austauschten. Die österreichischen waren um diese Zeit bereits direkt in die intellektuellen Schichten eingedrungen, auch wenn das für sie eine anspruchsvolle Belastung des Bewußtseins bedeutete. So bekannte sich zum Beispiel ein städtischer Notar zu ihnen, dessen Waldensertum nur durch einen wohldurchdachten Angriff auf beachtlich hohem intellektuellem Niveau erschüttert werden konnte. In Straßburg wirkte um das Jahr 1400 die Lehre der Waldenser auf einen ausgesprochenen Intellektuellen sogar anziehend, auf einen Magister der freien Künste, der sich später durch sein diplomatisches Geschick in städtischen Diensten auszeichnete.

Der niedere Klerus war gegenüber der Waldenser Botschaft manchmal schon wegen seiner sozialen Stellung und seiner relativ kleinen Sicherheit aufgeschlossen, denn im ausgehenden Mittelalter war die niedere Geistlichkeit oft ihrer sozialen Autorität entkleidet, besaß keine höhere Schulbildung und war häufig dem Druck der weltlichen Patrone ausgesetzt, manchmal sogar der Ausbeutung durch die eigenen Bischöfe. Sie verfiel daher leicht der Unzufriedenheit und war bereit, antiklerikale Parolen, ja schließlich auch Programme anzuhören. Die Zeit freilich, da sich die ersten französischen Waldenser fast mit dem Klerus die Arbeit teilten, als sie für ihn in den Kirchen sangen und predigten, ging sehr rasch vorbei und wurde von einem tiefen gegenseitigen Mißtrauen abgelöst. Erst in der zweiten Hälfte des 14. Jahrhunderts zeigen sich hie und da gewisse Anzeichen für Übereinstimmungen zwischen Waldensern und dem niederen Klerus, dessen Stellung sich schnell verschlechterte und oft an Not und Armut grenzte. So mußte sich 1382 ein Priester der Kirche St. Paulus in dem Städtchen Pianezza vor dem Turiner Bischof dafür rechtfertigen, daß er angeblich im Wirtshaus öffentlich ein verträgliches Verständnis für einige Ansichten der Waldenser bekundet habe. Von dem Priester Nikolaus Falk in Bingen am Rhein wissen wir, daß er sich mit der Lehre der Waldenser direkt identifizierte und nicht zögerte, für sie im Jahre 1393 auf den Scheiterhaufen zu gehen. Wenig später entging einer der Pfarrer aus der Diözese Passau nur dadurch dem gleichen Ende, daß er »den Irrlehren der Waldenser abschwor, denen er seit seiner Kindheit verfallen war«. Andere Waldenser, bei denen es ihm gelungen war, sie zum katholischen Glauben zu bekehren, hielt der Inquisitor Zwicker für ausreichend gebildet, um nach erfolgter Bekehrung die ordentliche Priesterweihe oder wenigstens die Mönchskutte zu empfangen.

Das alles waren Ausnahmen von dem insgesamt volkstümlichen Charakter der Bewegung. Die Waldenser epischen Kompositionen, in der Sprache des Volkes abgefaßt, deren Publikum wir seit Ende des 14. Jahrhunderts in den

Alpentälern suchen müssen, waren ausdrücklich geschrieben zum Vortrag *per lo grossier poble e per la simple gent* – »für das ungehobelte Volk und die einfachen Leute«.[40] Wenn die katholischen Armen es ablehnten, auf dem Wege des waldensischen Protestes fortzufahren, sondern sich mit der etablierten Kirche aussöhnten, so hing das gewiß damit zusammen, daß sich nach ihrem eigenen Bekenntnis in ihre Reihen »in der Mehrzahl Kleriker und des Lesens und Schreibens kundige Leute«[41] meldeten. Weil gerade die Gebildeten auf diese Weise ihr tiefes Mißtrauen gegenüber dem Prälatenstande aufgaben, das in den Augen der meisten Zeitgenossen charakteristisch für die Waldenser war, betrachteten sie die auch um den Preis der Exkommunikation Treugebliebenen zweifellos als Menschen, die sich hatten von den konformistischen Tendenzen verführen lassen, wie sie der an den Schulen gepflegten Ausbildung eigen waren. Das Mißtrauen der Waldenser gegenüber der Schulbildung wächst mit den Jahren und spitzt sich bis zur Ablehnung jeglicher wissenschaftlicher Routine zu und bis zum trotzigen Widerstand gegen die nichtige Eitelkeit der akademischen Grade. »An den Universitäten zu Paris, Prag oder Wien zu studieren bedeutet unnötige Zeitverschwendung.«[42] Die mittelalterlichen Waldenser werden niemals zu einer Bewegung der Gebildeten, auch wenn in Ausnahmefällen ihre Botschaft auch bei Denkern und Männern der Feder ein Echo finden wird.

Adlige finden wir in den Reihen der Waldenser im engeren Sinne überhaupt nicht. Nur ausnahmsweise erreicht die Waldenser Verkündigung Hochgeborene, und nur insofern, als sie ihre Beschützer werden. Es wäre falsch, in dieser Hinsicht den Einfluß zu unterschätzen, den in einigen Fällen adlige Damen ausübten. Wir wissen zum Beispiel, daß Philippa, die Gattin des Grafen Roger Raymond de Foix, ihre Gunst den Katharern und waldensischen Ketzern schenkte; in dieser Haltung folgte ihr auch die Schwester Rogers. Um das Jahr 1241 bekennt eine adlige Dame aus Coutas, daß sie sich öfter an Predigten der Waldenser beteiligt habe und ihren Dienst an notleidenden und kranken

Nächsten als Antwort auf die Beichte bei einem Waldenser Meister betrachte. Hundert Jahre später findet sich ein Bericht, daß die Gattin des Barons Umberto von Coazze eine eifrige Waldenserin sei. Anfang der achtziger Jahre des 14. Jahrhunderts erscheinen in Chieri bei Versammlungen katharisierter Waldenser regelmäßig auch adlige Herren mit ihren Damen. Läßt sich auch diese Tatsache nicht ohne weiteres verallgemeinern, so hatten die Inquisitoren doch zweifellos ihre Gründe für die Behauptung, daß die Waldenser zielstrebig die Gunst einflußreicher Frauen aus adligen Kreisen gewinnen wollten, um sich auf diese Weise den Schutz ihrer Männer oder Verwandten zu sichern. Es scheint jedoch, als ob die Inquisitoren bestrebt waren, damit psychologisch den Fakt zu erklären, daß die Predigt der Waldenser gelegentlich auch in das Milieu der Herrenhäuser vordrang. Zu einer Zeit, in der namentlich in den Ländern Mitteleuropas die hochgeborenen Kämpfer das kriegerische Umherziehen einem seßhaften Leben vorzogen, öffneten sich ihre Burgen und festen Sitze ziemlich bereitwillig den Pilgern, denn ein Besuch versprach stets Zerstreuung und informatorische Belehrung. In den Zeiten zwischen den bewaffneten Ausritten ihrer Gatten und Söhne lauschten die adligen Damen gern dem Gesang von Gauklern oder den Neuigkeiten verschmitzter Krämer. Gegen Ende des 13. Jahrhunderts isolierte sich allerdings diese adlige Klasse deutlicher. Diesen Zeitpunkt überschritten kaum jene Besuche, zu denen zum Beispiel auf die Burgen im bayrisch-österreichischen Grenzgebiet waldensische Prediger kamen, die sich als Kleinhändler durchschlugen. Einem unbekannten Passauer Inquisitor verdanken wir ein farbiges Bild dieser Evangelisationstätigkeit, das wie von einem phantasievollen Romantiker geschaffen erscheint. Insgesamt aber können wir sagen, daß Botschaft und Lebensstil der Waldenser kaum anziehend auf die adlige Gesellschaft wirken konnte. Eine gewisse Hoffnung auf einen bestimmten Widerhall hatten die Waldenser dort nur zu Zeiten, in denen ihre Bewegung noch parallel zum europäischen demographischen Aufschwung verlief. Inmitten der damaligen schleppenden

Kämpfe zweier Parteien, deren vitale Interessen entweder mit dem Schicksal des Papsttums oder mit den Erfolgen der kaiserlichen Macht verbunden waren, mochten die Waldenser einigen Herren als potentielle Verbündete erscheinen, wie das zumindest der Pseudo-David aus Augsburg verstand. Sollte dem wirklich so gewesen sein – und daran dürfen wir aus guten Gründen zweifeln –, hätten diese Herren allerdings der Waldenser Bewegung eine Bedeutung und einen Umfang beigemessen, den sie niemals besaß. Andererseits sind wiederum jene an Zahl geringen Adligen, bei denen um 1400 offenkundig prowaldensische Sympathien auftreten, niemals Fürsten, sondern eher nur Edelleute, Opfer jenes Prozesses, bei dem die Feudalrente allmählich immer dünner floß und eine Krise durchmachte. Aus einem alten elsässischen Geschlecht stammte zum Beispiel der verarmte Johann von Blumenstein, der dem Waldensertum schon seit seiner Jugend anhing und sich im Jahre 1400 als Freund und Gefährte heimlicher »Winkler« ertappen ließ. Adliger Herkunft war ebenso Johann Drändorf, dem wir noch im hussitischen Böhmen begegnen werden. Er war kein echter Waldenser, vertrat aber den Waldenser Standpunkt in der Frage des Eides und des Begriffs der Kirche. Im Jahre 1430 ist unter den zu Freiburg im Uechtland der waldensischen Ketzerei verdächtigen Leuten auch ein Ritter Richard von Maggenberg.

Einen günstigeren Boden als auf den unzugänglichen Burgen fanden die Waldenser in den *Städten*. In Metz erfreuten sie sich um 1200 zeitweilig der Gunst des städtischen Patriziats, und ihre erste Versammlung mit synodenartigem Ausmaß für die ganze Bewegung fand in unmittelbarer Nähe eines anderen bedeutsamen städtischen Zentrums statt, des italienischen Bergamo. Die Stadt lockte allein schon mit ihrem Menschengewimmel, in dem man leicht der Aufmerksamkeit der Ordnungshüter entgehen konnte. Wir dürfen unbedenklich die Möglichkeit ausschließen, daß das Waldensertum mit seiner Botschaft die ökonomisch tüchtigen und saturierten Bürger irgendwie beeinflußt hätte, soweit sie für das Regiment in der Stadt verantwortlich waren.

Haupthindernis war die Forderung der Waldenser nach kategorischer Ablehnung des Eides, der andererseits eine unerläßliche Voraussetzung war, wenn jemand irgendeine bedeutendere öffentliche Funktion bekleiden wollte, ja sogar, wenn jemand als vollgültiges Mitglied der Stadtgemeinde aufgenommen werden wollte. Der Kommunaleid vereinigte zwar Menschen, die untereinander gleichgestellt waren, aber es waren das Menschen, die eben die Bürgschaft bildeten. Erwähnungen über die Beteiligung von Ketzern in den Räten der lombardischen Städte, die sämtlich aus den letzten beiden Jahrzehnten des 12. und den ersten vier des 13. Jahrhunderts datieren, beziehen sich in der Mehrzahl auf Katharer. Es stimmt, daß die Katharer sich auch von Zeit zu Zeit des neutestamentlichen Verbots der Eidesleistung erinnerten, wie das in ähnlicher Weise fast jede mittelalterliche Sekte tat, aber sie drückten bei ihren Gläubigen in dieser Hinsicht beide Augen zu. Und gerade in dieser Frage war die unzugängliche Haltung der Waldenser allgemein bekannt. In bezug auf die Städte schlossen sie sich damit freilich ein für allemal selbst von der Bürgerschaft aus und damit erst recht auch von jeder Beteiligung an der Gemeindeverwaltung, die sich auf Betreuung der Wirtschaft, Rechtsprechung und Schutz der Stadt erstreckte. Wo immer wir auf Ausnahmen von dieser Regel stoßen, wie z. B. in Chieri gegen Endes des 14. Jahrhunderts, müssen wir annehmen, daß diese Waldenser starken Einflüssen anderer heterodoxer Bewegungen oder Gruppen unterlegen waren.

Im übrigen wurde die Bourgeoisie der italienischen Städte, die anfänglich einem möglichen Zusammenwirken mit nichtrechtgläubigen Richtungen im Kampfe gegen die weltliche Oberherrschaft der Kirche nicht abgeneigt war, allmählich immer gleichgültiger gegenüber dieser Absicht, und zwar um so mehr, je vollkommener im Verlaufe des 13. und 14. Jahrhunderts das weltliche Element das kommunale Italien beherrschte und alle Widersacher eliminierte. Durch eine der letzten Manifestationen offener und direkt offiziöser Sympathie der Bürgerschaft, und zwar am stärksten gegenüber den Waldensern, wurde Piacenza berühmt, als es in den Jahren 1233 und 1234 für sich und sein Territorium die Anerkennung der kirchlichen Gesetzgebung gegen die Ketzer ablehnte. Man darf unterstellen, daß die Führer der Kommunen in diesen und ähnlichen Fällen die Ketzer als geeignetes Druckmittel gegen die Anhänger der päpstlichen Kurie ansahen. In den italienischen Kommunen konnten demnach die Waldenser die relative Sympathie ausnützen, die das städtische Bürgertum den antiklerikalen oppositionellen Bewegungen seit Ende des 12. bis Mitte des 13. Jahrhunderts entgegenbrachte. Aber – so drückte es Eugenio Dupré-Theseider treffend aus – »wie das Ghibellinentum in den Städten allmählich an Boden verlor, so büßte auch das Ketzertum rasch seine Gönner ein, und der kirchliche Druck wurde dadurch ermöglicht und verstärkt«.[43] Soweit noch nach der Mitte des 13. Jahrhunderts das waldensische Element an die Stadt gebunden blieb, können wir kaum erwarten, daß sich dort seine Anhänger in bestimmten Quartieren oder Schichten konzentrierten, auch wenn einige Handwerke für das Waldenser Programm größeres Interesse zeigten.

Die Notwendigkeit, sich zu verbergen und seine Überzeugung zu verheimlichen, verdrängte schließlich die Waldenser aus den Städten. Diese eigentümliche Bewegung einer Stadtflucht, die genau entgegengesetzt der allgemeinen Anziehungskraft (»Stadtluft macht frei«) verlief, wird zur Tendenz der Waldenser auch in anderen Gebieten des Reiches. Wie im Falle der Städte im französischen Süden und im Italien der Kommunen, ist es auch hier schwierig, die soziale und ökonomische Position der Waldenser einwandfrei zu orten. Wenn sie in der Mehrzahl den Handwerkerschichten angehörten, muß man zuerst und vor allem an die Hilfskräfte in den Handwerken denken, höchstens an Gesellen. Die Gelegenheit zu einer solchen Infiltration bot sich in erster Linie in südfranzösischen Städten wie Montpellier und Narbonne im Languedoc oder Marseille in der Provence im nahrhaften Schatten der großen Handelsbewegungen in den Mittelmeerländern, die bis Ende des 13. Jahrhunderts auch den Handel mit belgischem Tuch umfaßten. Das ist kaum ein nur zufälliger Zusammenhang, wenn auch in deutschen Städten in einigen Fällen die Anwesenheit von Waldensern fast gleichzeitig mit Unruhen der Gesellenbünde gemeldet wird, die sich gegen die Ausbeutung durch die Meister auflehnen. Um einem drohenden Volksaufstand zu begegnen, sah sich im Jahre 1332 der Inquisitor Hermann vom Stein »gezwungen«, formal auch einige Mitglieder einflußreicher städtischer Geschlechter anzuklagen. Dieses Vorgehen richtete sich trotzdem in erster Linie gegen Ketzer vom Typ der Waldenser, die alle zu den niederen, subalternen gesellschaftlichen Schichten gehörten. Wie in so vielen anderen Fällen müssen wir auch hier damit rechnen, daß die Auswahl der Opfer vom ökonomischen Interesse der Inquisitoren mitbestimmt wurde. Das lebhafte Interesse der Inquisition an Personen mit einer hohen Stellung auf der sozialen Leiter ist nicht immer ein zuverlässiger Index für den sozialen Charakter der ganzen Ketzerbewegung. Wenn sich beispielsweise Bernard Raimon Baragnon, um einen französischen Fall zu nennen, bei seinem Verhör im Jahre 1274 daran erinnert, wie überwältigend ihn die Predigt der Waldenser in den zwanziger Jahren des Jahrhunderts für sich einnahm, obzwar er ein reicher Kaufmannssohn aus einer Patrizierfamilie in Toulouse war, so kann man daraus nicht ohne weiteres ableiten, daß sich die Botschaft der Waldenser immer und überall vor allem an die führenden städtischen Schichten wandte.

Die europäischen Städte des 13. und 14. Jahrhunderts wurden in der Regel politisch und ökonomisch von den Großkaufleuten beherrscht. Man muß daher sehr vorsichtig mit der These von Gioacchino Volpe[44] arbeiten, daß »die Ketzer an der Seite der Kaufleute durch die Welt pilgerten, auf Wegen, die der Handel eröffnet hatte, wobei die einen und auch die anderen Attribut und gemeinsam schöpferischer Faktor jener breiten Einheit des Lebens waren, die sich in den Ländern des römisch-deutschen Europa herausbildete.« Volpe fügte hinzu: »In den Menschen, die sich dem Handel widmeten, entstand leicht eine spezifische Zuneigung zu religiösem Neuerertum oder zu Hingabe, wie das

schon bei dem großen Reformator der Araber im 6. Jahrhundert n. Chr. der Fall war.« Soweit es um die Waldenser
geht, muß diese allgemeine These stark eingeschränkt werden. Das Evangelium, wie es Waldes verstand, erweckte in
ihm, dem Großkaufmann, eine tiefe Abneigung gegen Geld
und Geschäftemacherei. Seine südfranzösischen Schüler bestanden auf der Forderung, daß sich zumindest die Prediger absolut jeder Erwerbstätigkeit enthalten sollten. Gleich
1205 rügten sie die Lombardischen Armen scharf dafür, daß
sie den Predigern erlaubten, Handarbeit zu leisten, und den
Gläubigen, sich vom Ertrage gemeinsam geleisteter Arbeit
in eigenen Arbeitsgenossenschaften, *laborantium congregationes*, zu ernähren. Offenbar war die Armut der Lyoner
Armen, die dem jeden Reichtum verachtenden Waldes gefolgt waren, eine andere als die der Lombardischen Armen,
die schon immer arm waren und nun ihrer Hände Arbeit
rechtfertigen wollten, zu der sie sich durch den Kontakt mit
den italienischen Kommunen zusammengefunden hatten.
Aber auch von den Lombardischen Armen läßt sich nicht
sofort behaupten, daß sie direkt die große Welle des Handels emporgetragen habe, auf deren Gipfel sich wie bekannt die Großkaufleute und Bankiers erhoben. Die Kluft
zwischen den Kaufleuten und der Welt der Handwerker
und besonders der französischen Handarbeiter war allzu
tief, um so etwas zuzulassen. Das Interesse der Lombardischen Armen am Fortbestand ihrer *laborantium congregationes* befand sich trotz der scharfen Einwände der französischen Brüder in Übereinstimmung mit einer anderen, allge-
meineren sozialen Bewegung: mit den Abwehrbestrebungen
der Lohnarbeiter. Luigi Zanoni, der die soziale Situation im
Mailand jener Zeit untersucht hat, sagt mit Recht, »daß allein die Versklavung, in welche die Arbeiter geraten waren,
jene unauslöschliche Sehnsucht nach Zusammenschluß ver-
ursachte, nach Herausbildung von Vereinigungen zur gegenseitigen Hilfe, die sich dann zu Organisationen des Wider-
stands entwickelten, die hauptsächlich gegen die fixe Höhe
der vom Kaufmann bestimmten Löhne kämpften.« Wegen
ihres ketzerischen Charakters konnten freilich die Vereini-

gungen der Lombardischen Armen zur gegenseitigen Hilfe, ihre *laborantium congregationes*, die Mitte des 13. Jahrhunderts nicht überleben, aber sie bleiben für die erste Zeit die wertvollsten indirekten Zeugnisse über die gesellschaftlichen Schichten, aus denen sich die italienischen Waldenser rekrutierten.

Für die Waldenser gilt von der These Volpes noch am ehesten der Wanderaspekt. Die Waldenser Wanderprediger benutzten, sobald sich dafür eine Gelegenheit bot, zweifellos die schon seit altersher befahrenen großen Handelsstraßen. Nach dieser so präzisierten Bemerkung bei Volpe ist um so wahrscheinlicher, daß die Expansion des Waldenser Predigertums in Europa um 1300 praktisch beendet war, also zur gleichen Zeit, als sich die Strukturen des mittelalterlichen Handels am fühlbarsten veränderten und an die Stelle des herumziehenden Händlers der ortsansässige tritt. Die Waldenser selbst aber treten – gleich ob lombardischer oder deutscher Herkunft – niemals als kaufmännische Großunternehmer auf, die über Kapital und große Transportmittel verfügen. Sie sind höchstens herumziehende Kleinhändler, zu deren Handelsgut Fingerringe, Schleier, Tüchlein, Kinderspielzeug, Gürtel, Messer und Nadeln gehören, keine Ware, durch deren Verkauf jemand leicht und schnell reich werden konnte! Ein tatsächlicher Kaufmann erscheint 1387 im piemontesischen Bargo, aber es handelt sich wohl mehr um einen Schüler des von Bosnien beeinflußten späten Katharertums. Eine Änderung in diesem Sinne trat bei den deutschen Waldensern erst an der Schwelle zum 15. Jahrhundert ein, als einige Unternehmungslustigere von ihnen sich ausnahmsweise als Kaufleute etablierten, allerdings um den Preis vollkommener Verheimlichung ihrer waldensischen Überzeugung.

Wann immer auch kirchliche Autoren eine zusammenfassende Gesamtcharakteristik nicht nur der Waldenser Armen im engeren Sinne, sondern auch ihrer Anhänger oder »Freunde« geben, ist ihre Sprache eindeutig. Die flüchtigen Wanderprediger werden stets als ungebildete und einfache Laien ohne festen Wohnsitz bezeichnet, während sie in ihren Zuhörern und Gefolgsleuten physisch arbeitende Menschen oder deklassierte Frauen oder auch Angehörige einfach des »armen Volkes« sehen, das am Rande der großen Gesellschaft lebt, durch Armut, Not oder Krankheit von ihr getrennt. Alle diese Charakteristiken waren vor der Mitte des 13. Jahrhunderts geprägt, und wir können sie nicht ohne weiteres auf die folgenden Zeiten anwenden, zu denen bei den Waldensern andere Züge zu überwiegen beginnen, z. B. die ländliche Ungeschliffenheit. In jedem Falle ist aber schon von Beginn an der Waldenser Lebensstil in den Augen der Beobachter durch den Begriff des *Armeleutestandes* spezifiziert. Anfänglich war dieser Armeleutestand frei von Aufwieglertum; neigte aber immer dazu, die Verbreitung des Evangeliums mit einer plötzlichen oder auch allmählichen Trennung von den konventionellen Lebensformen jener Gesellschaft zu verbinden, die sich selbst als christlich deklarierte. Die Waldenser, durch ihren Armeleutestand befreit von der belastenden Pracht der herrschenden Kirche, waren aus demselben Grunde einer gefährlichen Verbindung, wenn nicht gar einer Komplizenschaft verdächtig. Mit dem Worte »arm« wurde im Mittelalter nicht ausschließlich ein aller materiellen Güter barer Mensch bezeichnet, sondern auch jemand, der jenseits von Gesetz und Recht stand. Mit diesem Worte konnte man jegliche Ungesichertheit, Vorläufigkeit oder den provisorischen Charakter des Lebens ausdrücken. Die Armen waren häufig Arbeiter in den Handwerken oder in der Landarbeit oder überhaupt verachtete Leute, Elende, Krüppel unehelich Geborene, Aussätzige, ledige Mütter und ähnliche Unglückswürmer! Soweit es die Quellen festzustellen ermöglichen, bildeten Handwerker und Landarbeiter den Kern der Waldenser.

In der Gruppe der *Handwerker* überwogen die Hilfsarbeiter in der Textil- und Bekleidungsproduktion. Eine repräsentative Bedeutung für Mitteleuropa besitzt jene Gruppe von zwölf Vorkämpfern der Bewegung, die von der Inquisition in Erfurt 1391 festgestellt wurde. Sie kamen – wie uns bekannt ist – aus Polen, Sachsen, Bayern, Schwaben,

Österreich und aus der Schweiz. Vier von ihnen waren Landleute, zwei Schmiede, zwei Schneider, zwei Schuster, einer war Weber und einer Müller. Gegen Ende des 14. Jahrhunderts gehörten die deutschen Waldenser in der Mehrzahl schon zu den Handwerkern. Der Fall der Waldenser im Schweizer Freiburg ist kennzeichnend, aber kaum ganz typisch. Sozial entstammten sie den Familien erst seit kurzer Zeit eingesessener Bürger, die sich nach ihrer Einsiedlung vom Lande emporgearbeitet hatten. Sie gehörten demnach zur fortschrittlichen Bürgerschaft, die dem politischen Ausgleich und Bündnis mit Bern zugeneigt war und sich trotzig den Bestrebungen des Feudaladels, sich auch fernerhin auf die Habsburger zu stützen, entgegenstellte. Die Freiburger Situation können wir nicht verallgemeinernd auf alle Städte übertragen, in denen nördlich der Alpen Waldenser ansässig waren, und wir dürfen vor allem nicht dem Eindruck unterliegen, ihre Volkstümlichkeit sei in jener Zeit wesentlich schwächer geworden. Wir müssen im Auge behalten, daß in den mittelalterlichen Städten durchdringende Unterschiede bezüglich des Besitzstandes auch unter den Handwerkern existierten. Viele von ihnen lebten sozusagen im Übergang zwischen dem Status von Meistern gesuchter Handwerke, die sich in den Städten seßhaft gemacht hatten, und dem von Lohnarbeitern oder geradezu der Armeleuteschicht. Es lohnt, die Aufmerksamkeit auf den Umstand zu richten, daß bei den Handwerken, die am häufigsten von Waldensern betrieben wurden, also bei Textilgewerken und bei der Produktion von Kleidung und Schuhwerk, im 14. Jahrhundert die Proportionen der armen Handwerker die fünfzig Prozent übersteigen. Der Fall der Freiburger Waldenser bestätigt, daß sich um den sozialen Kern der Bewegung eine recht differenzierte Gruppe von Freunden und Gönnern scharte, die aus den unterschiedlichsten sozialen Schichten stammten, daß sich aber viele von ihnen wie im Nebel auflösten, sobald sie eine härtere Verfolgung traf. Einem solchen Druck widerstanden die vom Lande stammenden Schichten leichter und länger als die Schicht der Handwerker.

An der gesellschaftlichen Stellung der Waldenser *Dorf-bewohner* bekundeten die Inquisitoren weniger Interesse und beruhigten sich in der Regel mit einer allgemeinen, recht unbestimmten Charakteristik. Für sie waren die Waldenser häufig nur *rustici damnati*, verdammte Bauern, eine Bezeichnung, die gut dem entspricht, was wir über die Verbreitung der Waldenser in bäuerlichen Gebieten wissen, wo ihre Ideen am tiefsten eindrangen, also in den Waldenser Alpentälern, in den Gegenden Süddeutschlands, in Südböhmen und im nördlichen deutschen Pommern. Die ökonomische und gesellschaftliche Existenzbasis der Waldenser war freilich in diesen Gebieten ungleich. Was wir bereits über die Alpenwaldenser gesagt haben, wird auch von den Ergebnissen vertieft, die der zeitgenössische Waldenser Historiker Augusto Armand-Hugon[45] gewonnen hat.

Seit dem 13. Jahrhundert konzentrierten sich die Alpenwaldenser eher in den gebirgigen Gegenden und an den Hängen unter den Bergen als direkt in den Tälern. Sie widmeten sich landwirtschaftlichen Arbeiten, während sie Handwerke nur in sehr begrenztem Maße pflegten und nur für den eigenen Bedarf. Fernhandel betrieben sie überhaupt nicht. Die Nahrung bereiteten sie vorwiegend aus Kastanien zu. Als Untertanen feudaler Obrigkeiten waren sie an den Boden gefesselt, erinnerten sich aber der patriarchalischen Freiheiten aus der Zeit vor dem Eindringen feudaler Beziehungen bis in diese Höhenlagen. Das führte sie nach und nach zu Bestrebungen, sich so zu organisieren, daß sie den wachsenden Ansprüchen der Herrschaft ausweichen konnten. Das gemeinsame Weiden auf den Almen stärkte das Bewußtsein, daß die Talbevölkerung eine Kommune oder Gemeinde, *universitas*, bilde, so daß sich schließlich das Tal, *val,* auf das Niveau einer juristischen bzw. moralischen Person erhob. Im Val Pellice besaß die bedeutendste Gemeinde Luserna schon im Jahre 1276 ein eigenes Statut. Das Val San Martino gewann spätestens gegen Ende des 14. Jahrhunderts die Embryonalform einer Gemeindeautonomie, und im Jahre 1408 verpflichteten sich zwei Bewohner des Tales mit einem Treueid Ludwig von Acai in Pinerolo, wobei sie von ihm die Bestätigung früher erhaltener Privilegien und Freiheiten verlangten. Dabei bewährte sich der Einfluß von Stammesgruppen in Analogie zur *laudatio parentum*, den Familien- und Stammesberatungen, die den halb talgebundenen und halb kirchenartigen Versammlungen der Alpenwaldenser ihren charakteristischen Zug einprägten. Da die Herrschaft Geld brauchte, konnten sich die Talbewohner einige Freiheiten von ihr erkaufen. Diese relative Verbesserung ihrer Situation wurde ökonomisch durch die wachsende Bedeutung der Schaf- und Viehzucht erleichtert und bewirkte, daß die Älpler nicht durch das ständige Fallen der Getreidepreise so betroffen wurden wie die Bauern in den Ebenen. Neben den Erleichterungen ökonomischer Art muß auch der relative Erfolg der Waldenser aus dem Val Perosa in Sachen ihres Bekenntnisses erwähnt werden. Im Jahre 1387 handelten sie durch Vermittlung des Herrn Johann von Braida, Kanzler des Amedeo von Acaia, die Einstellung der Verfolgungen aus, die ihnen drohten. Sie mußten zwar eine hohe Lösesumme bezahlen, aber auch das geschah gegen den Willen der Inquisitoren. Wenn also die Alpenwaldenser auch in der Lage waren, zeitweilig bei gemeinsamen Sammlungen nicht unbedeutende Beträge aufzubringen – wir finden dafür recht überraschende Unterlagen noch im 15. und 16. Jahrhundert –, so lebten sie dennoch in sehr bescheidenen wirtschaftlichen Verhältnissen. Über ihre soziale Stellung legte einer von ihnen, Barba Georg Morel von Freissinières, ein beredtes Zeugnis ab, wenn er noch im Jahre 1530 den Basler Reformator Oekolampad daran erinnert, daß die Prediger der Waldenser in ihrer Mehrzahl aus den einfachsten Verhältnissen kommen, daß sie in ihre Funktionen direkt von der Weide oder von der Landarbeit berufen wurden, *a bestiarum custodia aut ab agricultura,*[46] also aus einem Milieu, wo Handarbeit unerläßlich war.

Unter ganz anderen Bedingungen lebten die in den Ländern nördlich der Alpen verstreuten Waldenser, und zwar auch dort, wo sie ausnahmsweise eine dichtere Besiedlung bildeten. Die beachtliche Vielfalt der gesellschaftlichen Verhältnisse auf dem europäischen Lande läßt in dieser

Hinsicht keine vorschnelle Verallgemeinerung zu. Anscheinend verschlechterten sich die sozialen Verhältnisse der Waldenser um die Mitte des 14. Jahrhunderts beispielsweise in Südböhmen, wo sie in den einst durch die Kolonisation entstandenen Dörfern lebten. Es stimmt, daß die Folgen des sogenannten Schwarzen Todes, der damals am meisten gefürchteten Epidemie, in Böhmen nicht so schrecklich waren wie anderswo. Aber gerade deshalb, weil die Wunden der Pest hier das Ansteigen der Geburtenziffern nicht wesentlich hemmten, mußte in vielen Gegenden zur Aufteilung des Bodens unter eine größere Anzahl von Eigentümern geschritten werden. Die landwirtschaftliche Produktion reichte aus, um eine Bevölkerung zu ernähren, die sich mit sehr wenig begnügte, aber die kleinen Häusler waren oftmals gezwungen, in die Dienste reicherer Bauern zu treten. Soweit es sich ermöglichen ließ, suchten die Waldenser wiederum bei Waldensern Dienste zu nehmen; so festigten sich die gegenseitigen Bindungen, und es bildete sich eine Gemeinschaft heraus, die eines genügend wirksamen passiven Widerstandes gegen die Ansprüche der Herrschaft fähig war. Insgesamt darf man freilich die Verhältnisse der böhmischen waldensischen Dörfler nicht als ärmlich bezeichnen. Diejenigen, von denen wir aus den Inquisitionsprotokollen einiges wissen, hatten oft Bedienstete, die sie für ihre Angelegenheiten gewinnen konnten, auch wenn sie nicht aus waldensischen Familien stammten. Katharina, ein tschechisches Dienstmädchen bei einer deutschen Waldenserfamilie, die Tochter der katholischen Mutter Martscha, lehnte es auf waldensische Art entschieden und beharrlich ab, vor den Inquisitoren zu schwören (1335). Überraschend ist auch die relativ große Anzahl von Bediensteten und Landarbeitern unter den Waldensern in Pommern. Opfermut und Ergebenheit zur Bewegung fehlen diesen Waldensern ebensowenig wie ihren Freunden in den Alpentälern. Wie dort, so entwickelten die Waldenser auch in Böhmen und in den deutschen Ländern ein ganzes System von Geldsammlungen. Sie sollten ausschließlich den Wanderpredigern und den Armen dienen, waren aber zugleich der Beweis dafür, daß die

Wohlhabenheit vieler Waldenser Gläubigen im Anstieg war. Besonders Kranke und Sterbende vermachten den Waldenser Meistern in der Regel beträchtliche Summen. Dieser offensichtlich auch bei den lateinischen Waldensern verbreitete Brauch konnte freilich unschwer zu Mißbrauch führen, wie man zumindest vom Hörensagen berichtete. Auf diese Weise war es möglich, bis zu einem gewissen Maße die alte Waldenser Forderung zu umgehen, derzufolge die waldensischen Prediger des Gotteswortes in absoluter Armut zu leben hatten. Mit Recht kann man nun die Frage erheben, ob das nicht von einer ähnlichen geistigen Krise der bereits in eine Sekte verwandelten Waldenser Bewegung zeugt, wie sie im 14. Jahrhundert die Bettelorden durchliefen und die ihre Wurzeln in dem den Ordensbrüdern eben erst zuerkannten Recht hatte, zum persönlichen Gebrauch ein beschränktes Eigentum zu nutzen. Es genügt, daran zu erinnern, wie oft sich im Verlaufe des ganzen 14. Jahrhunderts Klagen über die Bettelmönche erheben, besonders über die Franziskaner, daß sie faulenzend ohne Arbeit auf Kosten der Gläubigen leben. Hundert Jahre später werden die Böhmischen Brüder den Predigern der Waldenser, mit denen sie neuerlich in Berührung kommen, den Vorwurf machen, daß sie von dem ihnen anvertrauten Volke Geld nehmen und auf diese Weise große Schätze anhäufen, aber dabei die Armen vernachlässigen. Andererseits aber versäumen die Brüder nicht zu bemerken, daß sie auch unter den Waldensern freundschaftlich mit Leuten gesprochen hätten, denen bewußt war, wie weit sie sich von ihren Urhebern entfernt hatten: »Einige von ihnen erkannten, daß sie sich von ihren Vorfahren wegentwickelt hatten.«[47] Nicht einmal Georg Morel, der Informator der Basler und Straßburger Reformatoren, wich dieser delikaten Frage aus. Ausdrücklich erwähnte er die reichen Almosen, die zugunsten der Waldenser Prediger gesammelt wurden, und er verheimlichte auch nicht seine moralischen Bedenken, wenn er von Vermächtnissen Kranker und Sterbender sprach.

Im Lichte der angeführten Tatsachen kann man der immer noch allgemein verbreiteten Meinung kaum zustimmen, daß die Waldenser ausschließlich eine Armeleutebewegung gewesen seien. Das beträchtliche Echo ihrer Lehre bei den Armen und Leidenden war allerdings kein Werk des Zufalls, sondern entsprach der ursprünglichen Absicht der Botschaft, die sie verkünden wollten. Die Standpunkte, welche die verschiedenen gesellschaftlichen Schichten gegenüber den Waldensern einnahmen, kennzeichnen ausreichend, wie die Herausforderung der Waldenser die konsolidierten sozialen Ordnungen durch ihre Konsequenzen in Zweifel stellte. In keiner der Entwicklungsetappen, die wir bisher betrachtet haben, kann man jedoch das Programm der Waldenser ohne weitere Präzisierung mit den sozialen Forderungen der Landbevölkerung oder der städtischen Armen identifizieren, auch wenn zu bestimmten Gelegenheiten die Waldenser zeitweilig in einer Front mit ihnen standen. Die Waldenser nahmen mehr oder minder bewußt sozial unbefriedigte Menschen auf, aber das Waldenser Predigertum wurde nie restlos zum Sprecher ausschließlich sozialer oder ökonomischer Aspirationen. Es war nicht ihr eindeutiges Produkt und stellte sich auch nicht die Frage nach konkreten Methoden, die eventuell den Sturz des Feudalsystems hätten herbeiführen sollen. Das Waldensertum ist eher als eine besondere Art der christlichen Präsenz in der Welt zu begreifen, gelebt in der Solidarität mit Leidenden, Unterdrückten und Verletzten. Der Waldenser »Arme« empfängt Menschlichkeit und eignet sie sich an in ihrer Bedrohtheit, ja Verlorenheit, weil er sich in der Perspektive seines Glaubens bewußt geworden ist, daß sich Gottes Gnade der Armen, keineswegs der Reichen annimmt. Armut wurde unmittelbar darauf zu einer Art Aufnahmebedingung zu den »Armen« überhaupt. In dieser Richtung implizierte die christliche Armut bei den Waldensern den kategorischen Ausschluß jedweder Bestrebungen eines Christen oder der Kirche, die Welt zu organisieren oder zu reformieren und ihr politische Projekte zu diktieren. Betrachten wir das Waldensertum von außen, so konnte es freilich nur zeitweilig auch heterogene gesellschaftliche Gruppen vereinigen, niemals aber die Massen. Die klassenmäßige Mannigfaltigkeit und Zersplitterung mußte zwangsläufig die Wirksamkeit der Bewegung auf der Ebene gesellschaftlicher Aktionen schwächen. Im übrigen wurde durch die Predigt eine solche Aktion bei den Waldensern nur ausnahmsweise über die Schwelle des theologischen Bewußtseins hinweggehoben. Soweit sie allerdings noch den Öffentlichkeitsanspruch des gepredigten Evangeliums anwenden konnten, hatte die indirekte soziale Wirksamkeit eine ungewöhnliche Hoffnung auf breiteren Widerhall. Die beschleunigte Ausgliederung aus der offiziellen Kirche, das baldige Einsetzen einer analogen und rivalisierenden Tätigkeit der Bettelorden und die systematischen und vernichtenden Eingriffe der Inquisition verdrängten objektiv die Waldenser an die gesellschaftliche Peripherie. Sozusagen über Nacht waren sie aus der mittelalterlichen Gesellschaft als Geächtete ausgeschlossen, und das auf eine rücksichtslosere und härtere Weise als die Juden und die Aussätzigen.

Auch unter diesen Bedingungen fehlt es der Waldenser Initiative nicht an Originalität, durch die sich ihre Gemeinschaft von den durch Kampf um die Macht charakterisierten sozialen und politischen revolutionären Bewegungen unterscheidet. Die Waldenser denken zwar theoretisch nicht über den Charakter der Klassenunterschiede nach, predigen aber das vor allem den Armen verkündete Evangelium (vgl. Matth. 11, 5). Da diese die Massen ansprechende Tätigkeit gleich in den Anfängen auf unüberwindliche Hindernisse stößt, ist das Waldensertum bestrebt, seine Mission als internationale Minoritätsgemeinschaft des Gottesvolkes zu erfüllen, also in gewissem Sinne als prophetische Vorwegnahme der künftigen Menschheit. Der Historiker kann wohl erkennen, daß der formal sektiererische Charakter der weiteren Waldenser Generation die akute Form der ideologischen Entfremdung war. Den mittelalterlichen Waldensern erschien jedoch die entfremdete Situation ihres Zeitalters als der Raum, in dem der seinem Glauben gehorsame Christ allem zum Trotz unter dem befreienden Druck der Zukunft einem eschatologischen Gotteskönigreich lebt. Aber zwischen der Sendung, für diese eschatologische Freiheit mit fester Blickrichtung auf die bezeugende Predigt zu leben, und der Notwendigkeit, diese Sendung in einer abgeschlossenen Gemeinschaft, in den gesellschaftlichen Untergrund abgedrängt, zu verwirklichen, bestand gewiß eine nicht geringe dialektische Spannung. Theologisch war diese Spannung eigentlich das Hauptproblem der Waldenser Existenz im Mittelalter. Auch der Historiker, der schließlich durch diesen subjektiven Aspekt des Waldensertums nicht gebunden ist, muß sich zumindest mit der beobachtbaren und direkt auffälligen Kehrseite der Bewegung auseinandersetzen – nämlich mit dem wechselnden Vorkommen von sozialer Passivität und Aktivität. Diese Erscheinung bemerkte scharfsinnig Howard Kaminsky; er spricht im Falle der Waldenser geradezu von »einer gewissen dialektischen Wandelbarkeit von Passivität in Aktivität, wobei sowohl Passivität als auch Aktivität hier die gemeinsame Basis in der gesellschaftlichen Entfremdung haben«.[48]

Das, was in der Regel als Passivität oder passive Resistenz bezeichnet wird und was bei den Waldensern oft aktive Gewaltlosigkeit war, hing mit ihrer engagierten Auslegung des Neuen Testaments im Lichte der Bergpredigt Jesu zusammen. Die Forderungen der Bergpredigt und ihre schroffe Gegensätzlichkeit zum alttestamentlichen Ethos stachen den Waldensern ins Auge und zwangen sie zugleich zur Nachfolge. Besonders die Seligpreisungen im Matthäusevangelium (Kap. 5) wirkten für ganze Jahrhunderte als unerschöpflicher, inspirierender Quell, zuerst bei den Waldensern, dann später bei den Hussiten und Böhmischen Brüdern. Das didaktische Gedicht der Waldenser *La nobla leiczon*[49] betont eindringlich im Sinne der Seligpreisungen das Verbot persönlicher Rache und die Aufforderung, Böses nicht mit Bösem zu vergelten. Der echte und wahre Waldenser *(vaudes)* wird als ein Mensch dargestellt, dessen Lebensstil der landläufigen Moral als strafwürdig erscheint, obzwar (oder gerade weil) er sich auf den Weg orientiert, den Christus vorgezeichnet hat. »Er leidet für seinen Herrn«, weil er sich dem Imperativ der sechs kleinsten Gebote (nicht dem Bruder zürnen, die Frau nicht unzüchtig ansehen, Frauen nicht vertreiben, nicht schwören, sich nicht rächen, den Feind lieben) unterwirft und sich damit meilenweit vom üblichen Ideal eines ehrenhaften und unbescholtenen Menschen *(prodome)* entfernt. Die *Nobla leiczon*, die vermutlich aus dem Anfang des 15. Jahrhunderts stammt, faßte in dieser Sache nur ältere Waldenser Lehren zusammen: Zwischen Himmel und Erde gibt es absolut keinen Grund, mit dem man einen Angriff auf das menschliche Leben rechtfertigen könnte. Wahrhafte Gläubige und demnach treue Christen, namentlich jene, die vor dem Umschwung zur Zeit Konstantins lebten, verfolgten niemals jemanden, sie wurden aber selbst ständig Opfer von Persekutionen. Auch in Zukunft, bis zur Wiederkehr des Herrn, müssen sie mit Unterdrückung rechnen, mit der die unberechtigterweise selbstsichere Christenheit sie verfolgen wird.

Alle Zeugnisse bestätigen einhellig, daß die Waldenser ohne Ausnahme, gleich ob französische, italienische oder deutsche, es ablehnten zu schwören und Eide zu leisten, daß sie jede Gewaltanwendung ablehnten und damit auch den Gebrauch des Schwertes, selbst im Dienste der Gerechtigkeit und des Rechts, gleich ob es kirchliches oder weltliches war. Um den ganzen Umfang dieses Standpunktes voll einschätzen zu können, müssen wir ihn in seinen vielschichtigen mittelalterlichen Wechselbeziehungen sehen. Die mittelalterliche Majoritätskirche unterschied zwischen göttlichen Geboten, die für alle Christen verbindlich waren, und bloßen ethischen Ratschlägen, die eigentlich nur für Ordensleute galten. Der ganzen Bergpredigt Jesu wurde so nur die Gültigkeit eines ethischen Rates zuerkannt, den man befolgen kann, aber nicht muß. Die Waldenser legten umgekehrt das Schwergewicht auf die Betonung seiner Verbindlichkeit für jeden Christen.

Besonders die *Eidesverweigerung* war im Mittelalter von beachtlicher gesellschaftlicher Tragweite. Die feudalen Beziehungen rechneten fast überall mit dem Eid. Durch den Schwur war der sozial Niedrigergestellte an den Vorgesetzten gebunden, auf den Eid baute die ganze hierarchische Pyramide der Gesellschaft ihre juristische Stabilität auf. In der Mehrzahl der Länder stützten sich politische Einheit und sozialer Frieden auf den verpflichtenden Charakter des Treueschwurs. Ihn zu stören, einen Meineid auf sich zu laden, bedeutete unweigerlich, sich harten Strafen sowohl auf religiöser Ebene als auch im strafrechtlichen Sinne auszusetzen, hieß, sich außerhalb der Gesetze zu stellen. Wer es ablehnte zu schwören, leugnete damit eigentlich die unabdingbare Gültigkeit der bestehenden Ordnung und ersetzte den – feudal und kirchlich – streng abgestuften Bau durch die Forderung nach Freiheit, von der nicht klar war, bis wohin sie führen konnte. Daher war die Reaktion gegenüber den Waldensern so rücksichtslos und wenig wählerisch in den Mitteln. In einer Zeit der konsequent durchgesetzten geradezu sakralen Verfestigung der feudalen Beziehungen, als sich die Kirche mit ihren Interdikten gegen ein Regime wehrte, mit dem sie selbst gesellschaftlich stand oder fiel, betraten die Waldenser so einen Weg des radikalen Protestes gegen die offiziell gewählte Richtung. Gegen die vertikale und untertänige gesellschaftliche Treue stellten sie horizontal die Verpflichtung zur Brüderlichkeit und wirkten in diesem Sinne unbewußt als »demokratischer« Sauerteig. Mit der Ablehnung des Schwures riefen sie um der christlichen Botschaft willen zum Widerstand gegen die mittelalterlichen gesellschaftlichen Strukturen auf, die die Kirche in ihre Obhut genommen hatte. Die Konsequenz, mit der sie sich dem Schwur und seinen Folgen widersetzten, war um so größer, je treuer sie an der freien Predigt festhielten, die es wagt, Gottes Wort in Armut, Wehrlosigkeit und Ungesichertheit zu verkündigen. Diese Konsequenz wurde nur seit der Zeit etwas schwächer, da die Waldenser gezwungen waren, immer öfter an den Schutz der bloßen Existenz zu denken. Sie formulierten sich daraufhin das Prinzip von der Zulässigkeit des Eides in höchster Not, nämlich für den Fall, daß dadurch jemand vom Tode errettet werden könnte.

Mit der bedingungslosen Ehrfurcht vor dem vom Schöpfer geschenkten Leben hing auch die Abkehr der Waldenser von allen Formen des Mordes, also auch der legalen, zusammen. Das war wiederum in ihren Konsequenzen die Trennung von der organisierten Gewalt der Obrigkeit, ja sogar direkt von dem Prinzip der Staatsgewalt, wie wir heute sagen würden. Das Pathos dieses waldensischen Protestes richtete sich namentlich gegen die Heiligung der gewalttätigen Macht, gegen den Heiligenschein, der sie im Mittelalter umgab, gleich ob es sich um die Macht der weltlichen Herren handelte oder um die politische Macht, deren sich die Kirche selbst bemächtigt hatte. Die Inquisitoren konstatierten bei den Waldensern eine absolute Verachtung der kirchlichen Macht, *contemptus ecclesiasticae potestatis.*[50] Eigenwillig legten die Waldenser die berühmte Stelle im Briefe des Paulus an die Römer (13, 1–6) aus, auf die sich traditionsgemäß die Scholastik bei den Versuchen berief, den Gebrauch des Schwertes zum Nutzen der herrschenden gesellschaftlichen Autorität theologisch zu rechtfertigen und zu begründen. Schlüssel zur richtigen Auslegung auch dieser Stelle war für sie die Bergpredigt und die Aufforderung Jesu: »Ihr wisset, daß die Fürsten der Völker über sie herrschen, und die Großen unter ihnen wenden Gewalt gegen sie an; so aber soll es nicht unter euch sein« (Matth. 20, 25–26). Im Lichte dieses Wortes stellten sie sehr entschieden die scholastische Voraussetzung in Frage, derzufolge man im 13. Kapitel des Römerbriefes eine Art Bestätigungsurkunde der göttlichen Sendung des weltlichen Armes zu sehen hatte. Tatsächlich wollte der Apostel hier keinen Entwurf für eine Theorie der Entwicklung des christlichen Staates geben. Er wollte einfach den römischen Christen die evangelische Botschaft mitteilen und verwendete in dieser Absicht unter anderem auch Auffassungen, die damals im römischen Imperium gängig waren. Durch eine solche Auslegung wurde die zeitlose Gültigkeit der angeblich christlichen Forderung ernstlich untergraben, die so oft in der mittelalterlichen Rechtsprechung wiederholt wurde und in der Lutherbibel, im 13. Kapitel des Paulusbriefes an die Römer, lautet: »Jedermann sei untertan der Obrigkeit, die Gewalt über ihn hat. Denn es ist keine Obrigkeit ohne von Gott.« Daher überrascht uns der Waldenser Widerstand gegen jeden Krieg nicht, hauptsächlich und vor allem gegen den »Heiligen Krieg«, besonders aber gegen die Kreuzzüge, zu denen einträchtig Papst, Kaiser und der Patriarch von Jerusalem aufriefen. Die Waldenser wollten auch nichts mit den bewaffneten Operationen zu tun haben, bei denen sich päpstliche und lombardische Kommunen gegenüberstanden. Und wenngleich sie sich durch ihre Arbeit an der deutschen Kolonisation in den Ländern zwischen Elbe und Oder beteiligten, so lehnten sie es doch ab, einer gewaltsamen germanischen Eroberung dienstbar zu sein.

Mit all dem soll gesagt sein, daß die Waldenser im 13. und 14. Jahrhundert zwar ständig im Aufstand begriffen waren, in einer Revolte, aber sie waren in Wirklichkeit *keine Revolutionäre.* Dabei war ihre ablehnende Haltung gegenüber der Gewalt offensichtlich kein abstraktes schroffes Prinzip. Die Gewaltlosigkeit war bei ihnen keine Analogie zum metaphysischen Dualismus der Katharer, sondern eher die Begleiterscheinung der Tatsache, daß sie sich zu den geringsten Brüdern Jesu bekannten, die Folge der gewählten Solidarität. Gut beleuchtet dies ein vereinzelt erhalten gebliebenes Waldenser Gebet, wohl aus dem 14. Jahrhundert.[51] Sein Verfasser spricht nicht im Namen einer stabilisierten und gesicherten Gemeinschaft. Er ist Sprecher jener, die die Sorge um ihre Freunde auf sich nehmen, die Sorge darum, sie zur Erkenntnis des Evangeliums hinzuführen. Er betet für alle, die wie er eine unaufschiebbare Mission als Wanderprediger erfüllen. Auffällig tritt die leicht verwundbare Mobilität ihres Lebens hervor: Leiden, Wanderschaft, Kerker, Hunger, Armut. Aus dem Gebet spricht die Stimme des Trotzes, revoltierend gegen die erfolg- und siegreiche, eroberungssüchtige Kirche, die in sich den Geist des Dienstes unterdrückt und die Bereitschaft zum Opfer erstickt hat. Dieser Trotz bleibt aber wehrlos, greift nicht nach Gewalt. Der waldensische Diener des gepredigten Wortes betet nicht allein für Gläubige und Getreue, sondern auch für die Bekehrung der Feinde und für die Verfolger der tatsächlichen Hirten des Volkes. Er vergibt ihnen, weil er selbst von der Vergebung der Sünden lebt.

Ohne Hoffnung auf allgemeinere Durchsetzung seiner Anschauung von Welt und Menschen raffte sich der Waldenser Protest im Verlaufe jener zwei Jahrzehnte, in denen er außerhalb des Gesetzes gestellt war, nur ausnahmsweise zu Gewaltaktionen auf. Das geschah in den Fällen, wo die örtliche Situation unerträglich belastet war, und war demnach kein Resultat eines vorher aufgestellten Programms, wie man die Welt verändern könnte, damit sie dem gewünschten Bilde entspricht. Einzelne von den Waldensern dennoch schon in jenen Zeiten inspirierte Aufstände zeigen, wie sich unter bestimmten Bedingungen passive Resistenz in aktive Revolte umwandeln kann. Von den etwa zehn bewaffneten Erhebungen, die sich feststellen lassen, strebte keine einen Umsturz der Situation in breiterem sozialem oder politischem Maßstab an. Hier besteht also ein qualitativer Unterschied zur hussitischen Revolution im 15. Jahrhundert. Alle Aufstände waren ohne Ausnahme spontane Antworten auf die brutalen Unterdrückungsmaßnahmen der Inquisition. Die gewaltsame Beseitigung der Inquisitoren war allerdings weder besondere Errungenschaft der Waldenser noch ihr Privileg. Als Beispiele darf nochmals an die Ermordung des päpstlichen Legaten Peter von Castelnau in Frankreich (1208), Konrads von Marburg in Deutschland (1233) und Peters von Verona (1252) in Italien erinnert werden. Waldenser Attentate auf Inquisitoren und ihre Helfer treten im übrigen erst um ein ganzes Jahrhundert später auf als diese ersten Reaktionen gewaltsamer Selbstverteidigung bedrohter Ketzer. Das Jahr, in dem es zur Ermordung dreier österreichischer Priester, eines in Kemmaten und zweier weiterer in Nöchlingen, kam, läßt sich allerdings nur schätzungsweise festlegen (1266), während alle übrigen ähnlichen Taten erst ins 14. Jahrhundert fallen. Zweifelhaft ist, ob es Waldenser waren, die den Dominikanerinquisitor Arnold im Jahre 1318 in Krems ermordeten, als er noch auf der Kanzel stand. Sicher aber waren es Waldenser, die in den dreißiger Jahren desselben Jahrhunderts in Angrogna mit bewaffneter Hand den Inquisitor angriffen (*manu insurrecerunt armata*)[52] und den Pfarrer Wilhelm wegen des Verdachts ermordeten, er habe sie angezeigt. Gewalttaten gegen Priester und Mönche in Klosterneuburg 1336 und in zwei folgenden Jahren in Graz reagierten auf verschärfte Maßnahmen der Inquisitoren gegen Waldenser. Ähnlich verhielten sich auch Waldenser auf den böhmischen Gütern des Herrn Oldřich III. in Neuhaus. Sie widersetzten sich den Inquisitoren erst nach langen Jahren von Verfolgungen und wählten genau den Moment zum Zuschlagen, als Oldřich in Avignon direkt ein vernichtendes Einschreiten gegen sie anforderte. Diesmal bekam der Aufruhr tatsächlich die Schlagkraft eines Volksaufstandes, aber Herr Oldřich vergrößerte sein Ausmaß zweifellos noch vor dem Papst in Avignon. Die Bauern auf Oldřichs Herrschaft erhoben sich bestimmt auch deshalb, weil sie die obrigkeitliche Ausbeutung nicht länger ertragen wollten. Ihre antiinquisitorische Reaktion wurde verstärkt durch soziale Forderungen. Ähnliche wechselseitige Verknüpfungen der Motive müssen wir bei einer ganzen Reihe verzweifelter Versuche annehmen, sich eventuell auch durch einen Angriff gewaltsam zu wehren, mit denen die österreichischen Waldenser im letzten Jahrzehnt des 14. Jahrhunderts auf die inquisitorischen Kampagnen des unermüdlichen Peter Zwicker antworteten.

Zwicker, Inquisitor aus dem Cölestinerorden, entging zwar selbst dem Tode, der 1374 seinen älteren italienischen Kollegen in Bricherasio ereilte (vgl. oben S. 135), dagegen entgingen der Volksrache nicht jene fünf abtrünnigen Waldenser, aus denen er katholische Priester gemacht hat und deren Namen überliefert sind (Johann von Wien, Klaus aus Brandenburg, Friedrich aus Hardeck, Heinrich von Engelstadt und Peter aus Siebenbürgen). Das Problem des Abfalls, besonders brennend in der zweiten Hälfte des 14. Jahrhunderts, lösten die Waldenser manchmal elementar und zwar ganz anders, als es die Lombardischen noch 1368 empfohlen hatten, als sie ihre österreichischen Freunde zu ausdauernder Geduld aufriefen. »Wir erklären offen«, schrieben sie, »daß die Auserwählten nicht nur von Heiden oder von Juden verfolgt werden, sondern auch von allen Völkern und von falschen Christen ... Ohne Zweifel«, so fügten sie hinzu, »werden die Heiligen bis zum Weltende gerade von ihren eigenen Leuten Verfolgungen erleiden müssen.«[53] Im Gegensatz dazu ermordeten gleich im Jahre 1374 drei Straßburger »Winckeler« waldensischer Orientierung ihren einstigen Gefährten Johann Weidenhofer, weil er von ihnen abgefallen war.

Ähnlich elementare örtliche Reaktionen auf den Druck der Inquisition, der an sich oftmals schon ökonomische und soziale Ursachen hatte, müssen wir freilich von dem Standpunkt der Waldenser Meister selbst trennen. Sie hörten nicht einmal in der Bedrängnis dieser tragischen Epoche der Geschichte der Waldenser auf, Zurückhaltung von bewaffneten Konflikten zu verkünden. Damit berühren wir einen der Grundzüge der Struktur des mittelalterlichen Waldensertums, nämlich die *Unterscheidung zwischen Waldensern im engeren Sinne* des Wortes, also den Meistern oder – wie sie damals genannt wurden – den Vollkommenen, und den *Freunden,* das heißt den Waldensern im weiteren Sinne.

Ein kirchlicher Schriftsteller faßte um das Jahr 1270 die Beobachtungen der Inquisitoren über die erstgenannte Gruppe in einem interessanten Bild zusammen: »Man erkennt sie an ihren Sitten und ihren Reden. Sie sind maßvoll und bescheiden in ihrem Auftreten, und in ihrer Kleidung, deren Stoff weder schlecht noch wiederum teuer zu sein pflegt, vermeiden sie jede Pracht. In weltliche Angelegenheiten mischen sie sich nicht ein, um nicht lügen, schwören oder täuschen zu müssen. Sie leben von ihrer Hände Arbeit wie Arbeiter. Ihre Meister pflegen Weber oder Seifensieder zu sein. Sie häufen keine Reichtümer an und begnügen sich mit wenigem. Sie achten auf Reinlichkeit, und das gilt vor allem für die Leonisten (Die Armen von Lyon). Sie sind genügsam im Essen, gehen nicht ins Wirtshaus, weichen Tanzvergnügen aus, jede Unzüchtigkeit ist ihnen zuwider, und sie nehmen sich vor Zornausbrüchen in acht. Obzwar sie arbeitsam sind, finden sie doch genügend Zeit zu Studium und Unterricht. Mit Gebeten beschäftigen sie sich nicht allzusehr. Sie gehen in die Kirchen, nehmen an Gottesdiensten teil, beichten, kommunizieren und hören die

Predigt an, und dies alles bloß deshalb, um sich in der Überzeugung zu bestärken, daß die Prediger irren. Man erkennt sie auch an ihren Reden, die ebenso nüchtern wie unauffällig sind. Vor Verleumdungen hüten sie sich, eitle Redereien und Witzeleien sind ihnen widerwärtig wie die Lüge.«[54]

Die Unterscheidung zwischen Vollkommenen und Gläubigen hatte ausschließlich praktische Bedeutung. Sie diente der Geheimhaltung der Bewegung, war die Frucht der Exkommunikation ihrer Anhänger. Die Inquisitoren schreiben darüber auch erst um die Mitte des 13. Jahrhunderts und bringen sie in Zusammenhang mit der geheimen Untergrundpropaganda, zu der die Waldenser zu einer Zeit griffen, als sie endgültig verurteilt waren. Sie ist also weder das Werk der Initiatoren der Bewegung, noch terminologisch ein Waldenser Produkt. Waldes und seine Nachfolger verfolgten kein anderes Ziel, als das Evangelium aus der Kraft einer besonderen Gnade zu verkünden, die ihnen – wie sie glaubten – von Gott gegeben war. Als Gemeinschaft von Predigern, die für diese dringende Aufgabe weitere Mitarbeiter zu gewinnen anstrebten, sahen sie in Jesus Christus ihren direkten Vorgesetzten. Er war ihr *prepositus*, ihr einziger Bischof. Ihre charismatische Mission war durch diese Dignitas grundsätzlich der kirchlichen Autorität überlegen und achtete nicht einmal auf organisatorische Sicherungen. Außerdem zogen die ersten Waldenser noch unbewußt auch daraus Nutzen, daß die Kirche bis dahin die Position der Priesterhierarchie im Leben der Christen noch nicht theologisch exakt bestimmt hatte. Selbst hatten sie anfangs das starke Bewußtsein eines allgemeinen Dienstes, den die ganze Kirche gegenüber der Welt zu leisten habe: Wen immer auch Gott zum Predigen bestellt hat, er darf den Gehorsam nicht verweigern. Dieser höchste Auftrag konnte sich auch auf Frauen beziehen. In gewissem Grade wurde damit einerseits die Ehre an die »Laien« zurückgegeben, da doch die Geistlichkeit ihre Aufgabe vernachlässigte, das Evangelium zu predigen. Andererseits störte jedoch sehr bald diese »Laienverkündigung« des Evangeliums die bis zu dieser Zeit allgemein vorausgesetzte Identität von Christen und Menschen der westlichen Welt. Den Waldenser Predigern und ihren Schülern drängte sich das Bewußtsein einer Andersartigkeit des Gottesvolkes auf, als sie über seine Beziehungen zur Welt, die man für die Kirche ansah, nachdachten. Die Lombardischen Armen verliehen diesem Bewußtsein schließlich auch einen klaren Ausdruck. Gegen Waldes, der am liebsten die lombardische Brüderschaft in das große Abenteuer des Wanderpredigertums hineinreißen wollte, betonte Johann von Ronco die Berechtigung seßhafter *congregationes laborantium*. Diese Gemeinschaften sollten der Boden sein, der das missionarische Ausschwärmen der Prediger zu nähren hatte. Die Bewegung strukturierte sich damit sofort in zwei Gruppen oder Schichten, einmal in die Prediger und zum anderen in die Gläubigen, die sich in *terreno labore* anstrengten. Die Waldenser gaben dieser zweiten Gruppe selbst den Namen »Freunde«.

Das führte nicht nur die Beobachter von der Inquisition, sondern vielleicht auch die Waldenser selbst dazu, daß sie die Beziehungen, die sich zwischen ihren »Brüdern« oder »Armen« und den »Freunden« oder »Schülern« herausgebildet hatten, als Analogie der Beziehung, wie sie zwischen »Vollkommenen« und »Gläubigen« bei den Katharern existierte, begriffen. Die Doppelstruktur der katharischen Gemeinschaft, in der jedes Glied seinen ausgewiesenen Platz und seine geistliche Aufgabe hatte, besaß ihre theoretische Prämisse im anthropologisch-ethischen Dualismus, der dem ursprünglichen Waldensertum völlig fremd war. Mit der Differenzierung zwischen Vollkommenen und Gläubigen übernahmen die Waldenser gewiß nicht die katharische Voraussetzung einer stufenartigen Vervollkommnung, eines Prozesses, dem Heilsbedeutung zukommen würde. Die literarischen Denkmäler unmittelbar waldensischen Ursprungs weichen in diesem Punkte den katharischen Bezeichnungen ausdrücklich aus. Die Doppelschichtigkeit ihrer eigenen Bewegung aber wurde den Waldensern in dem Augenblick bewußt, als sie – anfänglich wohl ungern – erkennen mußten, daß sich Christen, mit denen sie sich durch die Predigt angefreundet hatten, eigentlich außerhalb der konstituierten Kirche als eine Minderheit befanden, die aber auch weiterhin bereit war, ihre Botschaft anzuhören. Die Struktur, welche die Waldenser so für sich annahmen, entsprach demnach der Unmöglichkeit, sich künftig offen an die ganze Welt zu wenden und zu hoffen, daß es den Freunden der Bewegung vielleicht gelänge, den Lauf der Dinge in der herrschenden Kirche zu verändern oder die ökonomische und soziale Entwicklung auf entscheidende Art zu beeinflussen.

Sobald sich die Bewegung mit ihrem Minderheitsstatus und der gesellschaftlichen Geheimhaltung ihrer Gläubigen abgefunden hatte, war es nur selbstverständlich, daß sich die Beziehungen zwischen Freunden und »Meistern« so strukturierten, daß sie den Bedürfnissen des Katechumenats entsprachen, das in den Dienst einer *disciplina arcani* gestellt war. Die Gläubigen wurden zur Katechumenen, unterschieden von den Auserwählten *(electi)*. Ursprünglicher Anlaß zu dieser Unterscheidung war vermutlich das Bestreben, das spezifische Geschenk des Glaubens zu respektieren, die den Menschen an eine Gemeinschaft bindet, die es ablehnt, mit der um öffentliche Anerkennung strebenden allgemeinen Mehrheit zu verschmelzen. Es war dies ein Mittel, um aus der Komplizenschaft mit den konstantinischen Christen herauszukommen und dabei den Ausrottungsmaßnahmen zu entgehen. Der Waldenser Mensch gliederte sich mit einem fast verschwörerischen Akt in eine Gemeinschaft ein, deren Geheimnis darin bestand, daß sie schon in dieser Zeit das Neue künftiger Zeiten verkosten ließ. Dieses Bewußtsein war besonders stark bei den Waldensern des 14. Jahrhunderts und äußerte sich in der Selbstbezeichnung als Eingeweihte, Kundige oder Menschen, die Gott bekannt sind. Die Piemontesischen Waldenser bezeichnen sich in dieser Zeit als *gentes de recognoscencia*, Menschen der Erkenntnis und auch (Gott) bekannt, und dem entspricht auch die Bezeichnung der deutschen Brüder als »Kunden«, *noti*. Die Tragweite dieser Benennung der Gemeinschaft wird in ihrem Gegenstück deutlich, in der Bezeichnung die *Fremden, alieni,* die alle übrigen Christen umfaßt. Dabei war in der Regel das Waldenser Eingeweihtsein ganz verschieden von jener schwärmerischen Erleuchtung, hinter der sich für die Brüsseler *Homines intelligentias* gegen Ende des 14. Jahrhunderts der Unterschied zwischen Materie, Seele und Gott verbarg. Es drückte eher die Teilnahme am königlichen Priestertum der Gläubigen aus, das inmitten einer feindlichen Welt ausgeübt wird. Es hing – wie wir noch sehen werden – mit der den Waldensern anvertrauten Beichtnahme zusammen, die wiederum die Beziehung Meister – Schüler voraussetzte. Die armen Waldenser Prediger bezeichneten sich selbst am liebsten als »Brüder«, gegebenenfalls als »Schwestern«, und ihre regelmäßigen Zuhörer als »Freunde« oder »Freundinnen«. Ganz sicher bezeugt ist dieser Usus für Lombardische Arme zu Beginn des 13. und für die deutschen Waldenser in den Ostseeprovinzen gegen Ende des 14. Jahrhunderts. In Anbetracht dessen, daß im Verlaufe dieses letzten Jahrhunderts die »Brüder« immer öfter vom öffentlichen Predigen abkamen und als Beichtväter und geistliche Ratgeber wirkten, begannen die Gläubigen ihnen ihre Ehrerbietung durch die Anrede »Herren«, *domini*, zu bezeigen. Die übrigen bekannten Bezeichnungen für die Waldenser Prediger waren »gute Leute« *(boni homines)*, »Meister«, »Vollkommene«, »Sandalenmänner« *(sabatati)*, »Beichtiger« *(Bither)*, Apostel *(Zwölfboten)*, »Barben« oder sogar »Engel«. Diese Bezeichnungen drückten gelegentlich auch die eine oder andere Seite ihres Dienstes oder auch die Ehrerbietung aus, die ihnen die Freunde erwiesen.

Der charismatische Charakter der Waldenser »Brüder« wehrte sich gegen eine schnelle Klerikalisierung ihrer Funktionen. Da es nicht in der ursprünglichen Absicht der Bewegung lag, einen neuen Organismus in Opposition zur katholischen Hierarchie zu schaffen, beschritt sie erst nach ihrer Exkommunikation den Weg einer sich allmählich verselbständigen Ekklesiologie. An der Wende vom 12. zum 13. Jahrhundert begegnen wir bei den Lombardischen Armen Rektoren oder Vorgesetzten *(rectores, prepositi)*, freilich entgegen dem ausdrücklichen Wunsche von Waldes. Der *Ordo ministrorum*, der so aus der inneren Spannung

heraus als Antwort auf die Forderungen einer schon fortgeschrittenen Zeit entstand, formierte sich anfänglich entsprechend dem Vorbild der Mönchsgemeinschaften und
teilte mit ihnen das Ideal einer Normativität nach apostoli-
schem Muster. Auf dem Kongreß zu Bergamo versammelten
sich 1218 zu zwölft die Vertreter der französischen und italienischen Waldenser, unzweifelhaft, um auf diese Weise
die geheiligte Zahl der unmittelbaren Jünger Jesu nachzuge-
stalten; aber mit der Frage nach Ursprung und Umfang der
Priesterweihe befassen sie sich dort nur ganz beiläufig. Ihr
Hauptaugenmerk richtet sich auf die Predigermission, mit
der sie – wie sie glauben – Christus selbst beauftragt hat,
ähnlich wie er die Apostel zu zweit zum Predigen aussandte
(Mark. 6, 7). Daher durchziehen die Waldenser Prediger die
Lande immer in Begleitung eines jüngeren Gefährten *(socius
itinerarius)*. Die stabilisierte Ordnung der Verkündigung,
die sie *bini et bini* in die Welt tragen, eigneten sich auch
die Waldenser Predigerinnen an, auch wenn sie uns im letzten Drittel des 13. Jahrhunderts bald gänzlich aus dem
Blickfeld entschwinden.

Die waldensische Nachahmung der apostolischen Gebär-
den *verbis et exemplis* bis in die kleinsten Einzelheiten
schuf ein ungewöhnlich einprägsames Bild, für das der mittelalterliche, der Sprache der Symbole und Gesten gegenüber offene Mensch besonders empfänglich war. Mit dem
den Fuß frei lassenden Schuhwerk der Waldenser Brüder
und Meister sollten die apostolischen Sandalen (Mark. 6, 9)
nachgebildet werden; die erste Predigergeneration der Waldenser bekam dafür den Zunamen der *insabbatati*. Er blieb
der Periode vorbehalten, als sie sich noch an die Öffentlichkeit wandten. Mit Beginn des 14. Jahrhunderts verschwinden die letzten Spuren dieser waldensischen Wander-
schuhe, und gleichzeitig tritt auch der Öffentlichkeitsanspruch der Waldenser Verkündigung in den Hintergrund.

Untereinander sind die Waldenser »Brüder« Gleiche
unter Gleichen. Die Bedeutung der Frauen sinkt in dieser
Hinsicht relativ schnell ab, und die jährlichen Kapitel vereinigen, wie es scheint, ausschließlich bewährte ältere »Mei-

ster«. Die apostolische Mission der »Brüder« sollte ursprünglich die Lücke ausfüllen, die durch den Mangel an priesterlicher Predigt entstanden war. Es ist wahrscheinlich, daß die Mehrzahl der Waldenser bereit war, dem Dienst am Worte eine größere Bedeutung beizumessen als den übrigen priesterlichen Funktionen. Bereits die erste Generation der »Brüder« hob gern das *meritum* der Verkündungsmission zuungunsten des priesterlichen *officium* hervor. Die Waldenser Brüder glaubten wegen des apostolischen Charakters ihrer Predigertätigkeit in Armut, daß hinter ihnen auch die apostolische Autorität stehe. Das führte einige von ihnen bald zu dem Schluß, daß Priester nicht nur diejenigen seien, die eine Weihe empfangen haben, sondern alle, die Christus gehören, ihm nachfolgen und aus deren Lebensstil sich die Grundzüge der apostolischen Kirche ablesen lassen. Etliche Gruppen der Waldenser behaupteten, daß »jeder gute Mensch ein Priester« sei und er im wesentlichen auch die Macht habe, sogar die Eucharistie zu heiligen. Tendenzen dieser extremen Behauptung meldeten sich namentlich bei den verstreuten und isolierten Gruppen zu Worte. Der Hauptstrom der Bewegung stabilisierte sich jedoch mit der Unterteilung der Waldenser Gemeinschaft *(societas)* in die erwähnte Zweischichtigkeit und söhnte sich schließlich sogar mit dem Gedanken eines dreifachen *ordo ecclesiasticus* aus. Dies hing allerdings mit dem Abstieg der Bewegung in den Untergrund zusammen, wo sie sich dann als oppositionelles Gegenstück zur offiziellen Kirche festigte. Moneta von Cremona bekundet schon in den vierziger Jahren des 13. Jahrhunderts einen beachtlichen Umfang ekklesiologischer Fürsorglichkeit, als sich die Waldenser bemühen, die Probleme ihrer Bewegung zu lösen. Die ursprünglich charismatische Bewegung projiziert nunmehr ihre polemische Überzeugung in die Vergangenheit und will sie »historisieren«. Waldes habe angeblich die Priesterweihe erhalten. Er empfing sie aber entweder direkt von Gott oder aus den Händen seiner Mitbrüder. Hundert Jahre später wird diese Historisierung weitergeführt. Die Waldenser neigen der Legende zu, Waldes sei ein Zeitgenosse von Papst Silvester gewesen. Er hieß angeblich Petrus und war von Beruf Priester. Er lehnte den Kompromiß des Papstes ab und auch die Schenkung, die Kaiser Konstantin diesem anbot, und als Priester wurde er wegen seiner Treue zum Evangelium der Erneuerer neben der apostolischen Nachfolge. Gegen die vorgebliche apostolische Sukzession, deren ununterbrochene Abfolge die Bischöfe der katholischen Kirche verbürgten, wurde so in Petrus dem Waldenser die wahre antisilvestrische Nachfolge aufgestellt. Die Geschichte unterlag hierbei der Methode der polemischen Analogie.

Die autonome Organisation, anfangs mit einem Rektor an der Spitze und später vielleicht mit drei Graden – Bischof, Priester, Diakon –, verwirklichten die Waldenser nur allmählich und kaum einheitlich in allen ihren Zweigen. Selbst dort, wo sie wie in Frankreich einem *major* oder *majoralis* bischöfliche Rechtsgewalt zuerkannten, stützte sich seine Funktion auf das kollegiale Muster der Urkirche und lehnte sich an den juristisch mystischen Begriff an, mit dem das Mittelalter lebte. Der Major präsidierte bei den *Jahreskapiteln*. Eine tatsächliche Bedeutung besaßen diese periodischen Zusammenkünfte nur bei den Waldensern der lateinischen Länder. Sie berieten über Bedürfnisse und Wirksamkeit der einzelnen Waldenser Häuser, entschieden Disziplinarfälle, wählten Kandidaten für den Predigerdienst und empfahlen ihre Ordinierung, sorgten für die gemeinsame Finanzwirtschaft und bestimmten die Zweiergruppen, welche die Gästehäuser besuchen, predigen und die Seelsorge ausüben und Sammlungen durchführen sollten. Wissen wir auch über eine gewisse territoriale Organisiertheit der Waldenser in Frankreich, Italien und in den deutschen Ländern Bescheid, so können wir über die Aufgabe, welche die zuständigen Majorales in diesen einzelnen Gebieten zu erfüllen hatten, nur Vermutungen anstellen. Direkt von drei Waldenser Obedienzen zu sprechen, wäre sicher übertrieben. Inquisitoren hatten manchmal den Eindruck, daß zwischen den Waldenser Predigern keine strenge jurisdiktionelle Unterordnung existierte: »Keiner nimmt von einem anderen eine jurisdiktionelle Beglaubigung oder Autorität entgegen, und niemand hält sich für einen Untergebenen eines anderen.« Das konnte freilich auch ein irriger Eindruck sein, wenn wir wissen, daß die Waldenser Diener des Wortes sich zu strenger Verschwiegenheit über ihre Gefährten verpflichteten.

Die liturgischen Bräuche bei der *Ordination* der Waldenser »Brüder« waren niemals und nirgends gleich. Zu Beginn des 14. Jahrhunderts synthetisierte Bernard Gui[55] verschiedene Inquisitionsberichte über Waldenser Gruppen, die angeblich nacheinander drei Ordinationen erteilten: die bischöfliche, die priesterliche und die diakonische. Eine sehr unterschiedliche und – wie es scheint – der theologischen Auslegung geschulter Autoren weniger verpflichtete Beschreibung stammt aus der Werkstatt der Inquisitoren Peter Zwicker und Martin von Prag.[56] Die Unterschiede sind auch dadurch gegeben, daß im erstgenannten Falle die Rede hauptsächlich von den lateinischen Waldensern um die Wende vom 13. zum 14. Jahrhundert ist, während wir im zweiten die mitteleuropäischen Waldenser vom Ausgang des 14. Jahrhunderts vor uns haben.

Nach Bernards Darstellung wählten die Waldenser ihre Diener des Wortes aus jenen Mitgliedern der Gemeinschaft aus, die sich schon bewährt hatten. Sie wurden nur durch Gebet und Handauflegung mit einem Zeremoniell geweiht, zu dem es bei den jährlichen Kapiteln oder Synoden kam. Der Ordination eines Majors oder Majoralis, der von allen versammelten Presbytern und Diakonen gewählt worden war, ging ein Gebet voraus, das alle Anwesenden gemeinsam sprachen, und eine private und eine öffentliche Beichte. Den eigentlichen Konsekrationsakt führte ein Majoralis oder stellvertretend einer der Ältesten (Presbyter) aus. Nach dem Gebet des Herrn legte er dem Erwählten die Hände in der Meinung auf, daß er die Gabe des Heiligen Geistes empfange. Dann legten die übrigen Ältesten und Diakone dem Kandidaten ebenfalls die Hände auf. Bei der Presbyterordination erfolgte keine Handauflegung durch die Diakone. Die Diakone ordinierte der Majoralis allein. Wer die Ordination nicht empfing und sich nicht zu Armut, Keuschheit und Gehorsam verpflichtete, konnte nach Bernard nicht als Vollkommener gelten.

Die zweite Nachricht spricht – so scheint es – lediglich von der Ordination der Wanderprediger und betont stark das Moment der Vorbereitung auf diese Aufgabe. Der Majoralis tritt hierbei überhaupt nicht als Träger einer selbständigen Würde in Erscheinung. Die Gemeinschaft wird von dem gemeinsamen Rat der Senioren und der Kapitelversammlung verwaltet, die für gewöhnlich zur Zeit der Märkte in größeren Städten zusammenkommen. Die Anwärter auf den Predigerberuf werden von den Senioren sorgfältig ausgesucht. Für ein oder zwei Jahre müssen sie Begleiter eines der wandernden Meister gewesen und mit ihm getreu von Land zu Land und von Ort zu Ort gezogen sein, *de terra ad terram et de loco in locum.* Hat ein Anwärter seine Ergebenheit bewiesen und die Fähigkeit, lange Passagen aus der Heiligen Schrift in deutscher Sprache auswendig zu lernen, kann er der Synode vorgestellt werden. Vor ihrem Plenum muß er die Frage beantworten, ob er künftighin treu in der erwählten Lebensweise fortfahren und einer der »Brüder« werden wolle. Antwortet er positiv, so wird zur Ordination geschritten. Der Kandidat bereitet sich darauf durch das Sündenbekenntnis vor. Danach eröffnet der »weiseste der Senioren«, *sciencior seniorum eorum*, der hierbei demnach den Majoralis aus dem Bernardschen Bericht ersetzt, eine Art *traditio symboli* – er referiert und kommentiert sieben traditionelle Artikel der Waldenser Katechese. Der Anwärter wird aufgefordert, sich diese durch persönliches Bekenntnis zu eigen zu machen. Dann muß er dem Vorsitzenden der Versammlung Gehorsam, Reinheit und Armut geloben, muß sich verpflichten, sich von seiner Hände Arbeit zu ernähren, nicht zu lügen und sich namentlich der Sympathien zu allen Personen zu enthalten, die ihn an seine Familie und seine Sippe binden könnten. Nach Ablegen dieses Gelöbnisses kniet der künftige »Bruder« nieder, und die *magistri seniores* legen ihm die Hände auf und vertrauen ihm so vor allem das Recht an, den Gläubigen die Beichte abzunehmen. Wenn er dann aufsteht, umarmen ihn alle anwesenden Brüder nacheinander und bestätigen damit seine Ordination. Trotzdem verbleiben die neu Ordinierten angeblich noch weitere sechs bis zehn Jahre nur Begleiter älterer wandernder »Brüder«, und erst nach Ablauf dieser Frist beginnen sie selbst den Waldenser Freunden die Beichte abzunehmen.

Erste Aufgabe eines fertigen und gereiften Waldenser »Bruders« war anfänglich zweifellos das *Wanderpredigertum* selbst. Die Predigt hatte in den Anfängen der Bewegung eine zentrale Bedeutung und geriet im theologischen Bewußtsein der Waldenser niemals in Vergessenheit. Im gesamten Mittelalter wurde überhaupt das Evangelium weit mehr mittels des gesprochenen Wortes verkündet, das durch Haltung und Gesten verlebendigt wurde, als durch zum Lesen bestimmte, geschriebene Texte. Wenn das Predigen in dieser Epoche ein anvertrautes Amt, ein Offizium, ein wahrhaft priesterliches Mandat war, das von einem besonderen bischöflichen Auftrag abhängig war und die aktive Teilnahme von Laien nach dem Prinzip ausschloß, Nichtpriester dürfen nicht predigen – *laici predicare non debent* –, dann trieb die Predigt der Waldenser »Brüder« sie selbst auf die Gegenseite. Die Brüder faßten ihre Aufgabe als freie und höchste Gnade Gottes auf und legitimierten sie durch Nachahmung der Apostel. Nur von daher konnten sie den Mut zur direkten missionarischen Tätigkeit schöpfen, die allen belastenden Gewinnen des machtmäßig etablierten Christentums entsagt hatte. Das Volkslehrertum der Waldenser »Brüder« wirkte um so einflußreicher, als die Mehrzahl der damaligen Menschen keine Bildung besaß. In den ersten Zeiten fühlte sich ein zahlreiches Publikum angezogen. In Südfrankreich zogen ganze Dörfer den Predigern in die Wälder nach. Die Brüder kamen auch in die Städte, predigten dort öffentlich und diskutierten auf Straßen und Plätzen. Die Freunde auf dem Lande bewirteten sie in ihren Höfen ganze Monate lang und aßen mit ihnen an einem Tisch. Leider ist uns keine einzige Niederschrift einer solchen Predigt erhalten geblieben, wie sie bei diesen Gelegenheiten gesprochen wurden. An der Wende vom 13. zum

14. Jahrhundert hört jedoch die Waldenser Predigt auf, an die Öffentlichkeit zu appellieren. Sie wendet sich immer mehr den schon bekehrten »Freunden« zu, richtet sich an deren Kinder und an einen oder zwei geladene Gäste, denen man vertrauen konnte. Diese spätere Privatisierung der Waldenser Predigt, von der schon die Rede war, hing damit zusammen, daß sich die Bewegung im 14. Jahrhundert beruhigte und in einigen geographischen Gebieten stabilisierte. Im übrigen waren die katholischen Bettelorden, deren Entwicklung in mancher Hinsicht parallel verlief, noch früher zu einer Einschränkung des spontanen Predigtaufschwungs ihrer Anfangsperiode gekommen. Die Dominikaner Ordenskapitel verboten beispielsweise schon seit dem Jahre 1249 das Predigen außerhalb der Provinzialgrenzen. Dabei wurden sie von höchsten Stellen anerkannt, so daß sie sich nicht den schweren Bedingungen einer Bewegung anzupassen brauchten, die im Untergrund vegetierte. Nichtsdestoweniger blieben die Waldenser bis zur Morgenröte der Reformation im 16. Jahrhundert zumindest in der Theorie dem Prinzip treu, daß Pastoral- und Predigermission – *presbyterii et predicationis officium* – eine unteilbare Einheit bildeten.

Dem Wanderpredigertum entsprach das *Netz der Gästehäuser*. Für die Wanderprediger waren das Stützpunkte, Zentren des Studiums und der Konzentration. Oftmals waren es nur von einigen älteren Frauen bewohnte Hütten, wo man sich um die von Ort zu Ort ziehenden »Brüder« kümmerte. Nur einige bedeutendere Häuser ähnelten Schulen für künftige Prediger, die ihre Arbeit als Helfer älterer Gefährten aufnahmen, also als *socii* oder *minores*. Das gemeinsame Leben konzentrierte sich in diesen Häusern auf Gebet und Studium der Heiligen Schrift, stand aber anfänglich ganz im Dienste der Bedürfnisse der Wanderpredigertätigkeit. Die materiellen Kosten für die Häuser wurden von den Synoden gesichert, die den einzelnen Hospizen auch die notwendigen durch Sammlungen aufgebrachten Finanzmittel zuteilten. Wir können nicht sagen, wie dicht das Netz der Gästehäuser in den verschiedenen Perioden war. In Gegenden, die ausgiebiger von waldensischen Elementen durchsetzt waren, mag diese Dichte beträchtlich gewesen sein. Die Häuser waren geographisch so verteilt, daß sie relativ lange Reisen vorbestimmten und zugleich ermöglichten. Noch im 15. Jahrhundert erweist sich ihr Funktionieren im Dienste der waldensisch-hussitischen Mission in den deutschen Landen. Die Institution der Waldenser Häuser war selbst nicht so einzigartig. Ähnliche Zufluchtsstätten hatten auch die südfranzösischen Katharer, die slawischen Bogomilen in Bosnien und auch die ersten Schüler des Franz von Assisi. Den Waldensern dienten die Häuser zuerst als Basen und Brennpunkte ihrer Ausstrahlung, später als Zuflucht und Versteck. Sie bildeten jedoch keine Kulträume. Unter ihrem Dach entstanden Dienstgemeinschaften; diese ermöglichten und unterstützten die Missionsarbeit, die das feste System der Kirchen und Pfarreien störte und sich gegen die Pflichten empörte, wie sie das Vierte Lateranische Konzil der Christenheit verbindlich auferlegt hatte. Wenn sich auch das Waldensertum soziologisch dank der deutlichen Permanenz in Familien und Sippen stabilisiert hatte, so organisierte es sich vor Antritt der Reformation doch nicht in Pfarreien klassischen Typs. Bis weit ins 15. Jahrhundert hinein besaß es noch keine eigene Analogie zum Ortspfarrer, der eine Kirche verwaltet, die Sakramente erteilt, Messe liest und Begräbnisse ausrichtet. Der Dienst der wandernden »Brüder« erinnert unentwegt an die wünschenswerte Uneingesessenheit und Ungesichertheit der christlichen Existenz, an ihre Freiheit, die es ablehnt, sich Traditionen und den starren Formen eines herkömmlichen Lebens zu unterwerfen. Die umherziehenden Brüder verwiesen durch ihren jeder institutionellen Stabilität ausweichenden Lebensstil auf Christi freie Oberhoheit über die Kirche, auf seine Befehlsgewalt, vor der man sich nicht hinter Kirchenmauern verstecken kann. Die Gemeinsamkeit, die sie ansprachen, kündete – zumindest vorläufig – die Gemeinschaft aller Menschen an, die zur Erlösung berufen waren. Hier lagen auch die Wurzeln des trotzigen Mißtrauens der Waldenser gegenüber kultischen Bauten, geweihten Friedhöfen, überhaupt allen sakralen Räumen und ihrer Ausstattung, gegenüber Kreuzen, Glocken u. ä. Tatsächliche Waldenser Gemeinden mit ansässigen Dienern des Wortes erscheinen in Mitteleuropa erst gegen Ende des 15. Jahrhunderts unter dem Einfluß der Böhmischen Brüder und dann hauptsächlich erst im 16. Jahrhundert in den Alpentälern dank der Wirksamkeit der Schweizer und Straßburger Reformation.

Eine andere Art der verschwiegenen Ablehnung einer statischen, hierarchisch in verschiedene Stände geschichteten Welt war das Fragezeichen der Waldenser über dem kirchlichen Pönitentialsystem. Bekanntlich entwickelte sich entsprechend dem 21. Kanon des Laterankonzils vom Jahre 1215 die sakramentale Pflichtbeichte voll im institutionellen Rahmen zu einem Kontrollinstrument und zu einem Werkzeug der Beherrschung des Gewissens. Wenn die Waldenser Meister ihren Freunden die Beichte abnahmen, so verlängerten sie eigentlich nur einem Brauch das Leben, den die Kirche zugelassen hatte, solange es noch nicht zur dogmatischen Definition auf dem vierten Laterankonzil gekommen war. Sie lehnten die Institutionalisierung der *Beichte* und ihre Erhebung zu einem Gesetz samt allen seinen soziologischen Härten, die es in sich barg, ab. Spätestens seit der Mitte des 14. Jahrhunderts verselbständigte sich die Waldenser Beichte von der Predigt, weil sie ins Schlepptau einer Tendenz geriet, die im Interesse der Verheimlichung der waldensischen Gemeinschaft Garantien für Verschwiegenheit und Ausdauer suchte. Damit wurde in entscheidendem Maße zur Festigung des waldensischen Selbstbewußtseins vom »sektiererischen« Typ beigetragen, nämlich der Überzeugung, daß ihre Gemeinschaft die Alternative zur offiziellen, unglaubwürdig gewordenen Kirche sei. Aber ehe es noch dazu kam, war das Waldenser Sündenbekenntnis in der Beichte nur die konkrete Applikation der Schlüsselgewalt, die dem gesamten Bekenntniswerk der Kirche Christi im Dienste der Befreiung des Menschen zugeschrieben wurde. Diese Beichtform, die zuerst gegenseitig ausgeübt wurde und keines Priesters bedurfte, wurde schon lange vor dem Ende des 13. Jahrhunderts zum Privileg der wandernden »Brüder« unter Ausschluß der »Schwestern«, und schließlich wurde sie das Hauptmittel ihrer pastoralen Seelsorge, mit dem sie in der Gemeinschaft die Disziplin aufrecht erhielten. Wer zu einem »Bruder« zur Beichte ging, ging direkt zu Gott. Durch Solidarität in der horizontalen Ebene wurde Teilnahme auf der vertikalen Dimension herbeigeführt. Sündenbekenntnis mit Absolution war die Einladung zum Empfang der Gnade Gottes in der brüderlichen Gemeinschaft und durch sie, die wandernde Kirche Christi. Die Beichte konnte auch die Katechesis erfolgreich ersetzen oder vertiefen. Das erklärt, warum den Waldenser »Freunden« soviel daran gelegen war, ohne Rücksicht auf Gefahr günstige Bedingungen dafür zu schaffen, daß sich die geheimen Beichten bei den Meistern regelmäßig wiederholen konnten.

A. W. Dieckhoff vermutete, daß die pastorale Seelsorge der wandernden »Brüder« nicht bestrebt war, zu einem besonderen evangelischen Ethos hinzuführen. Viel wahrscheinlicher ist jedoch gerade das Gegenteil. Konnte auch die Waldenser Beichte nicht die »Bürgerpflicht« der waldensischen Freunde aufheben, mindestens einmal im Jahre beim zuständigen Ortspfarrer zu beichten, so läßt sich ihre Absicht kaum auf das Streben reduzieren, nur das zu vertiefen und zu verinnerlichen, was die offizielle Kirche angeblich nur äußerlich und oberflächlich gewähren konnte. Meines Erachtens waren die typischen Standpunkte der Waldenser Freunde gerade die Folge der Begegnung mit dem Wort der evangelischen Verkündigung in der Beichte, die ihnen ihre Beichtväter auf ihren Wanderungen brachten. Dank dieser Begegnungen gliederte sich das Verhalten der Waldenser »Freunde« in den Zusammenhang einer großen Interessengemeinschaft ein, die über die Horizonte von Landschaften und über das Milieu, in dem sie leben mußten, hinwegreichten. Die Begegnungen nährten in ihnen das Bewußtsein der Gemeinsamkeit, des Welthorizontes der wahren Kirche Christi und der Internationalität ihrer eigenen Bewegung. Für Menschen, die ständig auf der Hut sein mußten, die sich mit Gleichgesinnten nur selten treffen konnten, garantierte die persönliche Beichte bei den aus der Ferne kommenden Brüdern die so notwendige Kontinuität der Lehre. Für die Beichtpraxis der mittelalterlichen Waldenser gilt in beträchtlichem Maße das, was viel später Luther über die Nützlichkeit der Beichte für das Leben der Christen sagte: »Hier hören sie Gottes Wort, verstehen ihren Glauben und üben sich in ihm, was bei der öffentlichen Predigt nur mit erheblich geringerer Wirksamkeit geschieht.«[57] Es nimmt nicht wunder, daß ein Abtrünniger der österreichischen Waldenser, Siegfried, gerade diese Praxis anprangerte, die aus der Sicht einer ausgearbeiteten Theologie der Sakramente gewiß wenig konsequent war: »Ihr tut nichts anderes als Beichte hören, für alles übrige schickt ihr die Leute in die päpstliche Kirche.«[58] Die Waldenser Beichte hatte allerdings keine sakramentale Funktion. Für die in den Untergrund verdrängte Bewegung war sie jedoch eines der wenigen möglichen und wirksamen Mittel, um die anvertraute Botschaft zu verkündigen und ihr eine bestimmte Dauer in der Zeit zu sichern.

Die mittelalterliche Mentalität zeichnete sich allgemein durch eine gewisse biblische Wortgläubigkeit aus. Bei den Waldensern fällt aber die *Volkstümlichkeit* ihres ausschließlichen *Biblismus* auf. Sie lernten die in die Muttersprache übersetzte Heilige Schrift fast ganz auswendig, und ihr tägliches Leben war von ihrer Verkündigung, von den Haltungen und Beziehungen zu Menschen und Dingen, die sie hervorrief, durchdrungen. Die Literaturgeschichte betont zu Recht die Rolle der Häresie bei der Nationalisierung der lateinischen Literatur in einem Prozeß, der freilich mit dem Entstehen und den ersten Erfolgen der bürgerlichen Kultur zusammenhing. Die Bibelübersetzung hatte dabei immer und überall grundlegende Bedeutung.

Das Vordringen der Volksbibel halfen die Waldenser nicht direkt als Übersetzer zu beschleunigen, sondern dadurch, daß sie die begierige Nachfrage nach der Heiligen Schrift in der Sprache des Volkes anregten. Ihren Inhalt verbreiteten sie vorwiegend durch mündliche Weitergabe, manchmal auch durch Nachschrift. Bei dieser Tätigkeit hatten sie einen solchen Erfolg, daß er selbst bei Feinden Erstaunen hervorrief. Zu ihnen gehörte sogar der Kanzler der Pariser Universität. Im August 1417 griff Jean Gerson die wörtliche Auslegung der Schrift *(nudum verbum)*, wie sie nichtrechtgläubige Gruppen betrieben, scharf an. Die Armen von Lyon, so legte er den Teilnehmern am Konzil von Konstanz dar, verbreiteten solche irrigen Auslegungen, und dies um so leichter, als sie die Bibel in die Volkssprachen übersetzt hätten.

Wir können uns hier noch nicht mit den sprachlichen und literarischen Eigentümlichkeiten der provenzalischen, italienischen und deutschen Bibeln befassen, die von den mittelalterlichen Waldensern verwendet wurden. Wir wollen nur den Eifer betonen, mit dem sich die Waldenser als Vorkämpfer für nationale Bibeln bewährten. Auch in dieser Sache schwammen sie gegen den Strom der offiziellen Tendenz, die wider die volkstümlichen Bibeln gerichtet war. Ihrer Verbreitung standen vielerlei Hindernisse entgegen. Bedenken wir für das 13. Jahrhundert nur die vielen Verbote von Bibelübersetzungen, wie sie von den kirchlichen Synoden in Toulouse (1229) und Béziers (1246) ausgesprochen wurden, und für das 14. Jahrhundert die kaiserliche Verfügung Karls IV. (1369), formuliert im Einverständnis mit Papst Urban V.: »Im Sinne kanonischer Sanktionen werde Laien beiderlei Geschlechts nicht erlaubt, irgendwelche aus der Heiligen Schrift in die Volkssprache übersetzte Bücher zu verwenden.« [59]

Anfangs konzentrierte sich das Interesse der Waldenser gänzlich auf das Neue Testament. Im 13. Jahrhundert verwahren Waldenser im Languedoc handschriftliche Übersetzungen der Evangelien, der Apostelbriefe und der Offenbarung Johannis. In der zweiten Hälfte des 14. Jahrhunderts freuen sich die Lombardischen Armen darüber, daß es ihnen gelungen war, in höchster Not wenigstens die Heilige Schrift aus den Verfolgungen zu retten. Sie besaßen demnach Exemplare, wenn wir auch nicht sagen können, ob es sich um Übersetzungen oder um die lateinische Vulgata handelte. Ihre deutschen Brüder besorgten sich möglicherweise selbst Übersetzungen des Neuen und auch des Alten Testaments. Das behauptete wenigstens der Inquisitor Peter Zwicker in einem Bericht, den er im Jahre 1393 dem Passauer Bischof gab. Vielleicht übertrieb er auch, aber mit Sicherheit können wir sagen, daß die deutschen Waldenser spätestens gegen Ende des 14. Jahrhunderts den vollständigen Wortlaut eines deutschen Neuen Testaments besaßen, vermutlich bayrischen Ursprungs, und dazu einige Bruchstücke des Alten Testaments.

Die Tatsache, daß volkstümliche handschriftliche Bibeln in Händen verschiedener Waldenser Gruppen relativ selten waren, wurde nicht allein durch unendliche Verfolgungen bewirkt. Die Waldenser selbst begnügten sich nämlich mit einer kleinen Anzahl von Exemplaren. Die Schrift, namentlich das Neue Testament, war für sie vor allem zum Glauben aufrufende Verkündigung, eine Botschaft, die mit lebendigem Worte mitzuteilen und in gehorsamem Zuhören aufzunehmen war. Entscheidend war dabei das Auswendiglernen. Bereits Waldes entschloß sich, wie Stephan aus Bourbon bemerkt, »die Evangelien und alles, was er auswendig gelernt hatte«, zu verbreiten, und seine Schüler, die Stephan zwei Generationen später verhörte, »kennen gut das apostolische Glaubensbekenntnis, lernen das Evangelium des Neuen Testaments in der Sprache des Volkes auswendig und wiederholen es dann laut für andere. Mit eigenen Augen habe ich gesehen«, versichert ferner Stephan, »wie ein junger Bursch vom Lande, obzwar er nur ein einziges Jahr im Hause eines Waldenser Ketzers gelebt hatte, alle vierzig Sonntagsevangelien auswendig gelernt hat und zwar so, daß er aufmerksam zuhörte und dann sorgfältig wiederholte, was er gehört hatte. All das lernte er Wort für Wort in der Muttersprache... Ich habe auch Laien gesehen, die auswendig große Teile des Matthäus- und Lukas-Evangeliums rezitieren konnten, besonders all das, was Lehren und Ausführungen unseres Herrn enthält. Die Worte des Herrn verstehen sie getreu mit nur unbedeutenden Fehlern zu wiederholen«.[60] Ein anderer Waldenser, den der Dominikaner Stephan ebenfalls festgenommen hatte, vermochte nach achtzehn Monaten Schulung bei den Lombardischen Armen in

Mailand das ganze Neue Testament und dazu noch ausgewählte Teile des Alten wiederzugeben.

In diesem Lichte sind immer die literarischen Abhängigkeiten zwischen den verschiedenen Bibelübersetzungen zu sehen, welche die Waldenser vor der Erfindung der Buchdruckerkunst verwendeten. Zwischen zwei Texten einer biblischen Übersetzung können offenbar noch andere Beziehungen bestehen als zwischen Abschrift und Vorlage. Man kann voraussetzen, daß der Waldenser Schreiber sich nicht nur von den Augen, die den Text der Vorlage verfolgen, leiten ließ, sondern auch vom Gedächtnis. Es sind genügend Zeugnisse – für alle Zweige des Waldensertums – vorhanden über die erwähnte eigentümliche Methode, mit der sie die volkstümliche Bibel lebendig machten. Die kaum unterdrückte Bewunderung Stephans aus Bourbon wurde freilich im Laufe des 14. Jahrhunderts von einer immer ärgerlicher werdenden Verbitterung der außenstehenden Beobachter abgelöst. Ein hübsches Blatt über den Waldenser Biblizismus schrieb Antonino de Stefano:

»Nur wenige intellektuelle Zentren können zu dieser Zeit mit den Waldensern in der fieberhaften Hingabe an die Bibelstudien wetteifern, in einer innigen Begeisterung, mit der sie die Schrift in der Muttersprache auswendig lernen. In dieser Zeit, da der Zugang selbst zu einer nur grundlegenden Bildung selten ist, kann uns gerade bei den niederen Gesellschaftsschichten dieser Aufschwung der intellektuellen Energie nicht verwundern. In einer Darstellung aus dem 13. Jahrhundert lesen wir, daß die Waldenser Tag und Nacht nicht aufhörten zu studieren, gleich ob alt oder jung, Männer oder Frauen. Nach einer Ganztagsarbeit strebt der Arbeiter gleich bei Dunkelwerden zum Studium oder widmet sich der Unterweisung anderer, die weniger gebildet sind als er. Selbst ein siebenjähriges Kind sucht, sobald es einen biblischen Vers gelernt hat, seine Kenntnisse anderen mitzuteilen ... Für ungeschulte und der geistigen Arbeit ungewohnte Leute war das gewiß eine anstrengende Leistung, aber dank ihres Eifers, ihrer täglichen Ausdauer und der Methode *disce quotidie unum verbum*, erreichten sie oftmals bemerkenswerte Resultate, manchmal sogar ungewöhnliche.«[61]

Besaßen die Waldenser demnach *Schulen*? Darüber wurden viele Vermutungen angestellt. Als gelungenste Antwort können wir noch heute die nüchternen Worte des Waldenser Historikers Hieronymus Miolo aus dem Jahre 1587 ansehen. Er schrieb über die Waldenser in den Alpentälern: »Es gab dort Schulen, aber in der Regel übernahmen die Barben selbst die Aufgabe, die Jugend zu unterrichten, die sich zum heiligen Dienst verpflichten sollte.«[62] Die waldensischen Schulen oder angeblich auch »Gymnasien«, von denen die Inquisitoren öfter schrieben, hatten tatsächlich nur ausnahmsweise den Charakter von Trivialgrundschulen. Die feindlichen Beobachter bezeichneten mit dem Wort Schule oder Gymnasium einfach die Zentren der ketzerischen Tätigkeit. Einige Gästehäuser dienten allerdings, wie wir gesehen haben, der Erziehung und der Bibelkunde künftiger wandernder Brüder und ähnelten darin den Schulen. Aber die Bewegung selbst wurde weit mehr von der erzieherischen Tragweite der grundlegenden Beziehungen zwischen Brüdern und Gläubigen und von der ständigen Katechese und wechselseitigen Gemeinschaft geprägt als durch ihre sehr primitiven Ansätze zu irgendeinem Schulsystem.

In der Kindererziehung bewährte sich voll die Verantwortung der Familie, wenn auch die Aufforderung zum Glauben nicht ausschließlich Sorge der Eltern war. Die »zu Verstande kommenden« Kinder, also die vom zwölften bis zum vierzehnten Lebensjahr, wie man allgemein annahm, waren Gegenstand besonderer Fürsorge der Waldenser Meister. Das allmähliche Bekanntmachen der Kinder beiderlei Geschlechts mit dem Inhalt des Neuen Testaments sollte ihre Entscheidung vorbereiten helfen, sich selbst zum Glauben zu bekennen. Dieses Vorgehen wird sowohl bei den Waldensern im Languedoc im 13. Jahrhundert als auch bei den deutschen Waldensern hundert Jahre später bezeugt. Der Einfluß der Familie und der Sippentraditionen verstärkte sich mit den Jahren noch. Die Waldenser Diener des Wortes mußten sich schließlich durch einen Eid verpflichten, ihm nicht völlig zu erliegen. Blättern wir im waldensischen Traktat, der dem Knabenunterricht und der Erziehung der Mädchen gewidmet war,[63] können wir uns eine ungefähre Vorstellung davon machen, wie die Bewegung im Dämmerschein der Epoche, von der hier die Rede ist, vom Patriarchalismus beherrscht wurde. Diese Abhandlung entstand höchstwahrscheinlich bei den Alpenwaldensern und beruht ganz auf Aussagen der Heiligen Schrift, aus denen der Autor zwei Ketten pädagogischer Ratschläge zusammengestellt hat. Die eine empfiehlt harte Disziplin, der die Knaben unterworfen sein sollen, die andere konzentriert sich auf die Erziehung der Mädchen, damit sie später einmal gute Gattinnen und Mütter werden. Bei der Erziehung der Knaben soll man nicht mit Schlägen sparen, während es wiederum besser ist, die Mädchen zu Hause einzusperren. Das war freilich nichts für die Waldenser Eigentümliches, ja es ist sogar wahrscheinlich, daß sich der Autor eine ältere fertige Vorlage zurechtgemacht hat. Interessant ist jedoch, daß das Handbüchlein für fromme Eltern bestimmt ist, die sich selbst um die Erziehung ihrer Kinder kümmern sollen, während von irgendeiner Erziehungshilfe durch die offizielle Kirche keine Rede ist. Die Erziehung der Geschlechter ist stark differenziert, aber in beiden Fällen tritt die didaktische Fürsorge vor der moralischen Erziehung stark in den Hintergrund. Diese Abhandlung entsprach gut den Bedürfnissen der Waldenser in der Periode ihrer Existenz im Abseits, und zwar sowohl durch ihre kernigen biblischen Redewendungen, durchsetzt mit Ausdrücken des Volksmunds, wie auch dadurch, daß sie die patriarchalische Familie in dem Gefühl der direkten Verantwortlichkeit vor Gott bestätigte, unabhängig von anderen gesellschaftlichen Institutionen.

Unsere allzu bruchstückhaften Quellen gestatten keine vollständige Rekonstruktion der Waldenser Spiritualität. Offensichtlich bewegte sie sich in der Spannung zwischen der Hingabe an das Evangelium, dessen Verkündigung und Anhörung durch die typischen Mittel des Waldenser Evangeliums abgesichert waren, nämlich der Botschaft der wandernden Brüder und der Familienerziehung, und zwischen der damals allgemein üblichen Ansicht, daß die Erlösung bedingt sei durch die sichtbare Zugehörigkeit zur Christenheit, also durch die Abhängigkeit vom Klerus und den von ihm gespendeten Sakramenten. Die Kluft, tief im prinzipiellen und emotionalen Bereich verankert, erwies sich allerdings in den Alltagsbeziehungen weniger konsequent. Der Geist kühnen Draufgängertums mußte sich mit praktischen Kompromissen zufriedengeben und sich in die innere Emigration flüchten. Die zweifellos drückende und beklemmende Spannung verstärkte das Gefühl der Unsicherheit, der Vergänglichkeit und der Vorläufigkeit.

Bereits die Lyoner Armen fühlten sich nicht wirklich daheim in den Pfarrkirchen, die doch einen guten Katholiken erheben, umgeben und beschützen sollen. Sie hielten weder die Fastengebote ein, noch achteten sie die Feiertage des liturgischen Jahres, sie hielten auch nicht die Vorschriften bei Eheschließungen ein, und die päpstliche oder bischöfliche Jurisdiktion galt für sie wenig. Sie lehnten es ab, für Verstorbene zu beten, und beteten ungern das Ave Maria. Dieses Mißtrauen gegenüber kirchlichen Bräuchen wuchs allmählich an, nachdem es anfänglich noch gering gewesen war. Vor dem Jahre 1200 glaubten die französischen Waldenser noch, daß sie Glieder der römischen Kirche seien, an deren Rechtmäßigkeit sie nicht zweifeln wollten. Die Kirche selbst sorgte dafür, daß sie sich bewußt wurden, wie weder Theologen noch das Kirchenrecht ihren Weg billigten. Aber noch lange hält sich bei ihnen die Ungewißheit, was mit der Teilnahme an üblichen Gottesdiensten und mit der Bezahlung des Zehnten werden solle.

Viel schärfer war gleich in den Anfängen die prinzipielle Kritik an der hierarchischen Konstitution der römischen Kirche bei den lombardischen und deutschen Waldensern. Die Feststellungen der Inquisition, was diese Waldenser alles leugneten und ablehnten, pflegten lang zu sein. Man kann sagen, daß gegen Ende des 14. Jahrhunderts die mitteleuropäischen Waldenser fast allen Handlungen und Bräuchen, mit denen die römische Kirche liturgisch die Beziehungen des Menschen zu Gott organisiert hatte, ihre Zustimmung verweigerten. Halten wir uns nur an eines dieser zahlreichen Verzeichnisse der Inquisition, so bekommen wir ungefähr das folgende Bild davon, wie die Waldenser das herkömmliche Kirchenwesen in Frage gestellt haben:

Die Waldenser entsagten jeglicher Ehrfurcht vor den üblichen Orten und Räumlichkeiten, wo sich in der Regel sämtliche öffentlichen Aktionen liturgischen Charakters abspielten, also vor Kirchen und ihren Altären, Bildern und Skulpturen Christi, der Jungfrau Maria und aller Heiligen, vor ihren Glocken und Orgeln. Der Kirchengesang erschien ihnen wie Hundegebell. Die Bestattung in geweihten Boden der Friedhöfe ist in ihren Augen um nichts würdiger als ein Begräbnis an jeder beliebigen anderen Stelle. Sie achten die den Heiligen und Märtyrern geweihten Tage nicht, suchen keine Wallfahrtsorte auf und weichen Prozessionen aus, diesen verführerischen Gelegenheiten, die nur von der Arbeit ablenken. Da sie nicht an die Existenz des Fegefeuers glauben, lehnen sie auch die Fürbitte der Heiligen ab. Von dem ganzen komplizierten Meßritual können sie nur die biblischen Worte anerkennen, welche die Einsetzung des Abendmahls darstellen. Mit Ausnahme des Gebets des Herrn muß ihrer Meinung nach jedes andere festgelegte Gebet abgelehnt werden. Mit tiefer Abneigung wenden sich demnach die Waldenser von allen Zeremonien und Bräuchen ab, die bei den Menschen die Neigung zu der grundsätzlichen Annahme verstärkt haben, daß die Erlösung außerhalb der institutionellen Kirche nicht möglich sei.

Wir könnten voraussetzen, daß umgekehrt der *Gottesdienst*, soweit ihn die Waldenser untereinander pflegten, so einfach wie möglich war. Die konkreten Angaben, die uns zur Verfügung stehen, sind jedoch dünn und unvollständig. Zum Teil haben wir sie schon bei der Behandlung der Ordination Waldenser Prediger berührt (S. 212) und bei der Betrachtung des Lebensrhythmus im Waldenser Haus, den der Wechsel von Gebet und Arbeit bestimmte (S. 118 u. 215).

Die Schüler der Lyoner Armen aus dem Languedoc präsidierten auf ihren Predigerfahrten in der Zeit vor der Mitte des 13. Jahrhunderts häufig bei den Gottesdiensten, die in den Abendstunden in freier Natur durchgeführt wurden. Vor der Predigt, die in der Regel auf eine Stelle aus den Evangelien oder den Episteln aufbaute, kam ein Gebet. Die gottesdienstliche Gemeinschaft setzte sich aber fort in Gesprächen der Gläubigen mit jenen, die ihnen das Wort Gottes ausgelegt hatten. Das gläubige Mitglied der Gemeinschaft hörte die Prediger nicht bloß an, sondern strebte danach, mit ihnen auch *Tischgemeinschaft* zu haben. Gastfreundschaft und gemeinsame Speisen gewannen auf diese Weise den biblischen Charakter einer Gemeinsamkeit, die verpflichtete, zuammenführte, vereinheitlichte. Die Bedeutung dieses Gestus durchstrahlt die erhalten gebliebenen Unterlagen, auch wenn den Inquisitoren letztlich vor allem daran lag, die Namen derjenigen festzustellen, die den Propagatoren ketzerischer Lehren Speise und Trank gewährten. Die Majestät des gemeinsamen Tisches, das erhebende Moment der Gemeinschaft von Brüdern und Freunden wird auch von der Tatsache betont, daß das bei dieser Gelegenheit gesegnete Brot auch nach dem Weggang des Predigers seine Bedeutung als geistige Speise nicht verlor. Den Charakter des Waldenser Speisens am gemeinsamen Tisch halten die Inquisitionsprotokolle von Carcassonne aus der ersten Hälfte des 13. Jahrhunderts fest:

»Bevor sie sich an den Tisch setzen, segnen sie ihn mit den Worten: Benedicite. Kyrie eleison, Christe eleison. Dann sagt der Älteste von ihnen in der Muttersprache: Gott, der für seine Apostel in der Wüste fünf Gerstenbrote und zwei Fische gesegnet hat, segne diesen Tisch und alles, was darauf steht und noch aufgetragen wird. Und sie machen dazu das Zeichen des Kreuzes, indem sie sprechen: Im Namen des Vaters, des Sohnes und des Heiligen Geistes. Wenn sie nach dem Mittag- oder Abendessen vom Tische aufstehen, danken sie in der Weise, daß der Älteste von ihnen in der Muttersprache sagt, was in der Offenbarung geschrieben steht: Segen und Ruhm und Weisheit und Danksagung, Ehre und Macht und Kraft unserem Gott von Ewigkeit zu Ewigkeit, Amen. Und dann fügt er hinzu: Gott vergelte mit gutem Lohne allen, die uns wohltun und segnen. Gott, der du uns die zeitliche Nahrung gegeben hast, gib uns auch die geistige. Gott sei mit uns und wir mit ihm immerdar. Und die übrigen antworten: Amen.«[64]

Das Segnen des Tisches ist ein ausdrückliches Kennzeichen der lateinischen Waldenser noch gegen Ende des 14. Jahrhunderts. Das gemeinsame Mahl ist zu dieser Zeit ein wichtiges Element bei den geheimen Zusammenkünften der piemontesischen Ketzer im Val di Lanzo, bis zu denen waldensische Einflüsse vorgedrungen waren. Diese Form der Tischgemeinschaft steht gewissermaßen auch auf dem Übergang zwischen dem üblichen Essen und dem heiligen Abendmahl, das unter beiderlei Gestalt gefeiert wurde. Bei den französischen Waldensern wurde das übliche Essen, das jedoch ein wandernder Bruder gesegnet hatte, auf das Niveau eines Liebesmahles erhoben. Einen fast sakramentalen Charakter erhielt es am Gründonnerstag, wenn die französischen Waldenser noch um die Mitte des 13. Jahrhunderts zum Gedenken an das letzte Abendmahl des Herrn mit seinen Aposteln zusammenkamen. Diese Feier, bei der Brot, Wein und Fisch gegessen wurde, scheint den »Brüdern« und »Schwestern« der Wanderprediger-Bruderschaft oder den Bewohnern der Bruderhäuser vorbehalten gewesen zu sein, überstieg aber den lokalen Rahmen gerade durch den charakteristischen Gestus der Segnung des Brotes, das dann entfernteren oder kranken Freunden gebracht werden sollte:

»Die Lyoner Armen segnen Brot einmal im Jahre«, berichtet darüber das Inquisitionsprotokoll, »und zwar am Gründonnerstag. Wenn es dunkel wird *(iuxta noctem)*, versammelt derjenige, der den Vorsitz führt, wenn er Priester ist *(si est sacerdos)*, sein ganzes Gesinde beiderlei Geschlechts um sich. Er läßt eine Bank oder Truhe vorbereiten, die mit einem reinen Tischtuch bedeckt wird. Obenan wird ein großes Glas lauteren Weines und ein ungesäuerter Kuchen gestellt. Dann ergreift der Priester das Wort und spricht: Beten wir zu Gott, daß er uns in seiner Gnade unsere Sünden und Vergehen vergebe und unsere Gebete erhören möge. Sprechen wir siebenmal das Vaterunser zum

Ruhme Gottes und der heiligen Dreifaltigkeit. Nach dieser Aufforderung knien alle nieder, sprechen siebenmal hintereinander das Herrengebet und stehen dann auf. Der Konsakrierende macht das Kreuzzeichen über Brot und Kelch, bricht das Brot und reicht jedem ein Stückchen. Danach reicht er allen den Kelch. Bei dieser Zeremonie stehen alle. So sieht ihr Opfer aus. Sie glauben fest daran, daß hier Blut und Leib unseres Herrn Jesu Christi sei. Bleibt noch ein Rest übrig, so wird er bis Ostern aufbewahrt und an diesem Tage aufgegessen. Bäte sie jemand darum, auch an dem Brote teilzuhaben, so würden sie ihm das gewähren. Zu anderen Jahreszeiten geben sie ihren Kranken nur gesegnetes Brot und ebensolchen Wein.«[65]

Anfang des 14. Jahrhunderts scheinen die französischen Waldenser in ihren älteren Sicherheiten wankend geworden zu sein. Der ständige Zwang, sich verbergen zu müssen, und das immerwährende Verheimlichen veranlaßten sie gleichermaßen wie die offenkundige Ungenauigkeit ihrer Auffassung von den Sakramenten, den Freunden die Teilnahme an den regelmäßigen Gottesdiensten, besonders den Messen, zu empfehlen. Wir kennen eine ziemlich überraschende Nachricht, daß die Waldenser Bruderschaft täglich das Brevier der römischen Kirche las und – soweit es sich um die Tischgemeinschaft handelte – urchristliche Liebesmahle sozusagen aus Furcht davor veranstaltete, die kirchliche Eucharistie zu profanieren. Diese Mahle wurden weiter am Gründonnerstag gefeiert. Der Majoralis wusch bei dieser Gelegenheit allen Anwesenden die Füße, setzte sich dann mit ihnen an den Tisch und segnete Brot und Fisch. Dabei war nicht beabsichtigt, das eucharistische Opfer zu wiederholen oder nachzuahmen, sondern es sollte nur an das letzte Abendmahl des Herrn erinnert werden. Mag auch ein so ausgerichtetes Abendmahl tatsächlich die kirchliche Eucharistie nicht ersetzen, so ist – falls allerdings diese Nachricht nicht nur deshalb so formuliert ist, um das Ohr des Inquisitors nicht zu beleidigen – doch der Wille charakteristisch, in die Gemeinschaft mit dem kommenden Herrn einzugehen, der seinem Versprechen gemäß (Matth. 8, 11) alle Auserwählten zusammen mit Abraham, Isaak und Jakob vereinigen wird, um ihnen in Freuden Speise und Trank von seinem Tische zu reichen. »Herr Gott Abrahams, Isaaks und Jakobs«, betete der Majoralis, »Gott unserer Väter und Vater unseres Herrn Jesus Christus, Du, der Du befohlen hast, daß Dir Speise- und Brandopfer und verschiedene Gaben aus den Händen der Bischöfe und Priester, Deiner Diener, dargebracht würden, und Du, Herr Jesus Christus, der Du in der Wüste fünf Gerstenbrote und zwei Fische gesegnet hast und Wasser, das Du segnend in Wein verwandeltest, segne im Namen des Vaters und des Sohnes und des Heiligen Geistes dieses Brot, den Fisch und den Wein, daß sie nicht als Opfergabe und Brandopfer dienen, sondern zum Gedenken an das allerheiligste Abendmahl Jesu Christi und seiner Apostel.«[66] Die eschatologische Absicht der Zeremonie kontrastiert auffallend mit der gelehrten Vorsicht, die es peinlichst vermeidet, das von der herrschenden Kirche gehütete Mysterium anzutasten.

Schon vor der Zusammenkunft von Bergamo von 1218 nahmen die Lombardischen Armen zu dieser Frage einen anderen Standpunkt ein. Nach ihnen hing die Eucharistie ganz und zugleich von der Souveränität Gottes und von der im Glauben und in der Hoffnung lebenden Gemeinschaft ab. Deshalb höhlt die Simonie der Geistlichen das Sakrament aus. Die Gültigkeit des Sakraments wird nur in dem Maße erneuert, in dem die Christengemeinde tatsächlich wiedergeboren wird. Wir wissen nur wenig über die liturgischen Bräuche, welche die Lombardischen Armen und ihre deutschen Schüler beim Herrenmahl pflegten, aber die Mehrzahl der einschlägigen Erwähnungen bezeugt, daß die innere Entfremdung dieser Waldenser von der kirchlichen Tradition auch hier beträchtlich war. Die Eucharistie war für sie ein Gemeindeakt, ein Akt der Gemeinsamkeit. Es nahmen daran grundsätzlich nicht nur die Brüder-Prediger teil, sondern immer auch die Gläubigen, die unter bestimmten Umständen die Feier auch selbst durchführen konnten. Dazu kommt es dann häufig genug, nicht nur am Gründonnerstag. Um aber den Späherblicken der Kirchenaufsicht zu entgehen, stellen sich auch die Waldenser seit Ende des 14. Jahrhunderts regelmäßig zur kirchlichen Ostermesse ein.

Diese zögernde Unentschlossenheit zwischen der Tischgemeinschaft der Bruderschaft und andererseits der Eucharistie in der Mehrheitskirche, wie sie von einem Priester gefeiert wird, diese bei aller inneren Abneigung dennoch beachtliche Toleranz gegenüber den sakramentalen Handlungen der Kirche, hing zweifellos mit der recht offenen Ekklesiologie der Waldenser und auch damit zusammen, daß sich neben der ursprünglichen zentralen Betonung der Predigt die Frage der Sakramente als nebensächlich, unwesentlich erwies. Konsequenz können wir in dieser Sache den Waldensern nicht zubilligen.

Einige von ihnen wurden sich dessen freilich bewußt beim Nachdenken über das *Problem der Taufe.*

Kurz vor 1200 antworteten einige Waldenser Prediger aus dem Languedoc auf die Exkommunikation, deren Opfer die Bewegung der Waldenser geworden war, mit einer Verschärfung ihrer Volkskritik am Klerus und seinen Privilegien. Priester, die in der Sünde leben, so behaupteten sie, könnten keinerlei Handlungen mit sakramentaler Gültigkeit ausüben. Demgegenüber haben die Waldenser dadurch, daß sie ein wirkliches apostolisches Leben führen, das volle Recht zu taufen, ja sogar wiederzutaufen in Fällen, wo die Taufe durch einen unwürdigen Priester erteilt wurde. Wir begreifen also, warum Durand von Osca in dem Augenblick, als er sich im Jahre 1208 von seinem Waldensertum lossagte, soviel daran gelegen war, sich laut zum traditionellen Glauben an die objektive Wirksamkeit des Sakraments der Taufe zu bekennen. Vereinzelte Spuren eines Waldenser Wiedertäufertums lassen sich noch in der Mitte des 13. Jahrhunderts in der Provence, in Norditalien und in der Reichsstadt Trier verfolgen. Wenn die volkstümliche Predigt der Waldenser die ehebrecherische Vereinigung der römischen Kirche mit Macht und Reichtum enthüllte und bloßstellte, so war es nur konsequent, daß auch erklärt wurde, von dieser Kirche getaufte Kinder befänden sich in der Gefahr ewiger Verdammnis. Diese Tendenz zeigte sich auch bei einigen deutschen Waldensern, als sie sich der Überzeugung ihrer lombardischen Lehrer erinnerten, daß die Taufe nur Bekennenden zustehe, also bewußten und vernünftigen Menschen.

Nichtsdestoweniger bestanden Waldes selbst und dann auch die Mehrheit der Lombardischen Armen auf der Zweckmäßigkeit der Kindertaufe, auch wenn sie nicht unterließen, sich mit Lebensstil und Disziplin der Täufer nicht weiter zu befassen. Bewußt distanzierten sie sich auch von den Katharern, die am liebsten die Taufe ganz aufgehoben hätten als ein allzusehr materielles Zeichen. Daher wurde der Anabaptismus im Mittelalter in der Waldenser Bewegung niemals zur ausschließlichen Regel. Hauptfrage für die Waldenser war, wer für die Taufe verantwortlich sei und wie das Milieu aussehen müsse, in dem es zur Taufe kommt, damit sie nicht sofort ihrer Bedeutung beraubt würde. Das ist ein mehr oder minder »donatistischer« Standpunkt, bedeutet aber bei den Waldensern nichts anderes, als daß sie die Taufe als eine gemeinschaftliche, gemeindliche Angelegenheit werten und nicht als priesterliche sakramentale Handlung. Die Taufe wird ihrer Meinung nach zur Lüge, wenn sie einzig kraft der Priesterweihe erteilt wird, ohne Rücksicht auf den sozialethischen Kontext der Gemeinschaft der Gläubigen, auf den sich die Taufe beruft.

Viele der erwähnten Züge können wir nur dann voll verstehen, wenn wir ständig der Tatsache eingedenk bleiben, daß sich die Waldenser mit ihrer Überzeugung frühzeitig *verbergen* mußten, daß es sich um eine Bewegung handelte, die gleich in ihrer ersten Generation außerhalb jede gesellschaftlich gültige Gesetzlichkeit geriet. Es stimmt, daß die beispielsweise erwähnte Unsicherheit der sakramentalen Praxis auch dadurch gegeben war, daß – was Eugenio Dupré-Theseider stark betonte – nämlich die Waldenser ähnlich wie auch andere »Ketzer« des Mittelalters »sich am katholischen charismatischen Leben beteiligten, weil sie dessen größere Fülle an Numinosem reizte, als sie ihre kirchliche unvollständige Praxis enthielt.«[67] Nur daß gerade diese ihre unvollständige Praxis weniger von den eigenen Absichten ihrer Gemeinschaften bedingt war, sondern von der objektiven physischen Unmöglichkeit, alle ihre Tendenzen zu entfalten; viele mußten häufig latent bleiben. Das Problem entstand erst mit der Exkommunikation, von der die Waldenser betroffen wurden, und mit der disziplinierten Rückkehr ihrer abgespaltenen Gruppen, der Katholischen Armen, in den Schoß der römischen Kirche. Erst von dieser Zeit an beginnt der verborgene Charakter der Waldenser Bewegung die Inquisitoren ernsthaft zu beunruhigen. Auf die Extremisten unter den Waldensern, die zum Wiedertäufertum hinneigten, richtete sich dementsprechend ihre Aufmerksamkeit zu allererst: Sie verbergen angeblich ihre innersten Überzeugungen, und man muß sie deshalb auch mit dem Schwerte ausrotten, *gladio materiali radicitus extirpare.*[68] Die Antwort auf solche Maßnahmen konnte freilich nur Geheimhaltung sein. Andere Waldenser besuchen angeblich die Kirchen und beteiligen sich in ihnen dem Augenschein nach an den Gottesdiensten. Ihre Lehrmeister treten einmal in der Verkleidung büßender Pilger, dann wieder als wandernde Handwerker auf. Als man einen von ihnen aufgriff, fand man in seinem Wanderbeutel Werkzeuge für so viele Handwerke, daß der Dominikaner Stephan aus Bourbon in ihm beinahe einen Proteus redivivus gesehen hätte! Von der Mitte des 13. Jahrhunderts an sind die Waldenser im französischen Milieu eine Geheimgesellschaft. Unter den italienischen, mit spätkatharischen Elementen durchsetzten Waldensern war angeblich auch ein besonderer geheimer Gruß üblich. Die Männer drückten sich angeblich den kleinen Finger, während sich die Frauen gegenseitig mit den Spitzen zweier Finger berührten. »Es gibt niemanden, ja nicht einen einzigen Fremden würde man finden«, konnten sich die Inquisitoren zu Beginn des 14. Jahrhunderts schon rühmen, »der nicht wüßte, daß die Ketzer (Katharer) und Waldenser schon längst und mit vollem Recht abgeurteilt sind, daß diese feierliche Verurteilung durch den Tod unzähliger solcher Ungläubiger bestätigt wurde, *tot mortibus ipsorum infidelium.*«[69]

Die neuerdings als Schutzmimese bezeichnete Erscheinung wiederholt sich mit einigen Analogien im Verlauf des 14. Jahrhunderts auch in den deutschen Landen. Auch hier, besonders zur Zeit, als die Bewegung ihren missionarischen Schwung noch nicht verloren hatte, reisten die Prediger oft als Hausierer.

Die Waldenser Freunde deckten sich oft genug und fast allgemein damit, daß sie – in der Hoffnung, auf diese Weise unbehelligt zu bleiben und in Ruhe gelassen zu werden – liturgische Handlungen und Bräuche ausführten, wie sie von gläubigen Katholiken verlangt wurden.

Das intensive Leben ihrer eigenen Gemeinschaft spielte sich am meisten zur Nachtzeit in Verstecken ab. Man braucht sich nur daran zu erinnern, daß die Beichte der Waldenser im geheimen Kämmerlein abgenommen wurde und daß sie sich auch zur Predigt regelmäßig erst nach Einbruch der Dunkelheit versammelten. Auch die Waldenser der Gegend von Neuhaus in Böhmen besaßen besondere Kammern, und bei ihren Brüdern in den Ostseeländern stellte die Inquisition in gleicher Weise fest, daß sie »hinter dem häuslichen Herd«, »auf dem Dachboden«, »in der Kammer hinter dem Pferdestall« oder »in einem Anbau beichteten, wo niemand sie sehen konnte, weder den ketzerischen Beichtvater noch die beichtende Frau«.[70]

Das langwierige und riskante Versteckspiel führten die Waldenser ihrer Überzeugung nach nicht nur für sich selbst, sondern auch für die Menschen, *propter homines*. Ihre Wanderprediger hielten sie für heimliche Apostel Jesu Christi, *occulti discipuli Domini nostri Jesu Christi*. Sie hofften außerdem, daß diese erniedrigende Situation sich nicht für alle kommenden Zeiten und nicht bis ins Unendliche fortsetzen würde. Die vorläufige Geheimhaltung würde in einer mit apokalyptischen Farben ausgemalten Zukunft von einer neuen kühnen Veröffentlichung der waldensischen Mission abgelöst werden.

Im letzten Jahrzehnt des 14. Jahrhunderts glaubten die mitteleuropäischen Waldenser ähnlich wie ihre Brüder in Augsburg, daß ihre Bewegung »bis zum Tage des Jüngsten Gerichts dauern« werde, »in der Heimlichkeit aber nur bis zur Ankunft von Elias und Enoch, während sie dann vor die Öffentlichkeit tritt.«[71]

Allen Verfolgungen und Bedrängnissen zum Trotz versinkt die wahre *ecclesia Dei*, die wahre Kirche Gottes, mag sie auch verborgen und in der Minderzahl sein, niemals in der Versenkung der Geschichte.

Gott schützt seine Getreuen ausdauernd zu allen Zeiten wenigstens in einigen Teilen der Welt, um aus ihnen – wenn die rechte Zeit herangekommen ist – eine weit zahlreichere Kirche auferstehen zu lassen, *in magna parte et quantitate*, wie ein Waldenser Bekenntnis vom Beginn des 15. Jahrhunderts in Gewißheit und fester Zuversicht behauptet. Und gerade durch diese Hoffnung gesellen sich die Waldenser Mitteleuropas der Sehnsucht der böhmischen Reformationsbewegung zu, die von der Predigertätigkeit eines Milič von Kremsier (Kroměříž; † 1374) ausging.

Übrigens durchlebten um diese Zeit auch weit rechtgläubigere Seelen in Böhmen eine tiefe Beunruhigung wegen der geheimen Existenz von Ketzern. Konrad Waldhauser, ein Augustinermönch österreichischer Herkunft († 1369), machte sich nicht ohne ernste Bedenken bewußt, daß die übliche kirchliche Predigt nicht genügt, die unverminderte Anziehungskraft der Waldenser in weiten Gebieten, sowohl in Österreich als auch in Böhmen, zu bekämpfen:

»Die heimlichen Ketzer schaden der christlichen Gemeinde, wo sie nur können ... Aber viele Prediger bleiben gegen diese Sünden stumm ... Ja, auch viele Herren und Fürsten, die wohl wissen und hören, daß sie Ketzer auf ihren Gütern haben, stellen sich unwissend, damit sie an ihrem Gut keinen Schaden erleiden und ihnen kein Gewinn entgehe«[72], schreibt Konrad Waldhauser.

Die eschatologische Orientierung der Waldenser, die gewiß durch ihre häufige Berührung mit anderen oppositionellen Strömungen belebt und verstärkt wurde, half ihnen, nicht ganz in die sektiererische Abgeschlossenheit zu verfallen, von der sie innerhalb der Gegebenheiten ihrer Zeit damals sicherlich bedroht waren.

Die Hoffnung auf eine befreiende Zukunft, wie sie sich

als Konsequenz zweier Jahrhunderte erzwungenen Verstekkens und aufgedrängter Heimlichkeit und als natürliche und verständliche Reaktion auf diese Zeit herausbildete, gab wenigstens einem Teil der Schlaffgewordenen den Mut zum Aushalten zurück.

III. Im Zeichen des hussitischen Aufschwungs

Solidarität im Märtyrertum

Die Hoffnung, schon morgen zu siegen, trat bei einigen Gruppen der Waldenser genau zu dem Zeitpunkt auf, als der Druck der Inquisition seinen Höhepunkt erreichte. In Wirklichkeit lag die Waldenser Bewegung um das Jahr 1400 völlig darnieder. Sie war dazu verurteilt, auf nächtlichen Zusammenkünften zu vegetieren, und gezwungen, sich in der Art des biblischen Nikodemus vor dem Tageslicht und der Öffentlichkeit zu verbergen. Sie stellte sich entweder eine ruhmreiche Zukunft mit sehr unbestimmten Umrissen vor oder versenkte sich in die eigene Vergangenheit, aus der zwar die Treue der Vorvätergeneration klar herausleuchtete, die aber ganz von einem legendären Nebelschleier umhüllt war. Das mittelalterliche Europa verwehrte den Waldensern den Raum, in dem sich ihre ursprünglich evangelische Intuition hätte frei entfalten und im Dialog mit der katholischen Christenheit bewähren können. Wenn das Waldensertum trotzdem nicht ganz erstickt wurde, so verdankte es dies der überraschenden Tatsache, daß in einem der mitteleuropäischen Länder, in Böhmen, eine Revolution die Inquisition besiegt hatte. In wenigen Jahren nach Hussens Scheiterhaufen zu Konstanz wurden die Böhmischen Länder hussitisch, und der Gedanke der Waldenser fand in ihnen über Nacht eine unerwartete Möglichkeit der Bewährung, die Möglichkeit, sich zu vertiefen und seine Lebensfähigkeit zu beweisen.

Die Beziehungen der Waldenser zu den Hussiten waren stets ein Gegenstand, dem die Forschung Aufmerksamkeit widmete; sie wurden aber selten in der richtigen Perspektive gewürdigt. Die einen neigten der Ansicht zu, wie sie von

Enea Silvio Piccolomini in seiner Böhmischen Geschichte verbreitet wurde, wonach der hussitische Radikalismus eigentlich die Folge waldensischer Einflüsse war. Andere wiederum stellten den ursprünglichen und einheimischen Charakter des Hussitentums in den Vordergrund. Man muß sagen, daß die Vertreter dieser beiden Thesen nicht immer über die gleiche Sache redeten. Die Aufmerksamkeit der einen richtete sich auf eine an sich bemerkenswerte Erscheinung, nämlich daß tatsächlich aus einigen der hussitischen und vor allem taboritischen theologischen Äußerungen verschiedentlich das alte Anliegen der Waldenser sprach. Die anderen betonten wiederum zu Recht, daß keine Revolution in nationalem Maßstab durch Import auch der explosivsten Gedanken von außen her entsteht, wenn auf heimischem Boden die grundlegenden ökonomischen, sozialen und ideologischen Voraussetzungen fehlen.

Erst das Hussitentum ermöglicht es der waldensischen Predigt, sich endlich aus dem Untergrund zu erheben, wohin sie verdrängt worden war, und sich an der Herausbildung einer revolutionären Denkweise zu beteiligen, von der sie wiederum umgekehrt Anregungen empfing, die ihr neue Durchschlagskraft verliehen. Edouard Montet bezeichnete seinerzeit (1885) eine Periode der Waldenser Literatur als die hussitische, erkannte ihr jedoch nur episodenhafte Bedeutung zu. Tatsächlich eröffneten sich der Ausstrahlung der Waldenser durch die böhmische Reformation des 15. Jahrhunderts ganz ungewöhnliche Möglichkeiten. Die Waldenser nutzten sie in einem Maße aus, das den Bereich der Literatur weit übersteigt und in der vorangegangenen Geschichte des Waldensertums keine Analogie besitzt.

Weder die Reformbewegung, die vom Wirken Milič' ausging, noch Hus und seine Freunde von der Universität dachten zunächst daran, wie sie ihre Kritik mit den anerkannten ketzerischen Tendenzen in Verbindung bringen könnten. In den ersten Jahren des Jahrhunderts, als Hus schon erkannte, daß die Kirche die wesentlichen Werte des Christentums mißbrauchte und damit bedrohte, hielt er noch Wyclif für einen ganz und gar rechtgläubigen Lehrer. Die allerheiligste

238

Stadt Prag, seit 1318 Sitz des ständigen Inquisitors und seit dem Jahre 1365 eines päpstlichen Legaten, dessen Rechtsgewalt sich auch auf die umliegenden deutschen Diözesen erstreckte, eine Stadt, die einst Cola die Rienzo in die Hände der Kurie ausgeliefert hatte, verkörperte für Meister Hieronymus das Sprichwort, kein echter Tscheche könne ein Ketzer sein. Die patriotische orthodoxe Stimmung der Freunde Hussens gegen Ende des ersten Jahrzehnts des hussitischen Jahrhunderts verbietet die Annahme, daß sie auch nur die mindesten Sympathien für die deutschen Waldenser gehegt hätten.

Hus kannte theoretisch freilich die Waldenser Prinzipien. Im Juni 1408 war sein Anhänger Nikolaus von Velenovic, genannt Abraham, vom Vikar des Prager Erzbischofs verhört worden. Man warf ihm vor, er verteidige die Berechtigung der Laienpredigt, lehne es ab, auf Kreuz und Evangelium zu schwören, und berufe sich nur auf das Wort Gottes. Das genügte, um ihn des Waldensertums zu beschuldigen. Hus, der bei dem Verhör anwesend war, erinnert sich später, daß er damals erklärt habe: »Siehe da, ihr seid bereit, diesen Priester wegen waldensischer Irrlehren zu verurteilen, auch wenn er vor euch im Namen Gottes geschworen hat. Ist das gerecht?« [1]

Hus war von seiner Rechtgläubigkeit überzeugt und verwahrte sich dagegen, daß seine Lehre als waldensisch angesehen werde. Wann immer er den Wunsch äußerte, der Klerus möge zu apostolischer Armut zurückkehren, so tat er dies im Namen der Wahrheit Christi, keineswegs im Namen der Waldenser Forderung. In den entscheidenden Momenten seines Kampfes um eine nach dem Gesetz Gottes eingerichtete Kirche ließ er sich nachdrücklich von dem gebieterischen Beispiel des Lebens Christi leiten. Besonders eindrucksvoll ist in dieser Hinsicht seine Berufung auf Christus, mit der er sich am 18. Oktober 1412 der Exkommunikation widersetzte, die über ihn verhängt worden war. Gegen die gesellschaftliche Macht eines vorgeblichen Christentums, das sich Menschen und Werte dienstbar machte, stellte Hus seine Begegnung mit dem Christus der Evangelien. Im Lichte dieser Begegnung sah er die Existenzform der zeitgenössischen Kirche als die allergefährlichste an, weil der erfolgreiche Versuch, die Wahrheit mit Lügen zuzudecken, ein Versuch des Verrats am Urchristentum ist. Diese kritische Erkenntnis barg gewiß auch die Möglichkeit in sich, den Protest der Waldenser positiv zu begreifen. Nichts aber deutet darauf hin, daß sich Hus in seinen Prager Jahren bewußt geworden wäre, wie nahe er in seinem Kampfe dem Ausgangspunkt der Waldenser kam. Als Universitätsprofessor und Interpretator der metaphysisch verankerten Schriften des Oxforder evangelischen Doktors John Wyclif besaß er keine Neigung, einen Standpunkt günstig zu beurteilen, der sich keineswegs auf die scholastische Methode stützte.

Erst nach dem Jahre 1412 scheint das Waldensertum als mögliche Alternative in seinen Gesichtskreis getreten zu sein, und dies um so eher, als sich Hus während der ganzen Zeit seiner Wirksamkeit als Prediger in einem ständigen, manchmal direkt dramatischen Gespräch mit den Hörern befand, zu denen er sprach. Die Erinnerung an sie bestärkte ihn noch während des Prozesses zu Konstanz in seiner Unnachgiebigkeit. Als er Prag verlassen mußte, lebte er fast wie ein Wanderprediger auf dem Lande, auch wenn er sich entschuldigte, daß er nicht zu Fuß ging, wie es sich nach dem Waldenser Ideal gehört hätte. Wir müssen voraussetzen, daß sich unter dem Volk, das in Südböhmen bei ihm zusammenlief, auch vom Waldensertum berührte Gruppen befanden. »Zuerst predigte ich in Städten und in den Gassen«, schrieb er damals [2], »nun aber predige ich zwischen Zäunen, unter der Burg, die Kozí heißt, an Straßen zwischen Städten und Dörfern.« Auf der Burg Kozí weilte er 1413 in einem Milieu, das in der vorhergegangenen Generation gegenüber dem Waldensertum nicht ganz feindlich gewesen war. Im Jahre 1377 hatte doch der Burggraf der Burg Kozi drei aus Groß-Bednárec stammende Waldenser unter seinen Schutz genommen, als ihnen von Prag aus ein Inquisitionsprozeß drohte. Aus dieser ungewöhnlichen Begebenheit läßt sich allerdings nicht viel für Hussens Zeit ableiten. Der südböhmische Aufenthalt erhöhte aber wahrscheinlich seine Empfänglichkeit für den Waldenser volkstümlichen Biblizismus und festigte in ihm die Überzeugung, daß jeder Christ nicht nur das Recht, sondern direkt die Pflicht habe, sich verantwortlich zur Wahrheit zu bekennen. Eben damals reift Hus zum hervorragenden tschechischen volkstümlichen Schriftsteller heran und bekennt: »Es wurde mir bewußt, wie einfache arme Priester und arme Laien und auch Frauen die Wahrheit tapferer verteidigen als die Doktoren der Heiligen Schrift, die aus Furcht der Wahrheit entrinnen und nicht wagen, sie auszusprechen.«[3] Dem Waldenser Gedanken kann man demnach unbestreitbar einen bestimmten vorbereitenden Einfluß auf das Denken jener Menschen nicht absprechen, die den Predigten Hussens in der Zeit nach seiner Exkommunikation zuhörten. Andererseits müssen wir jedoch damit rechnen, daß der einzige Zeuge, der das ausdrücklich behauptet, ein bekannter Verleumder ist. Michael von Deutsch-Brod, genannt De Causis, Vertreter der Prager Prälaten bei Hussens Streitigkeiten mit der römischen Kurie, erhob im Jahre 1414 gegen Hus eine kompromittierende Anklage: »Hus hat auf seiner Seite durchweg alle Ketzer, weil er ihre Irrlehren unterstützt, nämlich die Leonisten, Runkarier und Waldenser. Sie alle halten die kirchliche Disziplin nicht ein und hassen die Autorität der römischen Kirche.«[4] Mit diesen Ausdrücken bezeichnete Michael eigentlich nur die Waldenser, und das zeugt freilich nicht davon, daß er als Kenner sprach. Viel eher wollte er Hussens Richter einschüchtern. Er konnte sicher sein, daß ihm die Kardinäle dabei Gehör schenken würden.

Peter d'Ailly, einer der einflußreichsten Kardinäle in Konstanz, teilte die Ansicht von Jean Quidort aus Paris († 1306), eine damals schon mehr als hundert Jahre alte Ansicht, daß die Waldenser der Hierarchie das Recht absprechen, weltliche Güter zu besitzen und zu verwalten, daß sie den Verfall der Kirche von der Konstantinischen Schenkung herleiten und sich selbst für die Erneuerer der Kirche Gottes halten, die sich wesentlich von der päpstlichen Kirche unterscheide. D'Ailly war übrigens auf einem Umwege über

Deutschland nach Konstanz gekommen und war sich lebhaft der Gefahr eines allgemeinen Volksaufstandes gegen die Prälaten und die eingeführte Ordnung bewußt geworden. Sein Schüler und Freund Jean Gerson, Kanzler der Pariser Universität, erkannte dem Konzil das Recht zu, ketzerische und Irrlehren zu untersuchen, und verlangte von den Gläubigen nur eins: absoluten Gehorsam. Die Ungehorsamen steckte er dann in einen Sack: Begarden, die Lyoner Armen, die verschiedenen Laien, die sich der Bibelübersetzungen bemächtigt hatten. Er legte das ausdrücklich in einem Traktat schriftlich nieder, mit dem er das Recht auf das Sakrament des Abendmahls unter beiderlei Gestalt bestritt, für das sich beim Konzil Hussens Prager Freunde im März 1415 in einer besonderen Eingabe eingesetzt hatten. In den Augen Gersons verschmolzen demnach schon damals die Händel der Hussiten und der Waldenser in eins, wie das bereits die Klage Michaels aus Deutsch-Brod andeutete. Diese Überzeugung festigte sich bei Gerson, als er nach Jahren mit Bedenken verfolgte, wie sich der hussitische Einfluß nicht nur in der Kirche, sondern auch in der Gesellschaft durchsetzte. D'Ailly und Gerson, beide ausgesprochene Vertreter des Konziliarismus und die gelehrtesten von Hussens Richtern, hatten direkt Angst vor einer Belagerung der kirchlichen Festung und sahen bei ihren Befürchtungen die hinterlistigsten Koalitionen nicht allein wirklicher, sondern auch nur vermuteter Feinde.

Solange die hussitische Idee nicht zum vollen Bewußtsein aller Folgen ihrer Ausgangsprinzipien gelangt war, umging sie das Waldensertum mit äußerster Vorsicht. Das wird durch Hussens Zurückhaltung bewiesen, wie wir angedeutet haben. Aber der revolutionäre Kampf trat 1412 in ein neues Stadium. Hus verlor mit einem Schlag die Gunst König Wenzels, als er den simonitischen Ablaßhandel zugunsten des Krieges ablehnte, den Johannes XXIII. gegen den neapolitanischen König Ladislaus ausrief. Drei junge, von seinen Predigten überzeugte Männer wandten sich öffentlich in Prager Kirchen gegen die offizielle Verkündung der Ablässe. Sie wurden dafür am 11. Juli hingerichtet. Die Reformbewegung bekam in ihnen ihre ersten Märtyrer, aber dieses Ereignis bewirkte auch die Erschütterung des bisherigen Vertrauens der Anhänger dieser Bewegung, daß ihre Ziele auf gesetzlichen Wegen zu erreichen wären. Das auf Befehl der weltlichen Hüter der Kirche vergossene Blut weckte Verständnis für jene, die auf ähnliche Weise verfolgt wurden. Der Priester Jan Jičín, der die enthaupteten Körper in feierlichem Umzug in die Bethlehemskapelle tragen ließ, macht bald als Verfechter des Kelches und Freund der Prager Theologen auf sich aufmerksam. Und diese werden bald danach die traditionellen Waldenser Prinzipien rechtfertigen. Jičín gesellt sich im Jahre 1418 den südböhmischen Radikalen zu. Mit Unterstützung durch Prager Frauen, die seinen Einsatz gerade beim Begräbnis der drei ersten Märtyrer bezeugten, bilden dann diese Radikalen in Ústí an der Lužnice eine Gemeinde, in deren Bekenntnis wir mehr als einem waldensischen Prinzip begegnen.

Die Bereitschaft zum Märtyrertum wurde von diesem Augenblick an ein bedeutsames Element der hussitischen Religiosität und beschleunigte den Prozeß einer kühnen Revision der früheren Einschätzung böhmischer Rechtgläubigkeit. Die integrierende These, die Hieronymus von Prag noch 1409 so laut verkündet hatte, verlor nach 1412 für die Radikalen ihre Überzeugungskraft. Die Zurückhaltung gegenüber dem Waldensertum, das bis dahin für ketzerisch gehalten worden war, verlor ihre objektive Grundlage. Unter den ersten, die sich dieses Wandels bewußt wurden, war Hussens einstiger Freund, der Doktor der Theologie Stephan Páleč. Gleich im Herbst 1412 zeigte er in der Predigt mit dem Finger auf die gefährliche neue Richtung, der sich die hussitische Bewegung nunmehr hingegeben hatte. Die böhmischen Wyclifiten, so donnerte er damals, setzten jetzt bereitwillig ihr Leben für das Ideal einer Kirche ein, die dem Reichtum entsagt habe. »Der süße und tapfere Tod« der drei jungen Männer stellte diesen neuen Kurs bloß. Die Verachtung des Lebens zugunsten des Glaubens ist für Páleč das untrüglich höchste Kennzeichen der Häresie. Die böhmischen frommen Katholiken riskieren im Gegenteil nicht ihr Leben, auch wenn sie nach Deutschland oder Rom reisen. Páleč dachte sicher schon damals an die Analogie des hussitischen und waldensischen Standpunkts, eine Analogie, der er dann nach drei Jahren systematischere Aufmerksamkeit widmete.

Die Ereignisse des Jahres 1412 zeigten, daß die ekklesiologischen Auffassungen eines Mathias von Janov die gegenwärtige Situation des reformatorischen Kampfes besser widerspiegelten als Wyclifs Ekklesiologie: Die dem Rufe des Evangeliums getreue und von einem antichristlich deformierten Christentum verfolgte Minderheitskirche ruft waffenlos zum geistigen Kampfe auf. Ohne jede Unterstützung durch gesellschaftliche Autorität und bereit zum Leiden vertraut sie ausschließlich auf das gepredigte Wort Gottes, das sich bald in einer eucharistischen Gemeinschaft, die sich zu einem dem künftigen Königreich zustrebenden Volk herausbildet, konkretisiert. Eine solche Schau der Dinge mußte sich wohl ihrer Stammverwandtschaft mit der Waldenser Mentalität bewußt werden, sobald sie Gelegenheit erhielt, sich mit ihr bekannt zu machen. Auf der Ebene des einfachen Volkes kam es zu diesem Bekanntwerden in Südböhmen, auf der Ebene der Intellektuellen gelang es in Prag durch die Theologen, welche die Waldenser in den deutschen Landen kennengelernt hatten. Dadurch, daß sie nach Böhmen gekommen waren, um die hussitische Bewegung zu fördern, spielten sie eine bedeutsame Vermittlerrolle. Aber noch mußte der Augenblick abgewartet werden, da die im Jahre 1412 eingetretene Wende mit Hussens Verbrennung (1415) ihre geschichtliche Bestätigung erreichte.

Meister Jakoubek von Mies (Stříbro, † 1429), nach Hus der wichtigste Führer der reformatorischen Bestrebungen an der Universität und der eigentliche Entdecker der Verbindlichkeit des Kelchs für alle Christen, wurde sich der Bedeutung der Waldenser eben 1415 bewußt. Sie waren für ihn »wahre Glieder Christi«, von denen er glaubte, daß sie sich schon zu Zeiten Papst Silvesters von der ungetreu gewordenen Kirche gelöst hätten. Mit aufrichtiger Anteilnahme bedauerte er, daß sie nach soviel überstandenen Leiden schließlich den Mut zu öffentlichem Auftreten verloren hätten. Im Frühling des nächsten Jahres erinnerte er wiederum an die Verfolgungen, die sie in den vorangegangenen zwei Jahrhunderten erlitten hatten, und zwar keineswegs wegen ihrer Irrlehren, wie bisher stets gesagt wurde, sondern für das Evangelium Christi.

Zu welcher grundlegenden Umwertung der traditionellen Meinungen über die kirchliche Entwicklung war Jakoubek hier gelangt! In den Jahren des Märtyrerendes von Jan Hus und Hieronymus von Prag wurde auf diese Weise eine unerwartete Solidarität zwischen Hussiten und Waldensern geboren. Erst jetzt wurde Wirklichkeit, was Páleč und Michael von Deutsch-Brod zusammen mit allen übrigen Verteidigern der etablierten Ordnungen geahnt und angedeutet hatten. Jakoubek entsagt nun der Praxis, die Begriffe von Häresie und Orthodoxie von der sozialen Autorität des bestehenden Christentums her zu bestimmen. Wahrheit und Irrtum mißt er weiterhin streng und ausschließlich am Evangelium.

Seine Vorstellungen über die Waldenser stimmen nicht mehr mit den ablehnenden Beschreibungen der Inquisitionsprotokolle überein und gleichen sich auffallend jener Theologie der Kirchengeschichte an, wie sie von den Waldensern selbst herstammt, vor allem bekannt aus der Korrespondenz, die ein halbes Jahrhundert vorher ihre österreichischen und lombardischen Vorkämpfer miteinander geführt hatten. Bei Jakoubek begegnen wir der gleichen Unterscheidung zwischen einer falschen und einer wahren Kirche, der gleichen hohen Wertschätzung der Trennung von Papst Silvester zu Konstantins Zeiten, fast der gleichen Zeiteinteilung der Perioden schwerster Verfolgungen der Waldenser – 250 Jahre nach dem österreichischen Briefwechsel, 200 Jahre nach Jakoubek –, wir begegnen dem gleichen Bedauern über die erzwungene Verheimlichung der Bewegung, dem gleichen Nachdruck auf den unerläßlichen Minderheitscharakter der wahren Kirche, die den Fußstapfen des gekreuzigten Christus folgt, einem ähnlichen Mißtrauen gegenüber der Heilsbedeutung geweihter Kirchen, Altäre, Heiligenbilder, der gleichen Ehrfurcht vor dem Gebet des Herrn. Der Brief der lombardischen Brüder nach Österreich versicherte ausdrücklich: »Die Heiligen werden zweifellos bis zum Ende der Welt gerade von ihren eigenen Leuten verfolgt werden.«[5] Und das ist eben der nicht alltägliche Gedanke, den sich Jakoubek in der feierlichen Predigt aneignete, die er 1416/17 zum Andenken an die drei neuen hussitischen Märtyrer Martin, Stasek und Jan vom Jahre 1412, an Jan Hus in Konstanz, an seine zwei studentischen Anhänger, die 1415 in Olmütz getötet wurden, und an die Hinrichtung von Hieronymus von Prag im Mai 1416 hielt: »Wenn aber jemand von den Mächtigen vielleicht deshalb dein Feind und persönlicher Verfolger wird, weil du seine Sünden gerügt hast, dann sei gebenedeit.« Den wahren Christen erkennt man daran, daß er bereitwillig »um Gottes Willen etwas erleidet, und sei es auch von seiten der Seinigen«.[6]

Jakoubeks Predigt in der Prager Bethlehemskapelle ist ein wertvolles Dokument der anstrengenden Arbeit frühen hussitischen Denkens, das sich energisch bemühte, ein richtigeres Verständnis der apostolischen Begriffe der Zeugnisfunktion christlicher Bereitschaft zum Leiden zu erringen. Das war deshalb eine so mühsame Arbeit, weil im mittelalterlichen Empfinden das asketische Überbewerten des Leidens als unabhängiger moralischer Wert vorherrschte. Das Leiden wurde als willkommene Reinigung der Seele auf ihrem Wege vom Diesseits zum Jenseits eingeschätzt. Unter diesem Gesichtspunkt brauchte man also Ursachen von Schmerzen und Übeln unter den Menschen nicht zu beseitigen. Gemeinsam mit den Waldensern näherte sich Jakoubek in seiner ersten Periode beim Überwinden dieses Begriffs der Rückkehr zum Neuen Testament, in dem Jesus gegen die Ursachen menschlichen Leidens kämpft. Das Leiden, zu dem er seine Jünger aufruft, ist nicht Ziel um seiner selbst willen. Es ist die äußerste Möglichkeit der Bekenntnistreue, deren Maß jener ist, der »in sein Eigentum gekommen ist« und doch von seinen eigenen Leuten die Kreuzigung erlitt. Die Lehren der Waldenser schöpfte Jakoubek sichtlich aus einer reineren Quelle, als es die von den Inquisitoren aufgestellten Verzeichnisse ihrer Irrlehren waren.

Die Schule »Zur Schwarzen Rose«

Jakoubek wurde mit dem Waldenser Gedanken höchstwahrscheinlich durch Vermittlung deutscher Meister aus Dresden
bekannt, die gegen Ende des Jahres 1411 gerade in dem
Augenblick in das gastfreie Prag kamen, als Hussens Kampf
zu seinem ersten dramatischen Höhepunkt heranreifte. Die
böhmischen Universitätsmagister nahmen sich der Meister
Peter von Dresden und Friedrich Eppinge an, als sie aus
Dresden vertrieben wurden, wo sie an der Schule zum Heiligen Kreuz (Kreuzschule) gewirkt hatten. Sie gewährten
ihnen Unterkunft und eine neue Wirkungsstätte im Hause
der böhmischen Universitätsnation »Zur Schwarzen Rose«
Am Graben. Die Dresdner Gäste zeigten ihnen ihre Dank-
barkeit dadurch, daß sie in kurzer Zeit die »Schwarze Rose«
in ein Zentrum der hussitischen Propaganda verwandelten.
Eppinge, der das Bakkalaureat des kanonischen Rechts in
Heidelberg erworben hatte, unterstützte Hus im Jahre 1412
an der Prager Universität wirksam durch eine scharfsinnige
Analyse des damals gegebenen Zustandes der Kirche, die –
wie er behauptete – von lauter Anhängern des Antichrist
beherrscht würde. Durch ihre dogmatischen Spitzfindigkei-
ten und durch administrative Exkommunikationen unterdrückten sie die vollkommene Freiheit, die dem Gesetze
Christi eigen ist. Eppinge verteidigte gemeinsam mit Hus
das Recht der Universität, die Schriften von John Wyclif zu
lesen und zu interpretieren, wobei er jedoch keinerlei Verständnis für den wyclifitischen Prädestinationsbegriff der
Kirche bekundete. Seine Sehnsucht nach einer Gemeinschaft
der Menschen, die von der evangelischen Liebe begeistert
sind, unterschied sich von Wyclifs Ideal und stand den Waldensern näher.

Als Eppinge schon Ende 1412 vorzeitig starb, trat an
seine Stelle Nikolaus von Dresden. Dieser fruchtbare
Schriftsteller freundete sich mit dem Engländer Peter Payne
an, einem unermüdlichen Dolmetscher von Wyclifs Gedanken. Peter Payne hatte sich ähnlich wie Nikolaus mit dem
festen Entschluß nach Böhmen geflüchtet, seine Gelehrsam-

keit und seinen Weitblick in die Dienste der Reformation zu stellen. Spätestens 1414 wurde Nikolaus Mitarbeiter von Jakoubek. Was er bis 1415 geschrieben hat, reichte nicht allzu weit über den Rahmen der damals üblichen Problematik hussitischer Prediger und Denker hinaus. Aber der Tod von Hus brachte 1415 Nikolaus dazu, künftig die Schriften und Ausführungen des Märtyrers in ihrem radikalsten Sinne auszulegen. Von diesem Zeitpunkt an hängt er noch ergebener dem Zielbild christlichen Lebens an, das ganz nach den Forderungen der Bergpredigt Jesu gestaltet ist. Matthäus' Antithesen von der alten, abtretenden und der neuen, aufsteigenden Welt sind ihm zufolge für jeden wahren Christen verbindlich. Die »kleinsten Gebote« Jesu sind geeignet, einen neuen Lebensstil herauszubilden, einen neuen Weg im Sinne der Apostelgeschichte (24, 14). Die diesen Weg eingeschlagen haben, werden für eine Sekte gehalten, für Anhänger oder Nachfolger, für eine Ketzerpartei, die, »wie wir genau wissen, überall auf Widerstand stößt«.[7] Es ist sehr wahrscheinlich, daß Nikolaus hier an die Waldenser dachte, und zwar um so eher, weil wir bei ihm noch zwei weitere Bemerkungen finden, die sich ganz bestimmt auf die Schüler von Waldes beziehen. Damals wurde allgemein angenommen, daß der Glaube an die Existenz des Fegefeuers zu denjenigen Glaubensartikeln gehört, die unerläßlich für die Erlösung seien. Nikolaus aber, der die theologische Berechtigung der Lehre vom Fegefeuer bestritt, konnte nicht umhin, sich in Bewunderung vor der zahlenmäßig großen Menge jener Menschen zu verneigen, die den Flammen der Scheiterhaufen gerade deshalb ausgeliefert worden waren, weil sie diesen unbiblischen Glauben ablehnten. An anderer Stelle rühmt er noch ausdrücklich die Märtyrer der Konstantinischen Periode in der Kirchengeschichte, die den Eid verwarfen und den Versuchungen von Macht und Reichtum widerstanden. Nikolaus war sich demnach klar bewußt, daß im Laufe der konstantinischen Jahrhunderte eben die Waldenser alle Folgen des engen Weges auf sich genommen hatten, wie er in der Bergpredigt und in den sechs kleinsten Geboten vorgezeichnet war. Die Waldenser lebten wagemutig ihren Standpunkt am Rande des siegreichen Christentums, das sich von ihnen losgesagt hatte, bar jeder Unterstützung durch die der Macht tributpflichtige Theologie – und all dessen sollten sich nunmehr die hussitischen Denker annehmen und dieser Einsicht den auch theoretisch notwendigen Ausdruck verleihen.

Wir werden wohl kaum jemals klar wissen, auf welche Weise und unter welchen Umständen die Waldenser Prinzipien in die Überlegungen von Nikolaus eingedrungen sind. Nicht ohne Bedeutung waren in dieser Hinsicht seine Kontakte mit dem deutschen Milieu, aber auch die Atmosphäre des Prager Instituts »Zur Schwarzen Rose« selbst. Wahrscheinlich war es auch Nikolaus, der die Kenntnisse über die Waldenser an Jakoubek von Mies vermittelt hatte und ihm die Ehrfurcht vor ihnen einflößte. Als sie beide gemeinsam die Grundlagen für die hussitische Theologie des sakramentalen Kelchs legten, kamen sie auch – der Tscheche und der Deutsche – im Jahre 1415 bei der Einschätzung der christlichen Geschichte auf einen Nenner. Die Waldenser bekamen darin einen sehr ehrenvollen Platz. Weiter aber ging die Übereinstimmung der beiden Theologen schon nicht mehr. Warum wohl?

Jakoubek faßte seine Aufgabe als Reformator im Gesamtrahmen der Gesellschaft auf, für die er sich verantwortlich fühlte. Im September 1415 bildete sich ein Verband des böhmischen hussitischen Adels, der es ablehnte, das Urteil von Konstanz über Magister Jan anzuerkennen, und der feierlich gegen das Konzil protestierte. Jakoubek nützte diese Gelegenheit geschickt aus, um den Raum für die Entwicklung der Kirchenreformation im gesamtnationalen Maßstab zu erweitern und abzusichern. Und während der neue Papst Martin V., gewählt vom Konzil im Jahre 1417, alle antihussitischen Beschlüsse bestätigte und durch die Entsendung eines Legaten den Kaiser Sigmund, der schon nach der böhmischen Krone griff, zu einem bewaffneten Eingreifen gegen die Ketzer veranlaßte, stellte sich die Prager Universität durch Jakoubeks Mitwirkung entschieden auf die hussitische Seite. Jakoubek, gleichermaßen Feind von Gewalt wie von serviler Unterwürfigkeit, setzte seine ganze Autorität ein, um die Spannung zwischen dem radikalen und dem gemäßigten Flügel der Hussiten herabzumindern. Seiner Meinung nach war dies die einzige Möglichkeit, um der reformatorischen Bewegung Einfluß und Anziehungskraft bei allen Schichten des Volkes zu erhalten.

Nikolaus von Dresden konnte sich mit einer solchen Politik nicht zufriedengeben. Die Treue zu Hussens Sache in ihrem Wesen und zum Ideal der Urkirche verlangte nach seiner Auffassung keineswegs die Einrichtung einer nationalen reformierten Kirche, sondern den Standpunkt eines dauerhaften Trotzes. Wenn er auch nach Waldenser Art Eid und Todesstrafe ablehnte, billigte er den Herren und überhaupt der weltlichen Macht eine positive Mission bei der Erneuerung der Kirche zu: den Klerus seines Reichtums zu enteignen. Auf der Basis erster reformatorischer Erfahrungen der Hussiten und vielleicht auch dank der Lektüre von Wyclifs Schriften erweiterte er auf diese Weise den Waldenser Horizont ganz bemerkenswert. Mit dem Herzen aber war er nicht bei diesem Programm. Sein schriftstellerisches Werk wollte er vor allem in den Dienst der Predigt stellen, durch die in aller Öffentlichkeit die konstantinische Position der Kirche in der Gesellschaft bloßgestellt und kühn bestritten werden konnte. Seine Bestrebungen entsprachen in dieser Hinsicht ganz den Bedürfnissen des Waldensertums in einem Augenblick, da es sich erneut seiner Mission bewußt wurde. Es nimmt daher nicht wunder, daß gerade der Traktat *Über die viererlei Sendung des gepredigten Wortes Gottes*[8] den Nikolaus schon 1412 schrieb, in die Hände der Waldenser überging, die daraus neue Kraft für ihr Wanderpredigertum schöpften.

Versuchte Nikolaus etwa eine Vertiefung seiner Beziehungen zu den Waldensern in Deutschland? Das ist möglich, und damit ließe sich seine Reise nach Deutschland erklären, wo sich die Inquisition seiner bemächtigte. Jan Želivský, Prediger der Prager hussitischen Revolution, erwähnt allerdings 1419, daß Nikolaus Prag verlassen mußte, weil ihm die Magister der Universität den dortigen Aufenthalt vergällt hätten. Wir müssen deshalb seinen Abgang von Prag in Zusammenhang mit dem Zerwürfnis sehen, zu dem es zwischen ihm und der Universität gegen Ende des Jahres 1415 kam. Der Streit bezog sich auf Fragen nach geeigneten Methoden und Bündnisverträgen, um das Werk der Reformation zu beschleunigen. Nikolaus starb um 1417 in Meißen einen ähnlichen Tod wie Hus, an den er einst mit ergreifenden Worten erinnert hatte. Eppinges Freund Peter von Dresden scheint ein ähnliches Ziel wie sein jüngerer Freund Nikolaus verfolgt zu haben und starb ebenfalls in Deutschland bei dem Versuch, Beziehungen mit Waldensern anzuknüpfen.

Überhaupt ist die Reiselust der Leute aus der »Schwarzen Rose« überraschend. Die prowaldensische Orientierung der Schule unterstützte sie dabei. Die ökumenische Bedeutung systematischer Kontakte mit Waldensern in deutschen Landen begriff vermutlich als erster der vielgereiste Peter Payne. Bevor sich Payne gegen Ende des Jahres 1414 nach Böhmen flüchtete, um den Repressalien zu entgehen, die ihm in England wegen Unterstützung und Parteinahme für den Lollardenaufstand von Sir John Oldcastle drohten, hatte er schon eine Sondierungsreise hinter sich, auf der er in den Jahren 1411 oder 1412 im schwäbischen Deutach mit Waldensern im Hause ihres Anhängers Konrad bekannt geworden war. Ihre Abneigung gegen Eid und Todesstrafe entsprach Peters aufrichtiger Zuneigung zum Evangelium, dem er sich seit den Jünglingsjahren ergeben hatte. Wir haben verläßliche Zeugnisse von waldensischer Seite, daß Payne bei seiner Reise durch das Rheinland ganze Monate lang die Gastfreundschaft der Waldenser genossen hat. Nach F. M. Bartoš[9] war es gerade Payne, der vermutlich dem Nikolaus von Dresden den wagemutigen Plan eines Zusammenwirken von Hussiten und deutschen Waldensern eingab. Die Überzeugung, daß die Sache der Waldenser in hohem Maße identisch mit seiner eigenen sei, vertritt er in der Schrift *De iuramento*, die bald nach seinem Eintreffen in Prag entstand. Meister »Englisch«, wie man ihn in Böhmen nannte, tritt darin gegen den Vorwurf auf, den irgendein

Bettelmönch gegen ihn und seine Freunde ausgesprochen hatte, nämlich daß er der Verführung durch die Waldenser erlegen sei. Payne lehnt diese Anschuldigung in seiner Erwiderung nicht ab, sondern betont umgekehrt die theologische Berechtigung des Waldenser Standpunkts. Im übrigen identifizierte er sich mit einem der auffälligsten waldensischen Prinzipien und weigerte sich bereits bei seiner Immatrikulation an der Universität Oxford, den üblichen Eid abzulegen. Der gleiche Vorbehalt waldensischen Charakters verzögerte zwei Jahre lang seine Aufnahme unter die Magister *actu regentes* der Prager Universität und fesselte ihn um so intensiver an das Institut »Zur Schwarzen Rose«. An die Hohe Schule Karls wurde er erst Anfang 1417 auf Eingreifen Magister Christians von Prachatice aufgenommen, was gewiß mit der zielbewußten Aktion der Prager Professoren zusammenhing, die eine Integration der Radikalen mit Waldenser Zuschnitt in die große nationale Reformation anstrebte. Bedingung war freilich, daß sich alle Extremisten dem Standpunkt der gemäßigten Magister anpaßten, die eine Übereinkunft mit dem adligen Flügel der antikirchlichen Front wünschten.

Christian von Prachatice schreckte in diesem Augenblick vor der Drohung »mächtiger Beschützer der evangelischen Wahrheit vor dem König« [10] zurück, ihre Gunst und Unterstützung von der Reformation abzuwenden, die in eine Revolution auswachsen könnte. Der Brief, den Christian damals nach Südböhmen Wenzel Koranda in der Absicht schickte, ihn zur Mäßigung bei seinen Predigten zu veranlassen, zeigt uns das von Radikalen, die sich keinen Deut um die wiederholten Ermahnungen der Universitätsmagister scherten, ganz aufgeregte Land. Ungeschulte Männer und Frauen bestreiten das Fegefeuer und andere herkömmlichen Lehren und Gebräuche und behaupten von sich, daß sie sich nur dem normativen Beispiel der Urkirche unterwerfen wollen.

Ein zeitgenössisches anonymes Zeugnis erlaubt einen Blick auf das Gemeinschaftsleben der Leute, vor denen sich Christian so sehr fürchtet. Es handelt sich um Grüppchen in der Herrschaft Kozí Hrádek und in Ústí an der Lužnice, bei denen sich alte Waldenser Motive mit neuen hussitischen Elementen verbinden. Da sie absolute Gleichheit von Priestern und Bischöfen voraussetzen, verachten sie jegliche geistliche Hierarchie. Auch einfache Laien erkühnen sich zu predigen. Das heilige Abendmahl des Herrn, dem nur ein Gebet vorausgeht, feiern sie auf einfachste Weise außerhalb von Kirchen. Die Beichte der Gläubigen nahmen sie in Privathäusern ab. Steinerne Kirchenbauten und von Prälaten geweihte Friedhöfe sind für sie bedeutungslos. Ungeeignet ist jeder Priester, der sich nicht hinter die Sache Hussens gestellt hat. Die Kommunion unter beiderlei Gestalt hat ihre ausreichende Begründung im letzten Abendmahl des Herrn mit seinen Jüngern. Priester, die es bisher abgelehnt haben, auch den Kelch zu reichen, hätten wie Diebe das Volk bestohlen.

Auf Christians Anregung trafen sich am 25. Januar 1417 die Magister auf seiner Pfarrei, um sich über eine Proklamation zu einigen, die der spontanen Entwicklung des Radikalismus Einhalt gebieten sollte. Hussens einstiger Advokat, der geschickte Jurist Jan von Jesenice, der jetzt ganz im Dienste des hussitischen Legitimismus der Herren stand, bereitete einen Entwurf vor, der in neuen Artikeln die strittigen Punkte zusammenfaßte, denen man ein für allemal entsagen sollte. Alle diese Stücke waren waldensisch. Der endgültige Aufruf des Rektors und der Universität an alle Christen knüpfte an den Entwurf von Jesenice an, erklärte die unerschütterliche Rechtgläubigkeit der Universität und forderte auf, keinen irrigen Anschauungen, wie sie sich leider bereits allzu sehr verbreitet hätten, das Ohr zu leihen. Die Magister verurteilten so feierlich alles, was die vom Prager Burggrafen Čeněk von Wartenberg geführten Herren als Beschützer der Reformation nicht geneigt waren, künftighin zu dulden. Wahr ist, daß sich die Universität gleich im März offen zum Kelch bekannte und so manifestierte, daß sie eindeutig auf seiten der Reformation stehe; ihre Erklärung verbarg aber nur unvollkommen die Spannung und den Streit, der Radikale von Gemäßigten trennte.

Der oberste Burggraf wollte mit allen Mitteln das Wanderpredigertum nach waldensischem Muster unterdrücken. Daher lag ihm gleichzeitig daran, daß die Zentrale »Zur Schwarzen Rose« aufhörte, selbständige Wege zu gehen. Schon am 6. März 1417 ließ er den Suffragan des Prager Erzbistums, den Titularbischof von Nikopol, Hermann von Mindelheim, auf sein Schloß Lipnice bringen und zwang ihn, Kandidaten zu Priestern zu weihen, deren Antritt durch die Beschlüsse des Konzils von Konstanz verhindert worden war. Von diesen Maßnahmen waren auch Mitarbeiter aus der »Schwarzen Rose« betroffen. Zwei von ihnen vertraten damals Meinungen waldensischer Prägung und blieben ihnen auch später treu. Sie unterwarfen sich der Disziplin der nationalen Kirche nicht so, wie sich Čeněk und auch Magister Christian das wünschten. Sie übten lieber weiterhin die Tätigkeit von Wanderpredigern aus.[11] Bartholomäus Rautenstock, ein ehemaliger Schüler von Peter und Nikolaus von Dresden, empfing zwar in Lipnice die Weihe, lehnte es jedoch ab, bei dieser Gelegenheit den Eid zu leisten. Er diente dann ein Jahr lang als hussitischer Prediger an der Pfarrei zur Jungfrau Maria auf dem Sumpfe (Na Louži) in Prag, verheiratete sich aber dann und lebte ungefähr zehn Jahre in Bernheim. Als er verwitwete, kehrte er zur missionarischen und pastoralen Arbeit zurück. Als Wirkungsbereich wählte er Tischenreuth in der Oberpfalz, eine damals dem Königreich Böhmen angegliederte Stadt, die sich seit 1420 des Schutzes der Taboriten erfreute. Mehr als zwanzig Jahre lang unternahm er von dort aus wagemutige Reisen durch die deutschen Lande. Er hielt sich vornehmlich bei Waldensern in Bayern und Franken auf, bis ihn schließlich die Inquisition in Nürnberg verhaftete.

Rautenstocks Freund Johann Drändorf, aus vornehmem sächsischem Geschlecht, folgte seinen Lehrern Peter von Dresden und Friedrich Eppinge aus Meißen nach Böhmen, wo er zehn Jahre (1411 bis 1421) zubrachte. Auch er war in Lipnice geweiht worden, predigte danach zuerst in Prag, von wo er nach Neuhaus geschickt wurde, vielleicht deshalb, um sich dort auch der deutschen Waldenser anzunehmen, die hauptsächlich in der Umgebung der Stadt angesiedelt waren. Obgleich er unabhängig und vermögend war, wählte er freiwillig die Armut. Die wahre Kirche sah er in den Bekennern des Evangeliums, die sich abseits vom Prälatenstande hielten. Er widmete sich der missionarischen Tätigkeit, die er wie eine charismatische Gabe auffaßte und zugleich als Aufgabe ansah. Wir können seiner Beteuerung Glauben schenken, daß er aus eigenem Entschluß aus Böhmen nach Deutschland ging, *proprio motu*. Trotzdem hatte seine Reise ein ganz bestimmtes Ziel. Er predigte am Oberrhein, besuchte Basel und Speyer und bemühte sich mit fieberhaftem Eifer, das Volk, ja ganze Ansiedlungen aus dem Joch der Prälaten zu befreien. In Weinsberg gelang es ihm mit Hilfe seines Freundes Peter Turnow aus Speyer beinahe, die Bevölkerung für das Programm einer von der weltlichen Macht ganz unabhängigen Kirche zu gewinnen und der neuen Gemeinde Diener des Wortes zu beschaffen. Aber gerade dort erreichte ihn die Inquisition, er wurde verhört und gefoltert und am 17. Februar 1425 in Heidelberg verbrannt. Sein geistliches Profil ist nicht ausschließlich waldensisch, trägt aber unverwechselbare waldensische Züge, die auch aus seinem Verhalten erkennbar sind, das im übrigen seine vornehme Herkunft immer wieder deutlich werden läßt. Mit den Waldensern mag er schon in der Kindheit in der Nähe von Wittenberg bekannt geworden sein. Es scheint, daß er auch während seiner Fahrten durch Deutschland ausgiebig von den Waldenser Gästehäusern Gebrauch gemacht hat. Die Überzeugung, für die er schließlich auch von den treuen Dienern des Bischofs von Worms zum Tode verurteilt wurde, war vorwiegend waldensisch und hussitisch. Mindestens sieben der Artikel, für die er angeklagt war, stammen aus der erstgenannten Kategorie. Sie konstatieren die konstantinische Position der gegenwärtigen Kirche und verlangen die freie Predigt ohne kanonische Mission. Andererseits ist bei Drändorf auch eine gewisse Spannung erkennbar zwischen seinem ausdrücklichen Sinn für unterirdische heimliche Aktionen in Waldenser Art und demgegenüber dem Willen, gesellschaftliche Veränderungen hervorzurufen, so, wie er das in Speyer und Weinsberg versucht hatte. Niemals verließ ihn der bekundéte Trotz gegen die weltliche Vorherrschaft der Kirche, der getragen war vom Glauben an die befreienden Konsequenzen des Evangeliums.

Als Drändorf der Folter unterworfen wurde, enthüllte das Verhör noch seine Verbindungen zu zwei Priestern aus dem schlesischen Reichenbach. Laurenz, der eine von ihnen, tritt später als Sekretär des Taboritenführers Prokop des Kahlen (Holý) auf und zeigt in seinem literarischen Werk ein ungewöhnlich lebhaftes Interesse am Schicksal der verfolgten Waldenser.

Während seines Aufenthalts in Speyer erfuhr Drändorf eine bestimmte Unterstützung durch einen Freund, den er zuerst in Zittau und dann in Prag durch den Schulleiter Peter Turnow kennengelernt hatte. Er stammte aus einer bürgerlichen Familie in Tolkemit in Ostpreußen, das seit alters von Waldenser Elementen durchsetzt war. Im Jahre 1411 weilte Turnow in Zittau zum Studium, von wo er nach Prag ins Haus »Zur Schwarzen Rose« kam. Irgendwann nach 1414 ließ er sich für das Jurastudium in Bologna inskribieren, fuhr dann nach Osten bis nach Kreta und kehrte über Venedig erst nach 1423 nach Prag zurück. Der Priester Laurenz von Reichenbach brachte ihn hier mit hussitischen Theologen zusammen, für die Turnow seine Erfahrungen mit der griechischen Kirche in dem Traktat *Ritus et mores Graecorum*[12] niederschrieb. Seine pädagogischen Anlagen versuchte Turnow später im bayerischen Heidinsfeld und in Würzburg umzusetzen, von wo er an die Schule in Speyer überging. Hier suchte ihn Drändorf auf und riß ihn in jenes missionarische Unternehmen mit hinein, das nach den Enthüllungen der Inquisition für beide auf dem Scheiterhaufen endete. Peter Turnow wurde auf der Burg Udenheim von Raban, Bischof von Speyer, eingekerkert. Die Inquisition eröffnete den Prozeß gegen ihn eine Woche nach Abschluß der Verhandlungen mit Drändorf, zog ihn aber bis in den Juni hinaus. Am 11. Juli 1425 wurde Turnow verbrannt. Von seinem Ideal einer Minderheitskirche war er nicht abgegangen.

»Ihr seid Löwen«, sagte er zu seinen Richtern, »während ich euch gegenüber nur ein Kätzchen bin.« [13]

Die Schüler der Prager Schule »Zur Schwarzen Rose« vergossen ihr Blut für den kühnen Gedanken, eine ökumenische internationale Gemeinschaft zu schaffen, welche die entschiedenen Hussiten aus Böhmen mit der Waldenser Diaspora in den deutschen Landen vereinigen sollte.

Die Revolution

Währenddessen lebte das Volk in Böhmen seinem Glauben und seinen Hoffnungen, die von Predigten genährt waren, durch die der Reformationsgedanke popularisiert wurde. Zum anderen bereicherte das Volk selbst seine Predigten auch dadurch, daß es seine Anliegen einfließen ließ. Wir erwähnten schon, wie die Botschaft aus der Schule »Zur Schwarzen Rose« mit der Sehnsucht des Volkes harmonisierte, deren Wortführer zum Beispiel Wenzel Koranda war. Vom Frühjahr 1419 an feierten große Ansammlungen von Landleuten auf Bergen das Abendmahl des Herrn unter beiderlei Gestalt. Sie verstanden es als ein Fest, das den Beginn von Gottes Königreich vorahnen ließ. Diese gewaltige Volksbewegung, bei der man das Wort des Evangeliums hören und zugleich realisiert finden wollte, war für die bisher verheimlichten Waldenser Gruppen im Untergrund und alle sonstigen proklamierten Ketzer eine unerhörte Gelegenheit, aus ihren Verstecken hervorzukommen und aktiv an der großen Erneuerung teilzunehmen. Die Tatsache, daß sich in dieser Zeit auch sonst erbitterte Gruppen jeglicher Gewaltanwendung enthielten, vor allem die sich in den Gegenden um Ústí an der Lužnice, Písek und Bechyně versammelnden Kontingente, zwingt dazu, einen gewissen Einfluß waldensischer Gedanken vorauszusetzen, höchstwahrscheinlich auch eine direkte Teilnahme der ortsansässigen Waldenser. Die große Zusammenkunft des Volkes, versammelt am 22. Juli bei Bechyně in Erwartung einer Erneuerung aller Dinge durch Christi Wiederkehr, bezeichnete die Geburt des Taboritentums. Die Waldenser sahen darin gewiß an-

fangs die Verkörperung ihres Traums von einer Gemeinschaft, nach der sie Generationen hindurch Ausschau gehalten hatten.

In der Hauptstadt waren gerade damals ähnliche Manifestationen verboten. Auf Druck des Königs vertrieben die
Neustädter Ratsherren hussitische Schüler aus den Schulen
und gaben den katholischen Priestern ihre ehemaligen
Rechte und Privilegien zurück. Nur Želivský, der nicht zum
Schweigen zu bringen war, predigte weiter und legte Hussens Gedankengut in radikalisierendem Sinn nach dem Muster von Nikolaus aus Dresden und im Geiste der lollardischen Interpretation der Apokalypse aus. In seine Botschaft
gliederte er auch die Waldenser Forderungen ein. Ihm lag
daran, daß das Volk die Schrift in seiner Muttersprache
hörte und las. Die hussitische Bewegung charakterisierte er
als Wiedergeburt des Wortes Gottes in Böhmen. Die Tatsache, daß sich Hus entschlossen hatte, in einen sicheren Tod
zu gehen, bewies nach Meinung Želivskýs seine Auserwählt-
heit. Die Tiefen der Schrift eröffnen sich den Armen und
Erniedrigten viel bereitwilliger als den Inhabern der Macht.
Wahrheit und Recht sind auf seiten jener, die an ihrem
Leibe aus offenen Wunden bluten. Der Gekreuzigte selbst
hat sich für sie verbürgt. Ein solcher war der Apostel Paulus, solche waren die Magister Jan, Hieronymus, Nikolaus
von Dresden. Hoffnungsvoll freut sich Jan Želivský auf
den Zeitpunkt, da die Welt erneuert wird, *status mundi
renovabitur*, wenn nämlich Christus mit seinen königlichen
Ansprüchen zuerst in Prag, dann in Böhmen und schließlich
in der übrigen Christenheit anerkannt wird. »O getreuer
Christe, wir möchten nicht den Tod schmecken, solange wir
nicht den Menschensohn erblicken, der mit seinem Königs-
anspruch zuerst nach Böhmen und dann in die ganze Kirche
niedersteigt.« »Möge jetzt zu dieser Zeit die Prager Gemeinde zum Beispiel für alle Gläubigen nicht nur in Mähren, sondern auch in Ungarn, Polen, Österreich und anderswo werden!«[14] Bei ihm steht schon das ganze Programm
eines missionarischen Aufschwungs, eines Vorstoßes, den die
Brüder der »Schwarzen Rose« zu führen versuchen werden.

Der Ausbruch der Revolution in den Sommermonaten des Jahres 1419, in Prag unvergeßlich verbunden mit dem Namen Želivskýs, aber direkt abhängig von der Bewegung der Landbevölkerung, übertraf schon in seinen ersten Konsequenzen die kühnsten Träume eines Jakoubek von Mies. Er war eifrig bemüht gewesen, die Aufgabe eines theologisch verantwortlichen Theoretikers der Reformation zu erfüllen, die im gesamtnationalen Maßstabe durchzuführen war. Er zog sich daher immer mehr auf akademische Positionen zurück. Nach 1420 begrüßte er schon nicht mehr so herzlich wie noch fünf Jahre vorher die Prinzipien und Standpunkte waldensischer Prägung, wenn er auch anfangs aktiv mithalf, sie im hussitischen Denken heimisch zu machen. Jetzt wurde er sich aber mit Schrecken bewußt, in wie weitem Umfange sie ins Programm der taboritischen Radikalen eingegangen waren und wie sich ihre Anziehungskraft in breiten Massen der niedersten gesellschaftlichen Schichten verstärkt hatte. Die Waldenser Ablehnung von Gewalt war zunächst unteilbarer Bestandteil des Trotzes gewesen, mit dem die Radikalen den herrschenden Ordnungen ihre Christlichkeit absprachen. Seit 1420 verharrte die bewaffnete Macht der Taboriten in diesem ursprünglichen Trotz, erhob ihn jedoch auf die Ebene bewußter politischer Aktionen. Die Sorge, die Reformation könne die Grenzen der Rechtgläubigkeit überschreiten, veranlaßte Jakoubek zu einer ängstlicheren Eingrenzung der Häresie. Dadurch, daß eine Sekte einseitig eine bestimmte, wenn auch richtige Seite der Wahrheit betont, verfällt sie um so leichter in den Irrtum rücksichtsloser Vernachlässigung des Ganzen. Und ein solcher Fall war auch der der Waldenser: »Heute schmähen die Waldenser die päpstliche Schenkung und verleugnen darunter viele Wahrheiten, glauben nicht an das Fegefeuer und die Fürsprache der Heiligen und führen andere Irrlehren an. Auch das Prager Volk begeht im Kampfe um die Wahrheit des Kelches viele Sünden und Unterlassungen.«[15]

An der Schwelle der zwanziger Jahre beunruhigen sich allerdings viele Menschen in Böhmen an Fragen, die sich auch die Waldenser stellen mußten, soweit sie von der taboritischen Welle mit Macht erfaßt wurden. Ist es günstig, für die evangelische Wahrheit den Schutz des obrigkeitlichen Schwertes zu suchen? Und wenn die Herren diesen Schutz ablehnen, haben dann einfache Christen das Recht, die erkannte Wahrheit durch Niederwerfen der Feinde zu schützen? Sollen sich die Gläubigen weiterhin versammeln, obzwar ihnen Verfolgung und gewaltsames Verderben drohen? Ist es erlaubt, im Namen der Bereitschaft für eine neue Welt mit den Konventionen Schluß zu machen und für die Treue zum Evangelium zum Beispiel den Ehepartner und die Familie zu verlassen? Solche jetzt erneut und dringend artikulierten Fragen quälten die Waldenser schon die ganze Zeit über, während ihrer gesamten bisherigen Existenz. Jetzt aber forderte die Verschärfung der gesellschaftlichen Verhältnisse der gesellschaftlichen Kräfte in Böhmen eine Antwort direkt heraus, nach Antworten verlangte auch eine in diesem Maße unerhörte politische Aktivität, die bisher rechtlose Menschen ergriff.

Darüber hinaus haben die Taboriten selbst, die bald an der Spitze des revolutionären Kampfes und des Schutzes der Revolution vor dem Angriff der Kreuzfahrer standen, in ihren theologischen Vertretern die Berechtigung der Waldenser Interpretation des Gebotes »Du sollst nicht töten!« niemals gänzlich geleugnet. Sie griffen nicht ohne Zweifel und Verlegenheit zu den Waffen, und die Magister der Prager Universität – namentlich Jakoubek selbst – beruhigten ihr Gewissen mit dem Hinweis auf die traditionelle Lehre von den Bedingungen, die erfüllt sein müssen, damit der Krieg noch als ein gerechter bezeichnet werden kann. Aber stärker als Jakoubek betonten sie die Vorläufigkeit und das Provisorische dieser Lösung. Die revolutionäre Situation trug freilich kaum dazu bei, daß sich das Prinzip der Gewaltlosigkeit in den Vordergrund ihres Interesses geschoben hätte, aber die Taboriten erinnerten sich dennoch durch den Mund ihrer Theologen immer wieder an die evangelische Forderung der Liebe und Waffenlosigkeit. Sie drückten das durch die immer wieder vorgebrachte Forderung nach Beseitigung der Todesstrafe aus, wenn nicht überhaupt, so doch wenigstens für Diebstahl, aber auch für Ketzerei. »Die heiligen Apostel unseres Herrn Jesus Christus«, so verkündeten sie, »haben niemals verlangt, daß Ketzer hingerichtet würden. Die es wagen, sie auszutilgen, folgen darin nicht Christus nach, sondern viel eher Kain, der Abel verfolgt hat.«[16] Die Mentalität der Taboriten war gegenüber den Waldenser Idealen nicht verschlossen, weder in der Zeit der ersten Gärung vor 1421 noch später.

Die Solidarität der taboritischen Theologie mit dem Standpunkt der Waldenser geht besonders aus der Methode hervor, mit welcher Nikolaus Biskupec von Pelhřimov im *Bekenntnis der Taboriten* das Fegefeuer behandelt. In drei langen Absätzen demaskiert er die klerikalen Lügen zu diesem Problem. Das Volk wurde furchtbar betrogen, so erklärt er, als die Priester es dazu verführten, einer reinen Erfindung Glauben zu schenken. Ganze Generationen hindurch verfolgte die herrschende Kirche jeden auf das härteste, der Zweifel an der Existenz des Fegefeuers äußerte. Biskupec, der an dieser Stelle ältere Arbeiten von Nikolaus aus Dresden verwendete, dachte dabei ähnlich wie sein Vorgänger an die Waldenser, und es ist gewiß kennzeichnend, daß sich diese taboritische Solidaritätserklärung mit den Waldensern im Zusammenhang mit dem Echo aus der geistigen Werkstatt »Zur Schwarzen Rose« zeigt. Peter Chelčický, ein Denker, der fast ausschließlich in dem Milieu herangereift war, in dem das Taboritentum geboren wurde, wartete nicht erst auf irgendeinen militärischen Mißerfolg der Revolution, sondern trat 1421 scharf gegen die Anwendung von Gewalt im Dienste des als Gnade Gottes aufgefaßten Glaubens auf. Der Kampf, zu dem er rief, hatte geistigen Charakter. Mochte Chelčický auch harte Sträuße mit Pelhřimov und anderen taboritischen Priestern ausfechten, so blieb er doch im wesentlichen ein Taborit der frühesten Periode der Bewegung, besonders durch seine tiefe Ehrfurcht vor der unveräußerlichen Majestät des Herrn und durch die Überzeugung von der kosmischen Tragweite des Gesetzes Gottes. Im Werke Christi mündet Gottes Gesetz in eine paradoxe Liebe, verkündet durch das Kreuz und in ihrer Absicht erleuchtet durch die Bergpredigt Jesu. Die wahre Reformation wird nur von einer Kirche verteidigt werden können, die bereit ist, jeglichen äußeren Garantien zu entsagen, gleich ob ökonomischer oder kultureller Art. Das Königreich Christi segnet keine unter den Menschen eingeführten Ordnungen, kennt nicht und anerkennt nicht die Dreiteilung der Gesellschaft in Herren, Kleriker und Untertanen. Die Treue der Christen mißt Chelčický an ihrem Mut, Jesus auf dem Wege des Märtyrertums nachzufolgen. Für ihn ist deshalb die wahre Kirche immer eine Minderheitskirche. Sie hat bewußt den konstantinischen Privilegien entsagt und beweist durch ihre Verantwortung für die Menschheit nur die Bereitschaft, sich wehrlos beschimpfen zu lassen. In der Hoffnung auf den Sieg der Liebe Christi lehnt Chelčický die Todesstrafe ab und wirft den Taboriten vor, daß sie sich bei ihrer Kriegführung vom Teufel leiten ließen. Er habe ihnen den Glauben an die Gewalt eingegeben und sie dazu verführt, die gesunde Hoffnung auf die Möglichkeit einer göttlichen Zukunft in einen eigenmächtigen chiliastischen Aktivismus zu verwandeln, der auf unerlaubte Berechnungen göttlicher Zeiträume gegründet sei.

Chelčický verband die zentralen Waldenser Motive in einer gewaltigen Synthese mit dem scholastischen schulmäßigeren reformatorischen Denken, wie es sich in den Arbeiten von Janov, Wyclif, Hus und Jakoubek ans Licht durchrang. Dabei verlor er niemals die grundlegende und – wie er glaubte – evangelische Erkenntnis, daß der entscheidende Kampf um die Befreiung der Menschlichkeit und der Menschheit niemals durch Gewalt ausgetragen worden war, sondern durch den Tod eines zum Kreuz verurteilten Menschen. Es wäre töricht, Chelčickýs starke und bewundernswert originelle Persönlichkeit als ein Konglomerat verschiedenster Einflüsse erklären zu wollen. Im Zusammenhang mit unserer Darstellung müssen wir gerade betonen, daß dieser Sohn eines ziemlich unbedeutenden Adelsgeschlechts aus der Gegend von Záhoří, beheimatet in Chelčice unweit von Vodňany, die Intuition des Waldenser

Evangeliums auf das Niveau einer einheitlichen Menschen-
und Weltschau hob – eine Vision, in der er ausdrücklich die
paradoxe und menschlich tragische Seite der Gegenwart des
Christen in der Welt in den Vordergrund rückte.

Er kannte und bewertete die kirchlich kritische Zuspitzung der Legende von der angeblichen konstantinischen
Schenkung in der Waldenser Version. In Übereinstimmung
mit den Vorstellungen, die hauptsächlich gegen Ende des
14. Jahrhunderts unter den Waldensern lebendig waren,
schrieb auch er: »Bis zu Kaiser Konstantins Zeiten haben
sich die gläubigen Menschen in Wäldern, Gräbern, unter der
Erde vor diesen grausamen Kaisern verborgen. Und das
waren dreihundertzwanzig Jahre seit den Predigten der Apostel bis zur Schenkung an die Priester, und danach hörten die
Martyrien in Rom auf.

Denn dieses grausame Tier (der Kaiser) wurde satt, als
es der Priester (Papst Silvester) zum Glauben bekehrte, segnete und an Christus teilhaben ließ. Und der Priester be-
sänftigte ihn (den Kaiser) wie einen wilden Löwen, um mit
ihm an einem Tisch zu sitzen. Vorher hatten sich Silvester
und Peter, der Waldenser, vor ihm in Wäldern und Gräbern
verborgen gehalten, und als ihn Silvester zum Glauben bekehrt hatte, setzte der Kaiser den Silvester auf eine Maul-
eselin und führte ihn durch ganz Rom. Listig hatte er den
Kaiser aus einem Heiden zu einem Anhänger Christi gemacht und mit heidnischen Herrschersitten zum Glauben bekehrt, und der Kaiser hatte wiederum den Priester zu einem
Anhänger der Welt gemacht, indem er ihm Ruhm und Güter
schenkte.« [17] In seinem Hauptwerk, dem *Netz des Glaubens*[18]
aus den vierziger Jahren des hussitischen Jahrhunderts,
faßte er kritisch die Fehler zusammen, die das westliche
Christentum begangen hatte »in mehr als elfhundert Jahren
nach der Einflößung des Giftes in die Kirche Christi«. Wir
begegnen damit bei Chelčický der chronologischen Termi-
nierung von 1100 Jahren, welche die zeitgenössische Waldenser Geschichtstheologie zur Charakteristik des konstantinischen Verrates und seiner Dauer anwendete. Das waldensische Epos *La nobla leiczon*, entstanden im gleichen

Jahrhundert, erwähnt gleich im sechsten Vers, daß »gerade tausend und einhundert Jahre vollendet sind« *(ben ha mil e cent ancz compli entierament)*. Als Ausgangspunkt dieser Berechnung zählte der konstantinische Umbruch mit dem angenommenen kaiserlichen Akt, durch den die Kirche mit Reichtum und politischem Einfluß beschenkt wurde.

Von den übrigen Waldenser Motiven, die Chelčický feinfühlig entwickelte und weiterdachte, seien wenigstens die antitraditionelle Exegese des Anfangs vom 13. Kapitel des Römerbriefes und das bewußte Mißtrauen gegenüber dem System der Pfarreien erwähnt.[19] Im ersten Falle lehnte Chelčický in Übereinstimmung mit der Waldenser Auslegung die Ansicht ab, daß es möglich sei, mit den Paulinischen Worten den christlichen Charakter des Staates zu begründen. Im zweiten Falle verband er die Waldenser Tradition des Wanderpredigertums mit der eindringlichen kritischen Analyse der versklavenden Folgen des Netzes der Parreien und des Pfarrzwanges, d. h. der Pflicht der Pfarrkinder, sakramentale Handlungen nur vom zuständigen Pfarrer zu verlangen. Die Kriegsjahre übertönten freilich Chelčickýs Rufen; es war aber wieder zu vernehmen, als die Revolution ausgetobt hatte, und es richtete sich dann gegen die neue Staatlichkeit und die neue Kirchlichkeit, wie sie aus der Revolution hervorgingen. Bevor Chelčický zum geistigen Vater der Brüdergemeinde wurde, wandte er eben durch die zentrale Problematik seines literarischen Vermächtnisses die Aufmerksamkeit der ersten Brüdergeneration auch den Waldensern zu.

Um die Mitte der zwanziger Jahre schien es, als sei der Plan gescheitert, das Netz der Waldenser Zufluchtsstätten zur Entwicklung einer vom hussitischen Böhmen ausgehenden evangelischen Mission zu nutzen. Jenseits der Grenzen Böhmens war die Inquisition nach wie vor noch allmächtig. Sie bewies ihre unverminderte Kraft nicht nur dadurch, daß sie geheime Aktionen aufdeckte und unterdrückte, die an die Diaspora des deutschen Waldensertums anknüpfen sollten, sondern auch, indem sie energisch gegen jeden Versuch auftrat, die Ergebnisse und Errungenschaften der hussitischen Reformation direkt in fremden Boden zu verpflanzen.

Im Jahre 1418 kam eine Gruppe von Männern und Frauen aus der Pikardie, wo ihnen die Inquisition das Leben unmöglich gemacht hatte, nach Böhmen. Ihre Anführer hatten gehört, daß »in Böhmen Gottes Wort volle Freiheit genieße«. In Prag erfuhren sie eine freundliche Aufnahme. Da sie weder tschechisch noch deutsch sprachen, nahm sich ihrer Ausbildung in Glaubensfragen ein nicht näher bekannter *vir latinus* an, der mit ihnen französisch sprach. Was wir über die Ansichten dieser Pikarden wissen, erlaubt nicht, sie einfach unter die Waldenser einzureihen. Nicht auszuschließen ist, daß jenen, die sie Pikarten oder Pikarden nannten, diese Bezeichnung nach Begarden klang. Mit absoluter Sicherheit können wir auch den erwähnten *vir latinus* nicht mit Gilles Mersault identifizieren, der ebenfalls pikardischen Ursprungs war, sich in Turnay der Tuchmacherei widmete und um 1420 Prag besuchte. Er war spontan begeistert von den Fortschritten der Reformation und auch der Revolution und erlebte ihren Aufschwung gerade in den erfolgreichsten Monaten Jan Želivskýs. F. M. Bartoš[20] hat auf die Figur Mersaults aufmerksam gemacht und seinen kühnen, wenn auch vergeblichen Versuch beleuchtet, das Hussitentum in den Städten Tournay und Lille zu verbreiten. Um Weihnachten 1420 versuchte Mersault erstmalig, den Inhalt der vier Prager Artikel breiter bekanntzumachen. Er wandte sich danach an seine Mitbürger in Tournay mit einem flammenden Manifest, das er in der Nacht vom 9. zum 10. März 1493 an sie austragen ließ. Er forderte darin auf, das Beispiel jener nachzuahmen, die »im böhmischen Königreich und in Prag die apostolische Kirche ausgerufen haben«. Deshalb empfahl er vor allem, die Prager Artikel anzunehmen. Sie könnten garantieren, daß »die Wahrheit ohne irgendwelche Hindernisse öffentlich in der ganzen Welt verkündet werde, und dies in Übereinstimmung mit dem Willen Jesu«. Aus der Bibel, die er gern in einer verständlichen Übersetzung in der Hand des Volkes gesehen hätte, stellte Mersault eine Übersicht der Prophezeiungen zusammen, die den baldigen Zerfall der in ihr Gegenteil verkehrten Kirche ankündigten. Es sei der Augenblick gekommen, da das Evangelium von den Büchern verkündet werden müsse, wovon übrigens direkt in Tournay der Augustinermönch Nikolaus Serrurier träumte, den 1418 das Konzil zu Konstanz dafür zum Schweigen brachte. Um »die Bedingungen, das Leben und die Standpunkte der genannten Böhmen und Prager« im einzelnen darlegen zu können, schlug Mersault seinen Mitbürgern vor, auf dem Großen Marktplatz ein Podest aufzubauen, von dem aus er zur Volksmenge über seine Erfahrungen sprechen würde. Er wurde aber verhaftet und am 22. Juli 1423 verbrannt. Jaquemart de Bléharies, der Mersault ein zeitweiliges Entkommen aus dem Gefängnis ermöglicht hatte, wurde von der Inquisition mit einer Verzögerung von einigen Jahren 1429 bestraft.

Die Vermutung, Mersault weise waldensische Züge auf, konnte zwar ausgesprochen werden, läßt sich aber nicht beweisen. Mersaults aufrichtige Bewunderung für die militärischen Siege der Hussiten über die Kreuzfahrer in der Schlacht am Vyšehrad zeugt von seinem Interesse an dem gewaltsamen revolutionären Umsturz, einem Ereignis, mit dem die Waldenser in der Regel nicht rechneten. Im Zusammenhang mit seiner Auslegung der vier Prager Artikel ist es selbstverständlich, daß sein Reformprogramm auch mehr als eine mit Waldenser Prinzipien übereinstimmende Auffassung enthielt. Der Fall der in Böhmen schutzsuchenden Pikarden und Mersaults Aktionen in Tournay illustrieren dennoch gut den beachtlichen geographischen Umfang der Anziehungskraft des Hussitentums. Mit dieser Tatsache ist bereits seit Anfang der zwanziger Jahre namentlich in einem Milieu zu rechnen, das sich schon früher innerlich vom Papsttum losgelöst hatte. Die Waldenser Diaspora war in diesem Sinne besonders sensibel und bildete einen fruchtbaren Boden für die hussitische Propaganda. In Hinblick auf ihre Zersplitterung in der Welt, der die offizielle Kirche ihre Gesetze aufgezwungen hatte, waren weder die Waldenser noch andere Sekten in der Lage, die eingeführte »Harmonie« aus eigenen Kräften aktiv zu stören.

Kirche und Vertreter des Reiches wehrten mit allen möglichen Methoden die Bestrebungen der Hussiten ab, sich mit

Nonkonformisten in anderen Ländern zu verständigen. An der Spitze der um Kaiser Sigmund gescharten Partei, die eine gewaltsame Unterdrückung des Hussitentums anstrebte, begegnen wir unter anderen auch Persönlichkeiten, die sich im Kampfe gegen die Waldenser bewährt hatten. Der junge österreichische Herzog Albrecht V. verfolgte Ketzer in seinem Lande mit gnadenloser Grausamkeit. Im Jahre 1418 machte er seine Untertanen auf die Gefahr hussitischer Agitatoren aufmerksam, die sich angeblich des öfteren als Fuhrleute beim Salztransport verkleideten. Ähnliche Bedenken äußerte 1420 der Bischof von Regensburg, nach dessen Meinung eine hussitische Infiltration besonders Bayern drohte, das schon seit langem mit Waldenser Elementen durchsetzt war. Auch die Fragen, mit denen die Inquisition Drändorf und Turnow bedrängte, verraten den Verdacht, daß deutsche Waldenser in Verschwörungen mit den aufrührerischen Tschechen verwickelt sein könnten. Die Inquisitoren waren bereit, sich mittels solcher Verschwörungen auch die Niederlage des zweiten Kreuzzuges nach Böhmen zu erklären, die im Oktober 1421 vor Saaz eingetreten war. Schon im folgenden November interessierte sich die Inquisition in Worms dafür, ob der der Ketzerei verdächtige Helwig Drinberger Jan Hus und Peter Waldes für Heilige halte.

Der missionarische Mißerfolg der Schule »Zur Schwarzen Rose« zeigte ebenso wie die Unterdrückung eines in der Pikardie drohenden Aufstandes, daß sich in der Mitte der zwanziger Jahre die hussitische Revolution noch nicht »exportieren« ließ, mögen auch die Aktionen isolierter Reformatoren mehr als kühn gewesen sein. Der tatsächliche missionarische Aufschwung der europäischen Waldenser mußte noch den Augenblick abwarten, da die machtmäßig stabilisierte hussitische Revolution in die Periode ihrer bewaffneten Expansion eintrat.

Als sich Prokop der Kahle im Dienste der Taboriten mit Leib und Seele der Revolution ergab, hatte er schon manche Auslandsreise unternommen. Er entstammte einem Prager Geschlecht, das Beziehungen zu Verwandten in Aachen pflegte. Als Priester (seit 1405) und Anhänger der Reformation sah er ihre Sache stets in einem breiten europäischen Zusammenhang. Die hauptsächlich seit 1426 bewiesenen strategischen Fähigkeiten stellten ihn an die Spitze der taboritischen Armee und machten ihn in vielfältiger Weise zum einflußreichsten Manne des revolutionären Böhmens vor 1434. Über die siegreichen Feldzüge vergaß er die ursprünglichen Motive der böhmischen Reformation nicht, gedachte ihnen jedoch internationale Anerkennung und Ehrfurcht zu gewinnen. Als er sich entschloß, den Krieg in die feindlichen Länder hineinzutragen, entsprach er damit den objektiven Bedürfnissen der revolutionären Entwicklung. Als Politiker suchte er nach potentiellen Verbündeten unter den Unzufriedenen in ganz Europa, als Theologe gab er unter diesen möglichen Verbündeten den Verfolgten und Erniedrigten den Vorzug. Seine Freunde Peter Payne und Laurenz von Reichenbach, den er sich als Sekretär erkor und dem wir schon 1423 in Prag in enger Verbindung mit der Anstalt »Zur Schwarzen Rose« begegnet sind, orientierten seine Sympathien auf die Waldenser Diaspora.

Vom Jahre 1428 an beginnen die Anführer der Waisen und der Taboriten, den Expansionskrieg durch die Bedürfnisse von Schutz und Befreiung des Gesetzes Gottes zu motivieren. Neue Expeditionen sollten die Umklammerung zerschlagen, in die das hussitische Böhmen geraten war. Das erste derartige Unternehmen führte beide bewaffneten Bruderschaften im März nach Schlesien. Im Juni drangen dann die Taboriten bis nach Nußdorf bei Wien vor. Der Feldzug, der nur eine kleine Episode der Gesamtbestrebungen nach Erschließung neuer Versorgungsquellen für die Truppen sein konnte, eröffnete tatsächlich eine neue Periode in der Geschichte der hussitisch-waldensischen Beziehungen. Friedrich Reiser, ein Wanderprediger der deutschen Waldenser, besuchte gerade zu dieser Zeit die Inselchen seiner österreichischen Glaubensbrüder. Er zog durch Linz und Wien, erreichte eine im Felde stehende Gruppe von Taboriten und kehrte mit ihnen nach Tábor zurück. Über die böhmischen Verhältnisse war er übrigens vorher durch seinen väterlichen Freund Johann von Plauen informiert worden, einen

Waldenser Kaufmann mit Sitz in Nürnberg, der Böhmen bereits kannte. Reiser wurde bald der bedeutendste Mann der deutschen Waldenser Diaspora des 15. Jahrhunderts und zum Pionier aller Bestrebungen um eine hussitisch-waldensische Vereinigung, welche die verstreuten Waldenser mit neuem Lebenswillen ausstatten, ja in vielen Fällen direkt vor dem Untergang bewahren sollte, soweit sie vom geistigen Verfall oder der Ausrottung bedroht waren.

Er war in Deutach bei Donauwörth geboren, wo sein waldensischer Vater Konrad Kaufmann war.[21] Um das Jahr 1418 gaben ihn die Eltern nach Nürnberg ins Haus Johanns von Plauen. In diesem gastfreien Hause, das auch als Zufluchtsstätte für Waldenser diente, lernte er Peter Payne kennen, mit dem sein Vater schon acht Jahre bekannt war. Johann von Plauen wünschte, daß sich Reiser auf die Aufgaben eines Waldenser Predigers im Dienste der verstreuten deutschen Waldenser, deren Wohnsitze er selbst öfters auf seinen Geschäftsreisen mit Tuchen und Gewürzen aufsuchte, vorbereite. Im Jahre 1420 kam Reiser in das Schweizer Freiburg, um seinen Horizont zu erweitern und seine Bildung zu vertiefen. Dorthin brachte ihn vermutlich der Waldenser Meister Hugo Marmet, in dessen zweisprachiger Familie Reiser Gelegenheit hatte, aus Gesprächen und durch persönliche Begegnungen einiges über die Waldenser in Piemont und in Südfrankreich zu erfahren. Bei seinem vorübergehenden Aufenthalt in Basel sprach er sogar im Frühjahr 1423 mit einer Gruppe aus Valais geflüchteter Waldenser, die nach Böhmen zu gehen beabsichtigten. In Basel erreichten ihn auch Geschäftsbriefe Johanns von Plauen, und diese führten ihn definitiv auf Wege, durch die er Geschäftsinteressen mit dem Dienst eines waldensischen Wanderlehrers verbinden konnte. Johanns Empfehlungen öffneten ihm einige Häuser in Frankreich und Österreich. Die Erinnerung an seine beiden Begegnungen mit Peter Payne erleichterten oder veranlaßten vielleicht sogar seinen Entschluß, die Anwesenheit von Taboriten auf österreichischem Boden zu nutzen, um mit Payne erneut Kontakte aufzunehmen. Sobald er mit der Bruderschaft Prokops des Kahlen in die Nähe von

Tábor kam, suchte er nach Gelegenheiten, an Payne heran-
zukommen.

Die taboritischen Führer und Theologen bemühten sich
gerade um diese Zeit verstärkt darum, ihre Umklammerung
zu durchbrechen und zu verhindern, daß die Sache der Reformation auf Böhmen beschränkt blieb. Paynes alte Sorge
um den internationalen Charakter der Bewegung kam diesen ihren neuen Bestrebungen entgegen. Schon bei den im
Jahre 1427 auf der Burg Žebrák veranstalteten Gesprächen
zwischen Katholiken und Hussiten neigte Payne bei diesen
Fragen der taboritischen Seite zu, obzwar er sonst für die
Prager sprach. Er wirkte als Berater schließlich auf der Táborer Synode, wo man gegen Ende des Jahres 1428 und anfangs des folgenden darüber beriet, wie weit die reformatorischen Forderungen gehen durften. Spätestens zu dieser
Zeit lud Payne Friedrich Reiser nach Prag ein, und so versuchte dieser, sich in Prag festzusetzen, während Payne unter
dem Schutze Prokops im April 1429 zum Wortführer des
hussitischen Programms vor König Sigmund auf der Burg
von Preßburg (Bratislava) wurde.

Es haben sich keinerlei Nachrichten darüber erhalten,
daß Reiser an der Universität inskribiert worden wäre. Er
selbst erinnerte sich später daran, daß er in Prag zunächst in
Gästehäusern Dienst tat, was eine Anspielung auf seine Arbeit in den Studentenbursen sein könnte. Die Verwalter der
Bursen, *conductores bursarum,* hatten zwar kein Recht, auch
Nichtstudenten unterzubringen, aber Reiser konnte dort
vielleicht eben als Diener unterkommen. So läßt sich am besten der Umstand erklären, daß in dem »Gästehaus«, in
dem er diente, seinen Erinnerungen nach Studenten und ein
Priester waren. Von dem Kleriker lernte Reiser Latein,
während ihm die Studenten als Entlohnung Teile der Heiligen Schrift abschrieben. Durch Bibelabschriften pflegten
sich die Prager Studenten häufig Einkünfte zu verschaffen.
Solche Abschriften waren um so gesuchter, als die hussitischen Synodalbeschlüsse von 1422 jeden Prediger dazu verpflichteten, eine eigene Bibel oder zumindest das ganze
Neue Testament persönlich zu besitzen. Die Abschriften des

Neuen Testaments, die Reiser auf diese Weise erhielt, waren sicher deutsch, wahrscheinlich nach einer Vorlage angefertigt, die er sich von seinen Waldenser Freunden aus Deutschland mitgebracht hatte. Mit Kolportagetätigkeit befaßte sich Reiser dauernd. Später ließ er seinen Schüler, den Waldenser Martin, das ganze Neue Testament abschreiben.

Die Hussiten nahmen Reiser mit offenen Armen bei sich auf. Seine ausgezeichnete Kenntnis der Waldenser in Schwaben, Bayern, Österreich, am Oberrhein und in der Schweiz versprach nach den mißlungenen Versuchen der Schule »Zur Schwarzen Rose« eine glückliche Erneuerung der hussitischen Missionsarbeit. Es ist wahrscheinlich, daß Reiser vom Anfang seines Aufenthalts in Böhmen an ständige Kontakte zu Freiburg hielt und sein Wert in den Augen der hussitischen Führer gerade dadurch stieg, daß die Freiburger Waldenser Gruppe im Jahre 1429 neuen Verfolgungen ausgesetzt war.

Der Stadtrat von Freiburg war sich voll der Gefahr bewußt, die aus einer Verständigung zwischen Waldensern und Hussiten erwachsen konnte. Leider kennen wir nur einen Bruchteil der Verhöre, denen die Waldenser in Stadt und Umgebung im September 1429 unterworfen wurden, aber beide Waldenser, die bei dieser Gelegenheit verbrannt wurden – Michael von Valais und Anna Grauser aus Erlach –, waren eindeutig Opfer eines gleichermaßen antiwaldensischen wie antihussitischen Eingriffs. Eine Generation vorher war Freiburg Schauplatz des ersten waldensischen Prozesses gewesen (vgl. oben S. 160), und im Jahre 1408 hatte man dort mit der Bezeichnung »Waldenser« die schlimmsten Verbrecher wie Mörder und Brandstifter belegt. Im Jahre 1421 und nochmals 1423 hatte der Magistrat zum Kreuzzug gegen die Hussiten aufgerufen, und der Stadtchronist hatte konstatiert, daß die Beziehungen zwischen Waldensern und aus Deutschland und dem Königreich Böhmen stammenden ketzerischen Lehrern einige Jahre hindurch sehr intensiv waren, ehe es gelang, sie aufzudecken. In diesem Zusammenhang wird ausdrücklich das Haus von Hugo Marmet genannt, dem einstigen Meister des jungen Reiser.

Neue Verhöre von 71 Personen im April, Mai und Juni 1430 warfen ein grelles Licht auf die Sympathien der Freiburger Waldenser für die Hussiten.[22] Der Tuchmacher Konrad Wasen, der Herkunft nach aus Straßburg, verriet, daß Waldenser Missionare oder »Apostel« aus Deutschland und aus Böhmen diese Gruppe immer zu zweit besuchten und nach außen als Tuchhändler auftraten. Wasen war wie Helsa Troger überzeugt, daß der bisherige geheimgehaltene Lebensstil der Waldenser den Forderungen des Wortes Gottes entsprach, allerdings werde ihre Idee in der Zeit vor dem Jüngsten Gericht noch öffentlich siegen. Peter Suter bekannte ohne Umschweife, daß der Glaube der Waldenser identisch sei mit dem der Hussiten, und er erwartete für die nächste Zukunft – etwa in einem Jahr – einen allgemeinen Umschwung. Wasens Horizont umfaßte die gesamte Waldenser Diaspora, orientierte sich aber besonders auf den Süden und Westen, denn auch dort, *in partibus Romaniae*, lebten Waldenser in der Hoffnung, daß die zu jener Zeit noch anhaltende Krise der Christenheit mit dem Siege der evangelischen Sache ihr Ende finden werde.

Der Freiburger Prozeß zeigt die Itinerarien und die Arbeitsmethoden der hussitisch-waldensischen Missionare. Sie durchwandern in der Regel Schwaben und machen Station in Basel, von wo sie nach Freiburg ins Haus von Hugo Marmet, dessen Frau aus Basel stammt, weiterziehen. Nach Ankunft der Prediger werden die Freunde zu öfteren, zahlenmäßig aber begrenzten Zusammenkünften von vier bis sechs Personen eingeladen. Die den Freiburger Verhören unterworfenen Waldenser sind in der Mehrzahl französisch sprechende Menschen oder zumindest gewohnt, in Gegenden zu leben, durch welche die Sprachgrenze verläuft. Marmet, seine Tochter Anguilla und deren Gatte Perrotet tragen französische Namen. Aber auch der deutsch sprechende Konrad Wasen von den Straßburger »Winckellern« zeigt genaue Kenntnisse des romanischen Milieus und der *in partibus Romaniae* lebenden Waldenser. Es geht um ein nach biblischer Bildung und neuer gedanklicher Orientierung dürstendes Milieu, das gewiß auch fähig war, hussitische Literatur auch den französischen und italienischen Waldensern zu vermitteln. Reiser und seine Schweizer Freunde sind deshalb am ehesten als Initiatoren einer keinesfalls unbedeutenden Einführung hussitischer Literatur bei den romanischen Waldensern anzusehen.

Die Anspielungen der Freiburger Waldenser auf einen baldigen großen Umschwung, bei dem die *lex ipsorum*, also das evangelische Gesetz, siegt, sind zweifellos Widerhall der hussitischen Propaganda, von der die Feldzüge Prokops begleitet wurden. Im Februar 1430 lagerte seine Bruderschaft nach langen Märschen durch Sachsen, Thüringen und Franken vor Nürnberg. Dort verhandelte Prokop mit Kurfürst Friedrich über die Möglichkeit theologischer Diskussionen über den hussitischen Standpunkt mit deutschen Bischöfen. Friedrich von Brandenburg sollte eine öffentliche Anhörung der Hussiten auf dem Reichstag im April organisieren. Daraus wurde nichts, und die enttäuschten Taboriten wandten sich manifestierend an die öffentliche Meinung: »Sie fordern Könige, Fürsten, Herren und Bürger zum Kampfe gegen uns nicht deshalb heraus, um den christlichen Glauben zu verteidigen, sondern weil sie sich fürchten, daß ihre Laster und Untaten entlarvt werden könnten. Wenn sie nämlich den christlichen Glauben ehrlich und gottesfürchtig lieben würden, dann würden sie von sich aus die Bücher der Heiligen Schrift nehmen und zu uns kommen, um mit uns mit den Waffen des Geistes zu kämpfen, die das Wort Gottes sind. Und dies war stets unsere große Sehnsucht, deren Erfüllung – dem allmächtigen Gott sei es geklagt – wir bisher auf keine Weise erreichen konnten.«[23] Das Echo des Manifests war bei den Waldensern tief und dauerhaft. Für die erste Zeit beweist dies eine Bemerkung des Dominikanerpriors Johann Nider aus Nürnberg, daß namentlich in Schwaben *(Alemania)* viele Menschen im Volk wie auch aus Adelskreisen bereit seien, die hussitischen Artikel anzunehmen.

Für die Festigung der internationalen Position hatte das Jahr 1431 entscheidende Bedeutung. Das zeichnete sich bereits bei den Verhandlungen im März zwischen Hussiten und katholischen Theologen aus Krakau über die Bedingungen ab, unter denen die Böhmen bereit wären, sich an dem in Vorbereitung befindlichen Konzil zu beteiligen. In der hussitischen Delegation nach Krakau waren auch Prokop der Kahle und Peter Payne, dem daran gelegen war, Friedrich Reiser ebenfalls mitzunehmen. Dem Waldenser bot sich damit eine ausgezeichnete Gelegenheit, das Vorgehen der hussitischen Diplomatie aus der Nähe kennenzulernen und sich in den neuen Perspektiven der Tragweite so widersprüchlicher Prinzipien bewußt zu werden, wie sie in den Verhandlungen aufeinanderprallten.

Die Möglichkeit des Auftretens auf einem ökumenischen Konzil zwang freilich die verschiedenen hussitischen Parteien dazu, sich darüber zu einigen, was sie denn eigentlich einträchtig verteidigen wollten. Sie waren gezwungen, sich über ein Hauptbekenntnisprogramm zu einigen. In Böhmen begann das Jahr 1431 mit einem Landtag in Kuttenberg, auf dem beschlossen wurde, gegen Ende April eine grundsätzliche Diskussion von Theologen aller hussitischen Richtungen durchzuführen. Die Taboriten und die Prager nahmen dann tatsächlich im Karolinum zu Prag die strittigen Fragen von Grund auf durch, so daß die beiden Grenzpositionen gut herauskamen, bis zu denen das hussitische gedankliche Ringen fünfzehn Jahre nach Hussens Tode herangereift war. Friedrich Reiser ließ sich davon überzeugen, wie begründet die taboritische Sache war. Zu ihrer Verteidigung bereitete Nikolaus Biskupec von Pelhřimov für das Prager Kolloquium eine bis ins einzelne gehende Vorlage, die Taboriten-Konfession, vor. Darin war sehr schlagkräftig der Standpunkt dargelegt, von dem aus die Taboriten die Kritik an Lehre und Institution der herrschenden Kirche wagten. Die Ablehnung eines hypertrophierten Sakramentalismus, des Meßzeremoniells, der Lehre vom Fegefeuer und der Fürbitte der Heiligen ist hier die Folge des Bekenntnisses zur obersten Autorität des Gesetzes Gottes, des verbindlichen Beispiels von Werk und Wort Christi und auch der Lebensregeln der Apostelkirche. Neben dem hebräischen biblischen Kanon haben die übrigen Schriften der Kirchenväter oder die Beschlüsse der Konzile nur beratende Stimme, und das auch nur, wenn sie sich nachweislich auf die Absicht der biblischen Botschaft gründen. In der Theologie gibt es für die Taboriten keine ein für allemal unveränderlich ausgesprochenen Wahrheiten: »Wir sind bereit, immer von neuem die siegreiche Wahrheit zu glauben.«[24] Reiser konnte in diesem Bekenntnis nur den Kerngedanken dessen sehen, was seit Jahren das Wesen der Waldenser Haltung ausgemacht hatte. Die waldensischen Thesen erschienen hier allerdings bereits eingegliedert in den Zusammenhang eines bewußten Zuendedenkens auch der gesellschaftlichen Konsequenzen des verantwortlichen Glaubens. Reiser hinderte nichts daran, die Übereinstimmung mit der taboritischen Theologie zu proklamieren. Er entschloß sich, die taboritische Ordination anzunehmen, den deutschen Gemeinden zu dienen, die sich zu Tábor bekannten, und ihnen auch die verstreuten Waldenser Bruderschaften anzugliedern.

Die Vertreter der katholischen Welt konnten sich zu diesem Zeitpunkt zu einem Gespräch mit den Ketzern auf der Basis der Autorität der Schrift, der einzigen Autorität, die die Hussiten anerkannten, nicht entschließen; lieber begannen sie eine neue, die bisher mächtigste Kreuzfahrerexpedition zu organisieren, die endgültig mit der hussitischen Gefahr Schluß machen sollte. Diesen Gedanken hatte nach dem verstorbenen Papst Martin V. der junge Kardinal Giuliano Cesarini aufgegriffen. Der Nürnberger Reichstag erklärte den Hussiten den Krieg im Namen des Papstes und des Kaisers. Die Hussiten zogen, im Rücken gedeckt durch Expeditionen in die Lausitz und nach Schlesien, mit ihren Truppen nach Südböhmen, wohin am 1. August 1431 die Hauptkräfte der Kreuzfahrer eingedrungen waren. In vierzehn Tagen wurde Cesarini bei Taus Zeuge, wie seine Ritter panischer Schrecken ergriff, sobald sich die singenden Hussiten auf ihren Kampfwagen zeigten. Eiligst entfloh er nach Nürnberg und war am 9. September schon in Basel. Was Cesarini unrühmlicherweise im Kriege verloren hatte, sollte nun erneut ein Konzil auf diplomatischem Wege wiedergewinnen.

In bescheidenem, aber ausdrücklichem Gegensatz zu dem, was in Basel vorbereitet wurde, spielte sich Mitte September im slawischen Kloster in der Prager Neustadt ein nicht-alltägliches Schauspiel ab. Aus Písek, seinem gewöhnlichen Wohnort, kam der Taboritensenior Nikolaus Biskupec von Pelhřimov hierher. Reiser selbst hat darüber im Inquisitionsprotokoll berichtet: »Die Taboriten wählten und beriefen einen Bischof, Nikolaus aus Písek. Der aber zögerte, ob er zur Ordination schreiten sollte, solange noch keine Übereinkunft erzielt war (zwischen Taboriten und Pragern). Die Taboriten trugen nämlich keine Tonsur, kein Meßgewand und behaupteten, daß es sich bei diesen Dingen um reine Erfindungen ohne jede Begründung in der Schrift handle. Deshalb befürchtete der Bischof, die Prager könnten vielleicht jene mißachten, die er zu Priestern weihen würde. Aber Reiser bat ihn darum durch Vermittlung von Englisch. Da zeigte Bischof Nikolaus größeres Verständnis und versprach, ihn zu ordinieren, und er weihte ihn zusammen mit einem Welschen namens Jan. Das geschah in den trockenen Herbsttagen.« Reiser weiß nicht, wie lange das her ist, es geschah aber vor Eröffnung des Basler Konzils. »Und es wurde ohne liturgische Ordnung, ohne Salbung, ohne liturgische Gewänder und die übrigen vorgeschriebenen Gegenstände und Ornate gemacht, an die wir bei uns gewöhnt sind, jedoch mit Handauflegen und einigen lateinischen Worten. Und der Bischof versah beide mit dem Sakrament unter beiderlei Gestalt.«[25]

Es war freilich kein Zufall, daß es zu dieser ungewöhnlichen Ordination just im Neustädter Kloster »Na Slovanech« kam, das damals bereits Sitz von Peter Payne war. Die Prager Neustadt bekannte sich zum Waisenverband, der ideell der Táborer Richtung weitaus näher als der Politik der Altstadt war. Dieser bedeutsame Umstand ermöglichte den Akt, der dem Zeremoniell des Handauflegens durch den ausführenden Priester die volle Würde zurückgab. Damit wurde das Prinzip bestritten, daß die Weihekraft des Ordinators abhängig sei von der päpstlichen Delegierung oder von der angeblichen apostolischen Sukzession.

Nach seiner Ordination blieb Reiser im taboritischen Dienste, ohne jedoch seine Waldenser Freunde zu vergessen. Ihm verdanken mit großer Wahrscheinlichkeit die Waldenser der Alpenländer Informationen über die Ereignisse in Mitteleuropa. Schon 1431 veranstalteten die Waldenser aus der Dauphiné untereinander eine Geldsammlung zur Unterstützung der hussitischen Tschechen. Der im Februar 1432 in Bourges versammelte Klerus drückte Erstaunen und Beunruhigung über diese Solidaritätsbewegung aus. Fast gleichzeitig gab der Notar des Basler Konzils, Pietro Brunetti, seinen Bedenken vor einem drohenden Bauernaufstand in den deutschen Landen freien Lauf, dort wo wir sieben Jahre vorher Spuren der Wirksamkeit von Schülern aus der Schule »Zur Schwarzen Rose« kennengelernt hatten: »Und wenn man mir aufs schönste zwei Präbenden anbieten würde, ich ginge nicht in diese Gegenden. Wenn das Konzil nicht einschreitet, schlagen sich alle diese deutschen Bauern auf die Seite der Tschechen.«[26]

Prokop der Große war dem Gedanken einer taboritisch-waldensischen Internationale günstig gesinnt und fand in Reiser ihren treuen Verfechter, der auf Prokops ausdrücklichen Wink als Prediger und Pastor ein Jahr lang in Landskron wirkte. Vom Frühjahr 1432 sehen wir ihn an der Seite von Prokop, Payne und Biskupec bei bedeutsamen Verhandlungen ökumenischen Ausmaßes. Er ist mit in Eger, wo die Vertreter der Hussiten und des Basler Konzils miteinander sprechen. Auf Drängen der taboritischen Partei war dort am 18. Mai in die elf Punkte einer gemeinsamen Übereinkunft auch das Prinzip des sogenannten »Egerer Schiedsgerichts« aufgenommen worden, Kriterium und gemeinsames autoritatives Prinzip, nach dem auf dem Konzil durch Diskussion die Berechtigung der vier Prager Artikel nachgeprüft werden sollte: »Als wahrhaftigster und unparteiischer Richter möge das Gesetz Gottes angenommen werden, die Praxis Christi, die Apostel- und Urkirche zugleich mit den Beschlüssen der Konzilien und der Kirchenlehrer, soweit sie sich darauf wahrhaftig gründen.«[27]

Unter den hussitischen Theologen, die am Abend des

4. Januar 1433 in Basel eintrafen, waren die Taboriten nicht in der Minderheit. An der Spitze der Delegation kam Prokop der Große, begleitet von Nikolaus von Pelhřimov. Aber auch Peter Payne und Ulrich von Znaim von der Bruderschaft der Waisen traten damals als Vertreter und Interpreten des taboritischen Standpunkts auf. In Übereinstimmung mit Jan Rokycana, der für die Prager sprach, sollten alle diese Redner nacheinander vor dem Konzil auftreten und die Richtigkeit der vier Prager Artikel verteidigen und begründen. Die Teilnahme Friedrich Reisers hatte keinen offiziellen Charakter, und ein weiterer Gönner der Waldenser Bedürfnisse und Interessen, Laurenz von Reichenbach, bewährte sich als Sekretär von Prokop. Im Hinblick darauf, daß die Taboriten mit anerkannt missionarischen, propagandistischen Absichten nach Basel gingen, konnten ihnen Reisers Basler Bekanntschaften einige gute Dienste leisten. Dürfen wir einer Prager Nachricht, die übrigens wenig günstig ist, Glauben schenken, so wurde Reiser wiederum zugleich mit Jan dem Welschen gerade in Basel zur Funktion eines Bischofs ordiniert. Man müßte diese Begebenheit dann ins Jahr 1433 verlegen, als Nikolaus von Pelhřimov die Stadt noch nicht verlassen hatte, und sie als Manifestation der Bestrebungen ansehen, Reiser auch formal die Leitung der Waldenser Diaspora anzuvertrauen. Tatsächlich scheint es, als sei Reiser danach vorwiegend in den deutschen Landen geblieben, wo er unermüdlich die Waldenser aus Österreich, aus den Schweizer Gegenden und namentlich aus Brandenburg in eine einheitliche Organisation zusammenführte, deren Zentrum Böhmen wurde.

Die schleppenden, aber erregten Basler Gespräche und Streitereien über die hussitischen Forderungen endeten nicht nach dem Prinzip des Egerer Schiedsgerichts. Die Konzilsväter nahmen letztlich nur das Problem des eucharistischen Kelchs ernst, wie es der ziemlich friedliche Rokycana verteidigte, gedachten aber nicht, die Dringlichkeit der übrigen Fragen zuzugestehen. Durch geschickte zusätzliche Verhandlungen gelang es ihnen, den taboritischen Standpunkt als ketzerisch erneut abzuschieben und dann sogar auszuschalten. In getrennten Verhandlungen einigten sie sich mit den Vertretern des böhmischen Hochadels, und durch Diplomatie, wobei auch die Zusicherung ausgiebiger finanzieller Hilfe ihren Platz hatte, erreichten sie die Spaltung zwischen Prager Utraquisten und Taboriten. Die Folgen der Spaltung zeigten sich am verderblichsten Ende Mai 1434 in der Niederlage der Taboriten bei Lipany. Payne entkam nur mit Mühe dem Tode, Prokop fiel. Mit ihm ging ein Staatsmann und Reformator, der sich bis zum letzten Augenblick gegen die Gefahr gewehrt hatte, daß die Reformation in die engen Grenzen eines einzigen Landes eingeschlossen bliebe; er hatte mit der Waldenser Hilfe bei der ökumenischen Erneuerung gerechnet, deren Mittelpunkt Böhmen sein sollte, das durch die Revolution in ein Modell für die neuen Ordnungen umgewandelt worden war. Die Niederlage von Lipany veränderte nachhaltig die Voraussetzungen für eine Verwirklichung dieses Traumes. Die genügte jedoch für die Zukunft nicht, alle Folgen der bemerkenswerten Tatsache auszulöschen, daß das tschechische Taboritentum eine Freundschaft mit dem deutschen Waldensertum und durch seine Vermittlung auch mit den romanischen Waldensern angeknüpft hatte und eine Art hussitisch-waldensische Internationale entwickeln wollte. Besonders kennzeichnend in diesem Sinne ist der letzte Aufruf, mit dem Prokop der Kahle sich vor seiner Abreise am 13. April 1433 an das Konzil wandte. Er forderte die Kardinäle auf, den Gedanken an eine kriegerische Unterdrückung der Hussiten aufzugeben und sich lieber auf die Frage zu konzentrieren, wie man eine Reformation der allgemeinen Kirche erreichen könne. Dabei erhob er das Banner des ökumenischen Universalismus der ganzen ersten Reformation: »Jegliches Volk, zerstreut über die Welt, erwartet die Reformation der allgemeinen Kirche mit großer Sehnsucht.« Als erstes muß der Klerus zur ursprünglichen evangelischen Armut und zum Gehorsam gegenüber dem Gesetz Gottes zurückgeführt werden. Möge die ganze Welt von neuem die getreue Predigt des Wortes Gottes in seiner apostolischen Auffassung hören! Eben in diesem Zusammenhange erwähnte Prokop auch die Waldenser. Ohne Recht und ohne sachliche Gründe wurden sie bisher verfolgt, wenn auch er, Prokop, »über sie viel Gutes gehört« hat. »Es sind das brave, wenn auch arme Leute, und deshalb nicht unwürdig, weil nach unserem Herrn Jesus Christus die Armen selig sind und ihrer das himmlische Königreich ist.« [28] Zum erstenmal in der Geschichte nahm sich hier ein Staatsmann Auge in Auge mit den am Konzil versammelten Vertretern der römischen Kirche der verfolgten Waldenser an.

Die »Treuen Brüder«

Die Schlacht bei Lipany brach die bis dahin unüberwindbare Macht der Feldbruderschaften. Aber während sich die Prager Altstadt eindeutig auf die Seite der Reaktion ziehen ließ, rief die Katastrophe unerwartet den Zusammenschluß der verbliebenen gemäßigten hussitischen Kräfte unter der Führung von Jan Rokycana hervor, den der Landtag vom Jahre 1435 auf den Prager Erzbischofssitz berufen hatte. Rokycana gelang es im ganzen, dem Konzil zu verwehren, den Sieg bis zur letzten Konsequenz auszunützen. Der schließlich 1436 zu Iglau ausgehandelte Frieden erkannte die Existenz einer hussitischen Kirche an. Die Konterrevolution mußte sich mit der ungewissen Hoffnung zufriedengeben, Sigmund werde als böhmischer König mit eigenen Mitteln nach und nach die Erfolge und Konsequenzen des großen Volksaufstandes abbauen. Es schien, als sei der König am Ziele seiner Bestrebungen, als er unter prächtigem Aufwande Jan Roháč von Dubá für·den Versuch hinrichten ließ, den taboritischen Abwehrkampf zu erneuern. Aber auf dem unsicheren Boden Böhmens hatte Sigmund keinen festen Stand, und er starb 1437, eigentlich auf der Flucht nach Ungarn.

Die Ereignisse in Böhmen griffen auch in Reisers persönliches Leben ein. In den Jahren 1436 bis 1452 mußte sich das Taboritentum immer deutlicher mit einer Nebenrolle begnügen. Die taboritischen Theologen konnten praktisch nicht mehr an ihr Maximalprogramm einer gesamtkirchlichen Reformation denken. Als sie die breite revolutionäre Basis verloren hatten, verlegten sie sich tapfer auf die Verteidigung des bloßen Rechts ihrer Gläubigen, ein Gemeinschaftsleben zu führen gemäß dem Evangelium, so wie sie es verstanden. Dies bedeutete für sie, bis zu einem beträchtlichen Grade zu jenen Prinzipien zurückzukehren, zu denen sie schon vor 1420 hinneigten, als sie noch nicht die Verteidigung des Glaubens mit dem Schwerte in der Hand verkündet hatten. Sobald sich gezeigt hatte, daß die Sache der Taboriten auf der Ebene der Politik und der Macht verloren war, machte es sich Nikolaus von Pelhřimov zur Aufgabe, die Belege zu sammeln und zu nutzen, um die Berechtigung des taboritischen geistigen Kampfes zu bezeugen.

Ausdrücklicher bewährten sich nunmehr bei ihm die in den Anfängen der Bewegung lebendigen Motive, aus denen eine tiefe innere Verwandtschaft mit dem Waldensertum hervorleuchtete. Er sprach sie voll im Jahre 1444 in einem ergreifenden Brief nach Mähren aus, der erfreulicherweise in die Struktur seiner Gedanken Einblick gewährt, mit denen er gewiß auch weiterhin Kontakte sogar mit Friedrich Reiser aufrecht erhielt. Erneut näherte er sich dabei dem jedem Feilschen unzugänglichen Kritizismus eines Chelčický und skizzierte ein Programm, wie es fünfzehn Jahre später die Böhmischen Brüder annehmen sollten.

Nikolaus, Bruder aller Gläubigen in Christo, wie er sich unterzeichnete,[29] läßt in dem Briefe die Leiden und Leidenschaften vor Augen treten, die er in den vorangegangenen Jahren durchmachen mußte, weil er es mit Beharrlichkeit abgelehnt hatte, sich von der erkannten Wahrheit abzuwenden. Weder Gewalt noch Ränke konnten ihn dazu bringen. Wenn es den Basler Konzilsvätern durch List gelungen war, die römische Oberhoheit über die Welt zu verteidigen, bleibt ihrem physischen Siege zum Trotz jetzt nichts anderes übrig, als die christliche Freiheit zu leben. Rokycana hatte sich von dem unechten Glanz des Prager erzbischöflichen Stuhles verführen lassen. »Armes Böhmen, das nach dem Blutvergießen so vieler seiner Söhne den Verführungen der irdischen Güter nicht zu widerstehen vermochte! Gott wird trotzdem das Werk der Reformation zu Ende bringen, nicht mehr mit Krieg und Gewalt, sondern mit Hilfe jener, die er sich herbeiholt von Orten, von wo man es nicht vermuten würde. Von Kriegen erhoffe ich mir schon nichts mehr«, ruft der alternde Biskupec aus. »Nicht einmal unter Menschen, die mir ihre Freundschaft beteuern, bin ich mehr in Sicherheit. Aber ich werde nicht schweigen und werde darin dem Beispiel der Propheten und Apostel und unserer Märtyrer Hus und Hieronymus folgen.« Die Erinnerung an den Tod von Hus und Hieronymus ist sicher charakteristisch. In einem Augenblick, da der großartige Erfolg des revolutionären Aufbruchs schon über zehn Jahre vom Schatten von Lipany bedeckt war, flüchtete sich Biskupec zu der hussitischen Erkenntnis: Die Wahrheit realisiert sich in der Geschichte, wenn sich Menschen bereit finden, für sie das Leben zu opfern.

Schon früher war Biskupec der Meinung, daß die hussitische Revolution die Menschen vor unerhörte Alternativen gestellt habe. Niemand aber möge sagen: Ich passe mich Rom, Prag oder Tábor an. Einzig gültige Referenz war für Nikolaus das Muster der Gemeinschaftserfahrungen der Urkirche, unserer Mutter. Die bewaffnete Revolution, wie unausweichlich und in einer gegebenen Situation sogar wünschenswert sie auch sein mochte, hielt er nicht insgesamt für identisch mit der Sache der taboritischen Priester. Diese Angelegenheit verliert deshalb auch nach der Entwaffnung der Revolution nichts von ihrer Dringlichkeit. Selbst *potentia sublata* lohnt es, für sie auch nach der Niederlage von Lipany zu leben. Schon im Oktober 1436 erklärte der taboritische Senior nicht ohne Stolz vor dem Kaiser und den Delegaten des Basler Konzils, daß er immer die evangelische Wahrheit ohne Unterstützung von Gewalt und Macht verteidigt habe, ganz gleich, ob es vor dem Kriegsausbruch, während der Kriege oder nach ihrem Abklingen gewesen sei (*ante moderna bella, tempore illorum bellorum et post illa bella*).[30]

Enthielt nicht etwa der Standpunkt von Biskupec eigentlich eine Anleitung, wie man in der entwaffneten evangelischen Mission und inmitten einer Christenheit, die erneut zu einem Babel geworden war, weiter verfahren sollte? Mit diesem Problem war Reiser in seinen entscheidenden Jahren konfrontiert worden. Als Verwalter des waldensischen Werkes bezeichnete er sich mit den Worten »Friedrich, von Gottes Gnaden Bischof der Gläubigen, die sich in der römischen Kirche von den Konstantinischen Schenkungen losgesagt haben« *(Fridericus Dei gratia episcopus fidelium in Romana ecclesia donationem Constantini spernentium)* [31]. Der Ausdruck *»in Romana ecclesia«* konnte hier eine doppelte Bedeutung haben, eine kritische als prinzipielle Ablehnung der nachkonstantinischen gesellschaftlichen Stellung des traditionellen Christentums und eine geographische, die zum Unterschied von den böhmischen Ländern die übrige Christenheit als besonderes Arbeitsfeld der Waldenser Diaspora bezeichnete. Das Wort *»fideles«* hob gewiß vor allem allgemein den Glauben als charakteristischen Zug der Christen hervor, aber als Selbstbezeichnung der heimlichen Kirche, die sich praktisch bereits in der Morgenröte des Taboritentums organisiert hatte, konnte es gleichzeitig »Brüder, die treu geblieben waren«, bezeichnen. Im Brandenburgischen nannten sich die Schüler Reisers *die truwen Bruderen.*[32] Reisers Missionswerk übernahm von früher die traditionellen Organisationsformen der Waldenser, band sie aber an die böhmische Zentrale – im Sinne der Hoffnungen, wie sie Biskupec 1444 ausgesprochen hatte. In diesem Zeichen wurde die taboritisch-waldensische Freundschaft – erstmals lebendig geworden anfangs der dreißiger Jahre, als sie die propagandistischen Bestrebungen der Taboriten und der Waisen unterstützen sollte – in den vierziger Jahren erneuert und überlebte dann um eine ganze Generation sogar den endgültigen Fall der taboritischen Unabhängigkeit (1452).

Spätestens im Jahre 1450 wurde auf einer besonderen Beratung in Tábor ein Plan behandelt, der höchstwahrscheinlich von Reiser nach Übereinkunft mit Payne vorgeschlagen wurde. Der englische Theologe wollte gewiß durch diese Formulierung für die zersplitterten Waldenser ein wesentliches Stück des taboritischen Vermächtnisses bewahren, das in Böhmen hinter die Interessen einer Pazifizierung des Landes zurücktreten mußte. Auf der Tagung der Taboriten wurde beschlossen, nach Deutschland Prediger zu entsenden, deren Arbeit vier »bischöfliche« Aufseher leiten sollten. Die Wanderprediger sollten sich nach alter Waldenser Art durch die Nachahmung des apostolischen Lebensstils auszeichnen. Die Vormänner dieses Werkes versammelten sich jedes dritte Jahr zu Beratungen; sie trafen sich 1453 in Engelsdorf bei Meißen, drei Jahre später in Saaz, und 1459 sollten sie sich wiederum in Straßburg treffen. Die Hussitenstädte, namentlich jene, die wie Tábor und Saaz dem Taboritenverbande noch treu geblieben waren, beschlossen, das Waldenser Werk materiell zu unterstützen. Als die Inquisition Reiser fing, hatte er den beachtlichen Betrag von 200 Gulden bei sich. Die deutschen Waldenser schickten jene Glaubensbrüder nach Böhmen, die besonders den Verfolgungen durch die Inquisition bedroht waren oder eine gewaltsame Umschulung zu befürchten hatten. So wurde das hussitische Böhmen zur Zufluchtsstätte vieler Waldenser Mädchen. Die Aktion zum Schutze eines Waldenser Mädchens aus Pforzheim ging zum Beispiel von Saaz aus.

Aus den Quellen ist auffallend, welch große Bedeutung Reisers Kirche der Treuen Brüder der Frage der Ordination in der Nachfolge ihrer Diener beimaß. Von den Taboriten hatte Reiser seine Priesterweihe und vielleicht auch seine bischöfliche Ordination empfangen, und selbst legte er später seinen Waldenser Schülern die Hände auf. Das Problem der Legitimität der Priesterordination beschäftigte überhaupt die Zeitgenossen sehr, und dies um so mehr, wenn sie sich entschlossen hatten, ihr Christentum in Opposition zur offiziellen Kirche zu leben. Rokycana, der nicht alle Brükken zur römischen Kirche hinter sich abbrechen wollte, bekam es vor dieser taboritischen Lösung mit der Angst zu tun. Ähnlich wie das ganze Mittelalter glaubte auch er, daß die römische Kirche ohne Rücksicht auf die Abwege, auf die sie geraten war, in Wahrheit als einzige die apostolische Nachfolge garantiere. Die Taboriten sahen umgekehrt direkt ein Vorzeichen für das apokalyptische Tier in ihr.

Im Jahre 1420 wählten sie Nikolaus Biskupec zum Senior in der Absicht, sich gegen die götzendienerische Überbewertung der mechanischen Sukzession aufzubäumen. Die von Reiser Treuen Brüdern verlangte Ordinationsnachfolge war demnach eine gewisse oppositionelle Antisukzession. Wenn Nikolaus in Basel wirklich Reiser zum Bischof ordiniert hat, so war dies symbolisch eine Protesttat angesichts einer so zahlreichen Versammlung katholischer Bischöfe. Die Nachfolge, wie sie bei den taboritischen Waldensern gepflegt wurde, sollte die Geheimhaltung der bedrohten Bewegung gewährleisten. Damit der neue Diener des Evangeliums das volle Vertrauen seiner »Freunde« erwarb, mußte er beweisen, daß er den Namen seines Vorgängerns kannte. Diese Ordnung bewährte sich bei den Waldensern. Soweit uns bekannt, legte Reiser Mathias Hagen in Saaz und Martin dem Deutschen (Nemec) an einem unbekannten Ort die Hände auf. Dasselbe tat er dann weiterhin mit einem der Schüler von Jan Valach, Michael, Johann Weiler und Stephan, dem Baseler. Die liturgische Formel, die er bei dieser Gelegenheit verwendete, schrieb er sich in sein deutsches Neues Testament.

Reisers Fahrten und die seiner Mitarbeiter verraten – soweit wir sie verfolgen können – die Ausdehnung der Waldenser Diaspora in der zweiten Hälfte des 15. Jahrhunderts. Im Vergleich mit der Situation der Diaspora im vorangegangenen Jahrhundert fesseln in diesem Netz die größeren Städte die Aufmerksamkeit; sie sind jetzt für die Waldenser anziehender, denn diese sind schon keine bloßen Landleute und Handwerker mehr, sondern auch Kaufleute. Auf den Spuren Johanns von Plauen, eines wohlhabenden Tuch- und Gewürzhändlers, besuchte Reiser die Märkte in Frankfurt, Nördlingen, Wien und auch im hanseatischen Lübeck. Wir sind ihm schon in Nürnberg, im schweizerischen Freiburg und in Basel begegnet. Zählen wir noch seine Besuche in Ansbach, Schwäbisch-Hall und Schaffhausen hinzu, ganz zu schweigen von Donauwörth, wo er die Kindheit verbrachte! Lassen wir die Reisen weg, die er in unmittelbaren taboritischen Diensten nach Korczin und Krakau, Eger und Landskron unternommen hat, so entwickelte sich seine eigentliche pastorale Tätigkeit für die verstreuten Waldenser in einem Territorium von der Ostsee bis zu den Alpen. In Basel gewann er auch in Kreisen der Beginen eine gewisse Gunst, und einige von ihnen schlossen sich den Waldensern an. In Straßburg war er Beichtvater von Waldensern, die zur Verstärkung der ortsansässigen Gruppe dort hinkamen. Sie zogen von Heilbronn zu, und einer dieser Zuwanderer, Johann vom Rheine, gebürtig aus der Umgebung von Frankfurt, wurde ein Waldenser Wanderprediger, wandte sich aber gegen Ansichten, die sich Reiser im hussitischen Böhmen angeeignet hatte. Andererseits gewann Reiser einen Johann Weiler aus Franken ganz für sich und schickte ihn zur Ausbildung nach Böhmen. Die Gruppe, um die sich Reiser in Heilbronn und Würzburg kümmerte, wurde 1446 von der bischöflichen Inquisition aufgespürt und dadurch zum Weggang nach Straßburg gezwungen. Ein Betätigungsfeld fand Reiser auch unter den Waldensern in den nördlichen Gegenden Deutschlands. Er zog als Prediger durch die Uckermark und durch die Neumark, stieß aber dort in einem Waldenserdorf auf entschiedenen Widerstand. Hier wurde ihm voll bewußt, wie sich sein Denken unter hussitischem Einfluß in Regionen emporgeschwungen hatte, die den traditionellen, in einem patriarchalischen Beharrungsvermögen befangenen Waldensern als revolutionär erscheinen mußten.

Im Juli 1457 quartierte sich Friedrich Reiser am Straßburger Fischmarkt im Hause von Franz Berner ein, wurde aber in den ersten Wochen des Jahres 1458 auf Befehl des Inquisitors Johann Wegrauf verhaftet. In den Verhören erzählte er seinen Lebenslauf, widerrief zwar wiederum seine Geständnisse, aber niemand glaubte ihm mehr. Zusammen mit ihm wurde auch Anna Weiler gefoltert, und gemeinsam wurden sie beide, an den gleichen Pfahl gefesselt, am 6. März 1458 verbrannt.

Für die Arbeit unter den Brandenburger Waldensern hatte Reiser den Mathias Hagen bestimmt. Er stammte aus Selchow, wo er das Schneiderhandwerk betrieben hatte. Er war öfters in Böhmen und schuf sich nach den ersten Erfahrungen einen Schülerkreis. Vielleicht als Folge von Reisers Geständnissen wurde er im April 1458 in seinem Heimatdorf verhaftet und nach Berlin geschleppt, wo man ihn feierlich aburteilte und auf Verlangen des Brandenburger Bischofs Stephan am 27. April verbrannte. Im Juni des gleichen Jahres setzte die Inquisition ihr Wüten fort, angetrieben von dem Eifer des Franziskaners Johann Cannemann, weiland Professor an der Universität Erfurt. Von Berlin ging er in die Waldenser Gebiete um Angermünde. Die Leute, die er sich zu Verhören vorführen ließ, stammten durchweg aus Ansiedlungen, wo uns schon am Ausgang des 14. Jahrhunderts Waldenser mit uralten Familientraditionen begegnet sind. Die Predigten, denen diese Waldenser meist im nächtlichen Dunkel lauschten, enthielten ausdrücklich hussitische Elemente. Ihre wandernden Meister nahmen ihnen weiterhin in geheimen Verstecken die Beichte ab und reichten das Abendmahl unter beiderlei Gestalt. Hagen hatte den Mut, vor den Inquisitoren zu behaupten, daß Wyclif, Hus und Hieronymus von Prag ganz gewiß die Erlösung erlangt hätten.

Die Treuen Brüder, die Reisers Zähigkeit in einem so weiten Ausmaß zu organisieren verstanden hatte, bewahrten sich demnach offensichtlich die Arbeitsmethoden, die sich in der Vergangenheit bewährt hatten, und paßten sie den Bedürfnissen der Zeit an. Reiser empfahl ihnen höchste Vorsicht. Wir wissen zum Beispiel von einer Waldenser Dienstmagd Margarete, die Reiser in die Hand geloben mußte, niemandem etwas über seine Predigertätigkeit zu sagen. Konspirative Züge trug auch die erwählte waldensische Ordination. Die theoretische Rechtfertigung der nichtöffentlichen und geheimgehaltenen Predigermethode suchten die Treuen Brüder in der Version ihrer Theologie der Kirchengeschichte. Das nichtöffentliche Predigen ist angeblich gerechtfertigt durch die Unmöglichkeit einer öffentlichen Opposition gegen die Folgen der Donation. Petrus Waldes habe diese Methode der Verkündung empfohlen. Reiser selbst litt gewiß schmerzhaft unter diesem Widerspruch zwischen der Forderung nach freier Verkündung des Evangeliums und dem praktischen Programm eines verheimlichten Bekenntnisses. Ein Vermerk im Inquisitionsprotokoll konstatiert, daß er bei seinen letzten Besuchen in Prag mit der Auffassung übereinstimmte, daß die Freiheit des Gotteswortes auch mit politischen Maßnahmen garantiert werden müsse. Diese in Böhmen verwirklichte Forderung stieß allerdings in den deutschen Ländern auf unüberwindliche Hindernisse. So ist auch verständlich, daß Reiser besonders gegen Ende seines kräftezehrenden Herumreisens und Sichverbergen-Müssens tiefe Müdigkeit umfing. Oft pflegte er angeblich zu sagen, daß die Bewegung der Waldenser wie ein verlöschendes Feuer sei.

Dennoch gelang es ihm und seinen Schülern, dem Waldenser Denken mehr Klarheit und präzisere Konturen zu geben, als es bisher besaß. Das geht aus den Verhören sowohl von 1458 als auch von 1462 hervor. Im Juni dieses Jahres wurde mit 27 Waldensern aus der Umgebung von Altenburg und Zwickau ein Untersuchungsverfahren durchgeführt.[33] Ihr Lehrer Nikolaus Schneider predigte ihnen das Evangelium, nahm ihnen die Beichte ab und reichte ihnen und ihren Kindern das Abendmahl des Herrn unter beiderlei Gestalt.

Was Hagen für die norddeutschen Waldenser werden sollte, das wurde Stephan von Basel für die Waldenser in den süddeutschen Bezirken und in Österreich. Vermutlich gewann ihn Reiser im Jahre 1435 in Basel für die Sache der Treuen Brüder. In Böhmen erhielt er dann eine theologische Ausbildung in Prag und in Saaz. Er erscheint dann als Waldenser Diener des Wortes beispielsweise in Straßburg, wo er Gast des Waldenser Hutmachers Heinrich Dietsche war. Um das Jahr 1450 wurde er auf der Waldenser Beratung zu Tábor als Reisers Gehilfe gewählt, und es scheint, daß ihm die Aufgabe übertragen wurde, sich besonders um die österreichischen Brüder zu kümmern. Er beteiligte sich an den regelmäßigen Zusammenkünften von vier Vorstehern des Waldenser Werkes in Mitteleuropa. Reisers Hinrichtung rückte Stephan mit einem Schlag an die Spitze der Treuen Brüder. Er kam öfters nach Böhmen und Mähren und unterhielt feste Verbindungen namentlich mit Martin Lupáč, einem profilierten Denker und Verteidiger der Partei der Waisen. Eine bedeutsame Rolle spielte Stephan bei den Verhandlungen, die um das Jahr 1460 von den ersten Böhmischen Brüdern irgendwo in Südmähren eingeleitet wurden. Aber die Inquisition bemächtigte sich seiner, noch ehe es zu einer konkreteren Vereinbarung mit der entstehenden Einheit gekommen war. Er kam im August 1467 zu Wien auf dem Scheiterhaufen um. Der Charakter der Artikel, zu denen er sich vor seinen Richtern bekannte, ist eindeutig hussitisch. Seiner Meinung nach sind die hussitischen Tschechen nicht aus der Kirche ausgeschlossen, *non sunt in excommunicatione*. In der eucharistischen Lehre gab er der taboritischen den Vorzug vor der Prager Lehrmeinung.[34]

Die Anziehungskraft des entschieden hussitischen Gedankens und sein Einfluß auf die Treuen Brüder manifestierten sich nicht nur in intensiven persönlichen Beziehungen und in gegenseitiger brüderlicher Hilfe, sondern auch in der waldensischen Rezeption der hussitischen Literatur. Reiser widmete den biblischen Abschriften, besonders den neutestamentlichen, und auch der theologischen Traktatliteratur ganz besondere Sorgfalt. Für den Fall einer möglichen Verhaftung gab er detaillierte vorbeugende Hinweise, wie man sich um die Sammlungen Waldenser Bücher und Schriftstücke zu kümmern habe. In der Mehrzahl handelte es sich um Schriften, die er durch Abschreiben vervielfältigen ließ. Solche Sammelstellen von Schriftgut hatte er in Straßburg, Heilbronn und anderswo. Unter diese aufbewahrten Dokumente reihte er auch seine eigenen Notizen und Abschriften aus der Zeit des Basler Konzils ein, einschließlich der hussitischen Artikel, möglicherweise Verteidigungsschriften für die Prager, wie sie in Basel von den Wortführern der böhmischen Gesandtschaft vorgetragen worden waren, an der Reiser teilgenommen hatte. Ähnliche Schriften bewahrte auch Mathias Hagen bei sich auf.

Der erste Platz in dieser Literatur gebührte allerdings dem Neuen Testament. Seine Verbreitung unter den Freunden bildete einen wesentlichen Bestandteil der Botschaft der Treuen Brüder. Sie realisierten damit eine der ständigen Forderungen der hussitischen Revolution. Das Manifest von Tábor aus dem Jahre 1431 erklärt ganz eindeutig: »Im Anfang war die Schrift nahezu ganz in der Sprache des Volkes geschrieben, wie das Hieronymus in seinen Briefen und Vorworten bezeugt. Das Neue Testament ist griechisch geschrieben ... Daraus geht klar hervor, daß die Schrift ursprünglich nicht lateinisch war, sondern in der Sprache jener, für die sie geschrieben wurde. Warum sollte sie jetzt nicht deutsch, italienisch, tschechisch und ungarisch sein?« [35] Der alte Waldenser Biblismus bekam demnach von dieser Seite her einen mächtigen Auftrieb, der ihn noch stärker an die geschriebene nationale Bibel band. Nach F. M. Bartoš [36] war der neutestamentliche Text, den Reiser kolportierte, bayrischen Ursprungs, aber in Prag soll er ihn auf der Basis einer lateinischen Vorlage, die in Südfrankreich entstanden war, revidiert haben. Dieser revidierte Text der Treuen Brüder soll später, acht Jahre nach Reisers Tode, die Unterlage für den Druck des deutschen Neuen Testaments gebildet haben. Er kam in Straßburg heraus, in der Stadt, wo Reiser seine Schriften verbreitet und gelagert hatte. »Es ist als höchst wahrscheinlich anzunehmen«, schließt Bartoš seine Darlegungen, »daß der unglückliche Waldenser Märtyrer und Verbündete der Taboriten Friedrich Reiser nicht nur – was sicher ist – in hohem Maße zur Verbreitung der deutschen Bibel beigetragen hat, sondern daß er auch gerade jene Übersetzung verbreitete, die dadurch historische Bedeutung gewann, daß sie wegen der Drucklegung alle übrigen verdrängte, in Tausenden Exemplaren Verbreitung fand und durch ein halbes Jahrhundert das Verlangen des deutschen Volkes nach dem Buch der Bücher befriedigte.«

Durch Vermittlung der deutschen Treuen Brüder drang eine interessante Auswahl der hussitischen Literatur auch bis zu den romanischen Waldensern vor. Wie wir noch sehen werden, eigneten sie sich diese Literatur einerseits durch Übersetzung in die Muttersprache, andererseits durch eigenständige Bearbeitung in neuen Fassungen von Sekundärliteratur an. Hat sich aber wenigstens etwas aus der Predigt-

und Traktatproduktion der ersten Männer aus der Reihe der Treuen Brüder erhalten?

Schätzungsweise können wir Reiser oder einem seiner Freunde zwei Homilien zuschreiben, die das einzige Manuskript, in dem sie sich erhalten haben, recht kühn »Petrus Waldus, dem römischen Kardinal« widmet.[37] Diese Widmung stimmt mit Reisers Ansicht überein, der vor der Straßburger Inquisition erklärte, Peter Waldes sei Kardinal gewesen und hätte sich, als er sich gegen den Reichtum entschied, eben in dieser Funktion Papst Silvester widersetzt. Beide in Latein, das Reiser in Prag erlernt hatte, geschriebenen Erklärungen betonen kräftig den Unterschied zwischen der demütig selbstbewußten Verkündigungsmission Paulus' und den übertriebenen, fälschlich behaupteten Machtansprüchen des Papstes. Wer daher dem Paulus ähnle, der habe das Recht zu predigen, ohne Rücksicht auf die allgemein verlangte kanonische Mission. Die römische Kirche habe sich dadurch in eine öde Wüste verwandelt, daß sie aus ihrer Mitte die treuen Prediger ausgestoßen und verfolgt habe, ähnlich dem alten Jerusalem, das seine Propheten steinigte. Dieser ausdrückliche Schutz des freien Predigertums, das von der römischen Investitur unabhängig ist, konnte recht gut aus der Feder Reisers stammen. Wir wissen ferner aus anderen Quellen, daß Reiser während seiner Tätigkeit in Landskron dreißig Kinder taufte und ihnen anschließend das Abendmahl reichte. Der Autor beider Homilien erwähnt in ähnlichem Sinne einen Fall, wo er einst das Kind eines Ermacins getauft und ihm Fleisch und Blut des Herrn gereicht habe; danach habe ihm ein gewisser Teorgicus vorgeworfen, daß er es als Schismatiker und Ketzer wage, Unmündigen das Abendmahl zu reichen. Die sakramentale Abendmahlsreichung auch an Unmündige war die Regel sowohl beim radikalen hussitischen Flügel wie auch bei den Waldenser Treuen Brüdern.

Vielleicht kann man unter den hussitisch orientierten Waldensern auch die Autoren zweier bemerkenswerter umfangreicherer Abhandlungen über die wahre gottesdienstliche Ehrfurcht vermuten, die Gott und nicht der Schöpfung

gebühre.[38] Der Schreiber erklärt von sich selbst, er sei ein
Schüler der Böhmen *(Puer Bohemus)*, und spricht im Namen
einer Gruppe, die deshalb erbarmungslos verfolgt wird,
weil sie es ablehnt, in irgendeiner Form geschaffene Dinge
und Wesen zu verehren. Seinen Standpunkt erläutert er in
der Absicht, einer Reformation des Glaubens *(pro fidei re-
formacione)* zu dienen in der Hoffnung, daß die Prediger
nackt dem nackten Christus nachfolgen und alle Erdich-
tungen ablehnen würden. Das Fegefeuer hält er für absoluten Unsinn. Überflüssig sind auch alle Bittgebete für Verstorbene. Möglicherweise handelt es sich um ein Traktat gegen Totengebete, dessen sich die Freiburger Inquisition im
Jahre 1430 in der Familie Perrotet bemächtigt hatte.

Die Spuren dieser literarischen und Herausgebertätigkeit
der Waldenser wurden allerdings so gründlich ausgelöscht,
daß wir in der Mehrzahl auf indirekte Bemerkungen und
Vermutungen angewiesen sind. Auch im Falle zweier deutscher Theologen, auf die die prohussitische Propaganda der
Treuen Brüder offensichtlich eingewirkt hatte, Johann von
Lübeck und Nikolaus Rutze, steht es damit nicht besser.
Johann wurde im Januar 1467 ordentliches Mitglied des
Professorenkollegiums der Prager Hohen Schule. Was hatte
den Absolventen der Rostocker Universität veranlaßt, sein
ganzes Mannesalter in Prag, dem Zentrum des kulturellen
Lebens der hussitischen Kirche, zu verbringen? Vielleicht
haben hierbei Einflüsse mitgewirkt, die er schon zur Jugend-
zeit im heimatlichen Lübeck empfangen hatte, wohin die
Wege eines Johann von Plauen und Friedrich Reisers geführt hatten. Während seines Aufenthaltes in Prag, wo er
auch Anfang 1502 gestorben ist, erlernte Meister Johann
von Lübeck gut die tschechische Sprache und übersetzte die
Werke von Hus ins Deutsche. Ohne Angabe von Autor und
Übersetzer erschienen diese Werke um das Jahr 1485 in der
Druckerei des Lübeckers Johann Snell. Es fällt auf, daß der
Herausgeber der umfangreichen *Uthlegghinghe ouer den
louen* [39] bemüht war, dem Eid jede Begründung abzuspre-
chen, obzwar ihn Hus zuläßt, und daß er in *Dat bokeken
van deme repe* die Erwähnung des Fegefeuers wegläßt.

Korrekturen dieser Art sind tatsächlich nicht konsequent durchgeführt, aber ihre waldensische Tendenz ist unbestreitbar. Anscheinend wurden sie in die sonst sehr getreue Übersetzung von Nikolaus Rutze hineingetragen, als er das Manuskript für den Druck vorbereitete. Rutze stammte aus Rostock, wo er 1485 Magister der freien Künste geworden war. Flacius Illyricus versichert, daß gerade nach Rostock häufig Waldenser Missionare aus Böhmen kamen. Rutze verwaltete direkt ein Bücherdepot hussitischer Manuskripte, ähnlich wie seinerzeit Reiser. Nach dem Tode von Rutze wurde dieses Depot in das Haus des Kaufmannes Hans Kaffmeister gebracht, der »der evangelischen Wahrheit ergeben« war. Können wir in Kaffmeisters Haus einen der zahlreichen Stützpunkte der Treuen Brüder sehen?

In der zweiten Hälfte der fünfziger Jahre des 15. Jahrhunderts entstand in den böhmischen Ländern die Brüdergemeinde durch tatkräftige Verbrüderung der unzufriedenen entschiedenen Hussiten, die der taboritischen Orientierung nahestanden, aber Gewalt ablehnten. Sie trennte sich vom mehrheitlichen böhmischen Utraquismus hauptsächlich deshalb, weil sie seine Überzeugungen über die Bedingungen der apostolischen Nachfolge nicht teilte. Die Rücksichtnahme auf diese Bedingungen, so meinten die ersten Böhmischen Brüder, lähmte die freie Entwicklung der utraquistischen Kirche und bewirkte, daß die böhmische Reformation in Halbheiten verflachte. Im Jahre 1467 wagte es die Brüdergemeinde, sich ihre Diener des Wortes und der Seelsorge selbst zu wählen. Sie entsagte damit für immer den Garantien, wie sie durch die katholische Auffassung vom Bischofsamt gegeben waren. Lediglich die Taboriten hatten sich Jahre vorher (1420) einer ähnlich revolutionären Tat erkühnt. Aber zu der Zeit, als die Brüdergemeinde im Entstehen war, litt Nikolaus von Pelhřimov zu Poděbrady im Kerker des Landesverwesers Jiřík. Die tatsächlichen Erben des gewählten taboritischen Seniorats waren nur noch die ersten Männer der Treuen Brüder, die aus der ökumenischen Zusammenarbeit der Taboriten mit den deutschen Waldensern hervorgegangen waren. Die ersten Brüder wandten sich deshalb ganz verständlicherweise an Reisers Schüler Stephan von Basel.

Den Dienst eines Vermittlers leistete ihnen freilich nicht Rokycana, sondern der um diese Zeit schon halbvergessene Suffragan Rokycanas, Martin Lupáč, ein hervorragender Theologe der Waisenpartei, der im Jahre 1435 neben Rokycana zum hussitischen Bischof gewählt worden war. Lupáč starb zwar schon 1466, lebte aber trotzdem lange genug, um noch die ersten Versuche der Brüder begrüßen zu können, sich aus dem unmittelbaren späthussitischen Kompromiß herauszuwinden. Die Brüder vergaßen nie seine Aufmunterung: »Ihr habt euch um große Dinge bemüht, die dem Volke dieser Tage trotz ihrer Wahrheit unangenehm sind. Gott möge euch Erfolg verleihen!«[40] Lesen wir in Lupáč' literarischem, überwiegend noch unediertem Nachlaß, so begreifen wir, womit er der ersten Brüdergeneration imponierte: mit seiner gradlinigen kernigen Auslegung der Bergpredigt. Eben dieser Martin Lupáč war es ja, der im Briefe an Kardinal Cusanus das Prinzip vertrat, daß keine Auslegung der heiligen Schriften, die nicht zugleich dem wörtlichen Sinne des Textes treu sei, irgendwelche Beweiskraft besitze. Der tapfere Verteidiger des autoritativen hussitischen Prinzips, wie es im Schiedsspruch von Eger 1432 ausgedrückt wurde, verfolgte nicht nur das begrenzte Ziel einer reformierten Kirche im gesamtnationalen tschechischen Maßstab, sondern hatte ständig die universalistische Verantwortung für die Reformationsbewegung im Sinne. Die Entwicklung der utraquistischen Kirche unter der Regierung Georgs von Poděbrady, namentlich nach dessen Wahl zum König 1458, erfüllte ihn mit wachsender Enttäuschung. Dies erklärte auch, warum er den Weg der Brüder lobte, der dem Wege der Treuen Brüder analog war. Mit ihnen war Lupáč seinerzeit durch Reiser persönlich bekannt geworden, und er pflegte weiter ständige Kontakte mit Stephan.

Wie sie mit Stephan Verhandlungen aufnehmen, berichtet Gregor für die Brüder: »Wir sprachen auch mit ihren (Waldenser) Priestern und besonders mit Stephan, den man später bei Wien verbrannt hat. Dieser Mensch war verständiger als andere Priester und erzählte uns viel über den Ursprung der Kirche. Denn sie (die Waldenser) sagen, daß sie in dieser Geschlechterfolge stehen vom Anfang an bis zu ihnen selbst, und so sagen sie auch, daß ihre Vorfahren Silvester widersprochen hätten, als er Papst wurde und vom Kaiser Reichtümer annahm, und daß sie auf diesen Meinungen überall bestünden, auch wenn man ihnen, wie vor Jahren geschehen, ihren Bischof als zweites Opfer am Rhein verbrannt habe (gemeint sind Anna Weiler und Friedrich Reiser). Und so haben wir viele Dinge mit ihnen durchgesprochen und besonders mit diesem Priester Stephan, der sich bis zum Tode nicht zum kirchlichen Gottesdienst bewegen ließ, obzwar er bekannt war mit Priestern in Böhmen und besonders mit Meister Rokycana und mit dem Priester Martin Lupáč, die ihn beide für einen guten Menschen ansehen. Er aber diente heimlich den Waldensern unter den Deutschen und wurde aus diesem Grunde verbrannt. Er hat uns auch angezeigt, was er reformieren wollte, was immer auch von ihnen als dem Glauben Christi und dem christlichen Leben widersprechend erkannt würde, aber daß es so reformiert werden müßte nach der apostolischen Schrift, wie das in der ersten Kirche gewesen sei. Und auch wir berieten uns und wollten dies durch die Tat einführen, aber sie waren befreundet mit Priestern, geweiht nach römischer Art (eine Anspielung auf Priester der utraquistischen Kirche, die nur die römisch-katholische Weihe anerkannten), denen sie sich offenbarten und die es durchkreuzt haben.«[41] Die erste Generation der Brüdergemeinde wollte offenbar die ökumenische Verbundenheit fortsetzen, wie sie durch die taboritisch-waldensische Interessengemeinschaft eingeleitet worden war.

Schon im Jahre 1464 sprachen sich die Brüder über Verfassungsprinzipien ab, die ihre Gemeinsamkeit zu einer unabhängigen Gemeinschaft erhöhten. Die Zustimmung, auf die sie sich in den Reichenauer Bergen (Adlergebirge) einigten,[42] setzte eigentlich auch die Bedingungen fest, unter denen sie bereit waren, sich mit den Treuen Brüdern zusammenzuschließen. Es lag ihnen zum Beispiel an der absoluten

Armut der Prediger des Evangeliums und an der Notwendigkeit, daß sie sich durch Arbeit zu ernähren hatten. Die Gruppe um Gregor warf den deutschen waldensischen Dienern des Wortes vor, daß sie Geld anhäuften durch ihre oftmalige Kaufmannstätigkeit und sich wenig um die Armen kümmerten. Die relative Wohlhabenheit von Reisers Mitarbeitern stieß sie ab. Mit ähnlichen Bedenken machten sie deutlich, daß die Last der Familientraditionen der Kaufmanns- und Handwerkerkreise, aus denen sie herstammten, die pastorale Bereitschaft der Waldenser Prediger belastete: »Einem christlichen Priester geht es nicht nur gegen den Glauben, wenn er irgendwelche selbst angehäuften Schätze bewahren soll, sondern auch, wenn es sich um von den Eltern übernommene handelt; er hat sich um Almosen zu bemühen und darf die Armen in der Not nicht verlassen.«[43]

Dank der Unentschlossenheit von Rokycana, so meinten die Brüder, sei das Werk der Reformation in Böhmen in eine Sackgasse geraten. Nach außen hin wurde dies von König Georg gegen Ende 1466 durch die Exkommunikation aus der römischen Kirche bestätigt. Mit einem Schlag zerfielen alle Illusionen über die Gangbarkeit des utraquistischen Programms. Durch Gebete, zu denen sie auch die Waldenser Gruppen in Deutschland aufriefen, bereiteten sich die Brüder auf einen neuen Schritt vor. Im März 1467 wählten sie in Lhota bei Reichenau (Rychnov) drei Brüder für Priesterfunktionen aus und stellten Mathias Kunvaldský an ihre Spitze. Die Wahl vollzogen sie nach apostolischer Art durch Lose und betrachteten sie als ausreichend, um in Mathias und seinen Genossen direkt von Christus beauftragte Diener zu sehen. Um aber zu erkennen zu geben, daß ihre Entscheidung konstruktiv mit dem früheren Werk einer konsequenten Reformation in Böhmen zusammenhänge, wie es sich letzten Endes in der taboritisch-waldensischen Tradition erhalten habe, entschlossen sie sich, die mit den Treuen Brüdern aufgenommenen vorläufigen Verhandlungen zu Ende zu führen. Im wesentlichen ging es darum, den Akt von Lhota in die konkrete Geschichte des Wortes Gottes einzugliedern, wie es durch Hussens Predigen wieder auferstanden war. Die Aufgabe, die unterbrochenen Verbindungen wieder anzuknüpfen, wurde dem Bruder Michael übertragen. Er war selbst einst irgendwo in Italien Priester geworden, besaß hussitische Bildung nach taboritischer Art und war als Pfarrer in Tábor bestimmt auch mit Waldensern bekannt. Da aber inzwischen Stephan von Basel im Sommer 1467 der Inquisition in die Hände fiel, legte schließlich ein anderer Waldenser Senior Michael die Hände auf, und dieser übertrug nach seiner Rückkehr zu den Brüdern die Ordination auf Mathias Kunvaldský.

In den Briefen, welche die Brüder etwas später an Rokycana schickten, legten sie eine ziemlich schnörkelhafte und wenig konkrete Erwägung nieder, die beim hussitischen Erzbischof den Eindruck erwecken konnte oder sogar sollte, daß sie durch Michaels Vermittlung eigentlich die römische Weihe empfangen hatten. Das war jedoch offensichtlich ein zusätzlicher Versuch, den Erzbischof und durch seine Vermittlung hauptsächlich König Georg zu beruhigen, die sich aus kirchenpolitischen Rücksichten vom katholischen Begriff der Priesterweihe nicht lossagen konnten. Mit diesen ergänzenden Erläuterungen verdeckten die Brüder den eigentlichen Umfang der Entschließung von Lhota, nämlich die Hinneigung zum taboritischen Muster. Das Schweigen der ersten Brüdergeneration über den taboritischen Charakter der perspektivischen Waldenser Bundesgenossen ist durch den Umstand erklärlich, daß ihre schriftlichen Verteidigungen für die Vertreter des Utraquismus in einer Zeit bestimmt waren, zu der es dem König und seinen Ratgebern erschien, daß es in den Brüdern der taboritische Radikalismus oder wenigstens ein Separatismus gefährlich auflebe, der von der Poděbrader Regierung erst kurz vorher gedämpft worden war. Und diese Meinung war nicht in allen Punkten falsch. Von den zerstreuten Resten der taboritischen Eiferer waren tatsächlich einige Einzelgänger, aber auch ganze Gruppen zur Bruderschaft Gregors übergewechselt. Sie hatten zwar keineswegs den Weg revolutionären Umsturzes beschritten und enthielten sich bewußt jeder bewaffneten Gewalt. Mit trotziger Entschlossenheit aber durchdachten und formulierten sie in den eigenen Reihen den endgültigen Bruch des Hussitentums mit der römischen Kirche und dem Papsttum, wie das schon Jahre vorher der große Aufstand der Taboriten angestrebt hatte. In dem erwähnten historischen Kontext klingt wirklich die Interpretation ganz unglaubhaft, nach der die Brüder an die Waldenser Tradition taboritischer Prägung nur deshalb angeknüpft hätten, weil sie mit diesem »Kompromiß« in den Augen der Zeitgenossen das Umstürzlerische in ihrem Handeln abschwächen wollten. Schließlich war ja auch die legendäre Abfolge in der antisilvestrinischen und antikonstantinischen Tradition, mit deren Hilfe die damaligen mitteleuropäischen Waldenser ihre Kritik an der herrschenden Kirche historisierten, für den offiziellen Utraquismus des Poděbrader Zeitalters gleichermaßen unannehmbar wie für die Papstkirche. Von einer mechanischen apostolischen Nachfolge der Waldenser Priesterschaft kann freilich vom historischen Standpunkt aus überhaupt keine Rede sein. Durch die Berührung mit den Waldensern im Jahre 1467 haben die Brüder in Wirklichkeit die Kontinuität mit der waldensisch-taboritischen Kirche, die gerade mit der »apostolischen Nachfolge in der Weihe« schon 1420 Schluß gemacht hatte, aufrechterhalten und fortgesetzt; sie besiegelten damit ihre Verantwortung für die ganze erste Reformation, für die bekennende Weltbruderschaft jener, die – wie das Friedrich Reiser vor seiner Verbrennung so schön gesagt hat – des Glaubens wegen die Konstantinische Schenkung ablehnten.

Gregor und seine Freunde verheimlichten dabei keinerlei wichtige Vorbehalte gegenüber den Treuen Brüdern. Sie nahmen jedoch die frühere taboritische Verantwortung auch für die Zukunft des Waldensertums in Mitteleuropa auf sich, wie das durch ihr Verhältnis zu den Waldensern in Brandenburg ausdrücklich bestätigt wird. In den siebziger Jahren blickten diese Waldenser mit der gleichen Selbstverständlichkeit auf die Brüdergemeinde, mit der sie vorher auf die taboritische Kirche, konkret in Saaz, geblickt hatten. Einer ihrer Lehrer, Peter Weber, schloß sich den Brüdern in Landskron an, wo schon seit Reisers Wirken eine Gruppe deutscher Waldenser lebte. Im Jahre 1478 wurden die Brandenburger Waldenser erneut verfolgt, als Begleiterscheinung eines Krieges, den Markgraf Albrecht Achilles von Hohenzollern gegen die Pommern ausrief. Peter Weber zahlte mit dem Leben dafür, daß er seinen Freunden aus Böhmen irgendeinen theologischen Traktat brachte. Andere Waldenser entflohen in die Wälder, wo sie sich den ganzen Winter 1479/80 verborgen hielten. Die dabei ausgestandenen Leiden schilderten sie in Briefen an Brüder, die sich ihre Zeilen ins Tschechische übersetzten: »Und so mußten sie sich unter großen Leiden in Wäldern verbergen und dort liegen, auch jetzt noch. Aber sie tun lieber dies mit Hilfe Gottes, als daß sie sich etwa gegen den Herrn zu tun befehlen ließen: Lieber wollen sie leiden, was der Herrgott zuläßt. Und darin erbitten sie euren Rat und eure Hilfe. Wenn sie nicht weiter geduldet werden können, so möchten sie wenigstens aus dieser Gegend weggehen können, und wenn ihnen durch euren Rat oder sonstwie geholfen werden könnte, so würden sie alles gern tun – darum bitten sie in ihren großen Sorgen. Darum, liebe Brüder, wenn ihr ihnen etwas schreiben wollt, so schreibt es deutsch verständlich, denn wir haben niemanden, der Tschechisches ins Deutsche übersetzen könnte.«[44]

Die Brüdergemeinde sandte eine ganze Abordnung unter Leitung des deutschen Bruders Thomas von Landskron nach Brandenburg. Aber kaum waren sie bis Glatz gekommen, wurden sie schon festgehalten und einem strengen Verhör unterworfen. Die Reise mußte wiederholt werden. Die Brüder kamen den Wünschen der Brandenburger Waldenser entgegen, und allen, die es wollten, wurde geholfen, entweder nach Landskron oder ins mährische Fulnek zu übersiedeln. An beiden Orten bildeten die Zuwanderer bedeutende Gemeinden der Böhmischen Brüder.

Die romanischen Waldenser

Wenn sich auch die hussitisch-waldensische Gemeinschaft in den Ländern Mitteleuropas als am wirksamsten erwiesen hat, so ließen sich doch bei den Treuen Brüdern wenigstens einige Anzeigen dafür erkennen, daß auch nichtdeutsche Waldenser mit einbezogen waren. Die Verbindung an romanischen Waldensern vermittelte zum Beispiel die Familie Marmet in Freiburg, und die Beunruhigung, wie sie die Priestersynode in Bourges im Jahre 1432 ausdrückte, bestätigte das Ausmaß dieser Beziehungen. Die Ansteckungsgefahr des Hussitentums, »dieses bösen, von Böhmen ausgestreuten Samens«, wie sich der Bischof von Arras dazu äußerte, wurde gesteigert durch die allgemeine soziale Unzufriedenheit Westeuropas. In diesem 15. Jahrhundert werden von allen Seiten her kritische Stimmen gegen die Kirche laut. Vielerorts greifen die Bauern zu den Waffen. Zeitgenössische Synoden warnen immer und immer wieder vor Aufrührereien, was bedeutet, daß sich des Prälatenstandes ein Gefühl der Bedrohtheit bemächtigt hat. In einer Zeit, da Friedrich Reiser in Straßburg und Mathias Hagen in Berlin den Scheiterhaufen bestiegen, begann im italienischen Viterbo Enea Silvio Piccolomini seine Geschichte Böhmens (*Historia Bohemiae* 1458) zu schreiben, von der er gut zwei Drittel der Hussitenfrage widmete. Seit seinem Besuch 1451 in Tábor wußte er, welcher Wertschätzung sich dort die Waldenser erfreuten, die »Hauptfeinde des Apostolischen Stuhls«.[45]

Freilich brauchte er die Waldenser nicht so weit im Norden zu suchen. Sie lebten in ziemlich fest im italienischen Boden verwurzelten Gruppen in Kalabrien, Apulien, Umbrien, in den Abruzzen, auf dem Territorium des Papststaates und in Spoleto und vor allem in den Alpentälern von Piemont und Savoyen und auch in der Markgrafschaft Saluzzo. Wenn sich die Hauptaufmerksamkeit der Kirche und der Herrscher damals auch auf Böhmen richtete, so bedeutete dies nicht, daß man die näher gelegenen Zentren der Waldenser vergessen hätte, die anfällig für die hussitischen Gedanken waren. Vielfach sind uns die Wege, auf denen sie eindrangen, unbekannt geblieben. Die bemerkenswerte Streuung hussitischer Manifeste aus dem Beginn der dreißiger Jahre war eine bedeutsame, aber kurze Episode. Ihr Widerhall rief einige inquisitorische Maßnahmen gegen

Böhmen, Wyclifiten und Waldenser sogar auf der entlegenen iberischen Halbinsel hervor.

In ähnlichem Zusammenhang wurde auch gleich von 1432 an die Verfolgung der Waldenser in den Tälern Bardonnèche, Oulx und Césanne wieder aufgenommen. Die Gerichtsverfahren und die Strafen, die der Richter Claudius Tholozan aus Briançon in Exilles gegen sie verhängte, waren so grausam, daß die Mehrzahl der Waldenser aus diesen Gegenden die Flucht ergriff.

Prozesse und Hinrichtungen, mit denen das 15. Jahrhundert nicht sparsam umging, erwecken den Gesamteindruck einer großen Verwirrung und einer geringen ideologischen Klarheit sowohl bei Richtern als auch bei den Verurteilten. Dort, wo es dem hussitischen Gedankengut nicht möglich war, eine längere Wirkung auf die Waldenser auszuüben, wird man bei'ihnen häufig Zeuge einer seltsamen Mischung von weltanschaulichem Synkretismus. Es ist schwierig, darin den ursprünglichen Kern von den allmählichen Zugaben und Infiltraten zu unterscheiden. Die aus Angst ungeduldig gewordenen Inquisitoren versteckten sich hinter Phrasen, die mehr Beschimpfungen waren als Definitionen der Häresie. Die Bezeichnung »Waldenser« wurde für sie in Italien, Frankreich, in der Schweiz und in den Niederlanden zum Synonym nicht nur für »Ketzer« schlechthin, sondern speziell für Hexen, Zauberer, Magier und Astrologen in Teufelsdiensten. Wer des Waldensertums, *der vaudoiserie*, beschuldigt wurde, konnte wie für die denkbar schlimmsten Missetaten verurteilt werden. Verfolgung, Einkerkerung, Folter und Ausrottung von Katharern, Fraticellisten und Waldensern gehörten in den Augen der Inquisitoren in einen Sack und vermengten sich untereinander in bezug auf die gemeinsamen Quantitäten. Waren es wirklich Waldenser, welche die Inquisition 1417 in Paesana aufgriff? Gehörten Waldenser zu den im Jahre 1421 in Mondori wegen Zauberei verbrannten Ketzern, zu denen bei Lanza 1422, in Sospello 1426, 1428 und nochmals 1433, in Pinerola 1427, in Vigone 1433, in Sambuco 1437 und in Pessineto noch 1445?

Der erste Herzog von Savoyen, Amedeo VIII., gestattete

zwar der Inquisition, sich in seinen Ländern auszubreiten, war jedoch nicht gerade überzeugt von ihrer Nützlichkeit. Im Jahre 1430 versuchte er, ein einheitliches und verbindliches Gesetzbuch zu erlassen, in dem staatliche und geistlich-kirchliche Gerichtsbarkeit streng voneinander geschieden sein sollten. Anfangs des Jahres 1433, gerade zu der Zeit, als die hussitische Delegation nach Basel abreiste, gab er seine Statuten dem Beschützer des Konzils, dem bayrischen Herzog Wilhelm, zur Einsichtnahme. Sollten sie vielleicht als Muster dienen? Sicher ist, daß sich Amedeo sehr lebhaft die von der hussitischen Revolution aufgeworfene Problematik bewußt machte. Am 10. April erschienen zwei seiner Abgesandten bei Prokop dem Kahlen und auch bei Wilhelm, um ihnen zu versichern, daß der Herzog von Savoyen bereit sei, zwischen dem Konzil und Böhmen zu vermitteln. Zwei Tage später nahm sich Prokop vor den Konzilsvätern öffentlich der Verteidigung der Waldenser an. Noch 1440 beklagte sich Papst Eugen IV., daß Amedeo VIII., den das Konzil inzwischen als Felix V. zum Gegenpapst gewählt hatte, in seinen Landen ungestraft die Macht der Zauberer und Waldenser dulde. Tatsächlich hatte der Savoyenherzog lediglich das Recht der Inquisitionsprozesse den Dominikanern weggenommen und dem weltlichen Klerus anvertraut. Man kann sagen, daß die Waldenser unter der savoyischen Regierung im ersten Drittel des 15. Jahrhunderts gewissermaßen unter dem Druck halbierter Repressivmaßnahmen lebten. Er war aber hart genug, um gewaltsamen Aufruhr der Bevölkerung 1445 in Savigliano und drei Jahre später in Angrogna hervorzurufen. Der Waldenser »Barba« Claude Pastre konnte es sogar wagen, in Begleitung von dreihundert bewaffneten Glaubensgenossen öffentlich mit dem Inquisitor Jakob von Buronzo auf dem Marktplatz von Luserna zu diskutieren.

Am charakteristischsten von allen antiwaldensischen Prozessen dieser Periode und Region ist vielleicht das Verhör, dem Ende Oktober 1451 Philipp Régis [46] aus dem Tale San Martino im Pinerolo unterworfen wurde. Zusammen mit Franz Aydetti aus Val Perosa vertrat er in den Alpentälern die aus dem Süden kommenden wandernden Waldenser Barben. Er besaß das Recht, den Waldenser Freunden in der Zeit zwischen den Besuchen der Barben die Beichte abzunehmen. Die Barben selbst kamen aus Freissinierès in der Dauphiné, aus Meana im Tale Susa, am häufigsten aber aus Manfredonia in Apulien, wo sich offenbar das Organisationszentrum dieser ganzen Aktivitäten befand. Dorthin wurden auch die *locumtenentes*, die Ergebnisse der Geldsammlungen, gebracht, die manchmal Summen bis zu dreihundert Dukaten erreichten. Die Barben besaßen detaillierte Verzeichnisse ihrer Vertrauensleute, von denen sich Régis einige Namen gemerkt hatte, die er dem Dominikanerinquisitor Fauzon De Regibus aus Asti mitteilte. Auf diese Weise haben wir Kenntnis von sechs Waldenser Hauswirten aus Torre Pellice, von elf aus Rodoretto, achtunddreißig aus dem Tale San Martino, einundzwanzig aus Villasecca, dreizehn aus Massella und neun aus Prali. Das Protokoll schweigt vollständig über irgendwelche Verbindungen mit Waldensern aus anderen Reichsgebieten oder mit Hussiten. Die darin von den Waldensern vertretenen Ansichten stimmen größtenteils mit dem überein, was sie schon immer verkündeten: Glauben und Vertrauen verdient einzig Gott. Von den Gebeten ist nur das Gebet des Herrn verbindlich. Der Mensch hat die Wahl zwischen dem Weg des Lebens und dem Wege des Todes, während die Theorie vom Fegefeuer wertlos ist, ebenso wie die Anrufung der Heiligen und die ihnen gewidmeten Feiertage. Als neues Element erscheint hier die Leugnung der Transsubstaniation in der Eucharistie und der Geburt von einer Jungfrau, ja überhaupt des Glaubens an einen »Gottessohn«. Katharische Einflüsse haben hier demnach das christologische Credo dieser Waldenser verändert. Das Verhör gipfelt in einer exakten Beschreibung lasterhafter Bräuche, denen sich die Teilnehmer an nächtlichen Zusammenkünften angeblich hingaben. Fast bis in alle Einzelheiten gleiche Entartungen schreibt auch das Verhör einer Gruppe von Fraticellen aus Pole und aus Anguillara, das Paul II. im Jahre 1466 gegen sie anordnete, den Verhörten zu. Es ist nicht uninteressant, daß diesmal der Gesandte der Sforza aus Mailand bei der päpstlichen Kurie lebhaft gegen diese Beschuldigungen der Fraticellen protestierte und betonte, daß es besser wäre, von diesen Erfindungen abzukommen und sich mehr den weitaus wichtigeren Umständen zu widmen, nämlich etwa der Tatsache, daß das Armeleuteprogramm der Fraticellen deutliche Analogien mit den Forderungen der Hussiten aufweise.

Die Organisation der Wanderprediger, wie sie von Mittel- und Süditalien ausging, umfaßte im ganzen 15. Jahrhundert alle Alpentäler, in denen Waldenser wohnten. Für die Umgebung von Briançon und Valputa bestätigt dies 1429 und 1432 der Franziskanerinquisitor Peter Fabri und eine Generation später, 1463, ein anderer Franziskaner, Johann Veyletti.

Unterdessen erlahmte die Inquisition im Königreich Neapel, und in Kalabrien konnten die Waldenser fast ungestört leben; für die Waldenser in den Alpen wurde jedoch die zweite Hälfte des 15. Jahrhunderts zu einer Periode schwerster Prüfungen, die sowohl von savoyischer als auch französischer Seite her über sie hereinbrachen. Da wie dort schätzte man in den herrschenden Kreisen ein, daß die konziliare Reformbewegung gescheitert sei. Der Heilige Stuhl hatte sich niemals mit der übrigens nur sehr relativen Kapitulation des Basler Konzils vor der böhmischen Häresie zufriedengegeben. Der Papst nutzte die Beseitigung des Schismas letztlich zur Festigung seiner erschütterten Autorität, aber es gelang ihm doch nicht, die wachsende Bedeutung und den verstärkten Einfluß der weltlichen Fürsten und Könige bei der Verwaltung kirchlicher Angelegenheiten zu bremsen. Nichtsdestoweniger gab er dieser Art vertraglicher Lösungen den Vorzug vor der hussitischen Lösung, die der Reformation eine weitere Entfaltung garantierte und die Enteignung des Kirchengutes auf revolutionärem Wege unabwendbar machte. Es verwundert daher nicht, daß trotz aller gegenseitigen Reibereien und Widersprüche die kirchlichen und weltlichen Behörden in der zweiten Hälfte des hussitischen Jahrhunderts sehr einträchtig vorgingen, sobald es sich darum handelte, Ketzernester auszurotten. Die Angelegenheit mit den Hussiten sollte sich nicht wiederholen.

Herzog Amedeo IX. (1465–1472) entschloß sich, seine Waldenser Untertanen in die Kirche zurückzuführen. Spezielle Inquisitionsdekrete gedachten eine Rückführung der Waldenser in San Martino und auch von anderwärts durchzuführen. In Cuneo (1469 und 1471) und auch in Turin (1471) flammten die Scheiterhaufen auf. Nach des Herzogs Tode bemühte sich die Regentin Jolanda, die ältere Schwester Ludwigs XI., durch wohldurchdachte Ausrottungsmaßnahmen das begonnene Werk zu vollenden. Unter dem bis zur Unerträglichkeit gesteigerten Druck bemächtigte sich der Waldenser große Unruhe, die verbunden war mit der Ausschau nach radikaler Veränderung der Verhältnisse und einer Verjüngung der alten Waldenser Kritik. Mehr als jemals zuvor waren sie nun bereit, ihre alte Lehre von der Unzulässigkeit der Gewaltanwendung auch in der Verteidigung aufzugeben und sich gegen die ökonomische Unterdrückung zu stemmen, die von der Obrigkeit mit antiketzerischem Eifer maskiert wurde.

Wie der Chronist berichtet, rotteten sich im Jahre 1483 die Waldenser aus dem Tale Luserna zusammen, ergriffen die Waffen gegen die örtliche Obrigkeit und kündigten damit der herzoglichen Regierung Karls I. von Savoyen den Gehorsam auf. Die Unterdrückung ihres Aufstandes war mehr demonstrativ als tatsächlich. Das Unternehmen brachte ihnen eine Strafe und die Pflicht einer formalen Entschuldigung ein, die ihre zwölf Vertreter in Turin für sie vortragen mußten. Aber schon 1487 breitete sich der Aufstand weiter aus und erfaßte gleich mehrere Täler. Ende April sandte Innozenz VIII. dem Erzdiakon Albert Cattaneo von Cremona ein Breve, in dem er ihn mit der Funktion eines apostolischen Nuntius und Kommissars in den Staaten des Herzogs von Savoyen und des französischen Dauphins beauftragte. Dabei machte er ausdrücklich auf die »Lyoner Armen und Waldenser« aufmerksam, die sich übermütig erdreistet hätten, »kriegerisch gegen ihre weltlichen Herrn aufzutreten, ihre Güter zu verheeren, sie samt ihren Familien aus den zuständigen Pfarreien zu vertreiben und ihnen die Ausübung ihrer berechtigten Privilegien zu verwehren«. »Wir rufen den französischen König«, so fährt die päpstliche Bulle fort, »den Herzog von Savoyen und die übrigen Herrn auf, mit all ihrer Macht tapfer Albert Cattaneo zu unterstützen, sich mit Waffengewalt gegen die genannten Waldenser und sonstigen Ketzer zu stellen und sie wie giftige Nattern zu zertreten.« Karl VIII. folgte willfährig dieser Aufforderung. Der Kreuzzug wurde diplomatisch und militärisch so vorbereitet, daß man in gleicher Weise und zu gleichem Zeitpunkt sowohl die nach Osten als auch die nach Westen geöffneten Täler erfassen konnte.

Als es dann in Briançon und Embrun zu den ersten warnenden Vorverhandlungen mit den Waldensern kam, nahmen diese zwei verschiedene Standpunkte ein. Die Ängstlichsten von ihnen versuchten dem Schlimmsten zuvorzukommen und boten Unterwerfung an, die aber auf das direkte Eingreifen des Papstes hin abgelehnt wurde. Die andern gaben einem Protest mit öffentlich plakatierten Manifesten den Vorzug. Sie erklärten darin die Treue zur »Kirche, unserer heiligen Mutter«, gaben aber sofort zu verstehen, daß sie diese Kirche in keiner Weise identifizieren »mit den beutegierigen Prälaten, die die Menschen vergewaltigen, indem sie sich auf die weltliche Justiz stützen.« [47] Und sie fügten hinzu, daß sie zur bewaffneten Selbsthilfe greifen oder aus dem Lande emigrieren würden, wenn sie in der Diskussion mit der offiziellen Kirche in ihren Hoffnungen getäuscht würden.

Cattaneo sicherte sich als erstes die Unterstützung des Parlaments in Grenoble und drang dann im März 1488 mit der Armee Hugos de la Palu in die oberen Regionen der Dauphiné ein. Im letzten Augenblick versuchten die Waldenser aus dem Tale Chisone die Gefahr durch einen direkten Überzeugungsakt bei Cattaneo abzuwenden. Ihre Abgesandten Johann Campi und Johann Desiderii trugen ihm eine Rede vor, die Cattaneo nicht vergaß, ja sogar aufschrieb: »Wir, die wahren Gläubigen aus dem Tale Chisone, bringen Euch, ehrwürdiger und erhabener Herr, zur Kenntnis, daß es ungehörig ist, wenn Ihr Klagen Glauben schenkt, die unsere Feinde gegen uns erheben, und dies um so mehr, als Ihr uns schon verurteilt, noch ehe Ihr die Wahrheit vernommen habt. Wir sind treue und gehorsame Untertanen des Königs und wahre Christen. Unsere durch Heiligkeit der Lebensführung und der Lehre ausgezeichneten Lehrer sind bereit, auf einem allgemeinen Konzil oder auf einer Synode durch die Autorität des Neuen und des Alten Testaments nachzuweisen, daß unser Denken in den Angelegenheiten des christlichen Glaubens richtig ist und wir es nicht verdienen, daß man uns als Ketzer verfolgt, sondern man uns vielmehr loben sollte. Wir wollen nicht die Nachfolger jener sein, die das evangelische Gesetz übertreten und sich von der apostolischen Tradition entfernen, wir beabsichtigen auch nicht, ihren verkehrten Anschauungen zu folgen. Wir freuen uns der Armut und Unschuld, die dem rechten Glauben Quelle und Entwicklung waren. Wir verachten den Reichtum und Luxus, das Streben nach Macht und Gütern, nach denen unsere Verfolger lechzen. Ihr sagt, daß Ihr entschlossen seid, unser Gesetz und unsere Sekte auszurotten. Seid aber auf der Hut, daß Ihr dadurch nicht Gott lästert und seinen Zorn gegen Euch entfacht, um nicht in der Meinung, Gutes zu tun, eine schwere Missetat zu begehen, ähnlich jener, der sich einst Paulus schuldig machte. Gott ist unsere Hoffnung, ihm wollen wir lieber gefallen als den Menschen, und wir fürchten nicht jene, die zwar den Leib töten, aber nicht unserer Seele schaden können. Und wenn es Gottes Wille ist, so werdet Ihr im übrigen vergeblich Eure bewaffnete Macht gegen uns einspannen.«[48]

Die Bedeutung dieses Manifests für die Kenntnis der Mentalität der alpinen Waldenser gegen Ende des 15. Jahrhunderts ist kaum hoch genug einzuschätzen. Seine Echtheit wird durch einen parteiisch voreingenommenen, gehässigen, ja grausamen, nicht aber die Unwahrheit redenden Zeugen dokumentiert. Die Waldenser aus dem Val Chisone halten sich für rechtgläubige Christen, die nicht wünschen, daß die soziale Revolte als ihr ureigenster Charakterzug angesehen wird. Sie wollen Untertanen des Königs bleiben. Überra-

schenderweise bekunden sie aber die Überzeugung, daß es
ihnen gegeben sei, die normative Tragweite des evangelischen Gesetzes für alle Christen ohne Unterschied zu begreifen. Einzig dieses Gesetz kann den Gehorsam gegenüber
unrechten Geboten einschränken. Damit befreit die anerkannte Regel der Wahrheit die Waldenser und stellt zugleich den Verrat bloß, den die Christenheit an der apostolischen Tradition begangen hat. Der wahre Glaube, die reale
Orthodoxie, hat sich im Zeichen der wehrlosen Armut entwickelt, während Reichtum und Gier nach Herrschaft die
Kirche als Verfolgerin in Schuld und Irrtum gestürzt haben.
Das in zentrale Position gerückte Motiv des evangelischen
Gesetzes kennzeichnet die Verwandtschaft dieses Waldenser
Standpunktes mit dem hussitischen. Dieser Eindruck verwandelt sich in Gewißheit bei der stolzen Erklärung der
Waldenser, daß sie ihre biblische Rechtgläubigkeit vor der
Konzilsversammlung oder wenigstens bei einer Gebietssyn-
ode nachweisen wollen. Hier spricht unzweifelhaft die direkte Stimme hussitischer Manifeste zu uns, wie sie die Hussiten den Basler Konzilsvätern entgegenschleuderten und
später auch in die Taborer Konfession und ihre Verteidigungsschriften einarbeiteten – Texte, die zu dieser Zeit sicher bereits in den Händen von Waldensern aus dem Tal
Chisone waren.

Die Kreuzfahrer bestraften jeden Widerstand mit Ausrottung. Im März wüteten sie im Val Chisone, im April in den
Tälern Freissinières und Vallouise, schließlich in Argentière. Cattaneo begleitete die militärischen Operationen mit
Inquisitionsprozessen gegen gefangene Waldenser. Im Juli
meldete er an Innozenz VIII., daß der gewünschte Sieg errungen sei. In die Beute teilten sich Karl VIII. und der Erzbischof von Embrun. Eine späte und nur teilweise Rehabili-
tierung zugunsten der Waldenser ordnete Ludwig XII. im
Jahre 1502 an; sie gab aber den Betroffenen ihre einstige
Position nicht mehr wieder. So zogen sie sich entweder in
das schluchtenreiche Freissinière zurück oder emigrierten.

Zeitlich vor der Expedition Cattaneos oder parallel zu ihr
gab es eine starke Abwanderung der alpinen Waldenser in

die südlicheren italienischen Länder, wo sich in den alten Zentren der Bewegung verschiedentlich auch noch andere Dissidenten zusammenfanden. Cattaneo konstatierte dies ausdrücklich im Jahre 1488 für Ligurien und Apulien.[49] Er setzte voraus, daß sich der vermutliche Großmeister der Bewegung, *eorum supremum*, in Aquila im Königreich Neapel aufhalte. Sicher dachte er an das umbrische Gebiet und an die Abruzzen zwischen Spoleto und Aquila. Die Waldenser Gruppen waren in diesen Gegenden durch den Umstand begünstigt, daß hier im Schatten des Papststaates die Entwicklung langsamer verlief. Das Patriziat der städtischen Kommunen wie Spoleto, Terni oder Ancona ordnete sich nur nachlässig den Befehlen der päpstlichen Legaten unter. Das bunte Mosaik der Herrschaftsbereiche und Teiloberhoheiten, lokaler Privilegien und Rechte bot mancherorts leere Räume an, in denen man mitunter auch halb verheimlichte Tätigkeiten ausüben konnte. Eben durch diese Umstände läßt sich am ehesten erklären, warum die italienischen Waldenser im 15. Jahrhundert mit solcher Vorliebe Länder aussuchten, die zu dieser Zeit noch eine lediglich periphere und zweitrangige Bedeutung für die italienische kulturelle und nationale Entwicklung besaßen, wie das im Falle von Savoyen und auch des Papststaates zutraf.

Wir wissen sehr wenig über das Leben der Waldenser auf der italienischen Halbinsel. Um so wertvoller ist deshalb alles an Mitteilungen, die beim Verhör[50] eines von ihnen im Jahre 1492 gewonnen wurden.

Franz Girundino wurde in dem Augenblick verhaftet, als er den Paß Costapiana zwischen Pragela und Culx überschritt, also auf einer jener zahlreichen Reisen, mit denen regelmäßig die Verbindung zwischen Mittel- und Süditalien und der Dauphiné hergestellt wurde. Am 7. August wurden Girundino und sein Kamerad Jakob von Alviano verhört, wobei herauskam, daß Girundino bei seinen Glaubensgenossen unter dem Namen Barba Martin, den er bei der Ordination für den Wanderpredigerdienst erhalten hatte, auftrat. Es ist charakteristisch, daß Martin dem Verhör zufolge nicht etwa als ein starker Einzelgänger erscheint, son-

dern eher als Mitglied einer disziplinierten und gut einge-
spielten Gemeinschaft von Barben, deren eigentliche Heimat Spoleto war. Franz war schon als Sohn eines späteren
Barben geboren worden. Um das Jahr 1476 führte ihn sein
Vater durch Genua, Bologna, Lucca und durch die Berge
der Mark Ancona. Bald darauf setzte Franz seine Lehrjahre
als Begleiter des Barben Barnovo, eines gebürtigen Perugia-
ners, fort. Ähnlich pilgerte er dann noch mit dem Barba
Josua aus der Umgebung von Camerino, bis zu dem Augenblick, da ihn Barba Andreas für reif erklärte, die nächsten
Schritte zu tun, und ihn irgendwo auf dem Territorium des
Papststaates zum Großmeister der Bruderschaft, Johann
Antonii, brachte. Nach dem sechsjährigen italienischen
Dienst erweiterte sich Girundinos Horizont. Zusammen mit
einem anderen Landsmann aus Spoleta, dem Barba Anton
aus Filocalia, überschritt er die Alpen und stieg in die Provence und weiter nach Frankreich hinab. Eine ähnliche
Reise, diesmal an der Seite des Barba Andreas, führte ihn
über die Höhen des Mont Cenis in das bourbonische Rodes,
nach Forez, in die Auvergne und la Marche bis in die Nähe
von Bordeaux. In der Gegend von Limoges trafen sie sich
mit fünf Barben, die auf anderen Routen ebenfalls aus Spoleto gekommen waren. Nach einer gemeinsamen Beratung
setzten sie ihre Dienstreisen fort und beabsichtigten, sich mit
noch weiteren Missionaren aus Spoleto Ende Mai 1450 in
Lyon zu treffen. Nachdem sie sich beraten hatten *de gestis
et gerendis per ipsos*, tauschte unser Barba Martin seinen
Begleiter aus. Mit Peter Jakobi, genannt Barba Johann, besuchte er danach die Waldenser in der Dauphiné, kehrte erneut nach Lyon zurück, durchwanderte sodann die Landschaft an der Bresse und Saint-Claude und wandte sich nach
Genf, von dort weiter nach Aiguebelle, La Chambre sur
l'Arc, Neuvache, Bardonnèche und Culx. Beide Gefährten
wurden bei dem Versuch verhaftet, das Tal Pragela zu betreten. Sie wollten von dort nach Piemont hinabsteigen und
dann in die Lombardei weiterziehen, wo sie beabsichtigten,
sich in Tortone mit zwei weiteren Barben zu treffen.

Aus diesem Teileinblick in die Reiseprogramme der Waldenser, wie er sich uns hier eröffnet, geht hervor, daß den Zweiergruppen der Wanderprediger die Arbeitsaufgaben für relativ kurze Zeiträume übertragen wurden und zwar im wesentlichen nach einem Plan, in dem keinesfalls das Bemühen dominierte, den Gruppen irgendeine »Provinz« auf die Dauer zuzuweisen. Die bemerkenswerten Reisewege waren das Resultat einer sehr beweglichen Strategie, die sich den wechselhaften Situationen durch regelmäßige Treffen der zahlenmäßig kleinen Gruppen von wandernden Dienern anpaßte. In Lyon zeigte Barba Martin große Überraschung, als er von der ausdrücklich kritischen und gesprächsbereiten Position der alpinen Waldenser gegenüber der neuerlichen Attacke der Inquisition erfuhr. Das heißt, daß wir bei den alpinen Waldensern eine selbständige Initiative voraussetzen können, die unabhängig von der Bruderschaft in Spoleto war. Im übrigen wirken zur gleichen Zeit in den Bergen der Dauphiné vorwiegend piemontesische und lombardische Barben.

Vergleichen wir die von der Gruppe aus Spoleto vertretenen Ansichten mit den Aussagen von Waldensern, die in den Jahren 1492, 1494, 1495 und 1506 in den Alpentälern des Chisone und Dora Riparia, Freissinières und Argentière und der Landschaft Valence verhört wurden, so läßt sich eine wesentliche Übereinstimmung feststellen. Es herrschen Widerstand gegen Reichtum und moralische Verderbtheit der römischen Kirche und ein donatistischer Standpunkt vor, der die Gültigkeit sakramentaler Handlungen, die von unwürdigen Priestern ausgeführt wurden, anzweifelt. Diese Gebirgler nutzen abwechselnd die Dienste der Barben und des Gemeindeklerus, jedoch mit dem Unterschied, daß sie sich von ersteren heimlich, vom anderen öffentlich bedienen ließen. Die Geheimhaltung und Verborgenheit der eigentlichen Organisation schloß das beachtlich starke Bewußtsein einer besonderen Sendung nicht aus. Die Barben waren überzeugt, von Gott die Aufgabe erhalten zu haben, mit einer geheimgehaltenen, aber zur Zeit Gottes mitteilbaren, verläßlich apostolischen Mission durch die Welt zu gehen. Die Minderheitskirche der Auserwählten besitzt doch eine eschatologische Funktion: Allein durch ihre treue Existenz verhindert sie, daß die Welt ins Unheil versinkt. Das Wort »Welt« wiederholt sich in diesen Texten so häufig, daß es nicht überrascht, wenn sich die Barben manchmal selbst als die Armen dieser Welt, als *Pauperes mundi* bezeichnen. Der Fall des Barba Martin ist allerdings farbiger als die Mehrzahl der übrigen, durchschnittlicheren Fälle und manifestiert einen ausgesprochen legendenbildenden Sinn, namentlich soweit es um die Gestalt des Apostels Petrus geht, auch wenn es hierbei unmöglich ist zu bestimmen, wie weit dieser Fall der menschlichen Gutgläubigkeit freien Lauf gibt oder ob er nicht eher parodistisch und satirisch die ablehnend-kritischen Meinungen zu den Renaissance-Bauwerken der römischen Kirche ausnützt.

Die Spuren alter Beziehungen zu den Hussiten führen nicht – wie schon erwähnt wurde – zu den Barben von Spoleto, sondern direkt zu den Waldensern in den Alpen. Sie, die schon in den dreißiger Jahren zweifellos vom Widerhall der hussitischen Propaganda erfaßt worden waren, neigten dem Gedanken eines zumindest zukünftigen Dialogs mit der römischen Kirche zu. Die Chisoner meinten im Jahre 1488, daß dieser Augenblick schon bald gekommen sei. Mit diesen späten Analogien einer Orientierung, die nahe verwandt ist mit den Positionen der Treuen Brüder in der deutschen Waldenser Diaspora, werden wir bei den alpinen Waldensern noch zu Beginn des 16. Jahrhunderts am Oberlauf des Po konfrontiert.

Ende des 15. Jahrhunderts werden Waldenser in Verzuolo, Praviglielmo, Bioletto, Betonetto, Croesio, Oncino und in Ostana festgesetzt. Besonders hart verfolgte sie Margarete von Foix, sobald sie die Regierung in der Markgrafschaft Saluzzo für den unmündigen Michael Antonio übernommen hatte. Der Dominikaner Angelo Ricciardino setzte die älteren antiketzerischen Maßnahmen aus den Jahren 1324, 1467 und 1504 fort, als er im Herbst 1509 zu den Quellen des Po aufbrach. Mit Entsetzen stellte er fest, daß das Tal von der Ketzerei völlig infiziert sei, so daß Margarete sich entschloß, dem Inquisitor zweihundert Mann Fußvolk zur Hilfe zu schicken. Viele Waldenser flohen in die Felsen über Barge oder zu Glaubensbrüdern im Tale Pellice. Die Gefangenen wurden im März 1510 zu Croesio verbrannt. Im Juni stellte sich Johann Andreas Saluzzo Castellar an die Spitze eines kleineren Kreuzheeres gegen die übriggebliebenen unbotmäßigen Gebirgsbewohner. Aber schon nach zwei Jahren verbanden sich die vertriebenen Waldenser aus Barge und dem Tale Pellice, fielen ins Tal Paesana ein und bemächtigten sich mit bewaffneter Hand ihrer verlassenen Hütten. Das Gelingen ihres Unternehmens mußte sogar Margarete innerhalb von zwei Jahren zugeben.

Ein kostbares Dokument[51] gestattet uns, näheren Einblick in die programmatischen Motive des Waldenser Aufstandes in Paesana zu gewinnen und deren Filiation festzustellen. Es handelt sich um das Inquisitionsprotokoll über die Waldenser Irrlehren, das direkt auf dem Schlachtfeld in Paesana 1510 niedergeschrieben wurde. Wir erfahren daraus viel über den dogmatischen Standpunkt der Menschen, die in die Hände von Ricciardinos Inquisition fielen, und auch über die Quellen, aus denen sie den Mut zur scharfen Kritik an der Gesellschaftsordnung, die sie unterdrückte, schöpften. Diese Quellen waren für sie das hussitische Böhmen, das Böhmen der Treuen Brüder, das in der lebhaften Phantasie der Landleute aus der Paesana zu einem Lande der Freiheit und zum Zentrum der befreienden eschatologischen Ereignisse wurde. Die *Errores Valdensium in Paesana commorantium* verzeichnen mit ärgerlichem Erstaunen die Überzeugung der Waldenser, daß der böhmische König einmal mit großer militärischer Macht kommen und sich zu den Waldensern bekennen werde, um Länder und Städte zu unterwerfen, die Dome zu schleifen, den Klerus auszurotten und ihm alle weltlichen Güter zu enteignen; er werde Zölle und jegliche Ausbeutung beseitigen, eine ganz niedrige Steuer von nur einem Groschen pro Person festsetzen, Gütergemeinschaft für alle einführen und alle seinem Gesetze unterwerfen. Bis auf zwei oder drei Ausnahmen stimmen alle Irrlehren der durch Verhöre ermittelten 63 Waldensersätze aus Paesana mit den Anschauungen überein, die von der

Kirche der Treuen Brüder verkündet und vertreten wurden, wenn auch hier in den Alpen die Wege der Hoffnungen auf die Zukunft, in der den Waldensern im Bunde mit Böhmen eine geradezu weltbewegende Aufgabe zufallen würde, außergewöhnlich hoch anschwoll.

Der König von Böhmen! Wenn sich am Ausgang des 15. und zu Beginn des 16. Jahrhunderts bei den alpinen Waldensern so große Hoffnungen an Böhmen knüpften, so bedeutet dies, daß nicht einmal die langen Jahre der Unterdrückung die Erinnerungen an seinerzeitige Beziehungen zu einem Lande auslöschen konnten, wo die Reformation durch Revolution gesiegt hatte. Der letzte der Paesaner Artikel, der diese erregte Vision eines neuen Morgens enthält, spiegelt zweifellos das späte Echo auf die Manifeste der Taboriten wider. Am Anfang des 16. Jahrhunderts, ein dreiviertel Jahrhundert nach der militärischen Niederlage der taboritischen Bruderschaft, konnte eine solche Hoffnung freilich nur unrealistisch, utopisch sein. Sie beweist eine beachtliche Unkenntnis der tatsächlichen Stellung der reformatorischen Kräfte im zeitgenössischen Böhmen. Die taboritische Konzeption war zweifellos wichtig, wenn nicht gar entscheidend bei der Herausbildung der Gedankenwelt der piemontesischen Waldenser im 15. Jahrhundert, aber die äußersten Schwierigkeiten, auf die jeder Versuch zu regelmäßigen Kontakten mit Böhmen und seiner ideologischen Entwicklung stieß, verdrängten diese Gebirgler in die Isolation und die Verstecke. Auf sich selbst gestellt lebten sie in ihrem Abseits in beachtlichen wissenschaftlichen und auch ekklesiologischen Unklarheiten, über die noch im Jahre 1530 ein Fragespiegel Auskunft gibt, mit dem sich der Barba Georg Morel an die Reformatoren nach Basel und Straßburg wendet.

Nicht wenige ihrer Verlegenheiten in Fragen der Lehre hätten die romanischen Waldenser leichter lösen können, wenn sie die Erfahrungen und Reflexionen ihrer Schwesterkirchen im hussitischen Böhmen systematischer berücksichtigt hätten. Bemerkenswerte Versuche in dieser Richtung wurden nicht nur durch die Verfolgungen erschwert, sondern auch durch die Entfernungen zwischen den Ländern und die sprachlichen Unterschiede. Wenn auch ein beträchtlicher Teil der hussitischen theologischen Literatur lateinisch war, so war doch die gesamte bildende Literatur tschechisch, und tschechisch war auch das erzieherisch bedeutende Liedschaffen, das am dauerhaftesten und wirkungsvollsten in das Denken der einfachen Gläubigen eingeht. Die Waldenser der lateinischen Länder hatten diese einzigartige Unterstützung nicht und mußten sich mit dem wenigen Schriftgut begnügen, das sie dank der Rührigkeit einer kleinen Anzahl ihrer Barben in die Hände bekamen, die Latein konnten und denen außerdem jene »hussitische Bibliothek« zugänglich war, die durch die Handschriftendepots der Treuen Brüder vermittelt wurde.

Die Auswahl der einzelnen Stücke dieser Bibliothek war recht zweckmäßig, auch wenn dabei sicher ein glücklicher Zufall mitgewirkt hat. Es wurde bereits erwähnt, daß unter die Waldenser Literatur in volkstümlicher Fassung auch die Übersetzung eines Traktats von Nikolaus von Dresden über die Verbreitbarkeit des Wortes Gottes geraten war (*Alcuns volon ligar la parola di Dio*). Dem ist nun noch die Waldenser Bearbeitung von Hussens Betrachtung über die Ehe hinzuzufügen.[52] Hus schrieb sie im Kerker von Konstanz für seinen italienischen Kerkermeister Roberto, der zu heiraten beabsichtigte. Seine Ratschläge für Freuden und Klippen des ehelichen Zusammenlebens schloß er am 4. März 1415 ab. Der Waldenser Bearbeiter von Hussens Vorlage ließ sich von dem persönlichen Ton der kleinen Schrift begeistern und übersetzte sie Wort für Wort. Nur am Anfang ließ er in seinem Traktat *Yo intendo de dire* die Bemerkung weg, die betont, daß die Schrift von einem Häftling stammt, und am Schluß gab er noch einige Ausführungen aus dem »Hirten« von Hermas dazu. In der erhalten gebliebenen Fassung stammt die Waldenser Bearbeitung aus dem Anfang des 16. Jahrhunderts, doch ist es wohl die Abschrift eines älteren Textes.

Bedeutungsvoller und weitaus umfangreicher ist die Waldenser Fassung des Glaubensbekenntnisses der Taboriten und seiner Verteidigung aus der Feder von Nikolaus Biskupec von Pelhřimov. Die waldensische, spätprovenzalische Bearbeitung dieses grundlegenden Dokuments der taboritischen theologischen Offensive wurde allerdings als Original nicht in den Zeiten zwischen dem Schlachtenlärm, sondern in der relativen Ruhe einer unzugänglichen Zufluchtsstätte geschrieben. Das wird durch eine gewisse Weitschweifigkeit und Umständlichkeit bei der Wiedergabe der taboritischen Kernaussagen dieses Textes mit Katechismuscharakter deutlich.

Die Konfession [53] war das Ergebnis langjähriger Bemühungen der Taboriten, die gemäßigten Prager Hussiten auf theologischer Ebene von der biblischen Berechtigung des radikalen Programms zu überzeugen. In der nächsten Etappe hoffte die Konfession, die gesamte Christenheit anzusprechen und sie aufzurufen, mit dem Mißbrauch des Christentums aufzuhören, zu dem es unweigerlich in der konstantinischen Lage der Kirche komme. Die Waldenser Handschriften, die Übersetzungen aus der Táborer Konfession häufig unter dem summarischen Titel *Tresor e lume de fe* (Schatzkammer und Licht des Glaubens) zusammenfassen, schöpfen aus dem taboritischen Werk alle ihre kritische Aggressivität. Nichtsdestoweniger vermerkt der Waldenser Bearbeiter, daß seine Arbeit in einem anderen Milieu als die des Biskupec entstanden ist. Aber auch er schreibt zur Verteidigung des Glaubens gegen alle Feinde *(contra tot adversari)*, ist sich jedoch bewußt, daß in der Gesamtheit der Gesellschaft die wahren Christen nur eine mehr oder weniger geduldete Minderheit sein können, die sich bewußt von allen Machtansprüchen lossagt. Der Schatz göttlicher Wahrheit ist in Wirklichkeit der Schatz der armen Leute, der Erniedrigten, der Stillen im Lande *(tresor de li paures, humils e mansuet)*. Für sie muß ein detailliertes Handbuch mit Katechismuscharakter geschrieben werden. Im Werke selbst überwiegt daher der didaktische und pädagogische Zug. Der Waldenser Bearbeiter erweitert deshalb den bekenntnismäßigen Rahmen der Táborer Konfession um die Auslegung des apostolischen und in einigen Handschriften um die des Athanasianischen Glaubensbekenntnisses und um die Interpretation der Zehn Gebote und des Vaterunsers. Auch hierbei dienten einige hussitische Katechismen als Muster, soweit sie in der Sprache des Volkes geschrieben waren. Insgesamt verbindet die Waldenser Redaktion zwei ungleiche Literaturgattungen. Sie ist gleichzeitig Manifest der missionarischen Ausstrahlung und katechetische, dogmatische Interpretation. Spricht sie auch zu allen treuen und lieben Christen *(a tuit li fidel e carissimes cristians)* nach dem Muster der Táborer Konfession, so ist sich der Autor bewußt, daß die Wahrheiten, die er darlegt, tatsächlich nur einer kleinen Gruppe vermittelt werden können *(a li petit)*, also auch nur Menschen, »denen dieser Schatz zugänglich ist durch Einblick in die Heilige Schrift«. Von dem übrigen hussitischen Schriftgut benützte der Waldenser *Tresor* auch einige Seiten der großen Schrift *Über die Kirche* von Hus und seines Traktats *Über die Gebote Gottes und das Gebet des Herrn.*

In den böhmischen Ländern war indessen seit den neunziger Jahren des 15. Jahrhunderts in der Brüdergemeinde eine neue Generation mit neuen Problemen angetreten, die in manchem die Sorgen der Reformatoren des 16. Jahrhunderts vorempfanden. Ihre Stellungnahme zu den Waldensern war zurückhaltender. Es wäre ungeschickt gewesen, den beachtlichen Verdacht weiter zu vertiefen, mit dem die einflußreiche Öffentlichkeit auf die außerhalb des Gesetzes stehende Bruderschaft blickte. Vorsichtig verhielt sich deshalb auch der Spitzenvertreter der zweiten Brüdergeneration und ihr geistiger Führer, der Prager Baccalaureus Lukas. Aber auch ihn riß schließlich die Tradition der taboritisch-waldensischen Gemeinsamkeiten in ihren Strom und führte ihn fast gegen seinen Willen zu einer Verbindung mit den italienischen Waldensern.

Als Lukas [54] nach 1480 in die Brüdergemeinde eintrat, bekannte er sich, wie er annahm, zur Minderheitskirche im Zeichen des Kreuzes nach den strengen Anforderungen, wie sie einst Chelčický aufgestellt hatte. Noch im Jahre 1527, schon am Vorabend des eigenen Todes (1528), verschmolz für den

Senior der Brüder die Entstehung der Brüdergemeinde mit den Anfängen der großen Leiden und Verfolgungen, deren prophetisches Vorzeichen das Märtyrertum der Waldenser in Deutschland und Italien und der lollardischen Anhänger Wyclifs in England war. Diese Leiden wertete Lukas als zuverlässiges Erkennungszeichen für die wahre Kirche Christi, und die Waldenser bekamen deshalb einen Ehrenplatz in seiner Theologie der Geschichte.

Trotzdem zeigte sich eine gewisse Abkehr von den Waldensern bei Lukas in dem Augenblick, als er sich bewußt wurde, daß die sogenannte Kleine Partei in der Brüdergemeinde, die einen seiner Meinung nach konservativen, ja rückschrittlichen Standpunkt einnahm, sich gern auf das Waldenser Vermächtnis berief. In den langwierigen Diskussionen der achtziger und beginnenden neunziger Jahre reduzierten die »alten Brüder« die strittigen Fragen über das weitere reformatorische Vorgehen in Böhmen auf das schmale Problem des moralischen Wohlverhaltens. Sie erinnerten dabei an das warnende Beispiel Kaiser Konstantins und an die wenn auch legendäre Unbestechlichkeit seines Widersachers Petrus Waldes. Sein Name wurde auf der Brüdersynode zu Chlumec im Jahre 1496 mit Ehrfurcht genannt. In dem Augenblick, an dem über die Gesamtorientierung der Brüdergemeinde für lange künftige Jahre beschlossen werden sollte, mußte es Lukas bestürzen, welch große Bedeutung die Traditionalisten gerade dem Waldenser Modell zumaßen.

Auf seiner italienischen Reise, die Lukas im Frühjahr 1498 unternahm, überprüfte er die Tragfähigkeit des eigenen Standpunkts. Durch unmittelbares Kennenlernen der Waldenser in ihren südlichen Wohnsitzen gewann er eine wirksame Waffe gegen ihre unkritischen Lobredner. Über die Reise selbst besitzen wir nur recht mangelhafte Nachrichten. Die eigentliche Ursache für die Reise war vermutlich der schlechte Gesundheitszustand von Lukas. Er hat später selbst einmal den grundlegenden, wenig günstigen Eindruck geschildert, den er von seinem Besuch im päpstlichen Rom mitnahm: »Auf meinen Spaziergängen durch

Rom habe ich im Palast des Papstes und auch in der Peters-
kirche, auf dem Lateran in der Paulskirche und sonst überall nur die Sessel und Tische von Geldwechslern gefunden,
von Händlern mit Tauben, Schafen, Präbenden, Ablässen,
kurz mit allem Möglichen, Käufer und Verkäufer unterschiedlichster Dinge.« Er leugnete nicht, auch Fabriano und
Florenz besucht zu haben, lehnte aber den Vorwurf ab, dies
nur darum getan zu haben, um dort die Waldenser aufzu-
muntern. Seine Wortkargheit im Hinblick auf die Ergebnisse der italienischen Reise ist auffallend, auch wenn er
sich nach sieben Jahren (1505) gegen Angriffe von Mönchen
verteidigen mußte, die diese Reise betrafen. Sicher bewog
ihn einerseits der apologetische Standpunkt, der keine Red-
seligkeit empfahl, zur Vorsicht, aber andererseits auch die
Enttäuschung über die mittelitalienischen Waldenser. Das
einzige zuverlässige Datum von Lukas' italienischem Aufenthalt ist durch die Nachricht gegeben, daß er zusammen
mit seinem Gefährten Johann in Florenz Zeuge der Verbrennung Savonarolas war; das war am 23. Mai 1498.

Es wäre jedoch falsch, die italienische Reise von Lukas
wegen der bruchstückhaften Quellen als bedeutungslose und
mehr oder weniger zufällige Episode aufzufassen. Die Brüder verheimlichten aus Vorsicht die meisten ihrer Kontakte
mit Waldensern, vor allem mit den italienischen. Noch im
Jahre 1556 vertraute Bruder Jan Černý seine Antwort auf
den Aufruf des Flacius Illyricus, sich mit den italienischen
Waldensern zu verbünden, nur einem vertraulichen Boten,
keinesfalls einem geschriebenen Brief an. Vor mehr als vierzig Jahren, also irgendwann vor 1516, hätten die Brüder
schon eine Botschaft *ad Waldenses in Italiam* geschickt, wie
er Flacius versicherte, und es scheint, als hätten die romanischen Waldenser durch die Entsendung einer ähnlichen Botschaft aus ihren Reihen geantwortet.

Aber zu Kontakten mit dem italienischen Waldenser Milieu konnte es auch noch auf andere Weise kommen. Einige
Drucke von Bekenntnisschriften der Brüdergemeinde drangen auch nach Süden über die Alpen vor. So schrieb zum
Beispiel im Jahre 1510 Wenzel Písecký aus Bologna an den

Prager Universitätsmagister Michal von Stráž, man lese in Italien die 1508 gedruckte *Oratio excusatoria* aus der Feder von Lukas. Der tschechische Arzt Peter von Třebsko, einst Schüler von Lukas' leiblichem Bruder Johann Černý von Litomyšl, studierte in Italien viele Jahre, um dann 1523 in die unmittelbare Nähe der Brüdergemeinde von Litomyšl zurückzukehren.

Gegen Ende des 15. Jahrhunderts bildeten allerdings die italienischen Waldenser – wie wir bereits sahen – kein absolut einheitliches Ganzes. Die Enttäuschung bei Lukas ist um so erklärlicher, als er vermutlich in Fabriano auf eine Gruppe Waldenser stieß, über die wir indirekte Kunde durch das erwähnte Verhör des Barben Martin von 1492 haben. Martin nennt darin Waldenser aus den Bergen der Mark Ancona, von denen er einige seiner etwas verwirrten Ansichten abergläubischen Charakters übernommen hatte. Sollte Lukas gerade auf sie gestoßen sein, so konnte er nicht umhin, sie abzulehnen. Im übrigen hat sich Lukas über die Gesamtsituation und die innere Struktur des italienischen und überhaupt des romanischen Waldensertums wohl kaum eine richtige Vorstellung gemacht. Wir wissen auch nicht, ob er mit Kreisen solcher Waldenser zusammengekommen ist, die zumindest in den beiden letzten Generationen mit dem Hussitentum sympathisiert hatten. War ihm überhaupt bewußt geworden, daß sich eine neue Bewegung der Waldenser in Paesana vorbereitete und daß sich in der Dauphiné gerade um diese Zeit ihre Hoffnungen auf einen baldigen Umschwung der Dinge intensivierten? Er hätte in dieser Unruhe ohne Zweifel die späten Konsequenzen des hussitischen, ja direkt taboritischen Gedankengutes erkannt, zu dem er sich selbst durchrang und das er später auch literarisch vertrat. Er hätte aber auch bei den Waldensern aus den Bergen jenen, wie er unermüdlich einschätzte, gefährlichen Hang zur Verteidigung des Glaubens mit den unzulässigen Mitteln der bewaffneten Gewalt registriert, eine Neigung, die er gemeinsam mit anderen Brüdern häufig an der Entwicklung der Taboriten kritisierte. Vielleicht war es Aufgabe der Gesandtschaft der Brüder, die um das Jahr

1515 zu den italienischen Waldensern aufbrach – also zu einer Zeit, als Lukas schon mit voller Verantwortung an der Spitze der Brüdergemeinde stand –, den Waldensern eine schriftliche Belehrung in die Hand zu geben, damit sie leichter die nicht geringe Versuchung überwanden. Sicher ist, daß die alpinen Waldenser gerade um diese Zeit vielerlei Schriftgut und Predigten durch die Dienste der böhmischen Freunde empfingen, wovon der Waldenser Traktat über die Ursachen ihrer Trennung von der römischen Kirche *(Ayczo es la causa del nostre departiment)* ausdrücklich berichtet: *»Predicacions de moti de la part de li boemienc«*. Die Waldenser Abhandlung über die Ursachen der Abtrennung ist eigentlich eine Bearbeitung von Lukas' gleichnamiger tschechischer Schrift aus dem Jahre 1496. Der Waldenser Autor benutzte darüber hinaus aber auch die *Kinderfragen* in Katechismusform, die erst nach der Rückkehr von Lukas aus Italien entstanden waren. Ähnlich zeugt auch die Behauptung, daß in der Kirche nur zwei Sakramente gültig seien, von der späteren Entstehung der Waldenser Version.

Die umfangreichere Waldenser Schrift *De l'Anticrist* hat ihre tschechische Vorlage einerseits wiederum in der Schrift von Lukas *Über die Ursachen der Trennung*, andererseits in seiner *Bárka*, die er um 1493 nach der Rückkehr aus Konstantinopel geschrieben hatte. Aber bei der Unterscheidung zwischen der wesentlichen Wahrheit des Glaubens *(la verita essential de la fe)* und den dienenden Wahrheiten *(las veritas ministerials)* hält sich die Waldenser Schrift über den Antichrist an die späteren Arbeiten Lukas'. Ähnlich verhält es sich mit dem waldensisch geschriebenen Brief *Al serenissimo Princi Rey Lancelau*, dessen tschechische Vorlage wir heute kennen. Es ist ein Brief der Böhmischen Brüder an König Wladislaw vom Jahre 1507.

Bruder Lukas ist auch der Autor von drei Katechismen der Brüdergemeinde, von denen die beiden ersten, die eigentlich den Graden des Katechumenats der Brüder entsprechen, Widerhall bei den romanischen Waldensern fanden. So sind *Las enterrogations menors* das Waldenser Gegenstück zu den Kinderfragen, *Las enterrogations majors*

aber der sog. *Fragen an die Größeren.* Die Waldenser Bearbeitung plaziert einige Fragen um und ergänzt ihre Antworten manchmal mit Zitaten aus anderen Büchern von Lukas.

Die formale Ausgereiftheit dieser Waldenser Bearbeitungen, die sich oftmals auf das spätere literarische Werk von
Lukas stützen, zeugen davon, daß sie nicht auf der Grundlage von Schriften entstanden sind, die Lukas selbst gleich
1498 den italienischen Brüdern mitgebracht hätte, sondern
ungefähr zwei Jahrzehnte später.

Wir werden auf diese Literatur in Kapitel V zurückkom-
men.

Als Lukas nach Hause, nach Jungbunzlau, zurückgekehrt
war, verwischte er sorgfältig alle Spuren seiner Kontakte mit
italienischen Waldensern. Im Jahre 1501 stellte er in seiner
Auslegung der Offenbarung Johannis ein langes Verzeichnis
der Häretiker auf, zu denen er auch die Waldenser zählte,
von denen er nach der waldensisch-hussitischen Tradition
annahm, daß sie zur Zeit Kaiser Konstantins in die Geschichte eingetreten seien. Die Waldenser hätten damals gegen die Gunst protestiert, die der Kaiser den Anhängern
von Arius gewährte, und vor allem dafür habe sie der Zorn
des Herrschers und die Unterdrückung getroffen. Bruder
Lukas funktionierte die Bedeutung des Waldenser Protestes
demnach um: Er habe sich eigentlich gar nicht so sehr gegen
die durch die konstantinische Schenkung reich gewordene
Kirche gewandt als vielmehr gegen die dogmatische Abwei-
chung der höfischen Theologie. In dieser Hinsicht erkannte
Lukas den Waldensern eine gewisse Bedeutung in der Kirchengeschichte zu, betrachtete sie jedoch weiterhin als eine
heterodoxe Gruppe, ungefähr so, wie er den isolierten
Standpunkt eines Chelčický betrachtete, obzwar er von ihm
in seiner Jugend entscheidende Anregungen erhalten hatte.
Die Brüder hatten niemals einen Grund, zu den Waldensern
um Rat bittenzugehen. In dem Fürsprachebrief vom 15. Dezember 1509, der wiederum – wie schon so oft – an König
Wladislaw adressiert war, lehnte Lukas die Beschuldigung
als falsch ab, die Brüdergemeinde sei identisch mit der

Sekte der Waldenser. Er beteuerte umgekehrt, daß die Sache der Brüder niemals irgend etwas mit der Häresie gemein gehabt hätte.

Lukas hat uns das Geheimnis seiner Kontakte mit den Waldensern nicht enthüllt, aber der Einfluß seiner Schriften auf die Literatur der romanischen Waldenser war bedeutend. Seine abgerundete und bis in die Einzelheiten durchdachte Theologie war dazu angetan, mehr als einen ihrer konfessionellen Standpunkte ideologisch zu integrieren. Für den Ältesten (Senioren) der Brüdergemeinde wie übrigens schon für die Taboriten war die Reformation vor allem nicht die Antwort auf den moralischen Verfall der römischen Kirche, sondern das Bestreben, den wahren Sinn der evangelischen Wahrheit klar zu erhellen, der überschattet war von entwicklungsmäßig hypertrophierten Lehren und Institutionen der westlichen Christenheit. Die Reformation läßt sich aber nicht im ganzen und auf einmal realisieren. Diesen Gedanken des Mathias von Janov arbeitete Lukas von Prag auf seine Art aus. Keine Reformation umfaßte mit einem Schlage die ganze Wahrheit. Auch in der Brüdergemeinde setzte sie sich allmählich und gleichsam auf Umwegen über die einfachen und ungelehrten Menschen durch. Der Stützen der offiziellen Theologie beraubt, suchte sie Belehrung bei Exkommunizierten, bei aus der Kirche ausgestoßenen Aussätzigen. Nirgends konnte man an eine Kontinuität anknüpfen, die vielleicht offiziell gebilligt worden wäre. Die Brüder zeigten dennoch Sinn für die Beständigkeit der Gottestreue inmitten von Schutt und Trümmern, übriggeblieben nach der revolutionären Erschütterung. Sie ließen ihre ersten Diener durch die Dienste der Waldenser Treuen Brüder ordinieren. Aber die Erneuerung der Kirche findet die Norm ihrer Taten in der Heiligen Schrift und im apostolischen Bekenntnis. Es ist die Zeit, die Wiederkehr des Herrn zu erwarten, diese Zeit wegen feindlicher Verfolgung gegebenenfalls auch zu durchleiden. Die Hähne der großen Reformation krähen schon. An der Schwelle zum 16. Jahrhundert spähte Lukas zweifellos ungeduldig nach der gesamteuropäischen Reformation aus.

Unter den Waldenser Barben eignete sich eine ganze Gruppe die Gedanken von Lukas an. Wir besitzen darüber nicht nur in der Waldenser Literatur, die aus der Brüdergemeinde herkommt, direkte Zeugnisse, sondern auch indirekte in den polemischen Manifesten zweier Vertreter des Katholizismus, die in Piemont in den beiden ersten Dezennien des 16. Jahrhunderts wirkten.

Der Franziskaner Samuel di Cassine [55] gab 1510 in Cuneo in der Druckerei von Simon Bevilaqua ein italienisches Schriftchen *Victoria triumphale contro li errori dei Valdeisi* und einen lateinischen Traktat mit dem Titel *De statu ecclesiae libellus contra Valdenses* heraus. In der erstgenannten Schrift erwähnt der Autor, daß er schon in jungen Jahren ausgesandt wurde, um in den Waldenser Alpentälern zu predigen. Das Zentrum der Waldenser lokalisierte er eindeutig an den östlichen Abhängen der Cottischen Alpen und vergaß auch nicht das Gebiet der »apulischen Verstecke«. In dem Bestreben, seine Erfahrungen nun in der antiwaldensischen Propaganda auszunützen, forderten ihn seine Vorgesetzten auf, literarisch die Waldenser Schriften zu widerlegen, die ihm ein gewisser »verehrter piemontesischer Adliger« beschaffte. Erst als man ihm aus Turin ein weiteres Buch voller Irrlehren geschickt hatte, machte er sich ans Werk. Anfänglich zweifelte er am waldensischen Ursprung dieser Schriften, kam aber nach ihrer gründlichen Durchforschung zu der Schlußfolgerung, daß es sich tatsächlich um die Arbeit Waldenser Meister handele. Unsere Gewißheit ist keineswegs absolut, wenn wir die auffälligen inhaltlichen Übereinstimmungen zwischen den Zitaten, die Samuel aus den Waldenser Schriften anführt, und den Schriften hussitischer Herkunft und aus der Brüdergemeinde berücksichtigen. Nur eines der fünf Bücher, die Samuel nennt, das *Libro expositivo*, scheint in Waldenser volkstümlicher Mundart geschrieben zu sein, und auch dieses deckt sich manchmal wörtlich mit der taboritischen Konfession und übernimmt aus ihr sogar die ehrfürchtige Erinnerung an Meister Jan Hus. (*Allegant valdenses quendam magistrum Iohannem, quem dicunt sancte memorie.*) Insgesamt beweist

Samuels Polemik eine Belebung des Widerhalls von Hussiten und Brüdergemeinde bei den romanischen Waldensern zu Beginn des 16. Jahrhunderts, auch wenn es dazu in einer Zeit kam, als ihre Situation nicht gerade beneidenswert war. »Je weiter ihr Waldenser euch ausgebreitet habt«, behauptete der Franziskaner, »um so eingeschüchterter benehmt ihr euch in eurem Verfolgungswahn.«

Der Franzose Claude de Seyssel [56], der im Juni 1517 den Thron des Erzbischofs von Turin bestieg, begegnete bei den Piemontesischen Waldensern einer ähnlichen Haltung. Im Sommer des gleichen Jahres besuchte er die Waldenser Täler, um im Namen des Papstes Ablässe anzubieten. Er stieß auf Mißtrauen und direkte Ablehnung. »Diese Waldenser«, so schrieb er darüber, »lehnen den Geiz der Priester ab und kündigen sogar dem Oberhirten selbst den Gehorsam auf.« Um ihre Irrlehren zu widerlegen, unterzog Seyssel den Waldenser Begriff von der Kirche in einem selbständigen Traktat einer ablehnenden Analyse. In der Schrift *»De divina providentia«* aus dem Jahre 1518 verteidigte er sodann die traditionelle Lehre von den Sakramenten, vom Fegefeuer und dem ewigen Leben gegen die Kritik der Waldenser. Im zweiten Teil seines *Traktatus adversus errores et sectam Valdensium* griff er die zähe Ausschließlichkeit an, mit der Waldenser an der Autorität der Heiligen Schrift klebten und der Hinlänglichkeit des Erlösungswerkes Christi vertrauten. Die Waldenser schätzen in der Kraft dieses Glaubens – so konstatierte erzürnt der Erzbischof – nicht das sakramentale System der Kirche. Sie bedrohen Ruhe und Ordnung und verdienen es nicht, daß man sie schont.

IV. Die Hinwendung zur Reformation des 16. Jahrhunderts

Die zweite Reformation tritt an

Die Dynamik des Provisorischen, die der Waldenser Bewegung im Mittelalter eigen war, brachte ihre Offenheit für die Zukunft namentlich zweimal zur Geltung: das erste Mal zu Beginn der hussitischen Revolution, zum zweitenmal beim Antritt der ersten reformatorischen Welle des späteren Protestantismus. In beiden Fällen versuchte das Waldensertum, sich solidarisch in den anlaufenden Prozeß der Erneuerung einzugliedern, der sich aufbäumte und den Rahmen von Existenz und Bekenntnismethoden überschritt, wie sie das geheime Wesen der Waldenser bisher erfordert hatte; zugleich erfüllte dieser Prozeß ihre lang unterdrückten Aspirationen. Zu gegenseitigen Begegnungen kam es dabei beidemal schon in der Krisensituation des Waldensertums, die sich seit dem Ende des 14. Jahrhunderts hinzog und dadurch bedingt war, daß die Reproduktion der eigentlichen Reihen der Waldenser im wesentlichen auf den natürlichen Wechsel ihrer Generationen angewiesen war. Weder das Hussitentum noch die protestantische Reformation waren eine einfache Verlängerung des Waldenser Protestes. Wenn sich das Hussitentum der Waldenser Botschaft angenommen und sie auf das soziale und theologische Niveau erhöht hatte, das den Strukturen des westlichen Christentums kritisch die Stirn bieten konnte, so blieb ihr Erfolg doch sowohl räumlich als auch zeitlich nur begrenzt. Der Reformation des 16. Jahrhunderts gelang es, sich in einer größeren Anzahl europäischer Länder unter anderem dank der Tatsache dauerhafter zu verankern, daß es Ziel der praktischen Bestrebungen der großen Reformatoren war, die Machthaber von ihrer Pflicht zu überzeugen, sich für die Reformation einzusetzen. Die Reformation wurde dadurch freilich in einen relativen sozialen und politischen Konservatismus gedrängt. Sie teilte nicht den Standpunkt eines fortwährenden Widerspruchs, der die Waldenser und die entschiedenen Hussiten unverwischbar charakterisierte und ihre Eigenart mitbestimmte.

Mit den fortschreitenden Jahren des 16. Jahrhunderts werden die Spuren der Waldenser in den Ländern des damaligen Römisch-deutschen Reiches immer dünner. Es ist anzunehmen, daß sie entweder von der offiziellen Reformation oder deren in Gärung befindlichem linken Flügel aufgesaugt wurden. Die Frage nach einer möglichen Beteiligung der Waldenser am Entstehen und Formieren der unterschiedlichsten Gruppen von Wiedertäufern bleibt vorläufig mangels ausreichend beweiskräftiger Dokumentationen offen, während sich uns die ersten Kontakte der Böhmischen Brüder und der romanischen Waldenser mit den Reformatoren in ganz bestimmten Umrissen darstellen. Das hängt sicher damit zusammen, daß sich beide Bruderschaften zu dieser Zeit bereits kirchlich formiert hatten. Bei der Brüdergemeinde überrascht das wegen ihrer frühen ekklesiologischen Bewußtheit nicht so sehr wie bei den Waldensern, obzwar auch dort das immer ausschließlichere Angewiesensein auf die alpinen Zufluchtsstätten geradezu stabile ekklesiale Formen erzwang. Die Mehrzahl der Historiker hat heute die romantisierende These aufgegeben, wonach die Reformation des 16. Jahrhunderts das letzte Glied einer ununterbrochenen Kette von Häresien sei, die in der Vergangenheit bis in die apostolischen Zeiten zurückreiche oder wenigstens bis zur ersten Reformation der Waldenser und Hussiten. Es wäre jedoch ein Fehler, die Augen vor der sehr realen Begegnung der »ersten« mit der »zweiten« Reformation verschließen zu wollen. Im übrigen waren sich die großen Reformatoren selbst in der ersten schöpferischen Periode des Problems dieser Begegnung bewußt, während es ihre späteren Interpreten in der Regel übersahen.

Betrachten wir kurz das Beispiel Luthers. Obgleich er bereits 1517 durch sein Auftreten Europa in Unruhe versetzt hatte, wurde er erst zwei Jahre später bei der Leipziger Disputation ganz gegen seinen Willen sozusagen in die Arme von Hus getrieben, und zwar durch den eifernden Vertreter der päpstlichen Oberhoheit, durch Johann Eck. Erst dort erkannte er, daß der Begriff der Kirche, die er verteidigte, sachlich dem Begriffe Hussens nahe war, dort wurde ihm zur nicht geringen Überraschung klar – was er auch nicht verheimlichte –, daß es zu seinem eigenen Auftreten nicht im luftleeren Raume gekommen war, sondern im historischen Kontext, in dem Hus schon seinen festen Platz hatte. Noch knapp zwei Jahre vorher hatte Luther in seinen 95 Thesen die unversehrte Einheit der Christenheit gegen alle jene in Schutz nehmen wollen, die sich schismatisch von der römischen Kirche losgerissen hatten. Zu dieser Zeit waren die Hussiten und die Böhmischen Brüder für ihn nur unglückliche Ketzer, *haeretici infoelices*, die durchwegs von einem unheilbaren Übermut durchdrungen waren. Und im Jahre 1518 bereitete sich der Reformator sogar darauf vor, eine kritische Analyse zu schreiben, mit der er die Unhaltbarkeit der hussitischen Positionen beweisen wollte. Er kannte einige lateinische Arbeiten von Lukas von Prag, konnte sich jedoch nicht erklären, wie es möglich sei, daß die Brüdergemeinde bei ihrer absoluten Trennung von der übrigen westlichen Christenheit ein wahrhaft christliches Leben führen könne. Die Brüder lehnten es ähnlich wie schon die Waldenser ab, so meinte Luther, die gemeinsame Last der christlichen Gemeinschaft zu tragen. »Wäre ein pikardischer Ketzer wirklich barmherzig«, schrieb er in seiner Auslegung der Psalmen, »würde er den Katholiken nicht ausweichen und keine eigene Sekte gründen, sondern würde sich beeilen, dem Irrenden seine Hand zu reichen ... Wenn er uns zuhört, gebärdet sich der Pikarde triumphierend. Er irrt aber, denn wenn sich auch unsere Schriften und Worte ähneln, so ist doch zwischen seiner und unserer Rede ein Unterschied so groß wie zwischen Esel und Mensch.«[1] Erst in Leipzig wurde Luther, der bis dahin ein entschiedener Gegner einer Reformation durch Aufruhr und Abspaltung gewesen war, durch Ecks unnachgiebiges Beharren auf dem

Status quo gezwungen, seinen Glauben an eine allgemeine Kirche direkt mit den Worten von Hus zu bekennen, eines Ketzers, der exkommuniziert gestorben war. In diesem Augenblick entdeckte er in Hus und damit auch in der ersten Reformation einen Mitkämpfer und stellte fest, daß er im historischen Prozeß der Reformation nicht allein stand und nicht auf einer einsamen Insel, wie er früher vermutet hatte. Er begann nunmehr Hussens Schrift *Über die Kirche* zu studieren, die man ihm bereitwillig aus Prag zuschickte. Im April 1521 lehnte er in der Polemik mit dem italienischen Dominikaner Ambrosius Catharinus den antichristlichen Reichtum der römischen Kirche ab und war sich bereits voll bewußt, daß er in dieser Angelegenheit mit der ersten Reformation übereinstimmte: »Hierbei werden mich gewiß die antichristlichen Nachtreter verurteilen und zum Waldenser und Wyclifiten erklären, *valdensis et viglephista vocabor.*« [2]

Die Brüdergemeinde nahm Kontakte mit Luther noch vor Beginn der zwanziger Jahre auf. Der aus Taus stammende Johann Roh (Horn) tat sich mit bahnbrechendem Enthusiasmus hervor, dann folgte eine konzentrierte freundschaftliche Literaturpolemik zwischen Luther und dem alternden Lukas von Prag. Obzwar sich Lukas sowohl mit dem Werk des Erasmus von Rotterdam bekannt machte, woraus er sogar einiges übersetzte, als auch mit dem Werk Martin Luthers, in dem er einen Verbündeten sah, obzwar er teilweise sogar die Gedanken Zwinglis kannte, blieb er von ihnen im wesentlichen unberührt. Im Jahre 1523 warf er Luther, im Jahre 1527 Zwingli die Einseitigkeit ihrer Auffassung des Evangeliums vor. Seit Beginn der dreißiger Jahre bestand die Aufgabe darin, die Eigenart der Brüdergemeinde zu verteidigen, die durch den energischen Versuch des der Brüdergemeinde angehörenden Adels vereitelt wurde, die öffentliche Freiheit für die Gemeinde auf dem Wege des Obrigkeitsrechts durchzusetzen, also durch Nachahmung der Aktionen deutscher protestantischer Fürsten. Im vierten Jahre nach dem Tode von Lukas durchdenken die Brüder ihre deutsche Schrift *Rechenschaft des Glaubens* (1532) und werden sich ihrer Analogie mit der deutschen Reformation bis zur Erklärung der Möglichkeit einer künftigen Vereinigung bewußt. Der Ausgleich mit dem Luthertum war auch eine der Absichten der Konfession der Brüdergemeinde vom Jahre 1535, die nach Übereinkunft mit dem Wittenberger Reformator und mit seinem Vorwort im Jahre 1538 erneut lateinisch herausgegeben wurde. Die Übereinkunft erzielten die Brüder als Preis dafür, daß sie ihren bisherigen anspruchsvollen Begriff der Taufe aufgaben.

Luther selbst sah in den Brüdern eigentlich Waldenser und unterschied sich darin nicht von vielen seiner Zeitgenossen. Es war dies eine unrichtige Vereinfachung. In unserem Zusammenhang interessiert uns eher die Tatsache, daß die Annäherung der Brüdergemeinde an die Reformation im Nachbarlande eine einzigartige Analogie gerade in der gleichzeitigen Hinwendung der alpinen Waldenser zur Schweizer Reformation besitzt. Diese Analogie ist um so interessanter, als der Entschluß der Waldenser eine Lockerung der alten Fesseln an die hussitischen Traditionen und die der Brüdergemeinde mit sich brachte.

Der Waldenser Sauerteig

Nach der Einschätzung der romanischen Waldenser selbst erstreckte sich ihre geographische Streuung im 16. Jahrhundert über eine Entfernung von achthundert Meilen, also ungefähr 1200 Kilometer. Diesmal handelt es sich um eine genügend zuverlässige Zahl, wenn wir an die Waldenser in der Provence, in der Dauphiné, in den piemontesischen Tälern, in der Lombardei und in Mittel- und Süditalien denken. Diese Zahl wäre freilich mindestens zu verdoppeln, wenn wir noch jene Gebiete einbeziehen, die von der Waldenser Bewegung in Österreich, in den deutschen Ländern und in Böhmen erfaßt wurden. Dieser weite Raum, den die Waldenser nach den Worten des Barben Morel »wegen der häufigen Verfolgungen wählten«, gestattet allerdings nicht, die Zahl der Waldenser näher abzuschätzen. Um diese Zeit stieg sie bestimmt nicht mehr an, und es scheint, als habe es in keinem der auf das 12. folgenden Jahrhunderte in Europa so wenig Ketzer gegeben wie gerade am Vorabend der Reformation des 16. Jahrhunderts. In einem Brief des Avignoneser Juristen Jean de Montaigne, den er 1533 an Bonifaz Amerbach schrieb, schätzte er die Zahl der französischen Waldenser auf sechstausend. Die Waldenser der Alpentäler von Piemont waren nur wenig zahlreicher. »Wer diese Täler besucht hat«, so versichert 1544 die Histoire des Martyrs von Jean Crespin, »schätzt die Einwohnerzahl auf kaum achttausend Personen.« [3]

Mit Ausnahme der Brandenburger Waldenser, die nach ihrer Vereinigung mit dem Hussitentum in Form der Kirche der Treuen Brüder in Böhmen und Mähren Zufluchtsstätten gefunden hatten, war die Waldenser Diaspora in den deutschen Ländern durch die Verfolgungen völlig dezimiert worden. Nichtsdestoweniger trugen ihre zersplitterten Reste zur Popularisierung der Ansicht bei, die sich zu Beginn des 16. Jahrhunderts ausbreitete, die Kirche habe sich unrettbar verirrt. Einflüsse des hussitisch-waldensischen Denkens wurden für diese Periode in Franken, im Fichtelgebirge, im Frankenwalde und im Vogtland festgestellt. Die Bedenken, die diese Denkweise ununterbrochen hervorrief, waren sicher größer als ihre tatsächliche Durchschlagkraft.

Der Straßburger Reformator Wolfgang Capito, geboren 1478, erinnerte sich, daß er in seiner zu Hagenau und Pforzheim verbrachten Kinderzeit von einem machtvollen Vordringen der waldensischen und hussitischen Gedankenwelt unter der Laienbevölkerung gehört hatte. Der Elsässer Humanist Jakob Wimpfeling (1450–1528) äußerte im Jahre 1515 Bedenken, es könne sich die böhmische Ansteckung (virus boemicum) weiter verbreiten, wenn der Klerus die himmelschreiendsten Privilegien nicht aufgebe. Gleiches prophezeite in seinen feurigen Predigten auch sein Freund Geiler von Kaysersberg (1445–1510), der namentlich auf die gefährliche Anziehungskraft der Straßburger Waldenser hinwies. Der Benediktinerabt Johann Trithemius (1462 bis 1516) urteilte, ein zweifaches Geschwür nage am Leibe des

Reiches, das Hussitentum und die Schweizer Eidsgenossenschaft. Der Nürnberger Gelehrte und geschickte Publizist Willibald Pirkheimer (1470–1530) behauptete noch 1517, das Hussitentum gewinne von Tag zu Tag neue Gönner.

Wittenberg, der Brennpunkt der deutschen Reformation, verdankt seine Bedeutung unzweifelhaft Luthers Anwesenheit, aber es ist charakteristisch, daß sich die Stadt zur radikalen Abrechnung mit den alten kirchlichen Formen just in dem Augenblick entschloß, als Luther sich auf der Wartburg aufhielt. Die Waldenser, die im 14. Jahrhundert in Wittenberg ein Gästehaus besessen hatten, das die Kommunikation zwischen den Brüdern aus der Mark, dem Vogtland und aus der Stadt Erfurt ermöglichte, hatte man damals schon fast ganz vergessen, aber das Echo der Missionstätigkeit ihrer direkten Erben, der Treuen Brüder, war dennoch nicht ganz verklungen. Der Kanoniker der Wittenberger Kathedrale Andreas Bodenstein Karlstadt (1480–1541) führte gleich zu Weihnachten 1521 eine neue Gottesdienstordnung ein, die sich auf die Predigt in der Sprache des Volkes konzentrierte. Das Abendmahl wurde dabei unter beiderlei Gestalt auch für die Laien gefeiert. Den Zeitgenossen war klar, daß Karlstadt in dieser Frage die Bräuche der Hussiten und der Treuen Brüder nachahmte, so daß er es für zweckdienlich erachtete, in einer selbständigen kleinen Schrift nachzuweisen, daß seine Neueinführungen durch die Autorität der Heiligen Schrift begründet seien und nicht etwa in erster Linie durch das böhmische Vorbild. Bald entstand ein reger Erfahrungsaustausch zwischen Wittenberg und Zwickau, wohin die reformatorischen Maßnahmen gleich 1520 unter starker schöpferischer Anteilnahme des Volkes und nicht weniger Nachkommen der Treuen Brüder vorgedrungen waren. Den Zwickauer Waldensern sind wir bereits im Jahre 1462 begegnet und haben betont, daß dieser Teil der Diaspora auf Saaz als seine Muttergemeinde orientiert war.

Gerade mit dieser Orientierung machte sich auch Thomas Müntzer (1488–1525) vertraut, der seit Mai 1520 Zwickauer Prediger war. Als er im April des folgenden Jahres seiner Stelle enthoben wurde, wandte er sich ganz selbstverständlich nach Böhmen, und zwar direkt nach Saaz. Nach dieser ersten engeren Berührung mit dem bewährten Zentrum der hussitisch-waldensischen Gemeinschaft unternahm er dann im Juni 1521 eine zweite Reise nach Böhmen, die ihn bis nach Prag führte. Auch diesmal versäumte er nicht, über Saaz zu reisen. Die Stadt hatte sich ihren hussitischen Charakter bewahrt. Die Böhmischen Brüder siedelten in der näheren Umgebung, und auch der damals beliebte tschechische Volksprediger Mathias der Einsiedler (Poustevník) stammte aus dieser Gegend. Müntzers Entscheidung, nach Böhmen zu gehen, war das Ergebnis von Erwägungen, in denen bestimmt einige für die Treuen Brüder charakteristische Gesichtspunkte maßgeblich gewesen waren. Behauptete Müntzer nicht ausdrücklich, daß von der Wahrheit des Evangeliums zu zeugen auch die Bereitschaft zum Martyrium bedeute? Sehr ähnlich wie die weit entfernten Waldenser aus dem alpinen Paesana hoffte auch Müntzer, daß gerade Böhmen der Ausgangspunkt für eine große christliche Erneuerung sein werde, die allmählich die ganze Welt erfassen werde. »Von hier wird die neue Kirche ausgehen, das Volk wird ein Spiegel der ganzen Welt sein«,[4] prophezeite er den Pragern von der Bethlehemkapelle aus. Das war die neue, autorisierte Aufgabe des Missionsprogramms der Treuen Brüder.

Nahm also Müntzer in seinen Horizont einerseits einige nicht bedeutungslose Elemente des hussitisch-waldensischen Gedankengutes auf, so erfaßte ihn andererseits ein bei ihm sehr eigenständiger individueller revolutionärer Eifer. Es wäre unrichtig, wenn man etwa das deutsche Waldensertum mit der revolutionären Bewegung der deutschen Bauern identifizieren wollte, auch wenn die Niederlage des Jahres 1525 gewiß die immer kleiner werdenden Grüppchen der waldensischen Landleute ebenso hart traf. Schon vor Ende des 15. Jahrhunderts hatten wirtschaftliche Gründe die Treuen Brüder ebenso wie die Mitglieder der Böhmischen Brüdergemeinde zu einem schrittweisen Einsickern in die Städte gedrängt.

Einen dauerhaften Einfluß der Waldenser auf die Volksmentalität können wir zu Beginn der Reformation mit größter Wahrscheinlichkeit in Südwestdeutschland und in Franken erwarten. In diesen Gegenden waren alte Kerne waldensischer Ortschaften erhalten geblieben, vielleicht sogar auch als Gegendruck gegen die feudale Unterdrückung und durch die Unterstützung von Versuchen zur Selbstverteidigung der gemeindlichen Organisation unter der Landbevölkerung. Aber auch dort hatte das Jahr 1525 verheerende Folgen für die Aufständischen aller Arten. Namentlich die Wiedertäufer mußten sich Zufluchtsstätten möglichst jenseits des Machtbereichs der Reichsobrigkeit suchen. Im gastfreundlichen Mähren kamen sie in Kontakte mit der Brüdergemeinde, der Erbin der Treuen Brüder, doch brachten die Gespräche zwischen den Neuankömmlingen der mährischen Wiedertäufer und Bruder Lukas, wie sie in Litomyšl aufgenommen und in Jungbunzlau fortgeführt wurden, keinerlei Erfolge. Hauptursache für ihr Mißlingen scheint der gewaltsame Tod von Balthasar Hubmaier am 10. März 1528 gewesen zu sein, zu einer Zeit, als gerade die Vorbereitungen für das Jungbunzlauer Kolloquium getroffen wurden. Hubmaier hatte sich global mit der Lehre der Böhmischen Brüder sowohl zur Frage der Taufe als auch zum Problem der Beziehungen des Christen zur weltlichen Macht bekannt gemacht. Er strebte nach einer Übereinkunft und hätte sie vielleicht dank seines nicht geringen Einflusses bei den Nikolsburger Wiedertäufern auch beschleunigt, weil die Verwandtschaft zwischen seiner Auffassung von der Kirche und der des Lukas ungewöhnlich groß war. Beide Denker schätzten einmütig ein, daß – wie Hubmaier es formulierte – die christliche Gemeinde »ihre Reinheit in Lehre und Moral durch brüderliche Ermahnung aufrechterhalte und im Bedarfsfalle auch durch Ausschluß Unwürdiger, aber diese Verstoßung hat keine zivilen Folgen. Die Brüder begnügen sich damit, daß sie einfach die Kontakte mit solchen einstellen.«[5] Als jedoch bei den Wiedertäufern in Mähren der extreme Standpunkt eines Hans Hut siegte, verlor Bruder Lukas das Interesse an einer Übereinkunft um jeden Preis.

Die Waldenser der Alpenländer
und die Schweizer Reformation

Zu den französischen und piemontesischen Waldensern drangen die reformatorischen Parolen in den zwanziger Jahren des Jahrhunderts vor allem durch die Vermittlung von Wilhelm Farel (1489–1565) vor. Durch seine flammenden Predigten wirkte er anfänglich in der heimatlichen Dauphiné (1522), später im Gebiet Vaud (1526). Seine Erfolge unter den Waldensern spornten seinen adligen Landsmann Anémond de Coct so sehr an, daß er sich entschloß, Luther direkt auf sie aufmerksam zu machen und ihm die möglichen Perspektiven eines Vordringens der Reformation sogar in das italienische Milieu anzudeuten. Der deutsche Reformator schrieb darauf aus Wittenberg am 7. September 1525 einen Brief an den Herzog Karl von Savoyen mit der Aufforderung, die in seinem Staate tätigen Prediger des Evangeliums unter seinen Schutz zu stellen. Er wollte damit Verfolgungen zuvorkommen, wie sie den Waldensern in der Provence durch den »allerchristlichsten« französischen König widerfuhren. Aber dieser Versuch, die obrigkeitliche Gunst zur Sicherung der Reformation zu gewinnen, hatte keine Aussicht auf Erfolg. Erfolgreicher war Anémond de Coct im gleichen Jahr bei dem gesuchten Prediger Peter Sébiville aus Grenoble, der jedoch im Jahre 1525 wegen seiner Hinwendung zur Reformation und wegen schriftlicher Kontakte mit den Schweizer Reformatoren Zwingli und Oekolampad verbrannt wurde.

Die gleiche Richtung schlugen die Waldenser Barben ein, die sich gleich im folgenden Jahr in Laux im oberen Chisonetal versammelten. Im Augenblick, da unter Leitung der Inquisitoren Thomas Illyricus und Johann von Rom die Verfolgungen in Piemont, Savoyen und in der Dauphiné wieder aufgenommen wurden, entschlossen sich die Barben, Berichte über die ersten Erfahrungen bei der Einführung der Reformation eben in der Schweiz einzuholen. Formell wählten sie als Leiter der Delegation, die ins Nachbarland reisen sollte, noch einen süditalienischen Barben aus Kalabrien, aber die eigentliche Initiative lag bei dem jungen Martin Gonin aus der alpinen Angrogna. Gonin suchte Farel in Aigle auf und wurde dort Zeuge der ersten juristisch abgesicherten Erfolge der Reformation in den französisch sprechenden Gebieten der Schweiz. Seit November 1526 wirkte dort Farel unter dem Schutze Berns und unterhielt schriftliche Kontakte mit Zwingli. Interessant ist, daß die Predigten Farels zu dieser Zeit insgesamt die prinzipiellen Verkündigungsmotive der reformatorischen Botschaft abdämpften und sich vor allem auf eine scharfe Kritik der traditionellen Kirche konzentrierten, die Farel auf Ebenen führte, die der seinerzeitigen Waldenser Predigt sehr nahe lagen. »Ich ging langsam vor«, schrieb er über seine Tätigkeit in Aigle an Zwingli, »aber ich hielt es für notwendig, die Lehre vom Fegefeuer zu zerschlagen, und ich versäumte nichts, was mithelfen konnte, die Anrufung der Heiligen auszurotten.«[6]

Gonin leistete viel bei der Verbreitung reformatorischer Literatur unter den Waldensern. Es muß vorausgesetzt werden, daß sich unter den Büchern, die er aus der Fremde nach Hause brachte, auch Farels populäre Dogmatik *Summaire et briefve declaration* und lateinische Übersetzungen deutscher reformatorischer Werke befanden, die nach 1520 in Basel erschienen waren. Noch in späteren Jahren blieb Gonin der Propagierung des gedruckten reformatorischen Buches treu. In Übereinkunft mit den Reformatoren Farel, Anton Saunier und Peter Viret beteiligte er sich an den Genfer Druckwerken. Als er dann April 1536 in Grenoble verhaftet wurde, bekannte er vor seinem gewaltsamen Tod durch Ertränken in der Isère: »Ich stamme aus Angrogne in Piemont und lebe jetzt in Genf, wo ich die Buchdruckerkunst betreibe.«[7]

Durch seine Begeisterung für die Bestrebungen der Reformatoren »zu einer Zeit, da er unserem Herrn gefiel, seine heilige Klarheit und sein Licht jenen zu offenbaren, die im tiefen Dunkel tappten«,[8] trug Gonin unter den romanischen Waldensern wirksam zur Herausbildung einer Partei bei, die sich der Vorteile bewußt wurde, die aus einer engeren Verbindung mit den führenden Geistern in den sich gerade stabilisierenden reformierten Kirchen erwuchsen. Freilich war es besonders deshalb nicht leicht, sich in der Brandung der neuen Gedanken und Programme zu bekennen, weil sich die Reformation bisher noch nicht perfekt in konfessionell abgegrenzten Formationen stabilisiert hatte. Die Reformatoren ihrerseits waren bemüht, die italienischen Brüder für ihre Sache zu gewinnen. Die begierige Aufnahme, welche die ersten Bände von Bucers lateinischer Übersetzung der deutschen Postille Luthers in Italien fanden, veranlaßte den Übersetzer, den vierten Band ausdrücklich »den italienischen Brüdern« zu widmen. Im nächsten Jahr (1527) drückte Martin Bucer seine freudige Bewunderung darüber aus, daß sich nunmehr Christus auch den Franzosen und Italienern erneut in seiner befreienden Majestät geoffenbart habe. Im Jahre 1528 ließ sich Farel über die religiöse Situation in Piemont von zwei Studenten der Universität Turin informieren.

Die geistliche Befreiung, die der entstehende Protestantismus brachte, bot den Waldensern, wie es vielen schien, eine günstigere Alternative, als sie die Kontakte mit der böhmischen Reformation darstellen konnten, die stets recht beschwerlich und sporadisch gewesen waren. Man mußte allerdings die Sache theoretisch und praktisch hauptsächlich in Anbetracht der Tatsache klären, daß die Waldenser dem Evangelium freiwillig zugeneigt waren und keineswegs unter dem Druck obrigkeitlicher Eingriffe. Demgegenüber versuchten die Schweizer Reformatoren wie auch die einiger deutscher freier Reichsstädte, sich die Zusammenarbeit und Unterstützung der örtlichen Regierungen zu sichern. Das Generalkapitel der Waldenser, einberufen für 1530, beschloß, sich aus den Unsicherheiten, die diese Fragen hervorriefen, herauszuwinden. Die Synode trat im Dorfe Mérindol in Lubéron zusammen, im Zentrum zahlreicher Waldenser Gemeinden, die Lacoste, Lourmarin, Cabrières de Aigue, Cabrières d'Avignon in Venaissin, Murs in den Bergen von Vaucluse und Mouries in den Vorbergen der Alpillen umfaßten. In dieses Gebiet waren an der Wende vom 15. zum 16. Jahrhundert einige Waldenser aus der

Daupiné als Landarbeiter auf Einladung des mächtigen Geschlechts Agoult, der Herren von Goult und Sault, gekommen.

Eine harte Repression dieser Waldenser leitete der Dominikaner Johann von Rom als Inquisitor im Jahre 1528 ein. Nach zwei Jahren wurde er zwar wegen Mißbrauch des peinlichen Rechts und wegen Unmoral aus dem ganzen Comitat Venaissin ausgewiesen, setzte seine Tätigkeit aber in der Provence fort. Sie rief große und mißgünstige Aufmerksamkeit bei der protestantischen Öffentlichkeit hervor. Der Straßburger Reformator, zuverlässig und ausreichend informiert durch das Netz der städtischen Nachrichtendienste, schritt zugunsten der Verfolgten bei König Franz I. ein.

Unter den durch die Verfolgungen aufgerüttelten und für die Bewegung der Zeit empfindlich gewordenen Waldensern von Lubéron ergriffen die Barben Georg Morel und Peter Masson die führende Rolle. Der erstgenannte stammte aus der Dauphiné, der zweite aus Burgund. In Übereinstimmung mit ihren Glaubensgenossen entschlossen sie sich, den Reformatoren prinzipielle Fragen vorzulegen, deren Ungelöstheit die Widerstandskraft lähmte und die Aktionsfähigkeit ihrer Bruderschaft erschwerte. Es lag ihnen ebenso an theologischen wie an ethischen oder disziplinarischen und organisatorischen Problemen. Sie stellten einen detaillierten Fragespiegel der strittigen Punkte auf, über die auf der Synode von Mérindol diskutiert worden war, und fuhren zunächst zu Farel, der damals als reformatorischer Prediger in Neufchâtel und Morat wirkte. Mit Hilfe einer aggressiven Minderheit, die mit der Unterstützung aus Bern rechnen konnte, ausgestattet mit einem Schutzbrief und manchmal sogar unter dem direkten Schutz von Agenten der Berner Regierung, war er zu diesem Zeitpunkt so stark mit seiner Aufgabe, der er sich leidenschaftlich widmete, beschäftigt, daß er nicht einmal mit seinen teuersten Freunden korrespondieren konnte. Die Anfragen der Barben beantwortete er darum auch nur mündlich, versprach ihnen Hilfe für die Zukunft und verwies sie nach Bern.

Bern realisierte die Reformation nach Züricher Muster

Dank der Tatsache, daß die mächtige Stadt offiziell seit Januar 1528 der neuen Richtung zugeneigt war, konnte Farel in den romanischen Gebieten der helvetischen Eidgenossenschaft das Evangelium frei verkünden, konnte sich die Reformation in der Landschaft Waadt (Vaud) und danach in Genf durchsetzen. Schwer zu sagen, bis zu welchem Ausmaß die Reste waldensischer Einflüsse in Bern bei dieser Wandlung mitgewirkt haben oder ob sie eher mit der Wiedertäuferströmung verschmolzen. Bern war nicht nur bestrebt, den religiösen Einfluß zur Geltung zu bringen, sondern strebte namentlich die Festigung seiner politischen Hegemonie innerhalb der Schweizer Konfederation an. In Bern warnte man Farel vor einer allzu volkstümlichen Agitation und verbot ihm ausdrücklich, dem Volk das Recht unbeeinflußter Wahlen zuzugestehen. Ohne Berns Zustimmung hätte Farel nie gewagt, irgendwelche Verpflichtungen gegenüber den Waldensern einzugehen. In seiner Besorgnis um eine formale Legitimität der von ihm unternommenen Aktionen wollte er jede Gefahr vermeiden, gemeinsam mit ihnen in die Kategorie von Rebellen zu geraten. Der Berner Reformator Bertold Haller (1492–1536), Kanoniker und Prediger an der Kathedrale, durchdachte damals gerade das Problem der Kirchendisziplin und geriet dadurch in eine gewisse Spannung mit den Ratsherrn. Bei seiner Neigung zum Rigorismus sah er sich nach Unterstützung außerhalb der Stadtmauern um, damit er das Recht der Christengemeinde auf Exkommunikation durchsetzen konnte. Zu der Zeit, als die beiden Waldenser Barben zu ihm kamen, rechnete er gerade mit der Hilfe von Oekolampad und Bucer. Straßburg war erst kurz vorher im Januar 1530 nach Übereinkunft mit Basel und Konstanz dem Bunde der Schweizer evangelischen Städte beigetreten. Es überrascht deshalb nicht, daß Haller die beiden Waldenser nach Basel weiterschickte.

Sie kamen dort Anfang Oktober an. Farels Freund, der humanistische Theologe Johann Oekolampad (1482–1531), ein Vorkämpfer der Reformation, die in der Stadt erst im Vorjahre gesiegt hatte, nahm sie herzlich auf. Wie in den übrigen Schweizer Stadtrepubliken war die Reformation auch dort das Werk der Behörden, mochte auch Oekolampad gerade in den letzten beiden Jahren seines Lebens besonders kräftig die Notwendigkeit betont haben, daß neben der staatlichen Aktion, die ohne Gewaltanwendung nicht auskommen kann, der freie Raum für eine spezifisch evangelische, gewaltlose Wirksamkeit garantiert sein müsse, die durch ihr eigenes Gewicht überzeugt und gewinnt. Er war also genügend vorbereitet, um die Bittsteller aus den Reihen der Waldenser richtig zu verstehen. Er verhandelte lange mit ihnen und arbeitete dann sogar eine schriftliche Antwort auf den Fragespiegel aus, den ihm Morel in lateinischer Fassung vorgelegt hatte.

Morel wandte sich in vollstem Vertrauen an Oekolampad. Er sprach im Fragespiegel[9] im Namen seiner Waldenser Mitbrüder, verschwieg aber in einigen Fällen auch nicht seine persönliche, abweichende Auffassung, die vorwiegend in die Richtung der Lehre der großen Reformatoren ging. Morel hatte bei ihnen mit einem ungewöhnlichen Sinn für den Kern der Sache offenbar einiges herausgelesen. Ausdrücklich berief er sich auf Schriften von Luther und Erasmus, und sein stilistischer Ausdruck bewies, daß er sich in der humanistischen Diktion auskannte. Aus dem Fragespiegel läßt sich so Morels Profil in schöner Prägnanz erkennen. Er ist bescheiden, ist sich aber stolz bewußt, daß er zu einem Volk gehört, das durch mehr als vier Jahrhunderte in einer bewundernswerten inneren Freiheit lebt, all der vielerlei äußeren Unterdrückung zum Trotz. Er schätzt das Vermächtnis der Vorfahren, unterliegt jedoch nicht der Versuchung, selbstzufrieden und selbstgenügsam zu sein. Er gibt seine Zweifel zu und öffnet sich der Verkündung der Reformatoren, die ihn eigentlich schon erfaßt hat. Er ist Waldenser, dabei aber ein Mensch des 16. Jahrhunderts, fähig auch zu einem eventuellen Rücktritt von dem Milieu, aus dem er hervorgegangen ist und dem er wünscht, daß es mit der Erkenntnis gleichen Schritt halte, die den Reformatoren zuteil geworden war: »Wir stimmen in allem mit euch überein. Seit den Zeiten der Apostel haben wir in den wesentlichen Dingen den Glauben so wie ihr aufgefaßt. Der einzige

Unterschied besteht darin, daß wir aus eigenem Verschulden und intellektueller Ohnmacht den Sinn der Heiligen Schrift nicht genau so richtig wie ihr begriffen haben. Daher wenden wir uns also an dich, auf daß du uns führest, lehrest, bildest.«

Lehrreich ist das Bild der Lebensverhältnisse und Traditionen des Waldenser Volkes, wie es Morel zeichnet. Er zeigt, daß im ersten Drittel des 16. Jahrhunderts noch immer der Wanderpredigerdienst der Waldenser Existenz sein Siegel aufdrückt. Seine missionarische Ausrichtung ist freilich gegenüber den Aufgaben der pastoralen Sorge um die Bevölkerung zurückgetreten, die zwar zerstreut, aber doch seßhaft war. Die Sorge um eine strenge Auswahl der Diener des Wortes geht weiter, um ihre biblische Bildung und moralische Erziehung, ihre Bereitschaft zum Gehorsam, zu körperlicher Arbeit und zur Gemeinsamkeit bei der Nutzung gemeinsamer Sammlungen. Die jährlichen Synoden führen weiterhin die Oberaufsicht über den regulären Ablauf der Dienste. Insgesamt vermittelt demnach Morels Bericht den Eindruck, daß sich die organisatorische Struktur der Waldenser jahrhundertelang nicht geändert hat. Typisch bleibt auch jener »Nikodemismus« der geheimgehaltenen Bruderschaft, die sich katholisch in katholischer Umwelt gibt und die Sakramente von Priestern empfängt, von denen sie andererseits überzeugt ist, daß sie »Glieder des Antichrist« sind. Ähnlich bleiben in versteckter Form einige Abwehrauffassungen über Handlungen existent, welche die bestehende soziale Autorität zu einer Dauereinrichtung weihen würden. Nicht nur der Eid ist in diesem Sinne unerwünscht, sondern auch jede Beteiligung von Christen an juristischen Gewaltanwendungen obrigkeitlicher Behörden.

In Sachen der Lehre betonte Morel die Christozentrizität der Waldenser Religiosität. Außer Christus gibt es keinen anderen Fürsprecher beim allmächtigen Vater. Die Waldenser Auffassung von den Sakramenten ist letztlich augustinisch, und ihre Definition spiegelt auch bei Morel die Formulierungen der Böhmischen Brüder wider. Hingegen klingt hier wiederum die Táborer Konfession von Biskupec aus in einer scharfen Kritik der menschlichen kultischen und religiösen Zutaten, in einem Abstreiten des ungewissen Fegefeuers, dieser Ausgeburt einer eigenwilligen und materiell interessierten Phantasie, und in der Kritik der Ablaßpraxis.

Zweifel bekundete Morel dort, wo er die Frage nach der Funktionsfähigkeit der bisherigen Existenz der Waldenser in der Abgeschiedenheit stellte. Bis zu welchem Grade sollen und können Christen als abgesonderte Gruppen leben, die sich von der übrigen Gesellschaft fernhalten? Was sagt die Heilige Schrift darüber aus? Übrigens, welche Schriften gehören überhaupt dazu, und welches ist die richtige Methode ihrer Auslegung? »Wir haben es weit bis zu Ihrer richtigen Betrachtung der Schriften«, bekennt Morel und erweist damit dem größten Exegeten der ersten Phase der Schweizer Reformation seine Ehrerbietung. Wollte er damit sagen, daß die alte biblische Methode der Waldenser nicht geeignet war, den Kern der reformatorischen Botschaft aus der Schrift herauszuschälen? Wenn wir uns dem Evangelium der bloßen Gnade beugen, so beugen wir uns auch vor der göttlichen Vorherbestimmung; aber welches Gewicht messen wir dann der disziplinarischen Unabhängigkeit der christlichen Gemeinde zu? Sollen wir uns auch weiterhin vom Zivilrecht distanzieren und auf den Schutz der weltlichen Gerichtsbarkeit verzichten? Wem nützt eigentlich unsere Nichtbeteiligung am Handel, und ist wirklich der Wucherzins alles, was man dem Kapitel hinzufügt? Das Problem schärft sich nicht nur im Hinblick auf die künftig wünschenswerte Eingliederung des Christen in die Gesellschaft zu, sondern bereits im Schoße der Waldenser Gemeinde selbst, wo bei ihrer traditionellen Stammstruktur Unsicherheiten über Hinterlassenschaften entstehen, wenn kein Testament vorliegt. Kann sich die geheime Gemeinde, die das öffentliche Recht ablehnt, dadurch gegen Verrat schützen, daß sie falsche Brüder mit dem Tode bestraft? Alle diese Fragen kennzeichnen die tiefe Krise des »Nikodemismus«, des Widerspruchs zwischen dem Auftrag, die Wahrheit des Evangeliums vor der Welt und für sie zu leben, und der Notwendigkeit, überhaupt zu überleben.

Oekolampad antwortete mit einem Memorandum vom 13. Oktober.[10] Seine freundschaftlich-aufrichtigen Antworten beziehen sich jedoch nicht ausschließlich auf Morels Fragespiegel. Der Reformator identifizierte ausdrücklich die Waldenser mit den Böhmischen Brüdern, deren für König Wladislaw bestimmtes Glaubensbekenntnis, vom Jahre 1507 er kannte. Er versichert daher den Waldensern: »Wir erkennen, daß auch in euch Christus ist«, und setzt damit voraus, daß ihre Theologie die der Brüder ist. Andererseits will er jedoch weder Gründe noch Ursachen der einstigen Zurückgezogenheit der Waldenser aus der feindlichen Umwelt anerkennen. Er spricht als der geistige Führer einer Stadt, deren Vertreter sich selbst als Werkzeuge Gottes einschätzen, denen es anvertraut ist, Gottes Ehre zu wahren und die Reformation der Kirche durchzuführen. Die Kirche faßt der Basler Theologe allerdings als Gemeinde auf. Aufgabe der Pfarrer ist es, für Bildung und Moral der Pfarrkinder Sorge zu tragen. Die Barben wollen doch nicht etwa behaupten, sie seien wegen ihrer Mobilität Nachfolger der Apostel? Pfarrer haben ganz im Gegenteil feste Wohnsitze bei ihren ansässigen Schutzbefohlenen und haben das Zölibat aufzugeben. Oekolampad begreift ferner nicht, wozu die Gästehäuser der Waldenser noch gut sein könnten. Und auch mit der inkonsequenten Beteiligung an der antichristlichen Messe müsse Schluß gemacht werden. Wenn ein Kompromiß mit der Papstkirche nicht möglich sei, dann sei er andererseits mit der weltlichen Obrigkeit sehr erwünscht. Auch der einst als Wucherzins bezeichnete Profit dürfe nicht verurteilt werden, ebenso wie der militärische Schutz des Vaterlandes keine Ablehnung verdiene. Die Kirche muß eine ganz andere Art von Disziplin durchsetzen als die bürgerliche Gesellschaft, aber die Waldenser sollten in dieser Frage nicht den Forderungen der Wiedertäufer unterliegen.

Mit Oekolampads Empfehlung [11] erreichten die Waldenser Gesandten am 17. Oktober Straßburg, wohin am Vortag gerade Martin Bucer von einer längeren Reise durch Deutschland zurückgekehrt war. Er war überzeugt, daß eine Synthese der unterschiedlichen Tendenzen, die bei Beginn der Reformation aufgetreten waren, möglich sei. Die Jahre eifriger ausgleichender Verhandlungen hatten allerdings diese seine Sicherheit etwas erschüttert, doch hörte er nicht auf, mit einer wohlüberlegten und fast strategischen Sorge an die Bedürfnisse der jungen evangelischen Kirchen zu denken, und war auch bereit, für sie einzutreten. Es wurde schon erwähnt, daß er sich im September zum Schutze der Waldenser in der Provence an den französischen König wandte. Er betrachtete sie demnach nicht als Sektierer, obzwar er weiter die Gruppen der Wiedertäufer immer ungünstiger beurteilte, die sich gerade in Straßburg hätten auf die lokalen Waldenser Traditionen berufen können.

In dieser Frage konnten übrigens Morel und auch Masson Bucer beruhigen.[12] Schon Oekolampad betonte in seinem Empfehlungsschreiben ihre Bereitschaft, das zu korrigieren, worin sie bisher geirrt hatten. Bucer bekundete in seiner Antwort[13] im wesentlichen Zustimmung zu Oekolampads Analyse und beschränkte sich auf Bemerkungen zu Fragen, die ihm vordringlich erschienen. Vor allem wollte er die Waldenser von der Versuchung abbringen, der Argumentation der Wiedertäufer größeres Gewicht beizulegen. Er dämpfte deshalb in den älteren Waldenser Positionen jene Elemente, die man als sektiererisch bezeichnen kann. Es war dies, wie er zugab, schon deshalb eine schwierige Aufgabe, weil die romanischen Waldenser auch weiterhin *in Babylone* lebten, also unter der Herrschaft von Obrigkeiten, welche die Reformation nicht annahmen. Ein solcher plötzlicher Übergang konnte zu einer sozialen Revolte auswachsen. Das in seiner ganzen Fülle begriffene Evangelium führt ja seine Bekenner zum offenen und öffentlichen Bekenntnis. Christus verurteilte Nikodemus nicht leicht und schnell, sondern führte ihn erzieherisch dazu, daß er seine Ergebenheit im geeigneten Augenblick bekundete. Nur wird es erforderlich sein, von dem ehemaligen Mißtrauen der Waldenser gegenüber jeglicher Obrigkeit abzukommen und sich eine positivere Einstellung zur Sendung des Staates nach dem 13. Kapitel des Römerbriefes anzueignen. Auch den Widerstand gegenüber dem Eid stützen die Waldenser angeblich auf eine falsche Auslegung der Bergpredigt. Bucer vermutete übrigens richtig, daß eine der Vorlagen für die Waldenser Auffassung der dem Chrysostomus zugeschriebene unvollendete Kommentar zum Matthäusevangelium war.

Bucer meinte, daß das im wesentlichen auf das römische Recht gestützte Obrigkeitsrecht für alle Menschen gelte, während das evangelische Recht heilend die Lücken in der bürgerlichen Rechtsprechung schließen sollte. In der Bergpredigt gebe es kein Wort, das den Christen verwehren würde, sich nach den von Kaiser Justinian verkündeten Prinzipien zu richten. Der christlichen Liebe gehe es nur um das Wohl des Nächsten. Der Bedarfskommunismus, wie er unter den Waldenser Predigern kultiviert werde, richte sich zweifellos nach dem Beispiel der Jerusalemer Urkirche. Aber eben dieses Modell ist für den Reformator weit weniger verbindlich als das Beispiel der Paulinischen Gemeinden, die das Privateigentum zuließen. Das Wanderpredigertum ist Bucer ebenso fremd wie dem Oekolampad, und er kann beim besten Willen nicht ersehen, wodurch es der Verbreitung des Königtums Christi nützlich sein sollte. Der Waldenser Itinerantismus, der im Kern die ganze Theologie einer Kirche von Pilgern enthält, möchte Bucer lieber durch andere Methoden der Predigt und des pastoralen Dienstes ersetzen, bei denen die Kirche nicht gezwungen ist, in ihren Beziehungen zur Umwelt die traditionelle Basis der konstantinischen Entscheidung aufzugeben. Am besten ist Bucers Standpunkt in den Worten zusammengefaßt, die er noch nach elf Jahren an die Böhmischen Brüder in Jungbunzlau schrieb: »Gewiß wird die Religion immer durch die Macht des Heiligen Geistes allein und nicht durch die irgendeines anderen Geschöpfes weitergebildet. Aber so wie kirchlicher Dienst oder Leitung und Verwaltung Werke ebendieses Geistes sind, so sind es nicht minder auch die Leitung und Verwaltung einer Stadt. Und so ist es auch, so Gott will, bei der Unterstützung der weltlichen Macht gegenüber seiner Herde, bei ihrer Führung, Anleitung und Ermahnung und noch in anderer Weise. Wir aber sollten darauf nicht so sehr drängen, wenn wir nur die Unterstützung des Wortes Gottes haben.«

Auf der Rückreise durchzogen die Barben Burgund. Masson, der von dort herstammte, wurde erkannt und in Dijon gefangengesetzt. Nach Mérindol kehrte Morel allein zurück, nachdem er vorher in der Stadt Aix um ein Haar der Verhaftung entgangen war. Fragen und Antworten, die sie mit den Reformatoren ausgetauscht hatten, brachte er in eine übersichtliche Fassung und übersetzte sie in die gängige Sprache seiner Mitbrüder.[14] Diese traten dann 1531 wiederum in Mérindol zusammen, um die Ergebnisse der Schweizer Exkursion zu besprechen.

Der direkte Kontakt mit den Reformatoren hatte einerseits die Prinzipien erhellt, auf denen sich die neuen reformierten Kirchen aufbauten, belebte aber andererseits zugleich die Sehnsucht nach einer Erneuerung der altwaldensischen Ordnungen. Es wäre im übrigen verwunderlich gewesen, wenn auf Morel nicht die Tatsache einen tiefen Eindruck gemacht hätte, daß man weder in Basel noch in Straßburg die Waldenser und die hussitische Tradition vergessen hatte. Bei näherer Betrachtung ist festzustellen, daß Morels Thesen in seinem Fragespiegel in vielem die Theologie eines Lukas von Prag reproduzierten.[15]

Im Jahre 1618 veröffentlichte Jean Paul Perrin einen Waldenser Bekenntnistext mit vierzehn Artikeln.[16] Er bemerkte dabei, daß dieser Text aus den Beratungen zu Mérindol nach Morels Rückkehr hervorgegangen sei. Hat Perrin recht und handelt es sich nicht etwa um seine eigene Kompilation, so bleibt nach meiner Einschätzung keine andere Auslegung dieses Dokuments übrig, als daß darin die Waldenser versucht haben, bei aller Gelehrigkeit gegenüber den Reformatoren eben doch die Basis der waldensisch-hussitischen Prinzipien nicht zu verlassen. Von den neuen Anregungen der rheinischen Reformatoren nahm das Bekenntnis eigentlich nur die Lehre auf, daß es lediglich zwei verbindliche Sakramente gebe.

Der erste der vierzehn Artikel der Konfession beruft sich auf das apostolische Glaubensbekenntnis als die Regel, die eine Unterscheidung von Wahrheit und Irrtum ermöglicht. Das ist eine nicht so sehr für die Reformatoren des 16. Jahrhunderts, sondern eher für die Böhmischen Brüder und für die durch böhmische Einflüsse gekennzeichnete waldensische Literatur typische Position. Der dritte Artikel schränkt den biblischen Kanon gewiß mit Rücksicht auf die Wünsche ein, wie sie Oekolampad entwickelt hatte, aber den Kern der Formulierungen übernahmen die Autoren wörtlich aus der Táborer Konfession, der es um die Betonung des ungleichen dogmatischen Wertes der biblischen Schriften kanonischen und apokryphen Charakters ging. Sogar die Formulierung des siebenten Artikels, der bekennt, daß »Christus unser Leben ist und die Wahrheit und der Frieden und die Gerechtigkeit und der Hirte und der Verteidiger und das Opfer und auch der Opfernde, der zur Erlösung aller Gläubigen gestorben und zu unserer Rechtfertigung auferstanden ist«, ist nicht notwendigerweise die ausschließliche Folge des Einflusses der deutschen Reformatoren. Es handelt sich hierbei sicher ebenfalls um den Widerhall des 3. Kapitels der Táborer Konfession, übernommen freilich durch Vermittlung des Prologs zum Waldenser Traktat *Tresor e lume de fe*. Aber die Verlagerung des Schwergewichts von der gesetzgeberischen Hoheit des Herrn auf sein Erlösungswerk wurde freilich im Lichte der Predigt der zweiten Reformation durchgeführt. Zur Ablehnung des Fegefeuers (Artikel 9, der hier als »ausgeträumt« bezeichnet wird) bedient sich das Bekenntnis von Mérindol wiederum der typisch Táborer Formulierung ähnlich wie in den beiden folgenden Artikeln, die gegen menschliche Phantasieprodukte Sturm laufen *(las cosas atrobas de li hommes)*, weil sie es wagen, die Freiheit des Heiligen Geistes einzugrenzen *(prejudican a la liberta del esprit)*. Die Augustinische Definition der Sakramente stimmt mit der des Bruders Lukas überein und wurde hierher wörtlich aus der Waldenser Abhandlung über die Sakramente übertragen. Der dreizehnte Artikel übernimmt den Satz von Bucer, in dem er die Berechtigung von nur zwei Sakramenten begründet, nämlich von Taufe und Abendmahl. Schließlich beruhigt sich der letzte, der heiklen Frage der weltlichen Macht gewidmete Artikel mit der Erklärung: »Die weltliche Macht sind wir verpflichtet in

Untertänigkeit, Gehorsam, Bereitwilligkeit und durch Zahlen der Abgaben zu ehren.« Es geht hier also nicht um die uneingeschränkte Übernahme des Standpunktes beider Reformatoren zu der Frage des *ius gladii*, sondern eher um die Charakteristik der Auffassung, die schon seit Jahren die Böhmischen Brüder vertraten und die sie unentwegt zum Beispiel noch im Jahre 1541 gegenüber Bucer verteidigten. Wichtig ist die Tatsache, daß es das Bekenntnis von Mérindol bisher immer noch nicht wagt, der weltlichen Obrigkeit das Recht auf Einführung der Reformation, wie es Oekolampad und auch Bucer zuließen, zuzusprechen.

Das Waldenser Bekenntnis, wahrscheinlich vom Jahre 1531, also genau hundert Jahre nach dem Táborer formuliert, bringt teils die Schlußfolgerungen, zu denen die Waldenser nach den Gesprächen mit den Basler und Straßburger Reformatoren gelangt waren, teils repräsentiert es den letzten Versuch, die Treue zu den hauptsächlichen und wesentlichen Teilen des Waldenser Bekenntnisses in seiner hussitischen Periode zu bewahren. Der Inhalt dieser Teile wurde allerdings schon nicht mehr auf neue Art ausgedrückt, vermutlich deshalb, weil die Brüdergemeinden als kirchliches Modell, an dem sich die Waldenser in diesem Sinne hätten orientieren können, zu weit entfernt und zu unbekannt waren, um ein konkretes Gegengewicht zu dem anziehenderen Modell der reformierten Gemeinden zu bilden, die durch den Eifer Farels in nächster Nähe der Siedlungen romanischer Waldenser ins Leben gerufen worden waren. Farel verkörperte direkt den Geist der französischen Reformation durch seine rasche Beweglichkeit, die auf schnellen Erfolg ausgerichtet war, durch seine Neigung zu energischen Maßnahmen und durch seinen eisernen Willen, den Ausgangsprinzipien alle peripheren unterzuordnen. Unter den Waldensern hatte er eifrige Bewunderer, zu denen Gonin gehörte. Die Begeisterung dieses unternehmenden Mannes, der als Märtyrer starb, bewirkte eine ausgiebigere und raschere Annahme des Schweizer Musters als Morels theologisch wohlabgewogene und gewissenhafte Ergebenheit.

Es war Gonin, der Wilhelm Farel auf die Sache der Waldenser aufmerksam machte und ihn zum Eingreifen veranlaßte.
Als Anton Froment (1509–1581) seine Erinnerungen daran
zusammenfaßte, was ihm Farel selbst in Genf erzählt hatte,
schrieb er in seinen *Actes et Gestes merveilleux*: »Im Jahre
des Herrn 1532 baten einige andere Diener des Wortes den
Meister Wilhelm Farel und Anton Saunier, beide aus der
Dauphiné gebürtig und Diener des Wortes unter der Berner
Herrschaft, sie möchten auch an einer Synode oder Zusammenkunft vieler christlicher Diener teilnehmen, die in Piemont stattfinden sollte... Die genannten Farel und Saunier
kamen, nachdem sie die Reise nach Piemont unternommen
hatten, auf dem Rückwege wieder nach Genf.«[17] Die Waldenser Boten besuchten Farel in Grandson, wohin er gerade
im Juli 1532 auf einer seiner zahlreichen Evangelisationsrei-
sen gekommen war. Auf Anordnung aus Bern war es Farel
gelungen, eben in Grandson vier Pfarren einzurichten und in
ihnen Pfarrer berufen zu lassen. Wie immer, so bewährte er
sich auch hier als ein »Mann mit autoritativen Methoden«.[18]

In einem ähnlichen Lichte müssen wir seine und Sauniers
Anwesenheit beim *consilium generale* sehen, das die Waldenser vom 12. bis 18. August in die Heimat von Gonin
nach Angrogna einberufen hatten. Farel wirkte auch hier
ohne Zweifel durch seine unwiderstehliche Zündkraft auf
die Versammelten ein. Er brannte förmlich vor »bewun-
dernswertem Eifer für den Fortschritt des Evangeliums«,
und – wie später Calvin aus seiner ureigensten Erfahrung
bestätigte – »sein Wort brachte den Menschen in seelischen
Aufruhr und vermochte ihn bis zu den Wurzeln zu erschüt-
tern«.[19]

Die Synode von Angrogna scheint sorgfältiger als üblich
vorbereitet gewesen zu sein. Ihr ursprünglicher Beschluß[20]
betont gleich am Anfang, daß alles, was *en Angrognia* ver-
handelt wurde, alle anwesenden Diener des Wortes ebenso
wie das Volk verfolgen konnten. Der volkstümliche Charakter der synodalen Zusammenkunft im Tale von Angrogna

unterstützt die Vermutung, daß sie in Chanforan unweit von Serre durchgeführt wurde. Chanforan ist als Wort eine späte Ableitung aus dem lateinischen *forum*, mit dem ein geräumiger Ort bezeichnet wurde, der günstig für die Behandlung öffentlicher Angelegenheiten war.

Uns ist nur der Endbeschluß der Synode erhalten geblieben, aber keinerlei Notizen über den Verlauf der Diskussionen. Aus einigen Formulierungen geht dennoch hervor, daß Farels Stimme nicht einhellig begrüßt wurde, auch wenn das Präsidium der Synode ihr zugeneigt war. Die Formulierung der Schlußfolgerungen gibt klar zu verstehen, daß sich ihre Autoren wohl bewußt waren, zu welch bedeutsamer Tat sie sich entschlossen hatten. Daher auch der abschließende Aufruf zur Einigkeit: »Wir beschwören euch aus der Tiefe unserer Liebe, daß wir nach unserem Auseinandergehen die oben genannten Artikel nicht unterschiedlich auslegen.«

Was war da für eine Entscheidung gefallen, wenn Uneinigkeit befürchtet werden mußte? Der Beschluß bestätigte vor allem nunmehr die bewußte Umwandlung der seinerzeitigen Bewegung eines evangelischen Nonkonformismus, der einst zum Dahinvegetieren im Untergrund verurteilt gewesen war, in eine Kirche, welche die gegenwärtige Gesellschaft respektiert, aber sich im Bereich des Kultus ganz und gar von der römischen Kirche trennt. Es ging gewiß nicht um eine revolutionäre Tat, sondern um die Bestätigung einer Entwicklungsstufe, auf die das romanische Waldensertum schon seit einer Reihe von Jahren hinstrebte. Das moralische Pathos des Beschlusses beruhte in der Forderung, mit den Kompromissen Schluß zu machen, die durch die bisherige Heimlichkeit der Bewegung notwendig gewesen waren. In dieser Hinsicht wurde eine langwierige unbefriedigende Situation bereinigt. Auf der Grundlage theologischer Voraussetzungen, die bis zu diesem Zeitpunkt bei den Waldensern unterentwickelt waren, wurde das Wanderpredigertum liquidiert, das tatsächlich seit dem Moment zu einer anachronistischen Erscheinung geworden war, als es aufhörte, sich mit seiner Botschaft an alle Welt zu wenden und schließlich nur noch eine ansässige, geographisch sehr begrenzte Bevölkerung bediente. Mit der Aufhebung des Wanderpredigertums (Artikel 22) verwies Chanforan auch alle typischen Mittel ins alte Eisen, derer sich das mittelalterliche Waldensertum zur Belebung seiner Bereitschaft bedient hatte, eine minderheitliche Diaspora zu sein: Es lehnte die Handauflegung ab, die seinerzeit die Kontinuität des apostolischen Bekenntnisses sichern sollte (Artikel 9); ebenso die Beichte, die eine selbstkritische Kontrolle der geheimen internationalen Bruderschaft ermöglichte (Artikel 5); gleichermaßen die freiwillige Armut (Artikel 23) und den Zölibat der Diener des Wortes und der Schwestern, die in den Gästehäusern bedienten, alles Traditionen, die das Nichtanpassen an die sozialen Gegebenheiten begünstigten und den Nonkonformismus bei den organisatorischen Zentren der Bewegung nährten (Artikel 13–16).

Andererseits schwächte der Beschluß von Chanforan den verbindlichen Anspruch des Gesetzes Gottes als der positiven Richtschnur für das moralische Handeln (Artikel 2) und stellte damit den anspruchsvollen Gehorsam in Frage, mit dem sich die alten Waldenser den Forderungen der Bergpredigt angenähert hatten. Wertlos sei ferner das ganze Ablehnen der Eidesleistung, einst das Erkennungszeichen der mittelalterlichen Waldenser Abwehr (Artikel 1); einfältig sei auch das Bestreben der Christen, sich von der obrigkeitlichen Gewalt zu distanzieren, denn es ist besser, sich an der staatlichen Verwaltung aktiv zu beteiligen (Artikel 11); man brauche sich auch nicht vor der Sünde der Wucherei zu fürchten, wenn man begriffen hat, daß Armut keine notwendige Manifestation der Nächstenliebe ist (Artikel 17 und 18); auch das Gebot der Sonntagsruhe brauche man nicht allzu wörtlich zu nehmen (Artikel 6), und man brauche sich an Hinweise liturgischen Charakters bei Gebet, Gottesdienst und Fasten nicht zu binden (Artikel 7, 8 und 12). Wollen wir nicht weiter im Abseits und in der Heimlichkeit existieren, dann müssen wir auch auf alle Maßnahmen verzichten, die einstmals der Bewahrung des Geheimnisses gedient hatten (Artikel 10). Über die Erlösung entscheidet einfach nicht mehr die Praxis des moralischen Standpunkts. Worauf es wirklich ankommt, ist die Auserwählung Gottes, die frei und unabhängig von unseren Taten ist, begründet auf dem schon vor der Erschaffung der Welt gültigen Beschluß Gottes (Artikel 19 und 20).

Nur einige dieser Beschlüsse standen im Einklang mit den Zuschriften von Oekolampad und Bucer. Viele liefen direkt in eine antibucerische Richtung, sogar dort, wo Bucer den älteren Waldenser Standpunkt unterstützte. So ließ er zum Beispiel eine relative Nützlichkeit der Beichte zu, hielt die Heiligkeit der Sonntagsruhe für wünschenswert, schätzte den Akt der Handauflegung und empfahl das Fasten. In all diesen Fragen schlug der Beschluß von Chanforan einen Weg ein, den Farel gewiesen hatte. Er meinte, daß »die Beichte in das Ohr des Priesters der Papst sich ausgedacht und angeordnet habe, um die Geheimnisse der Könige und Fürsten auszuspionieren und Verwirrung in die ganze Welt hineinzutragen«.[21] Farel meinte auch, daß der Herr mit seinem Gebot der Ruhe am siebenten Tage durchaus nicht hatte sagen sollen, daß an diesem Tage die Arbeit nicht erlaubt sei. Und Farel behauptete auch, daß »unser Herr kein Gesetz über Fastenzeiten erlassen habe«.[22] Von Farel stammt in den Chanforaner Thesen gewiß auch die starke Betonung der Auserwählung Gottes, worüber gerade Oekolampad und Bucer in ihren Zuschriften mit bemerkenswerter Zurückhaltung gesprochen hatten. Unter seinem Einfluß sonderte man in Chanforan alle typischen Kennzeichen der Waldenser Mentalität im Mittelalter aus. Diese Beschlüsse setzten das Glaubensbekenntnis von Mérindol nicht fort, das – obzwar nur um ein Jahr älter – noch als Dialog zwischen der ersten und der zweiten Reformation gezeichnet worden war.

Es gab aber eine Minderheit, die sich von der neuen Stimmung nicht davontragen ließ. Zwei Barben aus der Dauphiné beabsichtigen den Weg weiterzugehen, dessen Umrisse die Konfession von Mérindol aufgezeigt hatte. Sie konnten sich auch auf das günstige Urteil von Oekolampad über die Theologie der Brüdergemeinde berufen, ein Umstand, der sie auf den Gedanken brachte, eine ähnliche

Reise zu den Böhmischen Brüdern zu unternehmen, wie sie unlängst Morel und Masson gewagt hatten.

Farel verließ das Tal von Angrogna mit dem Gefühl, die Bewohner für eine Reformation, wie er sie verstand, gewonnen zu haben. Gegen Ende September 1532 war er wiederum in Genf und hatte außerdem die Freude, auch noch drei seiner leiblichen Brüder für die Sache der Reformation gewonnen zu haben. Fünf Jahre später spielt Gauchier Farel eine bedeutsame Rolle als Militärgouverneur der Waldenser Täler im Dienst von Wilhelm Fürstenberg, dem Kommandeur der deutschen Truppen in französischem Sold. Wilhelm drückte damals sogar gegenüber seinem Bruder die Besorgnis aus, daß die Waldenser, die bisher der Barba Gonin kräftig beeinflußt hatte, »sich irgend etwas gegen den französischen König zuschulden kommen lassen könnten, oder irgend etwas, was man ihnen zum Vorwurf machen könnte«.[23] Daraus geht zweifellos hervor, daß die Aktionen Farels durch seine soziale und politische Loyalität bedingt waren und ihm sehr daran gelegen war, daß der Reformationsprozeß nicht durch aufsässige Revolten gestört würde. Daß es zu solchen Revolten kam, berichteten Gonin und Guido schon im September 1532 an Farel. Der Reformator schickte deshalb ohne zu zögern Saunier in Begleitung von Ludwig Olivier Olivétan in die Alpen. Sie brachen mit den beiden Waldenser Informatoren von Ivonand auf Berner Gebiet auf, zogen durch Vevey, Aigle, Bex, stiegen wegen Gonins zeitweiliger Erkrankung nach Orlon hinab und überschritten danach die Alpen über Tal und Paß von Ferret. Über Turin gelangten sie in die Cottischen Alpen zu den Waldensern.

Es waren kaum acht Wochen vergangen, seit die Synode von Chanforan auseinandergegangen war, als sie die Waldenser in dieser Verfassung antrafen: »Die Brüder empfingen uns mit Freude, ebenso das Volk, während sich ihre Anführer, denen falsche Brüder allerlei eingeflüstert hatten, uns gegenüber feindlich verhielten und einige Artikel unserer Lehre ablehnten. In aller Heimlichkeit unterrichten wir die Diener des Wortes, und das Volk hört uns bereitwillig zu. Manche reisen zwei ganze Tage, um das Wort der Wahrheit hören zu können. Vorläufig haben wir noch keine öffentliche Schule, aber mit der Zeit werden wir eine einrichten.«[24] Das Waldenser Volk der Alpen zeigte sich demnach bereit, den neuen Weg der Reformation Farels zu gehen, während andererseits die »Anführer«, also eine bedeutende Fraktion der wandernden Barben, gegenüber einigen reformatorischen Thesen zurückhaltend blieben.

Es sieht so aus, als ob sich nach der Synode von Chanforan unter den Waldensern drei Richtungen herausbildeten. Zunächst war es die Gruppe, die durch Gonins propagandistische Tätigkeit gewonnen worden war und sich bereit zeigte, Farels Programm sofort und ohne Vorbehalte anzunehmen. Als zweite erscheinen die Anhänger des Bekenntnisses von Mérindole, an deren Spitze vermutlich Morel stand. Ihnen ging es um die Angleichung des Waldensertums an den neuen Lebensstil der schweizerischen und oberrheinischen reformierten Kirchen unter feinfühliger Beibehaltung der eigenen früheren Positionen. Die dritte Gruppe waren jene, die nach keinerlei Anpassung verlangten und hofften, daß sie die einstige Wirksamkeit des traditionellen Itinerantismus der Barben wiedererlangen könnten, wenn sie sich fester an die hussitische Theologie der Böhmischen Brüder anschlössen, von der sie annahmen, daß sie im Kern identisch mit der waldensischen sei. Ein Historiker der Waldenser dachte wohl an diese letztgenannte Gruppe, wenn er 1587 schrieb: »Eigenhändig schrieben sie solche Bücher und banden sie ein... Sie verfaßten Bücher mit ihrer Lehre und schrieben Predigten in ihrer Muttersprache, von denen sich einige bis heute erhalten haben.«[25]

Jean Paul Perrin teilt direkt die Namen der Barben mit, die nach Chanforan an der Spitze der Opposition standen: »Die Waldenser in der Dauphiné, in Piemont und in der Provence standen in Kontakt und Übereinstimmung mit ihren Brüdern, die sich nach Böhmen geflüchtet hatten. Dies ist bewiesen durch die Entsendung der Barben Daniel aus Valence und Johann von Molines nach Böhmen. Sie taten den Kirchen dieses französischen Königreiches viel Schlimmes an.«[26] Pierre Gilles gibt eine detailliertere Interpretation. Ihm liegt daran, daß hervorgeht, diese beiden mit den Beschlüssen der Synode von Chanforan unzufriedenen Barben seien »von woanders hergekommen«. Sie hätten die Beschlüsse von Chanforan nicht abwehren können, und so seien sie »weggegangen, ohne sich von der Versammlung zu verabschieden, und nach Böhmen gezogen«.[27] Perrin schreibt in seinem Grimm beiden Barben die schlimmsten Absichten zu. Nach ihm hätten sie »den Feinden jene kleinen Herden verraten, die bisher wegen der schweren Widerwärtigkeiten verborgen geblieben waren.«

In Wirklichkeit verfolgten die zwei Barben mit ihrer Reise etwas ganz anderes. Sie wandten sich nach Jungbunzlau, das immer noch die Zentrale der Brüdergemeinde war. Vielleicht hofften sie, dort ihre Probleme mit Lukas von Prag durchsprechen zu können. Lukas aber war schon fast vier Jahre vorher gestorben (11. Dezember 1528). Die Barben ließen sich nicht abraten. Nach den Erinnerungen der Gastgeber interessierten sie sich für die Lehre und die Ordnung der Brüdergemeinde, von denen sie angeblich gehört hätten, daß sie sich in letzter Zeit zum schlechteren verändert hätten. Sie fragten auch danach, ob die Prediger der Brüdergemeinde tatsächlich den Zölibat aufgegeben hätten. Wenn es so war, wie es Jan Blahoslav[28] vermerkt hat, dann hatte der Beschluß von Chanforan die Barben in dem Verdacht bestärkt, daß man die ursprünglichen Formen des Waldenser Predigerdienstes verraten habe.

In Jungbunzlau erfuhren sie nicht nur den Tod von Lukas. Ein mehr als halbjähriger Aufenthalt ermöglichte ihnen, aus nächster Nähe Leben und Denken der Brüdergemeinde kennenzulernen. Den Zölibat hatten die Brüder damals noch nicht aufgegeben. Die alten disziplinarischen Maßnahmen, durch die sich die ersten Gemeinden auszeichneten, galten immer noch in der fast ursprünglichen Stärke, wenn auch abgestuft und interpretiert von der zweiten Generation der Brüder. In theologischen Fragen und in ihrer Religiosität machten freilich die Brüder gerade in den Jahren 1532 bis 1533 eine bemerkenswerte Wachstumsphase durch. Jan Roh, besonders empfänglich für die aus Wittenberg kommenden Anregungen, öffnete die Brüdergemeinde fast endgültig für die Problematik der europäischen Reformation. Trotzdem war er in Zusammenarbeit mit Jan Augusta bemüht, der Brüdergemeinde ihr volkstümliches Gepräge und zugleich den Charakter einer auf Gegenseitigkeit gegründeten Gemeinschaft zu erhalten. Dagegen schlägt der Adel, der sich nunmehr demonstrativ zur Brüdergemeinde meldet, unter der Führung des Jungbunzlauer Herrn Konrad Krajíř von Krajek einen kämpferischen Kurs ein. Die Brüder-Senioren sind ihm gegenüber zurückhaltender, und die Ankunft der beiden Waldenser konnte sie in dieser Zurückhaltung nur stärken. Daniel und Johann verlebten den ganzen Winter von 1532 auf 1533 in Jungbunzlau, und als sie im Sommer 1533 in die Alpen zurückkehrten, brachten sie einen vom 25. Juni datierten Brief von den Brüdern mit, der unterschrieben war »von den Ältesten der Brüder, die das Evangelium in Böhmen und Mähren predigen«.[29]

Nach den Gewohnheiten der Brüder war der Brief im Namen des ganzen engen Rates ausgefertigt, dem damals neben sieben Konsenioren vier Senioren angehörten: Jan Roh, Beneš Bavorynský, Jan Augusta und Veit Michalec. Wenn auch in Jungbunzlau nur Roh und Bavorynský wohnten, so scheint doch bei der Abfassung des Briefes Augusta (1500–1572) den Löwenanteil gehabt zu haben, der nach mehr als fünfjährigem Aufenthalt in der Stadt im Frühjahr 1532 nach Litomyšl gekommen war.

Der Brief ist ein schöner Ausdruck ökumenischer Solidarität und das letzte bedeutsame Dokument für die europäische Dimension der Zusammenarbeit zwischen Hussiten und Waldensern: »Eure Brüder Daniel und Johann kamen zu uns nach Böhmen. Aus bestimmten Anzeichen haben wir erkannt, daß sie von euch ausgesandt wurden, und deshalb hat uns ihre Ankunft unermeßliche Freude bereitet. Wir haben sie mit offenen Armen aufgenommen. Sie haben uns um so mehr erfreut, als sie herzliche Grüße von euch allen überbrachten. Hatten wir doch schon befürchtet, daß ihr alle bei den letzten Verfolgungen umgekommen seid.« Ein interessantes Licht fällt aus dem Brief der Brüder auch auf die Diskussion zu Chanforan: »Sie brachten uns Kunde darüber, daß einige Leute, die mit den Heiligen Schriften und mit der christlichen Lehre nur herumspielen und sie verdrehen, aus der Schweiz zu euch gekommen seien. Wie wahre Eindringlinge haben sie euch mit Fragen überfallen, welche die Erlösung betreffen, so daß dadurch ein bedauernswerter Zwiespalt bei euch entstanden ist, die ihr doch seit soviel Jahrhunderten einig waret... Sie berichteten uns von den Verfolgungen, die durch die neue Lehre dieser Leute gegen euch hervorgerufen wurden.«

Nach dieser Erwähnung von Verfolgungen – es handelt sich offenbar um die Persekutionen in der Provence – bemerken die Brüder, daß ihnen die beiden Barben einen Fragespiegel anvertrauten, der dem Memorandum Morels für die oberrheinischen Reformatoren ziemlich ähnlich gewesen zu sein scheint. »Sie legten uns schließlich bestimmte Fragen und Artikel vor und baten uns in eurem Namen, darauf zu antworten und sie schriftlich zu erläutern.« Bei dieser Gelegenheit bedauern die Brüder ausdrücklich, daß Daniel und Johann sich nicht durch Beglaubigungsschreiben legitimieren konnten, aber sie entsprechen ihnen trotzdem als Bestätigung ihrer alten Freundschaft: »Sie brachten uns mehr als eine Tatsache über die Exkursion unserer Brüder zu euch vor vielen Jahren in Erinnerung und auch verschiedene Umstände ihrer eigenen langen Reise.« Schließlich waren die Brüder der Meinung, sie wären ausreichend informiert, um beurteilen zu können, »wie es heute sei und morgen sein werde« hinsichtlich der Positionen der romanischen Waldenser, wenn sie sich nicht rechtzeitig zu Korrekturen entschlössen.

Den Beschluß von Chanforan betrachten die Jungbunzlauer Brüder als übereilt: »Wir können unsere Verwunderung darüber nicht verbergen, daß ihr euch nach so vielen Jahrhunderten, in denen ihr euch bewährt habt, jetzt ein anderes Gesetz von Leuten aufdrängen lassen solltet, deren Geist ihr bisher noch nicht voll erforscht habt. Zu einer Zeit, in der ihr noch nicht wußtet, wer sie eigentlich sind und was

sie wollen, genügt ein nur unbedeutender Versuch, euch für
bestimmte Ansichten zu gewinnen, auf daß ihr mit einem
Schlage zu Opfern innerer Unsinnigkeit würdet... Gab es
unter euch Mängel oder Irrtümer, die korrigiert werden
mußten, hättet ihr euch über solche heiklen Stellen gemeinsam absprechen, sie Punkt für Punkt ohne Hast abhandeln
müssen und das gelten lassen, wofür die Erfahrung spricht.«

Die Brüder bekundeten in dem Brief ein außerordentlich
feines Empfinden gegenüber der Versuchung, der großen
europäischen Reformation nur aus Opportunitätsgründen
zuzuneigen. Sie schätzten ein, daß es gefährlich sei, wenn die
Kirche ihre Zuflucht woanders als bei Jesu Christus suche.
Ohne daß sie die Waldenser von der Aufmerksamkeit gegenüber den Reformatoren ablenken wollten, forderten sie
zunächst, den Sinn ihres bisherigen historischen Weges ab-
zuwägen. Dabei blicken die Brüder auf die Vergangenheit
nicht mit Nostalgie zurück. Sie übersenden ihren Brief zu
einer Zeit, da sie selbst über die Zukunft in Zusammenarbeit mit Wittenberg nachdenken. Von den Waldensern
aber erwarten sie, daß sie trotz aller Zusammenarbeit den
berechtigten Dialog nicht leichtfertig aufgeben. Ein solches
Gespräch ist notwendig, damit die biblische Erneuerung,
die von der zweiten Reformation so mächtig entfaltet wurde, nicht auf Abwege gerate: »Das verlangt Gott heute von
uns. Er will uns alle zur Schrift als der eigentlichen Quelle
des Heils und der Erlösung zurückführen. War sie doch so
viele Jahrhunderte geschmäht und verachtet... Reformiert,
aber achtet dabei sowohl auf euer eigenes Erbe als auch auf
das Vermächtnis der anderen.« Mit einem Wort – die Brüder verlangten, daß das Gespräch zwischen der ersten und
der zweiten Reformation nicht vorzeitig unterbrochen
werde.

Wir wissen nicht, welche mündlichen Aufträge die Brüder
Daniel und Johann anvertrauten. Aber die Korrespondenz,
die im Jahre 1541 Jan Augusta und Martin Bucer führten,
läßt den Kern des Gesprächs erkennen. Die Briefe Augustas
an Bucer [30] drücken eine konstruktive, aber entschiedene Kritik an Bucer und überhaupt an der reformatorischen Lehre

über den Auftrag der weltlichen Gewalt aus. Sie umreißen die Beunruhigung darüber, daß die Reformatoren allzu schnell das eigene Glaubensrisiko gegen das gefahrlose Einbetten in die Machtverhältnisse ihrer Zeit eintauschen. Sie können nicht verstehen, daß die zweite Reformation nicht den veralteten Gedanken der Christenheit – also den einer globalen Gesellschaft, die von christlichen Herrschern und Behörden zu verwalten sei und deshalb auch das Recht auf Durchsetzung der Reformation hätte – aufgegeben hatte. Dadurch, daß sich die Reformatoren des 16. Jahrhunderts mit der politischen Macht aussöhnten, schoben sie den wünschenswerten Zerfall des konstantinischen Zeitalters hinaus.

In diesem Sinne ist auch der Brief der Brüder an die Waldenser vom Juni 1533 zu verstehen. »Der evangelische Glaube«, so lesen wir dort, »für den ihr kämpft, geht aus allen Prüfungen gereinigt und kostbarer als Geld hervor, hält man ihm alle Mächte entgegen. Sollte es aber geschehen, daß Gottes Wort nicht die Tyrannei eurer Gegner besänftigt, wird euch nichts anderes übrigbleiben, als erneut eure Sache Gott zu empfehlen und in Geduld eure Seelen zu beherrschen.«

Während Daniel aus Valence und Johann von Molines ihren Aufenthalt in Böhmen noch verlängerten, erweiterten Saunier und Olivétan ihre Evangelisationstätigkeit auf alle Waldenser Alpentäler. Aus der Schweiz beschafften sie sich geeignete Literatur zur Vorbereitung des reformatorischen Gedankengutes. Im Frühjahr 1533 wollten sie auf einem Umwege über die Dauphiné in die Schweiz zurückkehren. Als aber Saunier die Ankunft der beiden Barben aus Böhmen erfuhr und auch davon Kunde erhielt, daß eine neue Waldenser Synode für den 15. August nach Prali am Oberlauf des Germanaska einberufen worden war, erschrak er dermaßen, daß er sich zur Rückkehr nach Italien entschloß. Er hielt sich jedoch in Turin auf, so daß er nach San Martino erst kam, als die Synodalversammlung schon im Begriffe war auseinanderzugehen. Er hatte sich aber nichts vorzuwerfen: Die Verhandlungen in Prali erschütterten in keiner Weise die Beschlüsse von Chanforan.

Nach der Darstellung von Gilles wurde in Prali »alles an-
gehört, gelesen und erwogen, was die genannten beiden Barben Daniel und Johann von den Waldenser Pastoren aus
Böhmen mitgebracht hatten. Es wurde erkannt, daß die
Böhmischen Brüder nicht über alles gut unterrichtet waren,
und sie forderten sie deshalb zu etwas auf, was sie vordem
schon selbst getan hatten. Nach reiflicher Erwägung wurde
der im Vorjahr zu Angrogna gefaßte Beschluß bestätigt und
der Brief der Böhmischen Brüder wahrheitsgemäß beant-
wortet.«[31]

Mit den Synoden von Chanforan und Prali verschwinden
die letzten Spuren der für das mittelalterliche Waldensertum typischen Züge, vor allem das Wanderpredigertum, verstanden und bewährt im internationalen Maßstab. Die Hinwendung zur Schweizer Reformation eröffnete den piemontesischen Waldensern eine von der Vergangenheit unterschiedliche, aber bemerkenswerte Zukunft, während die
Waldenser Diaspora von internationaler Dimension und
Bedeutung zerfiel. In den Alpen entfremdete sich die Waldenser Bewegung, die nunmehr zu einer Kirche umgestaltet
wurde und das Pfarrsystem übernahm, immer mehr dem
italienischen Milieu. Die protestantische Kirche der Waldenser, zusammengeduckt in den steilen Tälern ihrer alpinen Zufluchtsstätten, entsagte allen ihren früheren ökumenischen Kontakten und war umgekehrt bestrebt, die Beziehungen zu den neuen reformierten Verbündeten zu verstärken.

Was geschah mit Daniel und Johann, den beiden letzten
profilierten Vertretern des mittelalterlichen Waldensertums,
die wir dem Namen nach kennen? Gilles schrieb als Nach-
trag zu seiner Schilderung der Synode zu Prali: »Daniel von
Valence und Johann aus Molines stimmten nicht mit den ge-
troffenen Beschlüssen überein, gingen mit Verbitterung weg
und lebten in Abgeschiedenheit, verzichteten aber nicht auf
Demonstrationen der Unzufriedenheit, die zwar nicht für
die Kirchen in Böhmen anstößig und schädlich waren, aber
für die in den Waldenser Tälern und den umliegenden Gebieten. Insbesondere verschacherten sie Handschriften und
alte Erinnerungsstücke der Waldenser, die uns und kom-

menden Generationen hätten nützlich sein können.«[32] Die
Opposition der zwei Barben war demnach bewußt demonstrativ. Gilles' Verbitterung erschiene uns trotzdem verwunderlich, würde uns nicht eine andere Quelle auf einen wichtigen Umstand hinweisen. Durch ihre unendlichen Diskussionen gefährdeten Daniel und Johann die prowaldensi-
schen Sympathien selbst Calvins.

Im Juni und Juli 1540 traf sich der junge Theologe der
Brüdergemeinde Matěj Červenka (1521–1569) mit Calvin in
Straßburg im Freundeskreis von Martin Bucer. Lebhaft erinnerte er sich an den Autor des kühnen Schreibens an König Franz I., das der berühmten *Unterweisung in der christlichen Religion (Institutio christianae Religionis)* vorange-
stellt wurde, von der in Straßburg gerade die zweite Auflage herauskam. Nach seiner Rückkehr nach Böhmen schrieb
Červenka über seine Reise einen detaillierten Bericht. Die
mit Calvin geführten Gespräche faßte er mit folgenden
Worten zusammen: »Als die Waldenser Brüder erwähnt
wurden, die in den Schweizer Landen und anderswo leben,
und die Kunde, daß zwei von ihnen, Daniel und Johann
mit Namen, unlängst bei den Brüdern in Böhmen waren, da
sagte er, er sei auch einer von ihnen, nämlich einer der Waldenser, obzwar er sich von ihnen abgesagt habe; wie dies
kam wegen religiöser Meinungsstreitigkeiten, schilderte er
mir breit, besonders und am meisten dazu, wie sie, alle Ver-
dienste sich selbst zuschreibend, seinen Auffassungen bei
den Artikeln über die Rechtfertigung durch den Glauben an
Jesus Christus nicht zustimmten. Dabei erläuterte er auch,
wer die beiden waren, von wem sie gesandt wurden und
wohin sie sich nach Rückkehr aus Böhmen gewandt haben;
besonders lange berichtete er über Johann, mit dem er sich
erst jüngst vor unserer Ankunft in Straßburg getroffen habe,
worüber aber hier nicht berichtet zu werden braucht.«[33]

Wir bedauern die Zurückhaltung von Červenka, die uns
ein Porträt Johanns von Molines vorenthalten hat, wie ihn
Calvin sah. Sein Bericht ermöglicht es uns dennoch, den
Zeitpunkt zu fixieren, zu dem sich Calvin endgültig von der
Waldenser Opposition gegen Chanforan abwandte.

Johann war – um Calvin in Unruhe zu versetzen – im Zeitraum zwischen September 1538 und dem 31. Mai 1540, als Červenka in die Stadt kam, nach Straßburg gekommen. In dieser Periode war demnach jene Solidarität mit den Waldensern erschüttert worden, die Calvin seit 1535 mehrmals bewiesen hatte. Durch sein scharfes Urteilsvermögen begriff Calvin mit einem Schlage, daß die erste und die zweite Reformation in der Auffassung der Lehre von der Rechtfertigung voneinander abwichen. Im Namen dieser Lehre, um die herum sich die Botschaft der Reformatoren des 16. Jahrhunderts gründete, brach Calvin das Gespräch mit Johann von Molines und seiner Partei ab. Er wandte sich dadurch gleichzeitig auch von jenen Seiten des älteren waldensischen Biblismus ab, die er vorher hoch eingeschätzt hatte. Als später mit den Jahren die Autorität des Genfer Reformators anwuchs, festigte sich auch die Ausschließlichkeit seiner Position und machte es unmöglich, daß der auf der Bergpredigt begründete Protest der Waldenser systematisch in die Paulinische Verkündigung der europäischen Reformation eingegliedert werden konnte.

V. Die waldensische Literatur

Einführung

Eine kritische Untersuchung der literarischen Produktion der Waldenser steht noch nahezu völlig aus. Lediglich die Vorarbeiten zu ihrer Identifizierung und Ermittlung kann man – dank zahlreicher verdienstvoller Forschungen – als abgeschlossen ansehen. Überall aber bleiben noch Fragen offen, und nach und nach erheben sich andere, wobei wir uns immer der Tatsache bewußt zu sein haben, daß nur für einen kleinen Teil der zu untersuchenden Schriften gesicherte Ausgaben vorliegen. Für einen beträchtlichen Teil fehlen die zu ihrer relativen Chronologie notwendigen Grundlagen geradezu völlig.

Wir sind deshalb gezwungen, soweit es möglich ist, zu unterscheiden zwischen waldensischen Originaltexten, Texten, die waldensische Autoren übernommen oder adoptiert haben, und fremden Texten, die sich wahrscheinlich in »Bibliotheken« befanden, deren sich verschiedene waldensische Gruppen – und in verschiedenen Epochen – bedienten.

Den Leser, der den schwierigen Weg der waldensischen Bewegung – so gut wie überall als soziale und kulturelle Randerscheinung charakterisiert – bis hierher verfolgt hat, wird die Bescheidenheit dieser Literatur nicht verwundern, und er wird sich auch am Mangel an Originalität, der sofort ins Auge fällt, nicht stoßen. Wir haben es mit einer Produktion zu tun, die wohl kaum jenen Gesetzen entrinnen kann, von denen die literarische Entwicklung des Mittelalters im allgemeinen bestimmt wird, mit einer Produktion jedoch, die obendrein die Konsequenzen aus jener spezifischen Begrenzung zu ertragen hat, die ihr von der Bruderschaft, aus der sie entspringt, auferlegt werden. Es versteht sich von selbst, daß sich die mittelalterliche Literatur – in formaler Hinsicht – in zäher Abhängigkeit von jenen »Gemeinplätzen« entwickelt, die zwangsläufig von Werk zu Werk wandern, und der Autor verbirgt sich oft und gern in der Anonymität. Aus noch tieferem Grunde müssen wir diese Modelle im Bewußtsein behalten, wenn wir uns mit Schriften befassen, die aus einer geheimen Gemeinschaft hervorgegangen sind, einer Gemeinschaft also, die schließlich andere Aufgaben zu lösen hatte, als sich in Werken unterschiedlichen literarischen Genres zu äußern. Ihre Auswahl – soweit man von einer Auswahl sprechen kann – wurde diktiert von den Notwendigkeiten jener Sendung, zu der sich die Gemeinschaft berufen fühlte. In der Epoche des kerygmatischen Aufschwungs und der noch für eine große Öffentlichkeit mitvollziehbaren Kontroversen war jene Sendung gewiß in anderer Weise konzipiert als in der Epoche des von außen erzwungenen Rückzugs. Verfolgungen und Abtrünnigkeiten erforderten Gebete, Tröstungen und Traktate zur geistlichen Führung, und nur in einem geographisch fest umgrenzten Gebiet und mit einer relativ kompakten waldensischen Bevölkerung können wir einen verhältnismäßig konstanten Abnehmerkreis für eine in der Volkssprache verfaßte, zum Vorlesen oder doch lauten Lesen bestimmte Erbauungs- und Unterhaltungsliteratur erwarten. Diese kann in der Isolierung unzweifelhaft das Weiterbewahren einer in moralischer Hinsicht respektablen Askese erleichtern, aber ihr Grundproblem wird es nicht mehr sein, die Wahrheit, die so propagiert wird, zu identifizieren; es erneuert sich nichts, gelegentlich nutzt man auch poetische Werke, man bearbeitet übersetzte Auszüge aus asketischen Werken römisch-katholischer Autoren.

Die Waldenser haben viel einer wirklichen literarischen Bewegung zu verdanken, wie sie auf Grund des Anstoßes durch die Hussiten entstand, besonders durch die Taboriten, die im 15. Jahrhundert vor allem über die Gruppe der Treuen Brüder einen deutlichen Einfluß ausübten. Wir finden zu dieser Zeit eine reiche Blüte waldensischer theologischer Traktatliteratur, die sich an den im Umlauf befindlichen in der hussitischen Bewegung verwurzelten Schriften inspirierte. Wenn wir diese Texte jenen aus vorangegangenen Perioden gegenüberstellen, werden wir uns der Tatsache bewußt sein, daß die Adaptionen und Bearbeitungen des 15. Jahrhunderts einen weit beachtlicheren spezifisch waldensischen Gehalt aufweisen. Das ist so, weil in dieser Periode die zur Debatte stehende hussitische Literatur selbst ihre Reflexionen auf eine beträchtliche Zahl von Thesen polarisiert, deren Ursprung ausdrücklich waldensisch war. Das höchste Stadium dieser waldensisch-hussitischen »Anstekkung« wird repräsentiert – das ganze 15. und 16. Jahrhundert hindurch – von waldensischen Werken katechetischen Charakters, die aus einem Zusammenwirken von Waldensern und Gliedern der Böhmischen Brüdergemeinde erwachsen.

Die letzte Phase der waldensischen Literatur, die noch in den Rahmen dieses Buches gehört, ist charakteristisch durch einen wachsenden Einfluß der protestantischen Reformation auf die Gemeinden im Alpengebiet.

Es versteht sich von selbst, daß die waldensischen Texte oder solche mit Elementen, die diese Identifikation zulassen, nicht mehr sind als die Überreste, die Reliquien einer sicherlich viel umfangreicheren Produktion. Wir wissen, daß ein guter Teil davon durch die Inquisition vernichtet worden oder einfach verlorengegangen ist. Aber wir dürfen trotzdem nicht außer acht lassen, daß viele Stoffe, vor allem jene, die Gegenstand der Predigt von Wanderpredigern waren, mündlich weitergegeben wurden, ohne eine an der geschriebenen Form vorgenommene literarische Redaktion zu durchlaufen. Daher wurde auch die Erforschung dieser Spuren von Anfang an von dem apologetischen Geist bedingt, der sie beseelte.

Im Jahre 1553 hat der lutherische Theologe Flacius Illyricus – in der Absicht, eine von ihm aufgestellte These über den im wesentlichen waldensischen Charakter der taboritischen Reformation und der Böhmischen Brüder zu beweisen – die Sammlung authentischer waldensischer Schriften in Aussicht genommen; zu diesem Zweck regte er die Erfor-

schung der taboritisch-waldensischen Dokumente in Mitteleuropa an, und er wollte diese Forschungen auch auf Italien
ausdehnen, besonders auf die Lombardei, und damit gleichzeitig auf den Ursprung der Bewegung zurückgehen. Leider
wurde das Projekt, dessen großes Verdienst es ist, der europäischen Dimension des Waldensertums vor der Reformation des 16. Jahrhunderts Rechnung getragen zu haben, nicht
weitergeführt. Aber wir verdanken ihm die zwar wenig genaue, aber sehr anregende Herausgabe der taboritischen
Apologie von 1431, die 1568 in Basel unter dem bezeichnenden Titel *Confessio Valdensium* (»Bekenntnis der Waldenser«) erschien. Was die ältesten waldensischen Dokumente
angeht, so beklagte sich Flacius 1562 darüber, daß – soviel
er feststellte – »nichts von ihren Schriften geblieben ist, das
ein größeres Alter aufweisen könnte«.[1]

Dank J. P. Perrin, dem reformierten Pastor von Nyon in
der Dauphiné, haben die der waldensischen Literatur gewidmeten Forschungen eine ganz andere Orientierung erhalten. Mit beachtlichem heuristischen Bemühen, aber mit bewußter Beschränkung auf das romanische Gebiet, hat sich
Perrin auf die schwierige Aufgabe vorbereitet, eine Geschichte der Waldenser abzufassen. Er hatte dabei den wiederholten Aufforderungen der reformierten Kirche in
Frankreich zu entsprechen, die seit der Nationalsynode von
Nîmes im Jahre 1572 darauf bestanden hatte, daß eine
Reihe von Forschungen über die Albigenser und Waldenser
anzustellen sei. Perrin verfaßte sein Geschichtswerk in er-
klärtem Auftrag und unter finanzieller Beteiligung der Regionalsynode der Dauphiné und hatte das präzisierte Ziel,
die tatsächliche Altehrwürdigkeit der Reformierten Kirche
zu beweisen. Dieses Bemühen orientierte die Erforschung
jener alten Manuskripte *in lingua barba*, d. h. in der Volkssprache verfaßt, die ihm von 1605 an im Freissinière-Tal, in
den Cevennen, in Briançon und insbesondere in der Tal-
ebene von Pragelato zugänglich wurden.[2] Tendenziell
schreibt er den Manuskripten größeres Alter zu, als sie tatsächlich haben, aber seine *Histoire* hat doch das Verdienst,
zum ersten Male umfangreiche Auszüge aus dieser Literatur

veröffentlicht zu haben, wenn auch in unkritischer Weise. Seine eindrucksvolle Sammlung von Manuskripten, die wenigstens neun Stücke umfaßt, gelangte in der ersten Hälfte des 17. Jahrhunderts in die Hände des anglikanischen Erzbischofs James Ussher und beendete ihre Wanderung, als sie 1661 in der Bibliothek des Trinity-College zu Dublin deponiert wurde.

Eine andere, ähnliche Sammlung von sechs Manuskripten aus den waldensischen Tälern des italienischen Alpenabhangs wurde vom Moderator Jean Léger zusammengetragen; er übergab sie 1655 in Genf an Samuel Morland, der damals Sonderbotschafter Cromwells war. Drei Jahre danach wurde sie in Cambridge deponiert. Morland selbst verfaßte einen ersten Katalog dieser Reihe von Manuskripten in seinem Werk *History of the Evangelical Churches of the Valleys of Piemont* (London 1658), aber es ist klar, daß er keine tiefgründige Studie der Texte vorlegen konnte. Im Gegensatz zu Perrin konnten weder Morland noch Jean Léger – der im Jahre 1669 eine Bearbeitung von Morlands Werk in französischer Sprache herausgab – das Panorama der alten waldensischen Literatur wesentlich bereichern, wenn sie auch wichtige Dokumente fanden.

Das kritische Studium einer dritten Sammlung desselben Typs – der fünf Manuskripte von Genf – wurde erst 1885 von Edouard Montet in seiner *Histoire littéraire des Vaudois du Piémont* in Angriff genommen, obwohl bereits in der ersten Hälfte des 19. Jahrhunderts Raynouard und Hahn die Aufmerksamkeit auf diese Texte gelenkt hatten.

Von den drei erwähnten Sammlungen enthält die in Cambridge befindliche Schriften, die unter paläographischem Aspekt zum Teil aus dem Anfang des 15. Jahrhunderts zu stammen scheinen und bis zum Beginn des 16. Jahrhunderts reichen. Die Chronologie der in Genf aufbewahrten Schriften reicht von der Mitte des 15. Jahrhunderts bis zur Mitte des folgenden, während die in Dublin lagernden nicht weiter zurückreichen als bis zur Mitte des 16. Jahrhunderts. Ihre Sprache ist eine besondere Form des Provenzalischen, mit deutlicher Infiltration von italienischen Wörtern. Aber es ist wichtig zu beobachten, daß die drei Sammlungen Resultate einer Forschung zu sein scheinen, die ihrem Wesen nach bereits eine Auswahl getroffen hatte. Es wurden z. B. lateinische Texte unberücksichtigt gelassen, denen man wegen der vermeintlichen Einfalt und sprachlichen Unkenntnis der waldensischen Autoren geringeres Interesse entgegenbrachte und die man als wenig konform mit der Gedankenwelt der alten Waldenser ansah. Dabei brauchte es durchaus nicht so zu sein, und auch die Fragmente, in lateinischer Sprache, die wir in den Manuskripten von Cambridge finden, zeigen, daß eine lateinische Literatur tatsächlich auch bei den Waldensern der Täler vorhanden war.[3]

Dieses Phänomen, das nur allzu oft verdunkelt wurde, verpflichtet den Forscher dazu, die mittelalterliche waldensische Literatur nicht auf jene Texte zu beschränken, die in Provenzalisch verfaßt sind.

Die Heilige Schrift

Bevor wir die literarische Produktion der Waldenser des Mittelalters nach den großen, aufeinanderfolgenden Entwicklungsperioden untersuchen, wollen wir kurz innehalten, um die Bibel selbst als literarisches Werk zu betrachten. Ausnahmslos alle Schriften der Waldenser sind in bewußter Absicht von biblischen Texten durchdrungen, aber im strengen Sinne gab es keine waldensische Bibel, wenn man unter diesem Begriff eine besondere Übertragung des Schrifttextes oder eine typische Art, das Ensemble der kanonischen Schriften zu organisieren, verstehen wollte. Die außerordentliche Vertrautheit der Waldenser mit der Bibel, wie wir sie beim Gang durch die Geschichte der Bewegung immer wieder feststellten, setzt die Existenz von vollständigen, den Waldensern eigenen Übersetzungen nicht voraus und beweist sie auch nicht. Die ersten Teilübersetzungen, die sich Waldenser besorgten, waren deutlich abhängig von der alten Übersetzung der »Vulgata« des Hieronymus, die in jener Zeit allgemein in Gebrauch war, mit einigen Varianten, die in anderen Manuskriptgruppen der lateinischen Bibel üblich waren. Als Quelle und Grundlage der Predigt akzeptieren die Waldenser daher die gleiche Heilige Schrift, wie sie in der Kirche allgemein im Gebrauch war, und es ist die gleiche Schrift, von der sie sich führen lassen und aus der sich das Problem des Maßes immer eindringlicher herausstellt, mit dem Lehre und Verhaltensweise der offiziellen Kirche auf ihre wirkliche Übereinstimmung mit der Botschaft des Wortes Gottes geprüft werden. Die Absicht, diese Botschaft allen zugängig zu machen, bildet das Motiv für die wiederholten Versuche, die von den Waldensern unternommen wurden, um die Übersetzung der biblischen Texte in die Volkssprache zu fördern oder bereits vorhandene Übersetzungen zu nutzen.

Die Übersetzung in Mundart, die sich Waldes in Lyon verfertigen ließ und die mit Sicherheit bereits im Jahre 1179 zirkulierte, war eine biblische Anthologie, die dem Psalter breiten Raum gab und die begleitet war von exegetischen Anmerkungen, die aus den Schriften der Kirchenväter übernommen wurden. Diese Übersetzung *in gallico sermone*, »in gallischer Sprache«, von den Waldensern in Metz verwendet, wurde einige 20 Jahre später nach einem analogen Prinzip fixiert: die Evangelien, die Paulusbriefe, der Psalter, die *Moralia in Job* nach dem Vorbilde Gregors des Großen. Diese Texte stehen uns nicht mehr zur Verfügung, und es wäre vergeblich, ihre Spuren in jenen Manuskripten der Bibel suchen zu wollen, die von den französisch-italienischen Waldensern in den jüngeren Jahrhunderten verwendet wurden.

Das Manuskript der sogenannten Bibel von Lyon (14. Jahrhundert ?) hat seinen Ursprung bei den Katharern, die Übersetzung könnte jedoch waldensisch sein, und es wurde die Hypothese aufgestellt, das Werk sei ausgegangen vom *scriptorium* von Elne der Katholischen Armen: Es handelt sich dabei um eine recht verfängliche These, zu deren Unterstützung jedoch Beispiele fehlen, denn die anderen Übersetzungen stammen erst aus dem 15. und 16. Jahrhundert, und die von Zürich enthält eine Rezension, die einer gedruckten griechischen Ausgabe des Neuen Testaments nachgeht. Die volkssprachlichen Texte der deutschen Waldenser sind bestenfalls für das Ende des 14. Jahrhunderts belegt: Ein Neues Testament bayrischen Ursprungs, das in der Bibliothek des Klosters Teplá in Böhmen aufbewahrt wird *(Codex teplensis)*, enthält außer der deutschen Übersetzung im Anhang auch das Fragment einer waldensischen Predigt über die sieben Glaubensartikel.

Es unterliegt keinem Zweifel, daß sich das Interesse der Waldenser für die Bibel und insbesondere für das Neue Testament während des gesamten Mittelalters gleichmäßig, beständig und mit Beharrlichkeit manifestiert. Aber die Bedeutung dieser Vorliebe erhellt in ihrer ganzen Größe, wenn man einerseits die Rolle der Waldenser bei der Herausbildung des Verlangens nach einer Bibelausgabe in der Volkssprache bei den breiten Schichten des Volkes, andererseits aber auch die Bedeutung einer solchen Ausgabe für Schriftlesung und Schriftdeutung untersucht, die ein Mißtrauensvotum für das vom Klerus ausgeübte Monopol der Exegese darstellt. Was den Bibeltext in provenzalischer Sprache angeht, so ist es nicht unwahrscheinlich, daß die Waldenser – beginnend mit der zweiten Generation – zumindest für das Neue Testament Übersetzungen der Katharer benutzt haben, Übersetzungen also, die auf solche Weise jene Bewegung, die sie hervorgebracht hatte, um zwei Jahrhunderte überlebten. Es bleiben immerhin noch viele und recht diffizile Probleme offen, und nur ein gründlicheres Studium der Geschichte des lateinischen Textes der Bibel würde es erlauben, sich eine wirklich ausreichend fundierte Meinung zu bilden.[4]

Die missionarische Periode

Wir haben nicht mehr als drei oder vier authentische waldensische Texte aus der Periode des ersten missionarischen Schwungs, die von den Anfängen bis 1230 reichte, also bis zu einem Zeitpunkt, zu dem die Inquisition bereits in der Lage war, der Bewegung rigoros den Weg zu verlegen. Erinnern wir uns vor allem jenes Glaubensbekenntnisses, das –

redigiert ohne Zweifel vom Kardinallegaten Enrico de Marcy – von Waldes persönlich im Jahre 1180 zu Lyon in Anwesenheit des Erzbischofs Guichard unterzeichnet wurde. Diese Rechtgläubigkeitserklärung[5] verweist auf die großen Symbole von Nicäa, von Konstantinopel und von Athanasius und bestätigt die Grundwahrheiten der christlichen Lehre in einem ausgesprochen antidualistischen und antidoketischen Geist. Damit distanzierte sich Waldes von der Häresie der Katharer, ließ aber auch die totale Bereitschaft – seine und die der Seinen – deutlich werden, ohne kleinliche Sorge um das Morgen in jener unbedingten Armut zu leben, die in den Evangelischen Räten unabdingbar gefordert ist.

Eine Zusammenfassung der Argumente, die von den ersten Schülern des Waldes in den öffentlichen Disputen, wie sie sowohl mit den Katharern als auch mit Katholiken stattfanden, verwendet wurden, läßt sich dank des Traktats *Adversus Waldensium sectam*[6], »Gegen die Sekte der Waldenser«, rekonstruieren. Der Verfasser dieses Traktats, ein Prämonstratenserabt von Fontcaude, nahm persönlich am Disput teil, der um 1190 in der Diözese Narbonne organisiert worden war. Für seinen Bericht verwendete er ein Verzeichnis der schriftlichen Beiträge, die von den waldensischen Sprechern vorbereitet und den »Spielregeln« entsprechend dem Präsidenten des Disputs, Raimund von Daventrie, eingereicht worden waren. Vermutlich hat der Letztere dieses Verzeichnis den Akten eingefügt. Aber wie dem auch sei: Jedenfalls steht uns eine vollständige Serie waldensischer Thesen zur Verfügung, von Schülern des Waldes selbst formuliert und so folgenschwere Streitfragen betreffend wie den der geistlichen Obrigkeit schuldigen Gehorsam, die Grenzen der Respektierung der Hierarchie, die Schlüsselgewalt und im besonderen die Verpflichtung jedes Christen zur Verkündigung des Evangeliums.

Das *Liber antiheresis*[7] (das »Antihäretische Buch«) des Durand von Osca, von dem bereits die Rede war, ist ein Werk von großer Bedeutung sowohl unter literarischem Aspekt als auch wegen seines theologischen Gehalts – ist es doch tatsächlich das einzige doktrinäre Werk, das uns aus der ersten Generation der Waldenser überkommen ist. Mit Forscherglück aufgefunden und identifiziert von Antoine Dondaine (1946), wurde dieses Buch 1967 von K. V. Selge mit beispielhafter Sorgfalt herausgegeben. Dabei wurden zwei Manuskripte benutzt, von denen eins in Madrid aufbewahrt wird, das andere in Paris. Mit großer Wahrscheinlichkeit wurde das Buch noch vor Ende des 12. Jahrhunderts geschrieben, jedenfalls aber vor 1207, als Durand von Osca seine Positionen und die seiner Mitjünger des Waldes gegenüber der römischen Institution noch nicht überprüft hatte. Die dreißig Kapitel des Traktats bewahren voll die Atmosphäre der Frühzeit des Waldensertums.

Das wichtige Dokument über die Zusammenkunft von Bergamo[8] (Mai 1218) ist als Schrift waldensischer Herkunft in das Ende jener Periode einzuordnen, in der die Möglichkeit zur Herstellung von Beziehungen und Verbindungen noch relativ wenig eingeschränkt war. Es ist ein lateinischer Brief, der von zwölf Persönlichkeiten aus dem Kreis der Armen Lombarden (Oto da Ramezello, Giovanni da Sarnico, Taddeo, Marino, G. da Papia, F. da Legnano, G. da Moltrasio, I. da Mutina, Giovanni Francesco, Giordano da Dongo, Bonomi und Tommaso) an ihre Freunde, »die jenseits der Alpen im Glauben leben«, gerichtet und von den italienischen Brüdern Ugolino und Algosso zugestellt wurde. Bedenkt man, daß in den Überschriften der betreffenden Manuskripte von einem »Schreiben der Ketzerhäupter der Lombardei an die Leonisten in Deutschland« die Rede ist, so wird man annehmen müssen, daß die Adressaten des Briefes deutsche Waldenser waren. Wir haben das Dokument im besonderen Bemühen geprüft, die Bedeutung der Konferenz von Bergamo (1218) für jenen Augenblick zu klären, in dem der Waldismus einer internen, durch den Tod von Waldes hervorgerufenen Krise unterworfen war.

Es ist sehr zu bedauern, daß uns kein einziges Beispiel waldensischer Predigt- und Verkündigungspraxis aus jener spontanen und schöpferischen Periode erhalten ist, wie wir auch kein Beispiel für jene Gesänge haben, die Waldes' erste Gefährten in den Kirchen des französischen Südens anstimmen ließen. So kann man auch nicht viel über die *pulchra carmina* (»Schöne Lieder«) sagen, die wahrscheinlich nicht für das Singen, sondern zur Rezitation oder zum lauten Lesen bestimmt waren – deshalb sind sie rhythmisiert – und von denen der Pseudo-David spricht, wenn er den Waldensern die Verfassung von *Triginta gradus sancti Augustini* (»Dreißig Stufen des heiligen Augustinus«) zuschreibt. Die Verse weisen ohne Zweifel in ihrer Wiederholungstechnik der Ritornelle eine Ausdrucksform auf, die das Auswendiglernen erleichterte. Wenn die von den Inquisitoren verbürgten Informationen exakt sind, können wir gleichsam davon sprechen, daß die Waldenser alles zunächst in Versen und dann erst in Prosa gesagt haben, aber diese Verse sind vollständig verlorengegangen. Waren es die Archetypen jener berühmten Gedichte, die aus den zwei oder drei Jahrhunderte jüngeren waldensischen Handschriften hervortreten?

Die beiden Jahrhunderte des Wirkens in der Verborgenheit

Es gibt aus dieser Periode zahlreiche den Waldensern zugeschriebene Materialien, aber oft sind es nur Extrakte oder Überarbeitungen von erbaulichen Werken, die einer spezifisch waldensischen Note entbehren. So wird es von Nutzen sein, jenen seltenen Texten besondere Aufmerksamkeit zu schenken, die einen deutlich ausgeprägten waldensischen Charakter tragen. In erster Linie ist hier die – wenn auch unvollständige, so doch sehr bedeutende – Sammlung von Briefen und Fragmenten zu nennen, die von waldensischen Autoren verfaßt und dazu bestimmt waren, den verfolgten Brüdern Mut zuzusprechen.

Die apologetische Note ist hier vorherrschend und wird begleitet von Reflexionen über die Bedeutung der Standhaftigkeit von Armen im Laufe der Geschichte.

Ein bemerkenswertes Fragment des *Liber electorum* (»Buch der Auserwählten«) [9] genannten kleinen Werke ist uns sowohl in einer lateinischen Fassung als auch in einer provenzalisch-waldensischen Version überkommen.

Nach der Aufforderung zu einem Fürbittgebet
für die Brüder und Schwestern, die Freunde und
Freundinnen,
wo immer auf dem Antlitz der Erde sie sich auch
befinden mögen,
die in Trübsal, auf Reisen, im Gefängnis oder in
Prüfungen,
in Armut oder in Not sind,
macht der waldensische Autor den Weg des Christen durch die Zeit und die Entscheidungen, vor die er dabei gestellt ist, bewußt. Dreihundert Jahre hindurch wurde die Kirche von Jenem regiert, der sein eigenes Blut für sie opferte, und sie blieb heilig und ihrem leidenden Meister treu. Aber Kaiser Konstantin, bekehrt und getauft durch Papst Silvester, habe die Würde des römischen Papstes maßlos gesteigert. Von diesem Augenblick an »vervielfältigten sich die Kräfte des Bösen auf der Erde«, die Mehrheit der Christen »hing dem Bösen an«, und nur eine kleine Minderheit »blieb beharrlich lange Zeit hindurch am Leben, das sie ursprünglich als Gabe empfangen hatte«. Diese Situation hielt sich über gut achthundert Jahre, bis zu dem Zeitpunkt, da »einer aufstand, dessen Name war Petrus, und er kam aus einer Region, die Vaudia genannt wird«. Er erneuerte die Verkündigung und scharte Schüler um sich, die ihrerseits wieder in den folgenden drei Jahrhunderten mit wunderbarem Erfolg predigten, bis sich gegen sie erhoben »Satanas und die Bosheit der Schurken«. Und die Kirche der Auserwählten wird niemals mehr vollständig überwältigt werden, sondern dauern bis an der Welt Ende, das übrigens schon nahe ist.

Der Herr hat seine Getreuen, wenn schon nicht überall, so doch »in einigen Gebieten der Erde«: Unsere Vorfahren – so sagt der Autor – wurden bis über das Meer verschlagen, und sie fanden Brüder im Glauben trotz Unkenntnis ihrer Sprache. Wenn sie auch nicht zahlreich sind, so haben die Auserwählten doch das sichere Versprechen des Herrn zu ihren Gunsten, und ihre Kirche ist dem Mond vergleichbar, der oftmals abnimmt, aber niemals für immer verschwindet. Die Periodisierung der Kirchengeschichte, die der Verfasser vornimmt, erlaubt es, diesen Text mit einer gewissen Sicherheit zu datieren, und zwar auf das Ende des 14. Jahrhunderts.

Dem *Liber electorum* dürfen wir den Traktat über *La gleisa de Dio* (»Die Kirche Gottes«) [10] im Hinblick auf die Bedeutung seines Inhalts an die Seite stellen. Er war für die Waldenser sicherlich von großem Nutzen, trotz des evidenten katharischen Ursprungs eines Textes, dessen Tendenz es war, die Taufe der »kleinen Kinder, die weder glauben noch zwischen gut und böse unterscheiden«, in Frage zu stellen und dieses Sakrament durch eine Händeauflegung zur Erlangung des Heiligen Geistes zu ersetzen. Chronologisch vor dem *Liber electorum* einzuordnen, hat dieser Text das Verdienst, die Bereitschaft zur Annahme von »Verfolgungen, Verwirrungen und Martern um des Namens Christi willen« zum charakterisierenden Merkmal der wahren Kirche erhoben zu haben. Die Kirche Gottes und »die böse römische Kirche« werden miteinander konfrontiert, und die erstere wird bezeichnet als »die Gemeinschaft der Gläubigen und der Heiligen, der Jesus Christus jetzt und immerdar beisteht bis ans Ende der Zeiten«. Sie unterläßt es, zu töten, Ehebruch zu begehen, zu stehlen, zu lügen, zu schwören, und zwar unbedingt; in ihr ist das Verlangen lebendig, Zeugnis abzulegen für das *loi de vie*, das »Gesetz des Lebens«, und deshalb entscheidet sie sich für eine Existenz der ständigen Instabilität und ist bereit zum Martyrium. Die römische Kirche hingegen sei eine Verfolgerin, und der Grund dafür sei, daß sie die Welt beherrschen wolle.

Die um 1368 erfolgte Korrespondenz zwischen den Lombarden und ihren Brüdern in Österreich, die unter dem Druck der Inquisition abgefallen waren, ist außerordentlich wertvoll für denjenigen, der waldensische Mentalität der zweiten Hälfte des 14. Jahrhunderts kennenlernen möchte. Die Sammlung umfaßt eine *Epistula fratrum de Italia* (einen »Brief der Brüder aus Italien«), verfaßt von maßgeblichen Waldensern der Lombardei, zwei *Responsiones Jo-*

hannis (»Erwiderungen des Johannes«), eine *Responsio Sey-fridi* und weiterhin den einem *Discretio viro* (einem »ver-schwiegenen Manne«) zugedachten Brief.[11] Wir analysierten diese Briefsammlung bereits, als wir die große Krise behan-delten, in der sich die österreichischen Waldenser vor dem Ausbruch der hussitischen Revolution befanden.

Viel trister und moralistischer, ohne die Kraft, die aus der unmittelbaren Anknüpfung an eine erlebte und erlittene Realität erwächst, scheint uns jene *Pistola de li amic* (»Brief der Freunde«)[12], die eine ohne Zweifel ortsansässige Bevöl-kerung zur Nächstenliebe ermahnt. Im Blick auf die »ewige Seligkeit«, die ihnen zuteil werden solle, fordert sie Bauern, Handwerker und Leibeigene zu einer Existenz beharrlicher Arbeit auf; die rechtmäßig und ehrlich erworbenen und zur Erhaltung des physischen Lebens notwendigen Güter sollen nach dem Tode der Eltern auf die Kinder übertragen oder zu gleichen Teilen unter sie geteilt werden. Man betont die Ehrenhaftigkeit der als Sakrament empfundenen Ehe, wenn-gleich man nicht vergißt, darauf hinzuweisen, daß die Schönheit der Frauen und die Kinder doch wahrlich jenem schaden können, der konsequent das Gute tun will.

Ein anderer Text ist uns in Latein, in *lingua valdese* (»in waldensischer Sprache«) und in Deutsch überkommen: *Li articles de la fe* (»Die Artikel des Glaubens«)[13]. Es geht da-bei um eine Zusammenfassung – in sieben Artikeln – des so-genannten »apostolischen Symbolums«, des apostolischen Glaubensbekenntnisses, das wieder Teil jenes Glaubens-bekenntnisses ist, das einem zukünftigen waldensischen Pre-diger bei seiner Ordination abverlangt wird. Was dabei überrascht, ist die Dreifaltigkeitsformulierung des ersten Artikels und der Nachdruck, mit dem im dritten Artikel der göttliche Ursprung des mosaischen Gesetzes betont wird. Man behandelt dabei offenbar keine neuen Lehrelemente; ja, die Waldenser erweisen sich damit als solidarisch mit der allgemeinen Tradition der mittelalterlichen Kirche, die sich Definitionen aus dem 5. Jahrhundert aneignete, um neue gnostische und doketische Tendenzen zu bekämpfen. Auch in diesem Punkt der Tradition treu bleibend, schreiben die Waldenser jedem einzelnen der Apostel einen Artikel des »Symbolum« zu und gelangen so schließlich zur Einteilung des Textes in zwölf Abschnitte: *Li doze articles* (»Die zwölf Artikel«) treten daher erst in der späteren Epoche an die Stelle der vorherigen Unterteilung in sieben Artikel.

Die *Glosa credo* (»Erklärung des Glaubensbekenntnisses«),[14] die in einer lateinischen Version einfach eine Parallelisierung von alttestamentlichen Prophetien und apostolischen Bestätigungen vornimmt, weist keinerlei Spuren eigenständig waldensisch geprägter Denkrichtungen auf. Auch der provenzalische Text[15] begnügt sich – obwohl er ausführlicher ist – de facto mit Bibelzitaten. Diese fehlen jedoch in der *Somme le Roy* (»Königliche Summe«), zusammengestellt vom Dominikaner Lorenzo im Jahre 1279 und von Montet als Quelle des provenzalischen Textes angesehen. In provenzalischer Version besitzen wir auch das Glaubensbekenntnis von Nizäa und das sogenannte Athanasianum.

Die einzige vom Herrn selbst gelehrte Weise zu beten – das Vaterunser – hat ohne Zweifel die Aufmerksamkeit der waldensischen Lehrer erregt, aber die auslegenden Texte, die ihnen zugeschrieben werden, weisen nichts Spezifisches auf, oder sie knüpfen an eine katharische Tradition oder – später – an eine hussitische Interpretation an.

Aus den Belegen der Inquisition kennen wir weitere waldensische Gebete, Danksagungen und Segensformeln. Das schöne Fürbittgebet findet seine Ergänzung in der Lossprechungsformel, deren sich die waldensischen Geistlichen nach dem Hören der Beichte ihrer »Freunde« bedienten und die deutsch in einer Handschrift vom Jahre 1404 vorliegt.[16]

Es ist wahrscheinlich, daß sich die fahrenden waldensischen Lehrer zum Zwecke größerer Wirksamkeit der Ausübung ihres Amtes an den Pönitenten – ein Amt, das darin bestand, das anzuhören und anzunehmen, wessen sich das Gewissen ihrer »Freunde« entäußerte, die Aufzählung ihrer Versuchungen und Verfehlungen anzuhören, ihnen Rat zu erteilen, Tadel auszusprechen und eine Buße aufzuerlegen – katholischer Handbücher bedienten. In diesem Sinne trägt

das lateinische Fragment *De imposicione penitencio* (»Über
die Spendung des Bußsakraments«), das der vom Priester
vorzunehmenden Lossprechung großen Wert beimißt, Bei-
spielcharakter, Reminiszenzen an einen anderen waldensischen Traktat über das Bußsakrament – *Penitencia* – treten
auch durch die Art ans Licht, mit der sich die waldensischen
Verfasser im 15. Jahrhundert die dieses Thema betreffenden Stellen des Taboritischen Glaubensbekenntnisses aneignen und sie in ihre Gedankengänge einarbeiten.[17]

Eine besondere Gruppe bilden einige Gedichte,[18] die in
den aus den Alpentälern herstammenden Manuskripten bewahrt sind: *La Barca, Lo despreczi del mont, L'Evangeli
de li quatre semencz, L'oraczen, Lo Payre Eternal, La
Nobla Leyczon, Lo Novel Confort, Lo Novel Sermon* und
andere, weniger bedeutende. Wahrscheinlich haben während des 14. und 15. Jahrhunderts die Reime und Assonan-
zen dieser Texte ihre mündliche Weiterverbreitung erleichtert. Es fehlen uns aber alle notwendigen Gegebenheiten sowohl zur Bewertung des Beitrags der alpinen Waldenser
zur Schaffung dieser Gedichte als auch dazu, wenigstens mit
einer gewissen Annäherung an die Wahrheit anzugeben,
wie sie vom Volke aufgenommen wurden und welcher Gebrauch von ihnen gemacht wurde. Wenn wir die Waldenser
der Alpentäler als diejenigen ansehen dürfen, auf die ein
guter Teil der behandelten Themen zurückgeht, dann stellen sich diese Gedichte als bemerkenswertes Zeugnis der
Mentalität dieser Gruppe am Vorabend der Reformation
des 16. Jahrhunderts dar. Leider läßt sich diese These ausschließlich durch das Gedicht La Nobla Leyczon stützen, ein
typisch waldensisches Werk, während die anderen mehr
oder weniger römisch-katholische Lehrmeinungen durch-
scheinen lassen: Erlösung durch den Glauben und durch die
Werke, die Verpflichtung zum Gebet und zur Ohrenbeichte,
die Aufforderung zum Fasten und zum Almosengeben. Nur
La Nobla Leyczon, ein Gedicht, das sich in seinem ganzen
Ablauf stets genau an die Heilige Schrift hält, besteht auf
der Perspektive der beiden Wege – dem der Hölle und dem
des Paradieses – und auf dem Verbot zu schwören, zu lügen,

Rache zu üben und zu töten. Gerade in diesem Gedicht finden wir auch die ausdrückliche Nennung des Waldensernamens in einem Kontext, der recht gut das Ideal eines vollständig von der Bergpredigt aus orientierten Lebens charakterisiert:

Ma l'Escriptura di, e nos poen veir,
Que si n'i a alcun bon que ame e tema Crist,
Que non volha maudire ni jurar, ni mentir,
Ni avoutrar, ni aucire, ni penre de l'autrui,
Ni non volha venjarse de li seo enemis,
Ilh diczon qu'es Vaudes e degne de punir ...

»Es sagt die Heil'ge Schrift, wir können's alle sehn:
Wer da will heißen gut, soll Christus haben lieb,
nicht übel sprechen wollen und meiden Lüge, Eid.
Er wird nicht Unzucht treiben, nicht töten oder stehlen,
an seinen Feinden wird er sich nicht rächen –
nachgesagt wird ihm, daß er Waldenser sei, der
                                        Bestrafung schuldig.«
                                        (Übertragen von A. M.)

Glücklicherweise bereitet im Falle von *La Nobla Leyczon* die Datierung keine Schwierigkeiten. Das Gedicht rief einen Meinungsaustausch hervor, der es zuläßt, den Zeitraum, in dem das Werk erschien, in enger Annäherung zu bestimmen: Vers 6 gibt mit den Worten *ben ha mil e cent ancz compli entierament* das Jahr 1100 als das der Vollendung des Gedichts an. Nun entspricht aber diese Berechnung von 1100 Jahren einer gewissermaßen technischen, sowohl von den Waldensern wie von den Hussiten angewandten Praxis, die Jahre zu zählen, die seit dem unseligen Tage vergangen sind, an dem mit dem Akt der Konstantinischen Schenkung »das Gift in die Kirche Christi gegossen« wurde. Wenn wir daher der Zahl 1100 die 314 Jahre hinzufügen, die dem Papst Silvester und seiner unglücklichen Begünstigung im weltlichen Machtbereich vorangingen, gelangen wir mit Sicherheit in die ersten Jahrzehnte des 15. Jahrhunderts.

Die Autoren der anderen genannten Gedichte waren vermutlich keine Waldenser, drückten aber Ideen aus, für die das waldensische Milieu empfänglich war. Mit dem *Novel Sermon* konnten die Waldenser die Überzeugung proklamieren, daß die Nachfolge Christi zu einer Kirche der Minderheit, zu einer kleinen Herde führe:

Aquilh que son serf de Yesu Crist, tenon aquella via,
Mas ilh son en aquet mont petita compagnia.

(Diejenigen, die Diener Jesu Christi sind, halten sich an diesen Weg, aber sie sind in dieser Welt nur eine kleine Herde.) Oder, um mit dem Autor von *Lo Novel Confort* zu sprechen: *Lo seo petit tropel* – »seine kleine Herde«. Auch *L'Evangeli de li quatre semencz* greift dieses Thema auf, aber hier verbindet es sich mit einem Akzent zugunsten der ständiger Verfolgung unterworfenen Wandermission. Das waldensische Ideal der Armut hat in diesen Texten keinen Platz, *Lo Novel Sermon* läßt es sogar expressis verbis fallen: *Mas en trop grant paureta non to laysar venir* – »aber laß dich nicht in zu große Armut geraten«.

Das Gedicht *La Barca* reflektiert jene typisch mittelalterliche Gemütsverfassung einer Existenz, die von einer geradezu faszinierenden Todeserwartung beherrscht wird. Es sind die Not, die Misere des Menschseins und die Unsicherheit, die hier als jene Faktoren charakterisiert werden, die den Sünder dazu drängen, sich dem Beichtvater zuzuwenden.

La Payre Eternal ist hingegen eine schöne, an die Heilige Dreifaltigkeit gerichtete Litanei, deren Autor nicht zögert, Konzepte und Reflexionen auszubreiten, die ganz innerhalb der scholastischen Ontologie bleiben. Ein ganz anderer Schwung, wie ein Aufbrechen echter Poesie in einem literarischen Kontext von sonst prosaischer Bescheidenheit, begegnet uns im *Lo Novel Confort*, das in einem kraftvollen Rhythmus Akzente aufweist, die an Jacopone da Todi erinnern:

Vene, non attenda a la noyt tenebrosa
Lacal es mot oscura, orribla e spavantosa.
Aquel que ven de noyt, ja l'espose e l'esposa
Non ubriran a luy la porta preciosa.
(Komm, warte nicht auf die dunkle Nacht,

die schwarz ist und voller Schrecken.
Dem, der bei Nacht sich naht, dem werden Bräutigam und Braut nicht auftun die kostbare Pforte.)

Wir haben nun eine gewisse Zahl von Texten zu behandeln, die sich in unseren Manuskripten so ausnehmen wie Überreste einer »Bibliothek«, die dazu bestimmt war, den waldensischen Barben volkssprachige kleine Texte allgemeiner Unterweisung, vor allem aber moralischer, zur Verfügung zu halten. Nur einer dieser Traktate scheint mehr oder weniger direkt jenes Sendungsbewußtsein zu äußern, aus dem heraus die Waldenser lebten: *De las tribulacions* [19] – »Über die Bedrängnisse«. Seine lateinische Urform – die in die Zeit des Pontifikats von Innozenz VI. (1352–1362) zurückgeht – hält sich wohl recht genau an die eschatologischen Visionen von Jean de Roquetaillade († 1366). In der Übertragung, die bei den Waldensern in Gebrauch stand, spricht sich jedoch gedämpft auch jener Optimismus aus, mit dem Roquetaillade eine Erneuerung der Kirche vom Wirken der einem Leben in Armut hingegebenen Franziskaner erwartete; diese Erwartung ist im waldensischen Text ersetzt durch eine seltsame Rechtfertigung einer geheimen Gemeinschaft der Gläubigen, die für unvermeidbar gehalten wird in diesem *fin del segle al temp de l'Antecrist* – »am Ende des Jahrhunderts, in der Epoche des Antichrist«.
Das in Prosa geschriebene Bestiarium (eine didaktische Tierfabel) *De las propriotas de las animanczas* [20] – »Über die Eigenarten der Tiere« – ist kaum von theologischem Interesse; sein Autor Jaco schreibt ausdrücklich: »Ich habe es nicht für die Gelehrten zusammengestellt, sondern zur Unterrichtung einiger meiner Schüler«, und für sie behandelt er die spezifische Wesensart des Menschen und der Tiere – Vögel, Vierfüßler, Fische und Schlangen – und den allegorischen Gebrauch, den man davon machen kann. Dieser unser Traktat scheint einen gemeinsamen Archetyp mit dem *Libellus de natura animalium* – »Buch über die Natur der Tiere« –, herausgegeben in Mondoví, Anfang des 16. Jahrhunderts, zu haben.

Eine Sammlung von vierundzwanzig biblischen, patristischen und philosophischen Sentenzen trägt den Titel *Li Parlar del philosophe* – »*Gespräche des Philosophen*«.[21] Gemeinsames Thema der Zitate, unter denen solche von Aristoteles nicht fehlen, ist die Bestimmung des Menschen zum Tode. Eine sehr lange Zusammenstellung von aus anderen Werken entnommenen Lesestücken – die Laster und die Tugenden betreffend – scheint als Hauptquelle die *Somme le Roy* von dem Dominikaner Lorenz de Bois (1279) zu haben. Wir können sie in die Nähe von *Vergier de consolation* – »Garten der Tröstung« – und des Traktats *Vertucz* – »Tugend« – rücken. In diesen Texten herrscht offenbar die didaktische Absicht, die Stufen- und Etappenfolge einer moralischen Verhaltensweise in das rechte Licht zu setzen, die dem Ziel dient, den Himmel zu erreichen. Darüber hinaus bietet der Traktat *Vertucz*[22] eine schöne, mit rechtfertigenden Zitaten ergänzte Wiederaufnahme jenes exegetischen Grundsatzes, der im Mittelalter in hohen Ehren gehalten wurde und der in jedem biblischen Text einen vierfachen Sinn annimmt.

Die sieben Teile der *Cantica* (»Hohes Lied«),[23] von denen jedoch der erste verlorengegangen ist, bieten uns ein Beispiel traditioneller Exegese des Hohen Liedes. Bestimmte Anspielungen reflektieren Besorgnisse und Vorstellungen, die für jene Zeit an der Neige des 15. Jahrhunderts die Waldenser des Alpenbereichs zu charakterisieren scheinen: Die Vision einer »Kirche der Armen in Christo«, die Forderung nach einer freien Verkündigung des Evangeliums und die Besorgnis, die Gemeinschaft könne von den grundlegenden Prinzipien abweichen.

Was den Traktat *De l'ensegnament de li filh e la garda de las filhas* (»Über die Unterrichtung der Knaben und die Beaufsichtigung der Mädchen«) – ein für die Eltern im Hinblick auf eine bessere Erziehung ihrer Kinder bestimmtes Handbuch – angeht, verweisen wir auf die ihm bereits zuteil gewordene Behandlung an anderer Stelle dieses Buches (S. 224 f.).

Waldensische Schriften
von hussitischer Orientierung

Die gegenseitige Abhängigkeit und die Wechselwirkung zwischen Waldensern und Hussiten erfährt auch von seiten der Waldenser eine Bestätigung und gleichzeitig eine Widerspiegelung in einer langen Reihe literarischer Werke. Während wir jedoch für die vorangegangene Periode oft in Schwierigkeiten gerieten, wenn es um die Identifizierung der Archetypen zahlreicher »waldensischer« Schriften ging, so sind wir nun in der glücklichen Lage, sie hier größtenteils feststellen und daher zumindest jenen Zeitpunkt bestimmen zu können, *post quem* – nach dem die waldensische Adaption erfolgt sein muß. Die fruchtbare Zusammenarbeit von Waldensern und Hussiten entwickelte sich bekanntlich in zwei Etappen: Die erste Phase war gekennzeichnet durch den Ausbruch der hussitischen Revolution in Böhmen (1419 bis 1436) – und zu diesem Zeitpunkt wurde auch die waldensische Literatur im wesentlichen durch das radikale theologische Denken der böhmischen Taboriten inspiriert, das assimiliert wurde von der waldo-hussitischen Fraktion der Treuen Brüder deutscher Sprache. Die zweite Phase war jene, in der die taboritische Richtung – im politischen Bereich besiegt – in der Unität der Böhmischen Brüder auf theologischem und kirchlichem Gebiet ihre Weiterführung, ihre Kontinuität fand.

Taboritische Einflüsse bestimmten ohne Zweifel auch die von den franko-italienischen Waldensern getroffene Auswahl dreier hussitischer Traktate der Jahre von 1412 bis 1415; das ist die Periode der Heranreifung des taboritischen Denkens.

Alcuns volon ligar la Parolla de Dio segont la lor volunta [24] (»Manche wollen das Wort Gottes ihrem eigenen Willen nach binden«) ist tatsächlich die wörtliche Übersetzung des lateinischen Traktats: *De quadruplici missione* (»Von der vierfachen Sendung«), geschrieben 1412 in Prag von Nikolaus von Dresden zum Zweck, den Kampf, den Hus für eine freie Verkündigung des Evangeliums führte, zu unterstützen. Die in dem Werklein dargelegte »vierfache Sendung« ist die von Gott selbst sanktionierte, dann die von Gott und den Menschen, von den Menschen allein oder von der durch einen falschen Prediger gegebenen Richtung her vorgenommene Deutung des eigentlichen Textes. Der Meinung des Autors nach ist nur die erstere theologisch verbindlich, während die Kenntnis des göttlichen Gesetzes den Akt seiner Weitervermittlung rechtfertigt. Gegen jede vom Kanonischen Recht her versuchte juristische Restringierung wird die Freiheit der Verkündigung energisch verteidigt.

Das Manuskript von Genf hat uns auch die Übersetzung eines Kapitels, des zehnten, aus der Schrift *De ecclesia* (»Über die Kirche«) von Jan Hus überliefert: den waldensischen Traktat *De la potesta dona a li vicari de Crist* (»Über die den Statthaltern Christi gegebene Macht«).[25] Der hussitische Text stammt aus dem Jahr 1413 und muß – wie sich aus der textkritischen Prüfung seiner Übersetzung ergibt – sehr bald das Interesse der Waldenser auf beiden Abhängen der Cottischen Alpen geweckt haben.

Ein bereits erwähntes kleines, kostbares Werk über die Freuden und die Gefahr der christlichen Ehe, von Hus am 4. März 1415 geschrieben, hat seine besondere Geschichte: Der böhmische Reformator lag im Gefängnis zu Konstanz, und einer seiner Kerkermeister – der Italiener Roberto, der im Begriff war, zu heiraten – hatte keine Scheu, den der Häresie, der Ketzerei beschuldigten Prager Professor um seinen weisen Rat zu bitten. Die – bereits an anderer Stelle erwähnte – Schrift *De matrimonio ad Robertum* (»Über die Ehe, an Roberto«), von einem Waldenser übersetzt, geriet in weiten Kreisen des Volkes in Umlauf, wozu Roberto sicherlich selbst beigetragen hat, und fand weite Verbreitung in einem waldensischen Text, der mit den Worten beginnt *Yo entendo de dire* (»Ich möchte sagen«).[26]

Der Beweis einer gemeinsamen hussitisch-waldensischen Forschung nach der evangelischen Wahrheit und nach ihr entsprechenden, ihr angemessenen Formen des Zeugnisses wird in der Literatur erbracht durch eine Reihe theologischer Aufsätze, nach hussitischen Vorbildern »in waldensischer Sprache« verfaßt; an erster Stelle unter ihnen stehen die *Confessio Taboritarum* (das »Bekenntnis der Taboriten«) von 1431 und die Aktensammlung, die dem Autor, Nikolaus Biskupec von Pelhřimov, »Senior« der taboritischen Kirche, zur Verfügung stand. Die waldensischen Manuskripte von Cambridge, Dublin und Genf enthalten das gleiche Material, jedoch in unterschiedlicher Weise bearbeitet und mit erheblichen Modifikationen. In dieser Situation können wir – solange eine philologisch gesicherte Ausgabe der zur Frage stehenden Manuskripte noch fehlt – nur mit großer Vorsicht an das Unterfangen einer spezifisch literarischen Kritik herangehen. Es scheint, als ob einer oder mehrere der waldensischen Verfasser die Erarbeitung einer Darstellung der waldensischen Dogmatik vorgehabt hätten, wobei die *Confessio Taboritarum* als schon vorbereitetes hussitisches Material benutzt werden sollte. Viele Kapitel zum Thema, die vermutlich in vorangegangener Zeit separat ausgearbeitet worden waren, wurden im folgenden zusammengefaßt und adaptiert, um zusammen entweder unter dem Titel *Trèsor e lume de fe* [27] (»Schatzkammer und Licht des Glaubens«) oder in einer anderen, anders strukturierten Sammlung, die der Franziskaner Samuele di Cassine im Jahre 1510 vor Augen hatte und die er als *Libro expositivo* (»Buch der Erläuterungen«) bezeichnete, zu erscheinen. Der »Tresor« macht vor allem feierliche Aussagen über die souveräne christozentrische Autorität der Heiligen Schrift, die er wieder aufgreift aus der *Protestatio* des taboritischen Bekenntnisses, aus seiner kritischen Darstellung *De septem sacramentis* (»Über die sieben Sakramente«) – praktisch auf drei reduziert –, und aus *De somniato purgatorio et de invocatione sanctorum* (»Über das geträumte Fegefeuer und die Anrufung der Heiligen«). Im Manuskript von Cambridge faßt das Vorwort den dogmatischen Gehalt des gesamten *Tresors* zusammen; in acht Kapiteln werden signalisiert: Das Gesetz des wahren Gottes und wahren Menschen Jesus Christus, allein ausreichend zur Erlösung und zur vollkommenen Freiheit; der heilige katholische Glaube; die wahre und die falsche Buße; das wahre Fegefeuer und die zu diesem Thema sowie zur Anrufung der Heiligen verbreiteten Lügen (Kap. 5); die den Priestern übertragene Autorität; die Schlüsselgewalt; die wahren Ablässe.

Die Redaktion, die durch die Handschrift von Dublin bezeugt wird, akzentuiert dagegen viel stärker Themen der Katechese und bietet in diesem Zusammenhang eine Auslegung des Dekalogs *(Li comandement de Dio)* und eine kurze Exegese des Gebets des Herrn *(Tracta de l'oraczon)*.

In der *Confessio Taboritarum* waren einige Themen breit behandelt worden, die dann in der das Bekenntnis erläuternden Apologie wieder aufgenommen wurden, und zwar zu dem Zweck, die vom gemäßigten Flügel der Prager Hussiten herkommenden Kritiken zu widerlegen. Gewöhnlich haben aber die waldensischen Autoren in einem einzigen Traktat zusammengefaßt, was im taboritischen Dokument auf die beiden Hauptteile verteilt war. Auf diese Weise kombiniert auch *Tresor e lume de fe* zwei verschiedene Literaturgattungen und ist insgesamt ein deklaratives und missionarisches Manifest und eine Herausstellung der doktrinalen Katechese. Obzwar sie sich *a tuit li fidel e carissimes cristians* – »an alle gläubigen und sehr lieben Christen« – zu wenden gedenken, bekräftigen die Autoren, daß die hier dargelegte Wahrheit allein an die kleine Herde – *a li petit* – wirklich weitergegeben werden kann, an die, *a liqual solament es hubert aquest tresor, czo es l'entendament de la sacra Scriptura* – »denen allein jener Tresor offensteht, den die Lehre der Heiligen Schrift darstellt«. Zur Verwirklichung der ersten dieser Intentionen hat ihnen die *Confessio Taboritarum* beste Dienste geleistet; was die zweite betrifft, hat sie der Verfasser des *Tresors* dank seiner Vertrautheit mit der hussitischen Literatur theologisch-erbaulichen Charakters realisiert. Er benutzte beispielsweise wenigstens drei Texte von Hus: *De ecclesia* (»Über die Kirche«), den Sermon *Dixit Martha* (»Martha sprach«) und den Traktat *De mandatis Dei et oracione dominica* (»Über die Gebote Gottes und das Gebet des Herrn«), und er griff auch auf Schriften des Nikolaus von Dresden zurück, vor allem auf dessen Werk *De purgatorio* (»Über das Fegefeuer«).

Das Manuskript 306 von Wolfenbüttel – 1433 über den katholischen Theologen und Magdeburger Kanonikus Heinrich Tocke aus Prag erworben – steuert zwei lateinische Homilien über den Galaterbrief bei, angeblich von einem »Petrus Waldus, cardinalis romanus«, der sie gehalten habe, bevor er aus Rom vertrieben wurde. Es handelt sich um eine absurde Zuschreibung, aber sie läßt an Friedrich Reiser als Verfasser denken, der genau die Meinung ausgesprochen hat, Petrus Waldes habe sich in seiner Eigenschaft als Kardinal der römischen Kirche unmittelbar dem Papst Silvester gegenübergestellt. Hohe Wahrscheinlichkeit kommt der These zu, daß die beiden Predigten ein bemerkenswertes Dokument darstellen, das aus jenem deutschen hussitisch-waldensischen Bereich kommt, den eben Reiser zum gegebenen Zeitpunkt repräsentierte.[28]

Auch der Traktat *Puer Bohemus* (»Ein böhmischer Jüngling«) – der eine beharrliche Polemik gegen die Lehre vom Fegefeuer und das Fürbittgebet für die Verstorbenen entwickelt – scheint von gleicher Provenienz zu sein.[29]

Der Übergang der waldensischen literarischen Produktion taboritischer Orientierung zu einer offenen Manifestation der Solidarität mit dem Denken der Böhmischen Brüder wird durch zwei Dokumente gekennzeichnet, von denen das eine aus der deutschen Gruppe der Treuen Brüder, das andere von den franko-italienischen Waldensern herkommt. Das erste – der Brief, den die verfolgten Waldenser von Brandenburg 1480 an die Unität der Böhmischen Brüder richteten – ist uns nur in einer tschechischen Übersetzung erhalten.[30] Das zweite ist das Manifest, daß die Waldenser des Chisone-Tals 1488 dem päpstlichen Legaten Alberto Cattaneo am Vorabend des Kreuzzugs vorlegten: Eine Schrift, in der die alten Akzente der hussitischen Revolution in einem erneuerten Protest spürbar werden.[31]

Der Einfluß von Beziehungen zu den Böhmischen Brüdern ist von den Waldensern der Alpen in einem ihrer Traktate ausdrücklich anerkannt, nämlich in *Ayczo es la causa del nostre departiment de la gleysa romana* (»Das ist die Ursache unserer Trennung von der römischen Kirche«).[32]

Unter Verzicht auf eine »nikodemitische« Haltung, die er hätte einnehmen können, gibt der Autor zu, daß der Bruch seiner Glaubensbrüder mit der *gleisa de li malignant* – »der Kirche der Böswilligen« – unter jenem Druck erfolgt sei, der von der geoffenbarten biblischen Wahrheit auf das Gewissen ausgeübt werde, jener Wahrheit, die ans Licht gebracht worden sei »durch die Wortverkündigung von seiten vieler aus der Unität der Böhmischen Brüder«. Nach einer dogmatischen Exposition einer dem Bild der Urkirche entsprechenden Ekklesiologie wendet er sich gegen die ein Sakrileg bedeutenden Vorrechte der römischen Kirche wie z. B. die angebliche apostolische Sukzession und die Konstantinische Schenkung. Als Quellen dieses Traktats lassen sich verschiedene Schriften der Böhmischen Brüder angeben: Das Kapitel *En qual modo lo poble se deo aver a aquilli che son de fors* (Wie sich das Volk den Außenstehenden gegenüber zu verhalten hat) ist inspiriert von dem tschechischen Traktat »Wie man sich gegenüber der römischen Kirche verhalten soll«, verfaßt im Jahre 1471 von Gregor Krajčí, andere Abschnitte gehen auf einen Text des Lukas von Prag aus dem Jahre 1496 »Über die Gründe der Trennung« zurück.

Derselbe Lukas von Prag hat um 1501 auch »Kinderfragen« in der Absicht zusammengestellt, christlichen Eltern bei ihrer Erziehungsaufgabe zu helfen; dieser Text wurde – unter Reduzierung der Fragen von 75 auf 57 – unter dem Titel *Las enterrogacions menors* übersetzt. Der waldensische Katechet benutzt das Original mit einer gewissen Freiheit, läßt Fragen weg oder gruppiert sie um, vergißt auch nicht, auf den für Erwachsene bestimmten »Dritten Katechismus« des Lukas zurückzugreifen. Die Dreiteilung Glaube – Liebe *(amor)* – Hoffnung in den Kinderfragen der Böhmischen Brüder – Ausdruck einer typischen eschatologischen Perspektive – wurde in einem augustinischen Sinne modifiziert, zugunsten jener anderen Dreiteilung: Glaube – Hoffnung – Liebe *(caritas)*.

Las enterrogacions majors korrespondieren mit jenen »Größeren Fragen«, die Lukas von Prag für die bereits konfirmierten Glieder der Gemeinschaft bestimmt hatte. Mit vorwiegend apologetischem Inhalt ist die *Epistola al serenissimo princi rey Lancelau* an den böhmischen König Wladislaw II. Jagiello gerichtet, im Namen »der kleinen Herde von Christen, die mit einem falschen Namen und fälschlich als Pikarden oder Waldenser bezeichnet werden« – eine Benennung, mit der die Böhmischen Brüder oft von Katholiken und auch von den Hussiten beider Strömungen belegt wurden. Es handelt sich um eine Bearbeitung des Briefes, der von den Böhmischen Brüdern am 4. Dezember 1507 an König Wladislaw gerichtet worden war.

Der waldensische Traktat *De l'Antichrist* faßt in ausgezeichneter Weise die Idee zusammen, die die hussitische Reformation von eben dieser apokalyptischen Gestalt herausgearbeitet hatte. In unserem Text erscheint der Antichrist gleichsam als Verkörperung aller Fälle von Verrat, deren sich die Christenheit im Laufe der Geschichte schuldig gemacht hat.

Hauptquellen des Traktats sind die »Barke«, die Lukas von Prag nach seiner Rückkehr von einer Reise nach Konstantinopel im Jahre 1493 in tschechischer Sprache verfaßt hat, sowie andere, später entstandene Schriften desselben Autors.

All diese waldensischen Schriften, gleichermaßen am Denken der Böhmischen Brüder orientiert, vertiefen daher die dogmatischen und ekklesiologischen Differenzen zwischen der ersten Reformation und dem traditionellen Katholizismus. In Übereinstimmung mit den Böhmischen Brüdern betonen sie den Bruch, der nicht allein das Gebiet der Moral, sondern vor allem das der Lehre betrifft: Die wesentlichen Wahrheiten sind durch die im konstantinischen Sinne orientierte Christenheit so weit deformiert worden, daß auch die »dienstbaren Dinge« oder Hilfswahrheiten – die durch die kirchliche Organisation in der Richtung auf eine christliche Präsenz in der Welt brauchbar gemacht wurden – zu Positionen verändert worden sind, die im Gegensatz zu Christus stehen. Um des Heils, um der Erlösung willen gilt es daher, sich auf das einzige Fundament zu stellen, das durch die Gnade Gottes des Vaters, durch das Verdienst Jesu Christi und durch die Gaben des Heiligen Geistes angeboten wird, und entschieden jene ökonomischen, politischen und kulturellen Unterstützungen zurückzuweisen, die – auch noch im Namen Christi – von der geistlichen und weltlichen Macht weithin mißbraucht worden sind.

Diese aus dem Zusammenwirken mit den Böhmischen Brüdern geborenen waldensischen Texte haben uns bereits in das erste Viertel des 16. Jahrhunderts geführt. Der Brief des Barben Bartolomeo Tertian von Meana [33] scheint bereits einer ein wenig späteren Zeit anzugehören. Der Brief fordert die Brüder aus dem Pragelato-Tal auf, »sich von allem ungeordneten Leben frei zu machen. Liebe und Glaubenstreue sollen in der Gemeinde herrschen, jeder behandle den Nächsten so, wie er selbst behandelt werden möchte.« Der waldensische Historiker Miolo reiht diesen Tertian in die Liste der Barben ein und zählt ihn zu jenen, die in der ersten Hälfte des 16. Jahrhunderts gelebt hätten, weist dabei aber den Leser 160 Jahre zurück: Miolo registrierte hier eine zu seiner Zeit (im Jahre 1587) noch lebendige Tradition, und wir dürfen schlußfolgern, daß es sich um ein Zurückgreifen um 60 und nicht um 160 Jahre handelt. So kann man etwa das Jahr 1527 als wahrscheinlichen Zeitpunkt des Briefes von Bartolomeo Tertian annehmen.

Die Untersuchung der ersten Kontakte zwischen den latinischen Waldensern und den Reformatoren von der anderen Seite der Alpen führte zur Erkenntnis der Bedeutung der Dokumentation von Georg Morel für das Studium jener entscheidend wichtigen Periode. Erinnern wir uns daran, daß das Manuskript C.5.18 von Dublin in »waldensischer« Übertragung ein Summarium der theologischen Verhandlungen bewahrt, die im Jahre 1530 zwischen Morel und den rheinischen Reformatoren Johannes Oekolampadus und Martin Bucer stattgefunden haben. Das Morel zugeschriebene sog. »Glaubensbekenntnis«, das er 1531 in Mérindol verfaßt haben soll und das durch die von Perrin 1618 vorgenommene Publikation bekannt ist, scheint ein Extrakt aus Texten waldensisch-hussitischer Orientierung zu sein.

Wir schließen diesen kurzen Überblick ab, indem wir noch an die – italienisch niedergelegte – Deklaration der Synode von Chanforan 1532 erinnern: Wir verdanken Prof. V. Vinay die quellenkritische Ausgabe dieses Dokuments, eingeschlossen in eine wichtige Sammlung von waldensischen Glaubensbekenntnissen (Turin, 1974). Die 23 Artikel und das Nachwort der Deklaration von Chanforan aus dem Jahre 1532 sind enthalten in dem wertvollen Manuskript von Dublin, auf das im Verlauf dieser Untersuchung bereits viele Male Bezug genommen wurde.

VI. Die Botschaft

Durch die Entwicklung ihres Biblismus realisierten die
Waldenser in der Praxis das Prinzip, das später Wyclif und
die hussitischen Führer als theoretische Forderung ausgesprochen haben: Theologe sei jeder, der sein Menschentum
vor Gottes Gesetz verantwortlich leben will.[1] Die offizielle
scholastische Theologie verweigerte den Waldensern ihre
Unterstützung. Sie war allzu sehr mit den sie tragenden gesellschaftlichen Strukturen verflochten, als daß sie sich hätte
auf die Dienste einer kritischen Reflexion einlassen wollen,
die von der Wahrnehmung ausging, daß das Christentum
auf Abwege geraten sei. Der erste ausdrückliche Fachtheo-
loge im traditionellen Sinne war für lange Zeit zugleich
auch der letzte. Durch seine Rückkehr in die römische Kirche erweckte Durand von Osca Mißtrauen bei den Waldensern gegenüber der schulmäßigenTheologie überhaupt. Die
Waldenser schufen keinerlei abgerundetes gedankliches
System, das vergleichbar wäre mit irgendeiner der theologischen Summen der großen Scholastiker. Die auffällige Analogie zwischen den theologischen Summen und dem Höhen-
streben des ganzheitlich gestalteten Raumes gotischer Kathedralen spiegelte in sich die soziale Stabilität und die Or-
ganisationsordnung wider, die die Kirche der Welt aufzu-
zwingen bestrebt war. Das unstete Herumwandern der Waldenser Prediger hatte andererseits seine Analogie in der
fragmentarischen Spontaneität der Waldenser theoretischen
Aussagen. Aus ihnen leuchteten immer wieder neue Rück-
wendungen zum Evangelium Christi auf, das sich dem
kirchlichen Zuschnitt widersetzt. Die Quellen mit verläßlich waldensischer Herkunft, denen wir uns vor allem zuwenden müssen, tragen einen doppelten Charakter. Die
einen betonen die Ehrfurcht vor der Grundlage des aposto-

lischen Glaubensbekenntnisses, auch wenn sie durch die römische Kirche vermittelt wird. Das gilt zum Beispiel für das Lyoner Bekenntnis von Waldes, für Durands *Liber antiheresis* und die Sieben Artikel aus der Wende vom 13. und 14. Jahrhundert. Die anderen entstanden aufgrund verschiedener Anregungen in der Diskussion strittiger oder irgendwie aktueller Probleme und drücken besser die eigene Meinung und die Gedankengänge und Entschlüsse der Waldenser aus. Die Geschichtsschreiber, die sich an der Rekonstruktion der Waldenser Gedankenwelt versuchten, blieben häufig in der durch Inquisitionsprotokolle und Verzeichnisse der Irrtümer vorgezeichneten Spur, wobei man sich einseitig für die leugnenden Thesen interessierte, für das, wozu die Waldenser ihr entschiedenes Nein sagten. Sollen aber diese parteiischen Angaben der Feinde wirklich das Geheimnis preisgeben, das sie andeuten, dann müssen wir sie vom Nährboden der Motive her interpretieren, die in den Dokumenten direkt waldensischer Provenienz dominieren.

Das literarische Werk Durands von Osca war noch insgesamt eine Frucht der scholastischen Bildung, wie sie im 12. Jahrhundert gepflegt wurde. Nach kaum zwei Jahrhunderten aber erklärten die Lombardischen Armen, daß die Erkenntnis, um die es ihnen ging, die Erkenntnis aus dem Heiligen Geist, sich in keiner Weise auf »logische Wissenschaft« *(sermocinalis scientia)* stütze, wie sie von den Inhabern der Macht und ihren Liebedienern gefördert werde. Die Torheit des Kreuzes zu predigen war doch weder den Philosophen noch den Wohlgeborenen und Machthabern aufgetragen worden. Zur Zeit der Apostel war diese Aufgabe den Fischern anvertraut worden, und es gibt keinen Grund, warum sie heute nicht etwa den Landleuten zufallen sollte. Die Erkenntnis aus dem Heiligen Geist, so meinten die lombardischen Brüder, will kein abgerundetes System geben, durch dessen sozialen Horizont die Christenheit rationalisiert werden solle. Wissenschaft um der Wissenschaft willen, wie sie von einigen Kirchengelehrten praktiziert wird, ist ihr fremd. Sie widmet sich umgekehrt absolut den Diensten der evangelischen Botschaft. Sie kennt nichts anderes als den gekreuzigten Jesus. Sie ist mittelbar und verständlich, um dem Nächsten zu nützen. Zu Recht mochte es daher dem abgefallenen Waldenser Siegfried so scheinen, als hätten die Waldenser aufgehört, »legitime Söhne der Theologie« zu sein, als sie es ablehnten, ihre Sache mit verstandesmäßigen Argumenten zu begründen, als sie die Schriften der heiligen Lehrer verachteten und sich weigerten, sich der regelrechten scholastischen Lehre *(regimen scolasticum)* und ihren Methoden unterzuordnen. Mit ihren Überlegungen nehmen sie sich neben den Kirchenvätern oder anderen neueren Denkern mit klingenden Namen wie Ameisen oder Mücken neben Löwen und Adlern aus.

Als es zu Begegnungen und gegenseitigen Meinungsaustauschen mit anderen, ja sogar andersartigen nonkonformistischen Gruppen kam, da zeigte es sich, daß der Mangel an rein technischem Fachinstrumentarium der intellektuellen Arbeit eine große Schwäche der Bewegung war. Die Folge dieser volkstümlichen, aber amateurhaften Theologie war eine gewisse ideelle Hinfälligkeit, welche die Waldenser besonders auf einigen Gebieten zeigten. Das war auch eine der Ursachen, warum im Laufe des 14. Jahrhunderts immer häufiger gerade solche Menschen von der Bewegung abfielen, die einen bestimmten Bildungsgrad erreicht hatten. In diesem Sinne bedeutete für die Waldenser die Zuwendung zum Hussitentum im 15. Jahrhundert geradezu eine rettende Wendung. Das Hussitentum vermittelte den Waldensern ein gedankliches Rüstzeug, das zumindest formal den Dialog mit der scholastischen Tradition ermöglichte. Die böhmische Reformation hatte eigentlich bereits 1409 die erste europäische Universität auf ihre Seite gebracht, die bereit war, ihren Ruf zu riskieren. Die Waldenser halfen besonders in den entscheidenden Jahren seiner Kristallisation dem hussitischen Gedankengut, die wichtigen evangelischen Motive nicht brachliegen zu lassen, welche die Scholastik gemieden hatte. Im hussitischen Böhmen aber fanden sie selbst, was sie bei sich vermißten: eine reiche, mannigfaltige und doch von einem einheitlichen Standpunkt aus zu entwickelnde Literatur. Unter hussitischem Einfluß gewinnen die Waldenser Schriften immer mehr den Charakter von Manifesten und Konfessionen, die in der Absicht formuliert sind, dem Gesetz Gottes die Ehre wiederzugeben und allen Götzen abzuschwören.

Das katholische Europa vermochte nicht, mit dem Hussitentum Schluß zu machen wie seinerzeit mit dem Albingensertum. Es gelang ihm allerdings, das Waldensertum weitgehend von dem böhmischen Brennpunkt zu isolieren. Für die romanischen Waldenser, die teilweise schon vom Synkretismus einer volkstümlichen Schwärmerei erfaßt waren, bedeutete daher die Hinwendung zur Schweizer Reformation die Befreiung von doktrinären und auch organisatorischen Unsicherheiten.

Das gepredigte Wort

Das Waldenser Gedankengut war aus der erschütternden Erfahrung geboren worden, daß die gesellschaftliche Autorität einer Welt, die bisher unproblematisch als christlich verstanden wurde, in Wirklichkeit die freie Verkündigung des evangelischen Wortes verhindert. Dieses Wort bemächtigt sich freilich des Menschen nicht anders als durch mündliche Mitteilung, durch Predigt, durch persönliche Bezeugung. Den Waldensern nach gebührt deshalb dem volkstümlichen Predigen prinzipieller Vorrang.

Einen neuen Aufschwung bereiteten dem Waldenser Predigertum die direkten Vorfahren des Hussitentums, als sie erneut entdeckten, daß »Gottes Wort nicht in Fesseln liege« (2. Timoth. 2, 9). Die Gründungsurkunde der Bethlehemkapelle ging von der Voraussetzung aus, daß »Gottes Wort nicht gefesselt sein dürfe, sondern daß im Gegenteil seine Verkündung das vor allen anderen freieste Werk« sein müsse. Und wenn der erste hussitische Artikel verlangt, »daß Gottes Wort frei und ohne Behinderung verkündet und gepredigt werde«,[2] so wurde hier laut ausgesprochen, was die Waldenser zwei Jahrhunderte lang heimlich ersehnt hatten. Bereits bei ihnen aber zeigte es sich, daß diese so geforderte Freiheit des Wortes notwendigerweise mit dem kanonischen Recht in Widerspruch gerät. In den Augen der Hierarchie konnte die Predigertätigkeit nur durch die kanonische Mission legitimiert werden. Umgekehrt behaupteten die Waldenser besonders in den Jahren ihres ersten Auftretens, sie besäßen einen direkten Auftrag von Christus. Er lege die Aufgabe zu predigen allen auf, die fähig wären, sie zu erfüllen, also jedem, der Gottes Wort kenne. Auch ein Laie könne es unter dem Volke aussäen. So werde der schon von Moses ausgesprochene Wunsch erfüllt, jedermann möge ein Prophet sein. Auf diese Weise erkannten die Waldenser dem Laienvolke die Teilnahme am Kirchenleben in einer Zeit zu, als der Klerus eifersüchtig über seinen gewonnenen Privilegien wachte. Am provokativsten erschien den kanonischen Orden das Predigen der Waldenser Schwestern. Das widersprach nicht nur dem Verbot der Zugehörigkeit von Frauen zum Klerikerstand, das Innozenz III. gerade erneuert hatte, sondern auch der Verachtung der Katharer gegenüber den »elenden weiblichen Geschöpfen«. Die Waldenser blieben zwar nicht lange bei solchen radikalen Anläufen, aber die Tendenz, die christliche Anwesenheit in der Welt zu entklerikalisieren, blieb so etwas wie ein beständig explosives Element ihrer Bewegung.

Die Waldenser fanden bei den Hussiten wirksame Unterstützung und Erneuerung bei der Betonung der Unveränderlichkeit der Predigersendung. Hus vertrat zwar eine abweichende Meinung, die in dem starken Bewußtsein der Unersetzlichkeit und Einzigartigkeit der Priesterweihe begründet war. Er verpflichtet den Priester, zur Zeit, aber auch zur Unzeit zu predigen, eventuell sogar gegen das Verbot von Vorgesetzten, bezieht in diese Pflicht aber Nichtpriester nicht ein. Doch schon bei Nikolaus aus Dresden zeigt sich 1412 die Überzeugung, daß Predigen die Aufgabe aller sei, die Gottes Gesetz der vollkommenen Freiheit erkannt haben. Sie mögen immer und überall predigen, am meisten und unwiderruflich dann, wenn die Prälaten das Predigen aufgeben oder der Verkündigung des Evangeliums sogar Hindernisse in den Weg legen. Die altwaldensische These erneuerte Nikolaus in einer Zeit, als die Waldenser Predigt ihren früheren Anspruch auf Öffentlichkeit aufgegeben hatte und sich vor allem an die eigenen Reihen wandte. Nikolaus korrigierte damit notwendigerweise die späte Revision, welcher die Waldenser im 14. Jahrhundert ihre Auffassung von der Funktion der Predigt unterworfen hatten. Sie waren der Meinung, daß ein zeitweiliges Dämpfen des Angriffs auf die Öffentlichkeit durch das Predigen die unvermeidliche Etappe des eschatologischen Dramas sei, in dem sie als Mitspieler fungierten. Offenbar riß sie die Welle ungeduldigen Abschätzens künftiger Ereignisse mit, die im Jahrhundert des Papsttums von Avignon das vielfach empfindsame Denken erfaßt hatte. Als Symptom der allgemeinen Zeitkrise wurden eschatologische Erwartungen besonders innerhalb des linken Flügels des Franziskanerordens wach. Diese Stimmung regte auch die Enderwartungen der Waldenser an, die übrigens ständig den Horizont ihrer Religiosität auflodern ließen, und färbte ihr Selbstbewußtsein. Ein in Sankt Pölten im Jahre 1315 verbrannter österreichischer Waldenser gab zu, daß das Predigen seiner Freunde auf unüberwindliche Schwierigkeiten gestoßen war. Zugleich aber glaubte er, daß fünfzehn Jahre Freiheit ausreichen würden, um es als Sieger durch die Welt zu führen. Ein halbes Jahrhundert später prophezeite der Autor einer waldensischen Bearbeitung des Traktats über Leiden der letzten Zeiten *(De las tribulacions)*, daß die Zeit der großen Verfolgung durch den Antichristen anhebe. Er gibt der kirchlichen Obrigkeit die Machtmittel der Könige und Fürsten in die Hand und verkündet unter Mithilfe der beiden Bettelorden weit und breit eine entartete Form des Christentums. Unter solchen Umständen, deren Vorspiel schon begonnen habe, »werden die Gläubigen schon nicht mehr öffentlich predigen, weil die guten Menschen ausgestoßen werden... Zu dieser Zeit werden die Diener Christi nur heimlich predigen, um der Wut der Verfolger zu entgehen.«[3] Um das Jahr 1368 betonten einige Waldenser Gruppen, daß sich Elias vor der Herrschaft der Königin Jesabel versteckt habe. Mit diesem Beispiel des Propheten, der sich das Leben durch die Flucht in die Wüste gerettet hatte, rechtfertigten sie das zeitweilige

Verstummen der eigenen Predigt. Um so mehr begrüßten sie in der hussitischen Predigertätigkeit gewissermaßen die Auferstehung der verspäteten Mission des Elias.

Das Problem der höchsten Autorität konkretisierte sich für die Waldenser von dem Augenblick an, als die traditionelle kirchliche und auch die gesellschaftliche Autorität ihre Sendung radikal in Zweifel stellte. Von da an beriefen sie sich ständig auf das Wort, mit dem der Apostel Petrus die Ansprüche des Hohen Rates der Juden zurückgewiesen hatte: »Man muß Gott mehr gehorchen als den Menschen« (Apg. 5, 29). Wann immer menschliche Autorität die Sache des gepredigten Evangeliums bedroht, ergibt sich für die Waldenser die Pflicht zum Ungehorsam; wie die Lombardischen Armen in einem Brief nach Deutschland schrieben, entscheide sich der Christ »nach Gott und seinem Gesetz«. Zu Beginn des 13. Jahrhunderts faßten sie dieses Prinzip in Übereinstimmung mit ihren Lyoner Freunden so auf, daß in der kirchlichen Tradition alles annehmbar ist, was nicht in direktem Widerspruch zur biblischen Bezeugung des Gesetzes Gottes stehe. Ihre Nachfolger radikalisierten bald darauf dieses Prinzip in dem ausschließlichen Sinne, daß alles, was in der Schrift nicht ausdrücklich enthalten ist, keinen Anspruch auf Gültigkeit in der Kirche habe. Die altchristlichen Glaubensbekenntnisse besitzen nur Wert als orientierende Zusammenfassungen der apostolischen Verkündigung, indem sie zum Kern des biblischen Inhalts hinführen. Die drei klassischen Symbole der kirchlichen Orthodoxie – das Apostolische, das Nikäisch-Byzantinische und das Athanasianische –, zu denen sich Waldes im Jahre 1180 bekannte, nahmen auch viele Waldenser der späteren Generationen als ihre eigenen an. Der Widerstand gegen die symbolischen Schriften charakterisierte in der Regel Waldenser, die entweder weniger unterrichtet oder von katharischen Einflüssen angesteckt waren.

Den Kanon übernehmen sie im Umfang der lateinischen Vulgata. Das Mißtrauen, das die Lombardischen gegenüber den Büchern der Makkabäer bekundeten, ermöglichte es später den romanischen Waldensern, das taboritische Prinzip anzunehmen: In Fragen der Glaubenslehre besitzt die. Schrift normative Gültigkeit im Umfang des hebräischen Kanons, die übrigen apokryphen Bücher können nur zu Bildungszwecken erfolgreich benützt werden. Praktisch galt freilich bei den Waldensern hinsichtlich seiner Bedeutung das Neue Testament immer mehr als das Alte. Die erhalten gebliebenen Handschriften mittelalterlicher Waldenser Bibeln enthalten nur eine Auswahl aus dem Alten Testament, während das Neue vollständig zu sein pflegt. Die Praxis der Böhmischen Brüder war ähnlich. Bis zur Herausgabe der vollständigen sechsbändigen Kralitzer Bibel, die allerdings erst zur Zeit ihrer Hinwendung zum Calvinismus entstand, begnügten sie sich mit Editionen des tschechischen Neuen Testaments (1518, 1525, 1564 und 1568). Sie knüpften damit an die Übersetzungsarbeit der taboritischen Bibelkundigen an. Die angedeutete Analogie mit der Entwicklung in der Brüdergemeinde bestätigt auch in dieser Angelegenheit die Bedeutung des Beschlusses von Chanforan. Eine seiner Folgen war die Übersetzung der ganzen Bibel ins Französische, die von Pierre Robert Olivétan für Geld der Waldenser und in ihren Alpentälern besorgt wurde. Sie erschien bereits 1535 in Neufchâtel mit Vorreden von Calvin. Chanforan überführte demnach mit einem Schlage die romanischen Waldenser in das reformierte Milieu, wo man die Einheit beider biblischen Testamente im Sinne einer Identität ihrer wesentlichen Inhalte auffaßte. In eine ähnliche innere Situation geriet die Brüdergemeinde um ein halbes Jahrhundert später.

Bei der Auslegung der Schrift unterschieden sich die Waldenser beim methodischen Vorgehen nicht von den Gepflogenheiten der mittelalterlichen Exegeten, einzig vielleicht durch den ausschließlichen Nachdruck auf die Zentralfigur Jesu in der Gesamtheit der biblischen Bücher. Die Abhandlung über die Tugenden *(De las vertucs)* widmet ganze Seiten der Analyse der vier Hauptsinne, die man nach scholastischer Auffassung mit einiger Aufmerksamkeit aus jedem biblischen Abschnitt herauslesen kann. Das ist zunächst der wörtlich-sachliche »historische« Sinn, dann das »gemischte, allegorische Begreifen«, als dritter der topologische Sinn, durch den sich die Auslegung auf das Erwecken des seelischen Lebens des einzelnen Zuhörers orientiert, und schließlich der anagogische Sinn, der »nach oben führende«, wie Hus zu sagen pflegte, der auf die Grenzsituationen des Menschen in den Beziehungen zur Metaphysik hinweist. Wichtiger war, daß sich für die Waldenser die ganze Schrift durch die Evangelien eröffnete, konkret durch die Bergpredigt Jesu. Konsequent interpretierten sie in ihrem Lichte und aus dem Anspruch ihrer Forderungen alle weniger klaren Stellen in Evangelien und Briefen.

Die Abkehr vom Konstantinismus

Die Waldenser brachten gemeinsam mit anderen unruhigen Ketzern durch ihre Kritik die herrschende Kirche dazu, daß sie über sich selbst nachzudenken begann. Unter den ersten, die sich zu systematischeren Erwägungen über Charakter und Sendung der Kirche anregen ließen, befand sich Moneta aus Cremona mit seiner Abhandlung über die Waldenser Irrlehren. Und in einer ähnlichen Glut antiwaldensischer Polemik prägte der Bischof Guido Terreni von Perpignan im 14. Jahrhundert überhaupt erstmalig die Losung von der Unfehlbarkeit der Kirche und des Papstes, wenn sie die Wahrheit eingrenzen wollen, von der das Heil abhängig ist.

Die originäre Ekklesiologie der Waldenser selbst war zunächst nicht revolutionär. Lange stimmte sie mit den Ansichten der ersten Glossatoren des Gratianischen Dekrets überein, besonders mit dem Standpunkt von Uguccio von Pisa († 1210). Er unterschied zwischen dem geistlichen Auftrag als dem wertvollen Privileg aller Gläubigen und der sehr begrenzten Macht der lokalen römischen Kirche. Nach ihm habe der Apostel Petrus durch sein Bekennertum weit mehr die Gemeinschaft der Christen und die Vielfalt ihrer Gaben vorgezeichnet als etwa den Papst. Diese Anregungen Uguccios nützte Nikolaus von Dresden ausgiebig aus und vereinigte später seine Sympathien zu den Waldensern mit ihnen.

Die Waldenser gaben niemals die subjektive Überzeugung auf, Glieder der allgemeinen katholischen Kirche zu sein. Sie behaupteten das von sich sogar dann, als keine Zweifel mehr über ihren Nonkonformismus hinsichtlich der Organisationsform bestanden, in der sie die Kirche der Bösen (Psalm 25, 5) oder geradezu die apokalyptische Hure sahen. Kaum war die Inquisition eingerichtet worden, als sich die Lombardischen Armen auch schon ausdrücklich von der blutbefleckten Kirche distanzierten, aber dabei niemals die Kontinuität der Gläubigen anzweifelten, die – wenngleich nur als bloße Minderheit – zu allen Zeiten die wahre Kirche bilden. Das Taborer Bekenntnis formulierte dann für sie, was sie schon seit Jahren fühlten: Die wahre Katholizität ist identisch mit der Hingabe an die apostolische Verkündigung. Die Taboriten vertraten ebenso wie die Waldenser, wie sie selbst schrieben, einen »katholischen Standpunkt«. Wenn sie sich an die Christen mit dem manifestierenden Elan von Revolutionären wandten, so taten sie dies nicht deshalb, weil sie sich um irgendeine zusätzliche Eingliederung ihrer reformierten Gemeinschaft in die alte Christenheit bemühten, sondern weil sie die gemeinsame Rückkehr aller in die Urkirche wünschten. Die Waldenser, so verkündete Reiser, sind Christen im Schoße der römischen Kirche, die der Konstantinischen Schenkung den Laufpaß gegeben haben. Hinter diesem Ausspruch zeichneten sich die Umrisse der Waldenser Theologie der Geschichte ab.

Bereits der Prolog von Durands *Liber antiheresis* schilderte die Geschichte des Gottesvolkes als Teil eines großzügigen Kampfes, den Gott mit dem Teufel um das Heil der Menschen führt. Zum Werkzeug der Erlösung wird im Wechsel der Zeiten immer wieder von neuem das gepredigte Wort. Seine Sendung ist besonders wichtig in der Zeit, die nach dem Tode der Apostel folgt. Die Kirche, einst geschaffen ohne Flecken und Runzeln, wurde – kaum, daß sie gereift war – zum Opfer verschiedenster Verlockungen. Fort sind die Zeiten, als Johannes den Irrlehren in Kleinasien entgegentrat, Matthäus in Äthiopien, Simon und Thaddäus in Persien und Paulus mit Unerbittlichkeit fast überall, wohin er auf seinen wechselvollen Reisen kam. Heut sucht der simonitische Klerus so sehr den eigenen Vorteil, daß niemand von ihm eine Erneuerung der apostolischen Predigt erwarten wird. Aber Gott, der sein Volk niemals ganz verläßt, hat sich entschlossen, für diese Aufgabe Waldes auszuerwählen. Die Geschichte verläuft demzufolge in drei Etappen. In der ersten gipfelt das Rettungswerk in der Begegnung Christi mit den Priestern von Jerusalem. In der zweiten widersteht die Predigt der Apostel den teuflischen Anfechtungen. In der dritten gibt Waldes der evangelischen Predigt ihre vernachlässigte Glaubwürdigkeit zurück.

Erst bei den Lombardischen Armen bekamen Durands Überlegungen über die zentrale Bedeutung der Predigt für den Lauf der Geschichte eine scharf polemische Färbung gegenüber der Kirche,' die nunmehr voll beschuldigt wurde, ihre Sendung verraten zu haben. Sie sah sich so für immer in Zusammenhang gebracht mit dem Kampf gegen die Konstantinische Schenkung und gegen den Konstantinismus überhaupt. Gerade in dem Jahrhundert, in dem Waldes auftrat, nahmen die Juristen der Kirche unter ihre Dokumente die unterschobene Urkunde über die sogenannte Konstantinische Schenkung auf. Die Kirche erhob dadurch den Anspruch, Ordner der Welt zu sein. Die herrschende ekklesiologische Denkweise entsprach weiterhin immer mehr den Vorstellungen, wie sie sich die Organisatoren der Christenheit selbst über ihre eigene Funktion machen.

Die Stimmen der Unzufriedenen wurden allerdings ebenfalls laut. Seit dem 13. Jahrhundert wurden ihrer immer mehr, sie riefen nach einer armen, auf ihre geistlichen Aufgaben konzentrierten Kirche; sie verlangten nach Trennung, Abgrenzung der Kompetenzen und Auseinanderhaltung von geistlicher und weltlicher Macht. Mit besonderer Kraftfülle und beachtlicher Lautstärke artikulierten Marsilius von Padua zu Beginn und John Wyclif gegen Ende des 14. Jahrhunderts diese Forderungen. Eigentlich gaben beide Denker den höchsten weltlichen Machthabern Anleitungen, wie man bei obrigkeitlicher Einführung der Reformation sowohl in der Kirche als auch im Staate vorzugehen habe. Wyclif hoffte, der englische König werde durch durchschlagende Maßnahmen die Schäden beseitigen, welche einst die Schenkung Konstantins des Engländers angerichtet habe. Aber weder Marsilius noch Wyclif und vor ihnen nicht einmal Dante gaben die Vorstellung von einer einheitlichen Christenheit auf, wenn auch die Aufgabe, die sie der päpstlichen Kurie zuerkannten, stark beschnitten war. Sie zweifelten also nicht an der Christlichkeit der europäischen Menschheit und setzten stillschweigend voraus, daß dort Untertanen und Herren ständig auch weiterhin als Glieder einer allgemeinen Kirche geboren würden.

Die Waldenser verwendeten die konstantinischen Legenden in einem anderen, radikalen kritischen Sinne. Ihre Unzufriedenheit mit der Unchristlichkeit der Christenheit verlangte nach einer Antwort auf die Frage, wer diesen Zustand verschuldet und wann er eigentlich eingesetzt habe. Eine ähnliche Frage stellte sich freilich auch die Reformation des 16. Jahrhunderts. Sie schätzte ein, daß der Verfall erst im hohen Mittelalter oder – wie die protestantische Gelehrsamkeit meinte – irgendwann im 6. Jahrhundert eingetreten sei, als sich die vorangegangene Harmonie angeblich aufgelöst hatte. Die Waldenser suchten den Anfang des Abweges tiefer in der Vergangenheit, zu Beginn des 4. Jahrhunderts, als Konstantin und Silvester die pseudochristliche Einheit der zivilisierten Welt schmiedeten. Zum Unterschied von den etwas akademischen oder lyrischen Verurteilungen der Konstantinischen Schenkung verbanden die Waldenser mit dem Antikonstantinismus ihre historische Existenz. Ihrer Fassung der antikonstantinischen Legende sind wir schon mehrfach begegnet. Eine ihrer ältesten Versionen hat Moneta festgehalten. Aus seinem Vermerk geht die Überzeugung von der historischen Schuld des Papsttums hervor:

»Angestachelt vom Gift der Treubrüchigkeit versuchen die Ketzer zu beweisen, daß die römischen Hohenpriester und ihre Anhänger nicht die Nachfolger Petri sind, sondern Konstantins, und daß die Kirche nicht von Petrus herstammt, sondern von Konstantin oder Silvester. Sie behaupten als sicher, daß zur Zeit, als Paulus nach Rom kam, dort die römischen Kaiser die Heiligen, die damals in Rom lebten, einfingen, schmähten und einkerkerten. Fast jedermann war gegen sie und lieferte sie aus. Rom beherrschte damals die Welt. Als erster hatte sich Julius Caesar mit übermütiger Gier der kaiserlichen Regierung bemächtigt, indem er sie einem anderen wegnahm. Dieses römische Imperium bestand bis zu Konstantins Zeiten. Auch er bemächtigte sich im Übermut der Regierung, und als er sie fest in Händen hatte, übergab er sie an Silvester, den Papst der römischen Kirche, und übereignete ihm alle Symbole der kaiserlichen Macht, nämlich die Kaiserkrone, den Purpurmantel, den Palast auf dem Lateran und die Macht und die Herrschaft über die Welt, wie er sie selbst besaß, auch wenn er sie durch Gewalt und Raub gleich wie Julius Caesar und andere seiner Vorgänger erworben hatte. Daher übt auch Silvester die Macht, nachdem er sie unrechtmäßig erworben hat, ausbeuterisch aus. Und ähnlich verfahren alle seine Nachfolger. Die römischen Hohenpriester mögen deshalb nicht behaupten, sie seinen Nachfolger Petri, wenn sie doch erst nach Konstantin folgen.«[4]

Einige Waldenser Gruppen machten sich gegen Ende des 13. Jahrhunderts die Silvesterlegende offenbar in Übereinstimmung mit der weitverbreiteten mittelalterlichen Ansicht dahingehend zurecht, daß man die Verfallserscheinungen nur korrigieren kann, indem man aus der gesunden Vergangenheit Sanktionen für die Reformtätigkeit in der Gegenwart ableitet. Ihren eigenen historischen Ausgangspunkt, der seine Wurzeln im protestierenden Widerspruch zu Silvester hatte, verlegten sie in die Zeit des konstantinischen Umsturzes. Hundert Jahre später führte das Waldenser *Liber electorum* diese Auffassung näher aus: Gute dreihundert Jahre bis zu Konstantin waren die verantwortlichen Vorsteher der Kirche in Armut und Demut verblieben. Konstantin, der von dem bis dahin ärmlich auch mit seinen Gläubigen lebenden Silvester wunderbar geheilt wurde, beschenkte den Papst durch Krone und Insignien mit dem Kaisertum. Nur ein einziger von Silvesters Gefährten unterlag nicht der Versuchung. »Dieser Freund«, erzählt der Waldenser Autor[5], »trennte sich – wie ich gehört habe – von Silvester und stimmte seiner Entscheidung nicht zu.« So geht weiter durch die Geschichte eine unbedeutende Minderheit von Gläubigen in Armut und Verachtung, während sich die Mehrheitskirche in der Welt komplett eingerichtet hat. Zu einer ausdrücklicheren Erneuerung kam es erst im 12. Jahrhundert: »Achthundert Jahre nach Konstantin erhob sich ein Mann mit Namen Petrus – wie ich gehört habe – aber er stammte aus dem Gebiet Vaud.« Bei dieser Auffassung sind also die Waldenser die Fortsetzer des Antisilvesterprotestes, den angeblich Waldes aufs neue artikulierte. Erscheint hier auch Waldes schon nicht mehr als Begründer der Bewegung, sondern nur als ihr Reformator *(non principium, sed reparator nostri ordinis)*, so wird er doch noch nicht mit dem seinerzeitigen Gefährten Silvesters identifiziert.[6]

Zu einer solchen Identifizierung aber kam es – und zwar in Kreisen der mitteleuropäischen Waldenser – spätestens im letzten Jahrzehnt des 14. Jahrhunderts unter dem schlimmsten Druck der inquisitorischen Verfolgungen. Und in dieser Fassung lernte Peter Chelčický die Waldenser Legende kennen, und so wirkte sie auch auf die Böhmische Brüdergemeinde.

Die schicksalsschwerste Folge des Verrates von Silvester war – wie die Waldenser meinten – die übermäßige Erhöhung des römischen Papsttums. Da sich seine Ansprüche immer wieder auf die Tradition vom Aufenthalt des Apostels Petrus in Rom, sein vermeintliches Bischofsamt und seinen Märtyrertod in der ewigen Stadt stützten, so orientierten die Waldenser ihre kritisierende Intuition darauf, daß sie diese Tradition in Zweifel zogen. Es gebührt ihnen damit die Priorität in der Geschichte der Einwände gegen das römische Episkopat Petri. Sie griffen vor allem die Leichtgläubigkeit an, mit der das Mittelalter die angeblichen Überreste Petri verehrte. Eine sehr verbreitete Sage behauptete, Kaiser Konstantin habe die Gebeine des Apostels Petrus aus einem Grabmal an der Via Appia auf den Vatikan übertragen lassen, um über ihnen die großartige

St.-Peter-Basilika erbauen zu können. Die Waldenser störte gerade diese konstantinische Pracht, und sie äußerten Zweifel an der historischen Zuverlässigkeit dieser in den Fundamenten des Gebäudes niedergelegten Überreste. Sie meinten, daß es sich eher um irgendeine heidnische Grabstätte handle. Unter Berufung auf die Aufforderung Jesu »Mögen die Toten ihre Toten begraben« (Matth. 8, 22) lehnten sie prinzipiell den Reliquienkult ab. Das Neue Testament spricht nirgends davon, daß Petrus nach Rom gereist sei, dort geweilt habe und sogar Bischof geworden sei. Diese auf dem Schweigen des Neuen Testaments begründete Annahme wird nach hundert Jahren bei Marsilius von Padua erneuert. Er beachtete dazu noch die für Rom interessantere Aufgabe des Apostels Paulus und auch den Umstand, daß man die Tätigkeit von Petrus eher im Zusammenhang mit seinem Aufenthalt in Antiochia sehen müsse. Neben solchen Bemerkungen, für die Marsilio vielleicht der Waldenser Fassung zu danken hatte, wiederholte er an anderen Stellen die weitaus traditionellere Ansicht über das römische Bischofsamt Petri.

Um das Jahr 1460 drückte der gute Freund der Treuen Brüder und der im Entstehen begriffenen Brüdergemeinde, der Hussitenbischof Martin Lupáč, seine wesentliche Zustimmung zu der Waldenser Leugnung des römischen Aufenthalts Petri wie folgt aus: »Wer wagt es wohl in Prag zu predigen, daß es keine einzige kanonische Schrift darüber gibt, daß Petrus jemals einen Fuß nach Rom gesetzt hat, ja Rom überhaupt je gesehen hat? Und dennoch, wenn man sich dem Antichrist entgegenstemmen will, muß man bis zu diesem Anfang zurückgehen; hier ist doch der Grund aller Gründe, auf denen die Römischen stehen, wenn sie behaupten, daß niemand ohne sie erlöst werden könne.«[7] Einer gleich unversöhnlichen Auffassung begegnen wir bei Laurenz Krasonický († 1532), seit 1492 Prediger der einstigen Treuen Brüder in Landskron. Nach fünf Jahren verteidigte er seine Mitbrüder im Disput mit dem ungarischen Bischof Gabriel Polver, als dieser im August durch Litomyšl reiste. Er entfaltete vor dem bedeutenden Prälaten die Waldenser

These von der Unbelegbarkeit des römischen Episkopats Petri für die Zeit von fünfundzwanzig Jahren.

Um das europäische Echo auf den Waldenser Standpunkt machte sich jedoch ein anderer Tscheche verdient. Der humanistische Ritter Ulrich Velenský von Mnichov, ein Freund von Krasonický und Lukáš, gab 1519 in Basel und nochmals 1520 in Augsburg ein Buch heraus, das allgemeine Unruhe erregte. Es vermeldete gleich im Titel, daß der Apostel Petrus Rom niemals betreten habe *(Apostolum Petrum Rhomam non venisse)*,[8] und entwickelte die Waldenser These mit reichem, aus den neuen Ausgaben der Kirchenväter gewonnenen, dokumentarischem Material. Die Publizisten aus dem reformatorischen Lager begrüßten das Buch mit Begeisterung. Bald erschien auch seine deutsche Übersetzung. Andererseits verketzerten es wiederum die Feinde der Reformation und verfolgten es mit Verurteilungen. Noch 1566 übersetzte es Flacius Illyricus ins Italienische, seine zweite Muttersprache. Die achtzehn biblischen Beweise, die Velenský der traditionellen kirchlichen Behauptung entgegenstellt, sind sicher in der Mehrzahl sein eigenes Werk. Mit der ursprünglichen Waldenser These aber hängt der Kontext zusammen, in den Velenský die ganze Problematik eingegliedert hat. Das Papsttum kritisiert er einerseits als Produkt der konstantinischen juristischen Stellung der Kirche, andererseits als Produzenten des Mythos von der Schenkung deren Unterschobenheit um die Mitte des 15. Jahrhunderts Lorenzo Valla in einer selbständigen kritischen Analyse enthüllt hatte.

Vielfach wird im Zusammenhang mit den Erörterungen des Papsttums die Waldenser Vorstellung oder besser der Begriff des Antichrist erwähnt. Zeitweilig radikalisierten ihn die Waldenser; bei Durand bezeichnete er zunächst jeden, der vom Glauben abfiel und andere zu Irrlehren verführte. Aber schon in der nächsten Generation identifizierten einige die Erscheinung des Antichrist mit dem Verrat des Silvester, während andere den Antichrist in keiner geschichtlichen Gestalt suchten; er drückte für sie die wiederholte Möglichkeit neuen Verrats aus: Es gibt viele Antichristen. Was den Antichrist aber stets charakterisierte, war seine Fähigkeit, sich zu verstellen und zu verkleiden. Die Überzeugung, daß er schon gekommen sei, drückte in bildhafter und erregender apokalyptischer Form das Entsetzen durch die Erkenntnis aus, die Kirche selbst habe sich der furchtbarsten Schändlichkeit schuldig gemacht, ja gerade jener, die schon für den Propheten Daniel (11, 31) in der lästerlichen Entheiligung des Heiligtums gipfelte. Diese Profanierung sei um so schlimmer, weil sie aus dem Schoße der Kirche selbst geboren wurde. Nicht so wichtig ist, daß die Waldenser zeitweilig den Antichrist mit Silvester oder mit irgendeinem anderen Papst oder mit dem Papsttum überhaupt identifizierten. Gewichtiger ist aber ihr Wille, die Ursachen für den Verrat und die Zersetzung der kostbarsten Werte in der Christenheit selbst aufzudecken. Sie waren nicht bereit, den Generalfeind jenseits der Grenzen der Christenheit und außerhalb ihres Verantwortungsbereichs zu sehen. Der Antichrist war für sie niemals ein außenpolitischer oder religiöser Feind, wie es für das Mittelalter Sarazenen, Türken oder Juden waren, für die Reformation des 16. Jahrhunderts in bestimmten Momenten der aufrührerische Bauer, in anderen wiederum der Türke. Den Waldenser Standpunkt sprach klassisch, wenn wahrscheinlich auch unbeabsichtigt, Mathias von Janov aus: »Der Antichrist und sein Leib kommt nicht von außen, sondern aus der Mitte selbst der Kirche Christi.«

Die Eschatologie der Waldenser pflegte in der Regel nicht chiliastisch zu sein und umfaßte deshalb eher ausnahmsweise auch die Träumereien von einer breiteren Erneuerung. Daß sie freilich mit starker Anziehungskraft wirkten, zeigte der Fall des hussitischen Echos in Paesana. Aber aus den gereimten Kompositionen der romanischen Waldenser spricht immer die Vorbereitung auf den Tod und das Jüngste Gericht, allerdings verbunden mit der Offenheit gegenüber der künftigen Möglichkeit des siegreichen Christus. Gerade die Bereitschaft für diese Möglichkeiten befreit den Waldenser von der Bindung an die Welt. Er erlebt sie weiter nicht als fatal. Die institutionelle Kirche mit ihren

Einrichtungen und ihrer geographischen Ausdehnung ist freilich ein Bestandteil der Welt. Aber die Kirche als Gemeinschaft von Pilgern schöpft ihre Mission auf der Ebene von Pfarrsprengeln oder Gebieten nicht aus. Ihre Spannung hat zeitlichen Charakter, ist geschichtlicher. Ihr Glaube manifestiert sich in Positionen, die auf den Anbruch des Königreichs Gottes orientiert sind. Sie ist daher nicht nur ökonomisch arm, sondern in noch tieferem Sinne: Sie ist arm an fertigen Wahrheiten.

Seit dem 13. Jahrhundert projizieren die Waldenser ihre Ablehnung der reichen Kirche auf die moralische Kritik des Papstes Silvester. Während sich der Papst für sich und für die Kirche Reichtum und Sicherheit über lange Jahrhunderte erwählt habe, hätten sie sich für die Armut entschieden. Sie bedeutete für sie vor allem die Bereitschaft, Zeugnis für die Wahrheit abzulegen ohne äußere Stützen und auf der Ebene einfacher menschlicher Wechselseitigkeit. Der Waldenser Prediger nahm freiwillig die Armut auf sich, weil er nicht weniger arm sein durfte als der letzte unfreiwillige Arme, den er ansprechen wollte. Bei den Lombardischen und bei Gruppen, die unter ihrem Einfluß standen, spitzte sich die beispielhafte Armut der Urkirche in eine Kritik des Klerus zu und unterstützte die Forderung nach einer Pauperisierung der Kirche. Ihr unausgesprochenes Ziel war es, die Kirche aus den vergoldeten Fesseln zu befreien, ihr die Fähigkeit wiederzugeben, ohne Überhebung zum Volke wie zu Brüdern und Schwestern zu sprechen. Zur politischen Programmierung der Forderung nach Armut gelangte erst Wyclif in seinem Werke, und seiner Auffassung in dieser Teilfrage näherte sich auch Nikolaus von Dresden: Die Kirche kann von der Häresie des weltlichen Herrschens nur durch einen radikalen Trennungsschnitt befreit werden, der sie ein für allemal vom weltlichen Besitzstand loslöst. Wegen ihres Geizes finden freilich die Prälaten niemals den Mut zu einer solchen Tat. Diese heilende Aufgabe muß daher der weltlichen Gewalt, dem König und den Fürsten, anvertraut werden.

Der Südböhme Chelčický drückte das bisher Unausgesprochene mit kernigen tschechischen Worten aus und knüpfte erneut an den älteren Waldenser Begriff an. Er entwickelte ihn nicht nach Wyclifs Muster in der juristisch-politischen Richtung, sondern in der sozial-ethischen. Mit ungewöhnlicher Konsequenz lehnte der große südböhmische Denker das ganze System der zeitgenössischen Feudalgesellschaft als unerwünscht ab. Dadurch dachte er einige der Waldenser Intuitionen bis zu Ende, überholte sie aber weit durch die Bewußtheit seiner theologischen Soziologie der Macht. Durch die Verbindung von geistlicher und weltlicher Macht kam es nach seiner Meinung zu einer heuchlerischen Absegnung der gesellschaftlichen Ungleichheit und sozialen Ungerechtigkeit. Die Existenz von dreierlei Menschenklassen der feudalen Gesellschaftsordnung läßt sich nicht mit Gottes Wort rechtfertigen, soweit die Worte Jesu und seine Taten authentischer Ausdruck dafür sind. Im evangelischen Sinne wird die Kirche tatsächlich arm sein, wenn sie es fertigbringt, sich der Machtstützen zu entledigen, und aufhört, selbst eine Säule der Klassendifferenzierung in der Gesellschaft zu sein.

Mit den Waldensern teilte Chelčický auch das Mißtrauen gegen tiefgreifende Möglichkeiten organisierter Gewalt. Die Waffen bewirken keinen Sieg der Liebe unter den Menschen. Wenn sich die konstantinische Kirche durch Verfolgungen und militärischen Ordnungsgeist ausgezeichnet hat, so muß die Kirche des gekreuzigten Christus umgekehrt, wenn es die Umstände verlangen, die Bereitschaft zum Märtyrertum beweisen. »Die Kirche Gottes möge nicht verfolgen, sondern lieber Verfolgungen erdulden«, lehrten die italienischen Waldenser der ersten Hälfte des 13. Jahrhunderts.[9] Fast dreihundert Jahre später wandten sich ihre Nachkommen an die Verfolger mit den Worten: »Ihr kämpft gegen uns mit dem Feuer, wir aber fürchten uns, so zu handeln.«[10] Wenn die ersten Zeugen Christi unentwegt verfolgt wurden, so werden auch die späteren Christen diesem Schicksal nicht entgehen, freilich mit dem Unterschied, daß sie jetzt von Leuten mit einem vorgeschützten Christentum unterdrückt werden. Die Verfolgungen pflegen vor allem nicht das Werk von Heiden oder anderen äußeren Feinden zu sein, wohl aber von Christen selbst. »Die Propheten wurden nicht von einem heidnischen Volke erschlagen, sondern von den Juden selbst, und Johannes den Täufer ermordete Herodes, der sich gern für einen Juden ausgab.«[11] Zu der Zeit, als die Waldenser diesen Ausspruch niederschrieben (1368), führten sie in ihrer Korrespondenz auch ein Zitat von Terentius über die Wahrheit an, die Haß hervorruft *(veritas odium parit)*. Die Brüdergemeinde ergänzte das Wort von Terentius mit der hussitischen Losung aus dem 3. Buche Esra (3, 12): Die Wahrheit siegt *(veritas vincit)*. Und wie schon die Waldenser dachten auch sie dabei an den paradoxen Sieg des Gerechten auf Golgatha. »Es siegt, wen der Tod trifft«, konnten sie nach Hus und auch nach Želivský wiederholen. Die Theologie des Kreuzes applizierte die erste Reformation als Wertmaßstab auf die Geschichte des Christentums und auf die Geschichte überhaupt, und ebenso auf die böhmische Geschichte. Eine der Philosophien der böhmischen Geschichte, die eine nicht mehr wegzudenkende Aufgabe bei der tschechischen nationalen Wiedergeburt erfüllte und im Werke von František Palacký gipfelte, reicht mit einigen ihrer Wurzeln bis hierher zurück. Gedacht ist dabei hauptsächlich an die Überzeugung, daß das, wodurch eine Nation wirklich historisch wird, die moralischen Aufgaben sind, zu denen sie sich aufschwingt und durch die sie sich selbst übertrifft.

Die Begegnung mit dem Waldensertum, zu der es in den böhmischen Ländern zur Zeit der hussitischen Revolution kam, war für beide Seiten außerordentlich anregend, sozial und kulturell. Böhmen wurde als Nährboden des Taboritentums zum hauptsächlichsten Schauplatz dieser Wechselseitigkeit. Nach der Entstehung Tábors gewann Böhmen neue Anziehungskraft für die Waldenser aus den Nachbarländern, wurde aber auch zum Ausgangspunkt ihrer Untersuchungen, die der internationalen Ausstrahlung des taboritischen Gedankens dienen wollten. Hier reifte auch die bemerkenswerteste Frucht waldensischer Orientierung aus, das Werk von Peter Chelčický. Es spiegelt Böhmens Land und

Volk ebenso eigenartig wie stelbständig wider und denkt schöpferisch die Lebensmotive der mittelalterlichen Waldenser zu Ende. Was bei ihnen als eine Reihe von Fragmenten auftrat, das vereinigte der originellste hussitische Denker und umfaßte es in einer vereinheitlichenden Zusammenschau.

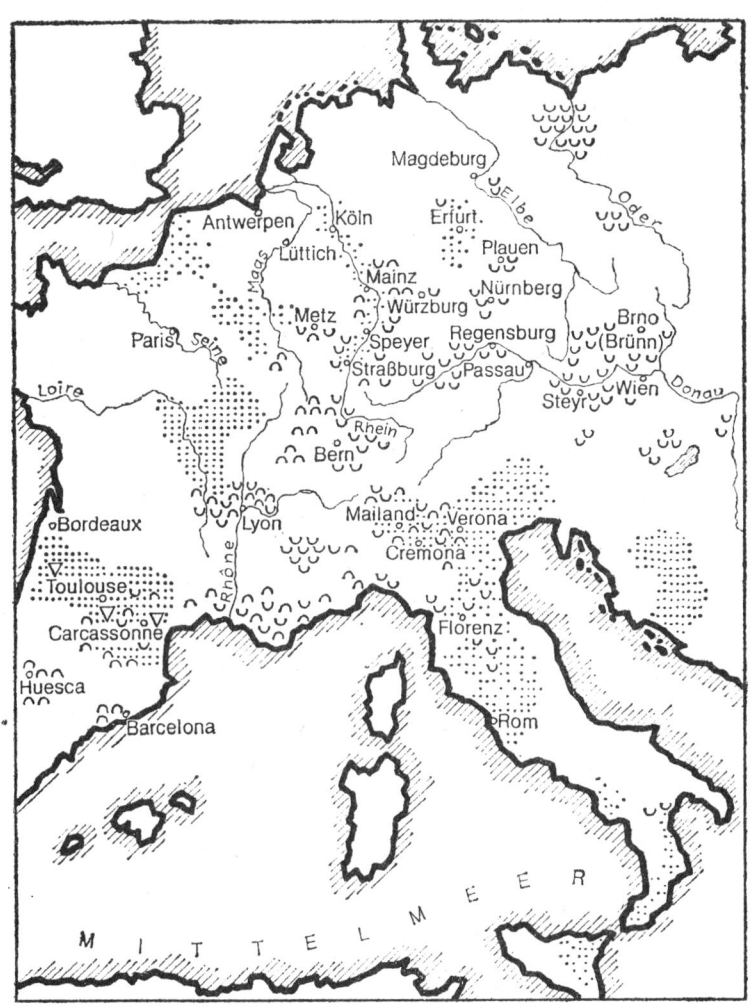

Waldenser

∩∩∩∩ Ende des 12. Jh. bis zum Beginn des 13. Jh.

∪∪∪∪ 13. Jh. bis 14. Jh.

▽▽ Zentrum der Katharer

:::::::: Katharer vom 12. bis 13. Jh.

Quellen und Literatur

Zu I.

Waldes und die Lombardischen Armen

Zu den schon in der älteren Geschichtsschreibung bekannten Quellen über das Auftreten von Waldes, also zu den Nachrichten des Dominikaners Stephan von Bourbon und eines unbekannten Prämonstratensers aus der Diözese Laon sowie zu den memoirenartigen Notizen des Oxforder Erzdechanten Walter Map, kamen neuentdeckte Dokumente aus den ersten Jahrzehnten der Waldenser Bewegung hinzu. Antoine Dondaine fand in einer Madrider Handschrift ein dem Waldes von Heinrich von Marcy vorgelegtes Glaubensbekenntnis, das er 1946 veröffentlichte. Gleichzeitig machte er auf das *Liber antiheresis* aufmerksam, einen antikatharischen Traktat von Durand von Osca, entstanden in den neunziger Jahren des 12. Jahrhunderts, noch in zugestandener Abhängigkeit von Waldes. Diese beiden wertvollen Entdeckungen gestatten es, die Chronologie von Waldes' reformatorischem Reifen zu präzisieren und den Charakter der ursprünglichen Waldenser Botschaft zu bestimmen. Die wichtigsten Quellen zu den Jahren 1179 bis 1218 gab Giovanni Gonnet 1958 in Rom in kritischer Auswahl unter dem Titel *Enchiridion Fontium Valdensium* heraus. Er ersparte damit den Historiographen in willkommener Weise das mühselige Durchsuchen der alten Handschriften und Drucke. In einigen Fällen reicht allerdings auch die Edition Gonnets nicht aus. Kritischer, aber in der Auswahl begrenzter sind die *Quellen zur Geschichte der Waldenser,* die Alexander Patschovsky und Kurt-Victor Selge 1973 zusammengestellt und nach den Handschriften herausgegeben haben. Nach Dondaine (im *Archivum Fratrum Praedicatorum* 29, 1959, S. 228–278) hat Christine Thouzellier die literarische Tätigkeit Durands in inhaltsreichen Studien untersucht und sie schließlich in einem gelehrten, bei der Interpretation jedoch nicht immer überzeugenden Buch *Catharisme et valdèisme en Languedoc* (1966) zusammengefaßt. Sie hatte bereits 1964 Durands Schrift gegen den metaphysischen Dualismus mustergültig ediert und den Standpunkt des Autors in der Zeit um 1220, zwölf Jahre nach seiner Abkehr vom Waldensertum, erläutert. Die Verfasserin hält Durand für einen Aragonesen, aber die lateinische Bezeichnung »de Osca«, an die ich mich nach den Quellen gehalten habe, kann auch die Ortschaft Losque in der Landschaft Rouergue meinen.

Ein außerordentliches Verdienst um die neuere Erforschung der Anfänge des Waldensertums hat Kurt-Victor Selge durch seine vollständige kritische Edition von Durands *Liber antiheresis* und die

415

eindringliche Analyse aller zeitgenössischen Nachrichten über Waldes' Initiative in den Perspektiven von Durands Zeugnis: *Die ersten Waldenser*, (1967; vgl. dazu meine Rezension in *Mediaevalia Bohemica* 1 /1969/, S. 157–161). Die in meiner Arbeit *L'initiative de Valdès et des Pauvres Lombards* (in *Communio viatorum* seit 1966) ausgesprochene Auffassung stimmt mit der von Selge in vielem überein, wie Selge selbst 1968 konstatierte.

Durch die genannten Funde veralteten mit einem Schlage die bisherigen Monographien über die Waldenser ebenso wie auch die einführenden Kapitel aller neuzeitlichen Geschichtswerke über die Bewegung der Waldenser im Mittelalter. Diese zahlreichen Arbeiten verzeichnet die unentbehrliche *Bibliografia valdese,* zusammengestellt von Augusto Armand Hugon, Giovanni Gonnet und zum Teil auch von mir, herausgegeben in Torre Pellice 1953. Trotzdem finden sich auch weiterhin wertvolle Teilwahrnehmungen hauptsächlich in folgenden Arbeiten: Bartolomeo Tron, *Pierro Valdo et les Pauvres de Lyon,* Torino 1879; Karl Müller, 1886; Jean Jalla, *Pierre Valdo,* Paris 1934; Ph. Pouzet /1936/, Amedeo Molnár, *Probuzený lev (Der erwachte Löwe),* Prag 1945.

Von den Studien, die das neu aufgefundene Quellenmaterial berücksichtigen und zu seiner Einschätzung beitrugen, müssen außer Gonnets kritischen Übersichten der zeitgenössischen Fachliteratur seine *Valdensia* (1953) genannt werden; ferner das Schlußkapitel. in dem Buche *Introduzione alle eresie medioevali* aus der Feder von Eugenio Dupré Theseider (Bologna 1953), Raoul Mansellis *Studi sulle eresie del secolo XII* (1953), und das schon erwähnte Werk Selges. Übersichtlich hat Selge die Ergebnisse seiner Forschungen in dem auch sonst wertvollen Sammelband *Cahiers de Fanjeaux 2* zusammengefaßt: *Vaudois languedociens et Pauvres Catholiques,* Toulouse 1967. Die neuen Funde hat Herbert Grundmann in seiner *Ketzergeschichte des Mittelalters,* Göttingen 1963, S. 28–32, gewissenhaft berücksichtigt. Das gilt in geringerem Maße auch von dem Buche Gordon Leffs *Heresy in the Later Middle Ages,* Manchester 1967, S. 452–485. Aus katalanischer Sicht widmete Jordi Ventura 1963 auch den ersten Jahrzehnten der Waldenser Bewegung seine Aufmerksamkeit. Die zähe Legende vom Tode Waldes' in Böhmen hat F. M. Bartoš überzeugend widerlegt, *Jak vznikla legenda, že Petr Valdo zemřel v Čechách (Wie die Legende entstanden ist, daß Peter Waldus in Böhmen gestorben sei),* Jihočeský sborník historický 6, 1933, S. 43–44.

Zum Verständnis der gesellschaftlichen und ideologischen Zusammenhänge zu Waldes' Zeiten tragen die zahlreichen Arbeiten von M. D. Chenu bei, besonders sein Buch *La théologie au XIIe siècle,* Paris 1957, die der Persönlichkeit Kardinals Heinrich von Marcy gewidmete Studie von Yves Congar 1958, und das anregende Werk von Raffaelo Morghen, *Medioevo cristiano,* Bari 1951. Ein muster-

gültiges Handbuch zum Studium des Katharertums schrieb Arno Borst
1953. Auf seine Zusammenhänge mit dem italienischen Milieu konzentrierte Raoul Manselli 1963. Aus der reichen Literatur zur Geschichte der mittelalterlichen Städte sei auf die *Histoire de Lyon I,*
Lyon 1939, von A. Kleinclausz hingewiesen.

Zu II.

Zwei Jahrhunderte Leben im Untergrund

Die ältere reiche, ja sogar überquellende Literatur über das mittelalterliche Waldensertum hat 1908 Heinrich Boehmer in meisterhaf-
ter Kurzfassung kritisch ausgewertet. Seit den Zeiten von A. W.
Dieckhoff (1851) ist die Waldenser Historiographie ein aufregender
Kampf der nüchternen Wissenschaft mit romanischer Leichtgläubigkeit, die bereit war, für eine angenommene apostolische Altertümlich-
keit und einen vorprotestantischen Charakter des Waldensertums auch
dort Beweise zu finden, wo es keine gab. J. J. Herzog versuchte 1853
für das wissenschaftliche Bild der Waldenser Bewegung wenigstens
ihre volkstümliche Literatur zu retten, aber deren richtige Datierung
und Interpretierung wurde vielfach erst durch die neuen Quellenfunde ermöglicht, die W. Preger erbrachte und mit denen er arbeitete.
Den Fragen der Lebensauffassungen und der Institutionen der mittelalterlichen Waldenser und ihrer inneren Differenzierung wandte sich
1886 Karl Müller zu. Von seiten der Waldenser leistete Emilio
Comba eine nicht voll gewürdigte kritische und interpretierende Arbeit, die am besten in seiner *Histoire des Vaudois de Valdo à la Réforme,* Paris 1901, zusammengefaßt ist. Die marxistischen Forscher
machte Friedrich Engels selbst in seinem *Deutschen Bauernkrieg,*
1850, auf die Waldenser aufmerksam. Seine Anregungen wurden auf
verschiedene Weise aufgegriffen und weitergedacht von den tschechischen Autoren Marketa Machovcová, *(Utopie blouznivců a sektářů,
Die Utopien der Schwärmer und Sektierer,* Prag 1960) und Robert
Kalivoda (*Husitská ideologie,* Prag 1961; *Revolution und Ideologie,*
Köln–Wien 1976), von Bernhard Töpfer (*Das kommende Reich des
Friedens,* Berlin 1964) und von dem Franzosen Paul Leutrat (*Les
Vaudois,* Paris 1966). Von den wissenschaftlich minder anspruchsvol-
len älteren Arbeiten nennen wir des Interesses halber die historische
Skizze von L. B. Kašpar (*Přátelé našich otců: Valdenští, Die Freunde
unserer Väter: Die Waldenser,* Prag 1881). Zu den neueren Versu-
chen, die Hauptkreuzwege der Waldenser hervorzuheben, gehört der
Sammelband *Waldenser, Geschichte und Gegenwart,* hgg. von W. Erk,
Frankfurt a. M. 1971, dessen wertvollste Beiträge aus der Feder von
Valdo Vinay stammen. Reiche Ernte an Fachbeiträgen zur Geschichte
der Waldenser bringt seit 1884 das *Bollettino della Società di Studi Valdesi* (im weiteren abgekürzt BSSV) in Torre Pellice.

Für das 13. und 14. Jahrhundert hat Ignaz Doellinger 1890 die

Inquisitionsprotokolle und antiwaldensischen Polemiken zusammengebracht. Von den zahlreichen Arbeiten über die Inquisition ist für unser Thema das Werk von H. Ch. Lea nicht veraltet, das viele Dokumente enthält und in deutscher Bearbeitung von J. Hansen 1905, 1909 und 1913 herausgegeben wurde. Die Wechselbeziehungen der mittelalterlichen kirchlichen Institutionen hat Gabriel Le Bras in den *Institutions ecclésiastiques de la chrétienté médiévale*, 2 Bde., Paris 1959 und 1964 erhellt. Die in diesem Kapitel von uns vorgestellten antiwaldensischen Schlüsseltraktate sind in folgenden Editionen zugänglich: Ilarino da Milano 1942, 1943 und 1945, – T. A. Richini 1743 (Neudruck Ridgewood, New Jersey 1964), – Th. Kaeppelli 1947, – Ant. Dondaine 1939, – D. Bazzochi 1920. Den in einer heute nicht mehr befriedigenden Art bei Jac. Gretser herausgegebenen Text (*Opera omnia* vol XII, Ratisbonae 1738) haben Fr. Unterkirchner, *Pseudo-Rainer und Passauer Anonymus* (*Mitteilungen des Inst. für oesterr. Geschichtsforschung* 1955, S. 41–46) und besonders eingehend Alex. Patschovsky 1968, einer kritischen Analyse unterworfen; siehe dazu Patschovskys Teilausgabe 1973, C. Douais 1886 und G. Mollat 1926–7, – Pillichsdorfs *Tractatus contra heresin Waldensium*, teilweise herausgegeben von Gretsen, konnten wir in einer Handschrift der Prager Universitätsbibliothek XIII E 5 lesen, – Jean Duvernoy 1965.

Quellen und Literatur zu den einzelnen geographischen Bereichen der Waldenser Diaspora sind in der *Bibliografie Valdese* verzeichnet. Für Südeuropa können daraus besonders hervorgehoben werden die *Acta inquisitionis Taurinensis*, hgg. 1865 von Girolamo Amati, und die *Memorie historiche dell' introduzione dell' heresie nelle valli di Lucerna* (Turin 1649), deren Autor Marco Aurelio Rorengo war. Die Bibliographie ist durch Hinweise auf neuere Arbeiten zu ergänzen: Jaroslav Šidak *Ecclesia Sclavonica* (slowenisch in: Zbornik filosofkog fakulteta, Zagreb 1955); G. Gonnet, *Casi di sincretismo ereticale in Piemonte* (BSSV 108, 1960, S. 3–36); *Le confessioni di fode valdesi prima della Riforma*, Turin 1967; Augusto Armand-Hugon 1961 und 1963; Gioachino Volpe, 1961; Grado Merlo 1977.

Neben dem *Rescriptum*, das von den Lombardischen Armen nach der Konferenz von Bergamo an die Glaubensgenossen nördlich der Alpen übersandt, von Preger 1875 herausgegeben, von Karl Müller 1886 berichtigt und von Patschovsky-Selge 1973, S. 20–43 kritisch festgesetzt wurde, ist die wichtigste Primärquelle für die österreichischen Waldenser der Briefwechsel aus den Jahren um 1368. Ich habe ihn nach den Handschriften ausgewertet, über die G. Gonnet 1962 und Th. Kaepelli mit A. Zaninović 1954 berichten. Der Briefwechsel wird durch meine Edition *Discreto viro* (BSSV 119, 1966, S. 21–24) ergänzt. In der Literatur beziehen sich hierauf G. E. Friess, *Patarener, Begharden und Waldenser in Österreich während des Mittelalters* (*Österreichische Vierteljahrsschrift für katholische Theologie* 11,

1872) und P. B. Bernad, *Heresy in fourteenth century Austria (Medievalia et Humanistica* 10, 1956, S. 50–55). Unentbehrlich bleibt die Arbeit von Hermann Haupt *Die religiösen Sekten in Franken vor der Reformation,* Nürnberg 1882, und seine Aufsätze von 1890 und 1893. Für die nördlicheren Gebiete wurden W. Wattenbachs Funde (1886) reichlich von Dietrich Kurze 1968 und 1975 vervollständigt. Die historische Problematik der Waldenser in den polnischen Gebieten untersucht kritisch Jaromír Mikulka, *Polské země a herese v době před reformací* (Die polnischen Länder und die Häresie vor der Reformation), Prag 1969. Die vollständigen Angaben bei Rudolf Pfister 1964 gestatten es, den Artikel von Gertrud Barnes Fiertz, *An unusual trial under the inquisition in Fribourg, Switzerland in 1399* Speculum 17, 1943, S. 340–357) soziologisch zu profilieren.

Die Waldenser im Böhmen der vorhussitischen Zeit haben eine zweifache klassische Bearbeitung erfahren, von denen jede seinerzeit erreichten Erkenntnisstand innerhalb der böhmischen Geschichtsschreibung widerspiegelt. Die erste vom Jahre 1868–9 stammt aus der Feder von František Palacký, die zweite schrieb 1929 Rudolf Holinka. Von den nichttschechischen Autoren sei Hermann Haupt 1893 hervorgehoben. Neben diesen zusammenfassenden Arbeiten brachten wertvolle Quellenfunde hauptsächlich folgende Beiträge: Ferdinand Menčík 1891, Josef Truhlář, *Zlomek akt inkvisice valdenské v Čechách,* (*Ein Aktenfragment zur Inquisition der Waldenser in Böhmen aus den Jahren 1393–1394,* in VČA 1899, S. 353) und *Inkvisice Valdenských v Trnavě r. 1400,* (Die *Inquisition der Waldenser in Trnava i. J. 1400,* in ČČH 9, 1903, S. 196); Augustin Neumann, *České sekty ve století XIV. a XV., (Die böhmischen Sekten im XIV. und XV. Jahrhundert,* Velehrad 1920); Ludvík Domečka, *Valdenští v jihovýchodních Čechách (Die Waldenser in Südostböhmen,* Tábor 1921); Václav Chaloupecký, *K dějinám Valdenských v Čechách před hnutím husitským, (Zur Geschichte der Waldenser in Böhmen vor der Hussitenbewegung,* in ČČH 31, 1926, S. 369–382); Rudolf Říčan 1929; Ivan Hlaváček 1957, Amedeo Molnár, *Les vaudois en Boheme,* 1964; Ernst Werner, *Nachrichten,* 1963 und Molnár 1968. Wichtige Korrekturen der älteren Forschung findet der Leser bei Alexander Patschovsky, *Die Anfänge einer ständigen Inquisition in Böhmen,* Berlin 1975 /vgl. meine Rezension in *Communio viatorum* 20, 1977, 33–38/, und *Quellen zur Geschichte der Inquisition in Böhmen,* Weimar 1978. Wertvolle Ansätze zum Verarbeiten der Beziehungen der Waldenser zur mittelalterlichen Gesellschaft und Mentalität beinhalten, neben dem grundlegenden Gonnet 1967 und seinem Aufsatz *Nature et limites de l'épiscopat vaudois au moyen age (Communio viatorum* 2, 1959, 311–323), Gottfried Koch, *Frauenfrage und Ketzertum im Mittelalter,* Berlin 1962; Ernst Werner 1963; Teofilo Pons, *Barba, barbi e barbetti nel tempo e nello spazio* (BSSV 122, 1967, 47–76); Molnár 1976; Grado Merlo 1977. Die Schrift *De l'ensegnamen de li filh* analysiere ich nach der Dubliner Handschrift C 5, 22, fol. 78^v bis 85^r. Das Gebet der Waldenser Prediger habe ich in BSSV 118, 1965, S. 3–4, herausgegeben.

Zu III.

Im Zeichen des hussitischen Aufschwungs

Das Waldensertum ist in dieser Epoche so vielfältig mit dem Hussitentum verflochten, daß die Darstellung seiner Geschichte zum größten Teil auf den gleichen Quellen beruht wie die Geschichtsschreibung, die das hussitische Zeitalter zu erfassen sucht. Ich verweise daher auf die der hussitischen Revolution gewidmete bekannte Fachliteratur seit František Palacký bis zu F. M. Bartoš und die jüngeren Bearbeiter (Josef Macek, Ferdinand Seibt, Howard Kaminsky, Jiří Kejř, Robert Kalivoda, František Šmahel, Franz Machilek) und beschränke mich hier auf die Hauptquellen und Spezialstudien in einer Anordnung, die jener der Darstellung im Text des Kapitels entspricht.

Hussens ausdrückliche Erwähnungen der Waldenser sind zu lesen in der Handschrift VIII F 38, fol. 8 des Nationalmuseums zu Prag und in seinem *Contra octo doctores* in der Ausgabe von Jaroslav Eršil, *Polemica*, Prag 1966, S. 407. Die Ausführungen von Páleč bei Jan Sedlák, *Hus*, Prag 1915, S. 257 und bei How. Kaminsky, *A history of the Hussite Revolution*, Berkley 1967, S. 495–499, die von Jakoubek in den Handschriften VII E 6, fol. 26^r und VIII E III, fol. 70^v der Prager Universitätsbibliothek und in seiner tschechischen *Auslegung der Offenbarung (Výklad na Zjevení)*, hgg. von František Šimek, Prag 1933, II, S. 30; die Äußerungen des Nikolaus von Dresden in der Handschrift III G 8, fol. 65^r, bei Jan Sedlák, *Mikuláš z Drážďan (Nikolaus von Dresden)*, Brünn 1914, S. 40 und bei Kaminsky, *Master Nicholas of Dresden*, Philadelphie 1955, S. 21. Nikolaus' Traktat *De quadruplici missione* gab Sedlák, *Studie a texty* 1 Olmütz 1914, S. 95–117, heraus; der Waldenser Text ist in Cambridge in der Handschrift A Dd XV. 19, fol. 136^r–170^r erhalten geblieben. Die Gestalt Paynes wurde allseitig von F. M. Bartoš beleuchtet; dieses Werk ist zugleich grundlegend auch für die Erkenntnis von Wirken und Bedeutung der Schule „Zur Schwarzen Rose". Zu Payne kehrte Bartoš auch noch mit dem Büchlein *M. P. Payne*, Prag 1956, zurück. Den Prozeß gegen Drändorf und Turnow gab Hermann Heimpel 1969 heraus, unter dessen Redaktion auch der Prozeß gegen Helwig Dringberger (*Zwei Wormser Inquisitionen aus d. J. 1421 und 1422*, Göttingen 1969) publiziert wurde. Die Schrift *Ritus et mores Grecorum* des deutschen Hussiten Peter Turnow gab F. M. Bartoš 1915 heraus. Die erhalten gebliebenen Predigten von Želivský (*Collectarum quae ad nos pervenerunt tomus* I, Prag 1953, und einen tschechischen Auszug daraus *Výzva Jana Želivského, Der*

Aufruf Jan Želivský, Prag 1954) gab Molnár heraus. Das Taboritische Bekenntnis des Nikolaus Biskupec von Pelhřimov ist nach Flacius von Balt. Lydius (*Waldensia,* Rotterdam 1616) nachgedruckt und von F. M. Dobiáš und Am. Molnár (*Vyznání a obrana táborů. Bekenntnis und Apologie der Taboriten,* Prag 1972) übersetzt worden. Die Taboritenchronik des Biskupec hat C. Höfler (*Geschichtsschreiber der hussitischen Bewegung II,* Wien 1865) herausgegeben, seinen Brief an Mähren vom J. 1444 bringt Zach. Theobald (*Hussitenkrieg,* hgg. von S. J. Baumgarten, Breslau 1750, S. 191–198) in deutscher Wiedergabe; die Gedankenwelt des Biskupec verfolgten Bartoš (*Die Brüderschaft der Taboriten im Urteil ihres Bischofs,* tschech. in ČSPSČ 29, 1921, S. 102–122) und Molnár (*Réformation et révolution,* 1970). Über die Beziehungen Chelčickýs zum Waldensertum stellten Betrachtungen an R. Holinka (*Die Anfänge des taboritischen Pikardentums,* tschechisch in der Zeitschrift „Bratislava" 6, 1932, S. 187–195), F. M. Bartoš, *Chelčický und die Waldenser,* (tschechisch im *Jihočeský sborník historický,* 16, 1947, S. 33–36) und Molnár 1976. Bartoš entdeckte Mersault für die Fachliteratur, dessen Manifest er 1932, S. 290–302, herausgab. Auf der Grundlage heut verlorenen Inquisitionsmaterials rekonstruierte Andreas Jung 1822 die Biographie Reisers; sein ergreifendes Bild verifizierte kritisch Walter Schmidt bei einer neuen selbständigen Herausgabe des kleinen Werkes (Herrnhut 1914), hauptsächlich aber dann F. M. Bartoš in seinem Buche von 1931. Einen im 18. Jahrhundert angefertigten deutschen Auszug aus dem Protokoll des Reiserschen Prozesses gab H. Köpstein 1959 heraus. Die dem Reiser zugeschriebenen Predigten habe ich 1961 in *Communio viatorum* herausgegeben. Das letzte Gesamtbild von Reisers Tätigkeit bot Valdo Vinay 1961 in italienischer Urfassung deutsch im Sammelband von W. Erb, *Waldenser, Geschichte und Gegenwart,* Frankfurt a. M. 1971, S. 24–47). Das Schweizer waldensische Myzel von Reisers Tätigkeit hat G. F. Ochsenbein 1881 aus den Inquisitionsakten erhellt. Hagens Prozeß ist bei Wattenbach 1886, der Prozeß Stephans von Basel bei seinem Entdecker F. M. Bartoš nachzulesen (*Valdenský biskup Štěpán z Basileje, Der Waldenser Bischof Stephan von Basel* in ČČM 110, 1916, S. 273–277, und Husitství a cizina, 1931, S. 248–250). Bartoš gab ebenfalls den Traktat *Puer Bohemus* 1923 heraus, dessen Anfang er noch dazu später auffand *Hussitica und Bohemica einiger deutscher und Schweizer Bibliotheken* (in VKČSN 1932, S. 88–90). Über Johann von Lübeck schrieb zuletzt Bartoš in den *Beiträgen zur Geschichte der Karls-Universität* (tschech. in *Historický sborník* 1956, S. 65–70). Eine grundlegende Studie zu Lupáč ist *Martin Lupáč und sein schriftstellerisches Werk* von F. M. Bartoš 1939; die *Probacio preceptorum minorum* von Lupáč gab Molnár heraus. Die Ereignisse um die Synode der Brüdergemeinde in Lhotka bei Rychnow hat Molnár neu analysiert im *Bratrský sborník,* Prag 1967, S. 15–37.

Die Erwähnungen des Bruders Gregor über die Waldenser lesen wir in der Bidloschen Ausgabe der *Acta Unitatis Fratrum* I, Brünn 1915, S. 28 und 327, den Brief der Brandenburger Waldenser an die Brüder in Böhmen in *Historia Fratrum* (Handschrift der Prager Universitätsbibliothek XVII F 51, fol. 83–90) in den Ausgaben von D. Kurze 1975, S. 315–317, und A. Molnár 1977, S. 118–119.

Den Prozeß Philipp Régis' gab Giacomo Weitzecker 1881 heraus. A. Dressel den Prozeß gegen die Fraticelli, *Vier Dokumente aus römischen Archiven,* Leipzig 1843; auf letzteren bezieht sich L. Fumi, *Eretici in Boemia e fraticelli in Roma nel 1466 (Archivo della Società Romana di Storia Patria* 1911, S. 122 ff.). Die Notiz über das Manifest der Waldenser aus dem Jahre 1488 von Cattaneo gab D. Godefroy 1684, S. 277 heraus, den Prozeß gegen Girondino publizierte Peter Allix 1690, S. 307–317. Auf die hussitische Orientierung der Waldenser in Paesana machte A. Molnár 1952 in *Křestanská revue* aufmerksam. Die *Errores Valdensium in Paesana commorantium* entdeckte und gab 1916 heraus Arturo Pascal, der dieses Dokument später 1960 in den breiteren Zusammenhang der Reformationsgeschichte der Markgrafschaft Saluzzo einordnete. Über die Vorlagen des Waldenser romanischen Schrifttums des 15. und des ersten Viertels des 16. Jahrhunderts aus hussitischen Quellen und solchen der Brüdergemeinde haben die Arbeiten von Molnár und Cegna neue Zusammenhänge ermittelt.

Zu IV.

Die Hinwendung zur Reformation des 16. Jahrhunderts

Den bisher fast ausschließlich vom Standpunkt des siegreichen Protestantismus aus behandelten Gegenstand dieses Kapitels stelle ich so dar, daß die Alternative hervortritt, vor der die Waldenser am Anfang der dreißiger Jahre des 16. Jahrhunderts standen. Unter dem Druck veränderter Umstände spielte sich hier auf kleinem Raum und beschleunigt ein Prozeß ab, zu dem die böhmische Reformation beinahe ein ganzes Jahrhundert brauchte, der aber ähnlich ausmündete; der Dialog zweier reformatorischer Bewegungen wurde unterbrochen, ehe er sich entfalten konnte. Das Ausmaß der Problematik, der wir hier begegnen, zeigt die Diskussion darüber, was ich als Arbeitshypothese und in Anlehnung an Anregungen von Ernesto Buonaiuti (*Pietro miliari nella storia del cristianesimo,* Modena 1935) als erste und zweite Reformation bezeichne (siehe R. Říčan und A. Molnár, *Die Böhmischen Brüder,* Berlin 1961; A. Molnár, *Husovo místo v evropské reformaci* (Hussens Stellung in der europäischen Reformation), in ČsČH 14, 1966, S. 1–14; derselbe im *Taschenlexikon Religion und Theologie* (herausgegeben von Erwin Fahlbusch, Göttingen 1971) unter dem Stichwort *Reformation;* Valdo Vinay 1967;

J. K. Zeman, *The Anabaptists and the Czech Brathren in Moravia*, Haag 1969, S. 41–47).

Luthers Beziehungen zur böhmischen Reformation und damit indirekt zum Waldensertum wurden häufiger untersucht. Besonders anregend ist der Artikel von F. M. Bartoš *Das Auftreten Luthers und die Unität der Böhmischen Brüder* im *Archiv für Reformationsgeschichte* 1934, S. 103–120, und das Buch von Giovanni Miegge, *Lutero giovane*, Mailand 1964; Erhard Peschke, *Die Böhmischen Brüder im Urteil ihrer Zeit*, Berlin 1964. Die Befürchtungen einzelner und der öffentlichen Meinung vor der hussitischen und waldensischen Gefahr am Vorabend von Luthers Reformation haben Friedrich Bezold, *Geschichte der deutschen Reformation*, 1890, und W. Andreas, *Deutschland vor der Reformation*, 1932, einfühlsam untersucht. Zu Müntzer und seinen Beziehungen zu vorreformatorischen Häresien siehe u. A, Václav Husa, *Tomáš Müntzer a Čechy*, Prag 1957.

Giovanni Jalla bot 1914 eine Gesamtdarstellung der Reformationsbewegung im Piemont, wozu auch die Hinwendung der Waldenser zur Schweizer Reformation gehört. Dieser Zuwendung widmete Jalla besonders das Kapitel *Farel et les Vaudois du Piémont* in dem Kollektivwerk *Guillaume Farel*, Neufchatel 1930, S. 285–297. Farels *Summaire et briefve declaration* vom Jahre 1525 erschien in fotomechanischem Druck, betreut von A. Piaget, in Paris 1935. Seine Tätigkeit charakterisiert und die politischen Bindungen erläutert H. Vuilleumier, *Histoire de l'Eglise réformée du Pays de Vaud sous le régime Bernois* I, Lausanne 1927. Der definitiven Zuwendung der Alpenwaldenser zur Schweizer Reformation widmeten in neuerer Zeit analytische Aufmerksamkeit G. Gonnet (*I rapporti tra i Valdesi franco–italiani e i riformatori d'oltralpe prima di Calvino* im Sammelband *Ginevra e l'Italia*, Florenz 1959, S. 1–63; derselbe, *Les relations des Vaudois des Alpes avec les Réformateurs en 1532* in der *Bibliothèque d'humanisme et renaissance* 23, 1961, S. 34–52) und V. Vinay (*Der Anschluß der romanischen Waldenser an die Reformation* in ThLZ 87, 1962, S. 89–100, nachgedruckt im Sammelband *Waldenser* 1971, S. 48–67; Mémoires de George Morel in BSSV 132, 1972, S. 35–48, und *Le confessioni di fede dei Valdesi riformati*, Torino 1975), jedoch ohne den Unterschied zwischen den Positionen von Morel und Gonin wahrzunehmen. Über Gonin schreibt das berühmte Martyrologium von Jean Crespin *Le livre des martyrs* (in der Ausgabe von 1608, S. 111ff.). Die Verfolgung Johannes' de Roma schilderte Eugène Arnaud, *Histoire des premières persécutions des Vaudois luthériens du Comitat Venaissin et de la Provence* in BSSV 8, 1891, S. 43–58. Ein Konzept der Eingabe Martin Bucers an den französischen König zugunsten der Waldenser vom August 1530 befindet sich im Sankt-Thomas-Archiv zu Straßburg, Handschrift 151, fol. 682–713. Morels Fragebogen mit den Antworten Oekolampads gab Abraham Scultetus 1620, S. 295–315, heraus. Die letzte Neuedition bei Valdo Vinay 1975. Die *Professio fidei fratrum Valdensium ad regem Ungariae* der Brüderunität las Oekolampad in der Basler Ausgabe des *Commentariorum Aeneae Sylvii de Concilio Basileae celebrato*, 1523. Der Brief an Bucer enthält in waldensischer Übersetzung die Dubliner Handschrift C 5.18; sie wurde herausgegeben von Herzog, *Die romanischen Waldenser*, 1853, S. 340. *Martini Buceri responsiones a quaestiones a Georgio Morello et Petro Lathomo Valdensium provincialium ablegatis* gab ebenso Herzog in der *Zeitschrift für historische Theologie* 3, 1886, S. 313–338, und neu Valdo Vinay 1975 heraus. Bucers Brief an die Böhmischen Brüder, gegeben zu Regensburg am 11. 8. 1541, in französischer Übersetzung bei A. Molnár 1951, S. 145, und in der tschechischen, aus dem 16. Jahrhundert allein erhaltenen Fassung herausgegeben von Molnár 1972, S. 57–60. Morels Bearbeitung der Unterredungen mit den Reformatoren gab Herzog 1853, S. 350–353, heraus. Das Bekenntnis von Mérindol aus der Dubliner Handschrift C 5.18, fol. 21–24, wurde öfter publiziert, z. B. von Ernesto Comba, *Storia dei Valdensi*, Torre Pellice 1950[4], S. 102–104, zuletzt von Valdo Vinay in BSSV 133, 1973, S. 29–36. Den Beschluß von Angrogna gab Emilio Comba im ursprünglichen italienischen Wortlaut 1876 (Rivista cristiana 4, S. 265–269) heraus, nachgedruckt von Jalla in BSSV 58, 1932, S. 44–48. Der Brief von Saunier an Farel vom 5. 11. 1532 ist in der Sammlung von Herminjard, *Correspondance des réformateurs dans les pays de langue française*, Lausanne 1866, Band II, S. 448, enthalten, der Brief Farels an Bruder Gauchier vom 8. 3. 1536 wurde von Jalla 1914, S. 50–51, abgedruckt.

Die flüchtigen Umrisse einer auf Jungbunzlau (Mladá Boleslav) orientierten Opposition in Chanforan können nur durch eine kritische Interpretation der kargen und stark tendenziösen Nachrichten präzisiert werden. Die wertvollsten enthält ein Schreiben der Senioren der Brüderunität vom 25. 6. 1533 an die Waldenser, das sich bezeichnenderweise nur in einer für Farel bestimmten Abschrift in der Pastoren-Bibliothek von Neufchatel erhalten hat und von Herminjard III, 1870, Nr. 420, und von mir in der Beilage der *Křesťanská revue* 19, 1952, S. 85–86, herausgegeben wurde. Das indirekte, aber zuverlässige Zeugnis Calvins bei Mathias Červenka gab Timotheus Č. Zelinka 1942, S. 85, heraus. Die übrigen späten Anzeichen müssen der *Summa quaedam brevissima* von Jan Blahoslav aus dem Jahre 1556 (bei Jaroslav Goll, *Quellen und Untersuchungen zur Geschichte der Böhmischen Brüder* I, Prag 1878, S. 125) entnommen werden; ferner aus der *Historia breve degl'affari dei Valdesi*, zugeschrieben dem Hieronymo Miolo (hgg. von Jalla in BSSV 17, 1899, S. 107, und selbständig von Enea Balmas 1971; vgl. dazu Amedeo Molnár in *Rivista di storia e letteratura religiosa* 8, 1972, S. 388–390), aus der *Histoire* von 1619 des J. P. Perrin (Band 1,

S. 223) und aus Pierre Gilles 1644 (Ausgabe von 1881, S. 53–56). Zum ganzen Problem der Annahme der Farelschen Reformation von seiten der Waldenser siehe Molnár, *I Valdesi e la riforma*. 1977.

Zu V.

Die waldensische Literatur

Die Anfänge kritischer Sichtung der mittelalterlichen Waldenserliteratur liegen erst im 19. Jahrhundert. Bahnbrechend wurden die Arbeiten von J. J. Herzog. *(De Waldensium origine et pristino statu,* Halle 1848; *Die romanischen Waldenser,* Halle 1853) und A. W. Dieckhoff 1851. Den Ertrag dieser ersten Forschungsphase faßte Edouard Montet 1885 umsichtig zusammen. Eine weitere Phase wurde durch Karl Müllers Buch aus dem Jahre 1886 angeleitet und besonders von Jaroslav Goll, *Die Waldenser im Mittelalter und ihre Literatur* (in den *Mitteilungen des Instituts für österreichische Geschichtsforschung 9,* 1888, S. 326–351), und Goll 1916 auf neue Wege geführt. Zu dem Handschriftenfund siehe nun besonders Mario Esposito 1951 und Enea Balmas mit Mario dal Carso, *I manoscritti valdesi di Ginevra,* Torino 1977 (und meine Rezension in *Communio viatorum* 21, 1978, 161–165). – Sein Projekt einer Sammlung waldensischer Schriften teilte Flacius Illyricus, der Begründer protestantischer Kirchengeschichtsschreibung, am 7. 3. 1553 Hartmann Beyer mit und am 14. 10. 1555 nochmals den Böhmischen Brüdern (ed. Anton Gindely 1859, S. 275). Die an Textzitate aus waldensischen Schriften so reiche *Histoire des Vaudois* des J. P. Perrin erschien in Genf 1619.

Nicht abgeschlossen blieb das Studium der Waldenser-Bibel. Die grundlegende Arbeit dafür leistete Samuel Berger 1889, F. Jostes 1885 und C. Salvioni 1890. Neue Anregungen brachten Marg. Deanesly, *The Lollard Bible,* Cambridge 1920, F. M. Bartoš 1931 und Henri Clavier 1958. Ein guter Überblick bei G. W. Lampe ed., *The Cambridge History of the Bible* 2, Cambridge 1969, S. 452–465. Die als waldensisch angesehenen Dichtungen wurden öfters publiziert (Amilda A. Pons 1910; Antonino de Stefano 1909; H. J. Chaytor 1930). Die beste Übersicht über die Prosaschriften und ihren handschriftlichen Befund bieten Jean Gonnet und Amedeo Molnár 1974, S. 319–370. Zu den waldensisch-hussitischen Wechselwirkungen siehe besonders noch Amedeo Molnár, *Fragment de la Confession taborite* 1970, und Romolo Cegna, *L'ussitismo piemontese nel quattrocento,* in Rivista di storia e letteratura religiosa 7, 1971. S. 3–69, und *Contributo allo studio delle fonti sull'ussitismo,* in *Studia źródłoznawcze* 20, 1976.

Zu VI.

Die Botschaft

Unser Schlußkapitel vertritt in Andeutungen eine detaillierte monographische Bearbeitung, wie es das Gedankengut des mittelalterlichen Waldensertums gewiß verdienen würde. Da sich fas jeder Satz aus einer Unzahl verschiedenartig verstreuter und schwer zugänglicher Quellen belegen läßt, verzichte ich hier auf eingehendere Nachweise. Einen Teil davon findet man neben Gonnet-Molnár 1974 in einigen meiner Aufsätze (z. B. *Elementi ecclesiologici della prima Riforma* in *Protestantesimo* 19, 1964, S. 65–77; *Sfida al costantinismo,* daselbst 20, 1965, S. 1–12; Molnár 1965), ferner in den gut orientierenden Überlegungen von Ernesto Comba, *I Valdesi prima del sinodo di Cianforan,* in BSSV 58, 1932, S. 7–33; Robert Kalivoda, *Husitská ideologie,* Prag 1961; Ernst Werner 1963; G. Gonnet 1967. Gonnets Buch ist mit seinen thematischen, Namens- und Quellenregistern eine unersetzliche Einführung in das Studium der einschlägigen Materialien, auch wenn sein methodischer Positivismus Fragen aufwirft, die nach einer theologischen Deutung rufen. – Den Traktat *De las tribulacions,* herausgegeben von Christian Ulrich Hahn 1847, S. 692–696, datiere ich in das Pontifikat von Innozenz VI. (1352 bis 1362); er ist abhängig von Jean de Roquetaillade, teilt aber nicht dessen Optimismus über eine positive Mission der Bettelorden. Es sei endlich gestattet, auf zwei folgende Werke aufmerksam zu machen, die reiche Quellen- und Literaturangaben bringen: Jean Gonnet – Amedeo Molnár, *Les Vaudois au Moyen-Age,* Turin 1974; Amedeo Molnár, *Storia dei Valdesi* 1: *Dalle origini all'adesione alla Riforma,* Turin 1974.

Anmerkungen

ERSTES KAPITEL

1 Der Vorname Petrus kommt in den Quellen erst seit dem 14. Jahrhundert vor. Über die sehr verschiedenen Schreibweisen des Namens Waldes GONNET 1953. Zu Waldes Leben und Sendung MOLNÁR 1966 und besonders SELGE 1967.

2 CHENU 1964, 48-49.

3 Stephan von Bourbon, *De septem donis Spiritus sancti*, ed. PAT-SCHOVSKY-SELGE 1973, 15-18.

4 POUZET 1936, Vgl. DENIAU 1951.

5 Durand von Osca, *Liber antiheresis*, ed. SELGE 1967, II, 8.

6 *Chronicon anonymi Laudunensis*, ed. CARTELLIERI 1909, 20-30. Vgl. GONNET 1967, 62.

7 Ed. GASTON PARIS 1933.

8 WERNER 1956, 35-76.

9 CURSCHMANN 1900, 152; SELGE 1967, I, 239.

10 Geoffroy von Auxerre bei GONNET 1958, 45-49.

11 *De Laude novae militiae*, MPL 182, 896.

12 GREENAWAY 1931.

13 Bernard an Guido 1143 (MPL 182, 363). Vgl. VACANDARD 1895 II, 235.

14 *De nugis curialium* bei GONNET 1958, 122-124.

15 DONDAINE 1946, 221.

16 *Adversus Catharos et Valdenses*, ed. RICCHINI 1743, 402

17 Die sog. *Regula secte Waldensium* (ed. DÖLLINGER 1890, II, 353) und *Epistola Fratrum de Italia* (ed. GONNET 1962, 20-25), beide um das Jahr 1368.

18 Kanon 27 *De haereticis evitandis* bei DENZINGER Num. 401.

19 Gesamtdarstellungen: BORST 1953; MANSELLI 1963; LOOS 1974.

20 DONDAINE 1946, 219-220.

21 *De nugis curialium* bei GONNET 1958, 122-124.

22 CONGAR 1958.

23 MANSELLI 1955 und 1975, 135–140; GONNET 1974, 54–58.

24 Geoffroy von Auserre, *Super Apocalypsim* (um 1187) bei GONNET 1958, 46-48.

25 Erstausgabe von DONDAINE 1946, zwei weitere bei GONNET 1958, 32 bis 36, und Thouzellier 1966, 27-30. Die zuverlässigste ist bei SELGE 1967, II, 3-6, zu finden.

26 *De peregrinante civitate Dei* (MPL 204, 309 ff.).

27 Stephan von Bourbon, ed. PATSCHOVSKY-SELGE 1973, 16-17.

28 Bernard Abt von Fontcaude, *Adversus Waldensium sectam* (bald nach 1190). ed. GONNET 1958, 71-72.

29 Durandus von Osca, ed. SELGE 1967, II, 82 und 8.

30 BARTOŠ 1941, 9.

31 Höchstwahrscheinlich Huesca im Aragon, wenn auch Yves DOS-SAT 1967, 213 an Losque im Rouergue (Languedoc) denken möchte. Siehe THOUZELLIER 1969, 215-216.

32 Ed. SELGE 1967, II. Die soeben gebrachten Zitate siehe auf S. 96, 64-66; 99, 130-131; 95, 40-43.

33 B. von Fontcaude bei GONNET 1958, 70. Vgl. SELGE 1967, 135.

34 Ed. GONNET 1958, 92-93; vgl. VENTURA 1963, 82.

35 GONNET 1958, 94.

36 Ed POTTHAST 1874, I, 74 (Num. 780).

37 MANSELLI 1953 und 1975, 93-109.

38 THOUZELLIER 1964.

39 Bernardi abbatis Fontis Calidi *Adversus Waldensium sectam* ed. MPL 204, 793-840. Eine Auslese bei GONNET 1958, 65-90.

40 Die Summa des Alanus, auch *De fide catholica contra haereticos sui temporis* betitelt, in MPL 210, 305-430. Eine Auslese bei GONNET 1958, 103-119. Siehe VASOLI 1963.

41 GONNET 1958, 144-152.

42 COMBA 1901, 14.

43 Bruno von Querfurt, *Vita sancti Adalberti episcopi*, MGH SS 4. 609.

44 THOUZELLIER 1966, 203. Eine ähnliche Disputation zwischen Bernard Prim, dem Waldenser, und Isarn de Castres fand 1208 auf dem Ring von Laurac statt – DUVERNOY 1976, 24.

45 Jordan der Sachse, *Libellus de principiis ordinis Praedicatorum.* ed. SCHEEBEN 1935, 38.

46 Innozenz III., am 18. 12. 1208 bei GONNET 1958, 133.

47 VICAIRE in CF 2, 1967, 173-194.

48 BELPERRON 1942, 158 ff.; ROSCHER 1969, 229-237.

49 DELARUELLE 1963, 53.

50 Petrus des Vaux-de-Cernay, *Historia Albigensis* (1213), ed. GUE-BIN 1939, III, § 89.

51 So die Münchener Handschrift *des Rescriptum* von 1218 bei PATSCHOVSKY 1973, 36.

52 Daselbst 28.

53 Joachim von Floris, *De articulis fidei* (vor 1188), ed. BUONAI-UTI 1936, und *Super quatuor evangelia* (nach 1200), ed. BUO-NAIUTI 1930. Eine Auslese bei GONNET 1958, 97-100. Vgl. WENDELBORN 1974.

54 Zu Folgendem siehe GONNET 1974, 71-75 und 85-103.

55 ILARINO DA MILANO 1945.

56 ZANONI 1911 und 1912.
57 GONNET 1958, 136-140.
58 GONNET 1974, 80-83; ROGGEN 1964; WENDELBORN 1977, 58 ff.
59 Dante, Paradiso XI, 92-93.
60 DENZINGER Num. 430.
61 HUYGENS 1960, 71-78.
62 Darüber berichtet das *Rescriptum ad Leonistas in Alamania*, ed. PATSCHOVSKY 1973, 20-43.
63 Ed. RICCHINI 1743, 403.
64 Ed. GONNET 1958, 131.
65 OTTOKAR 1948, 69.
66 Rainerio Sacconi, ed. DONDAINE 1939, 78.

ZWEITES KAPITEL

1 BARTOŠ 1947, 469.
2 ILARINO DA MILANO 1945 Liber, 309-341. Teilausgabe bei DÖLLINGER 1850, 52-84. Vgl. GONNET 1967, 68-70.
3 Ed. RICCHINI 1743. Zur Datierung BORST 1953, 18.
4 *Summa contra haereticos*, ed. KAEPPELI 1947, DONDAINE 1953.
5 Ed. DONDAINE 1939, 64-78.
6 *Summa contra haereticos*, ed. BAZZOCHI 1920.
7 *De vita et actibus, de fide et erroribus haereticorum, qui se dicunt Pauperes Christi seu Pauperes de Lugduno*. Ed. PREGER 1890, 708-711.
8 Ed. DONDAINE 1950, 308-324.
9 *De inquisitione haereticorum*, ed. PREGER 1878, 24-55. Vgl. GONNET 1967, 84-93.
10 *Liber contra Waldenses haereticos*, ed. GRETSER 1738, XII. 25-44. Vgl. NICKSON 1967 und PATSCHOVSKY 1968.
11 NOVOTNY 1937, 133 ff.
12 Ed. Douais 1886. Vgl. MOLLAT 1926.
13 *Tractatus contra haeresim Waldensium*. Teilausgabe bei GRETSER. Ich benützte die Handschrift der Prager Universitätsbibliothek XIII E 5. Vgl. HOLINKA 1929.
14 *Rescriptum* bei GONNET 1958, 183. Weitere Angaben bei PREGER 1887, 36 und DÖLLINGER 1890, 304, 345.
15 *Epistula Fratrum de Italia* 1368 bei GONNET 1967, 53-56.
16 HIRSCH 1963, 28-41; PONS 1973.
17 Ed. GONNET 1958, 141-142.
18 Ed. SEGATI 1955, 50.
19 ENGELS 1850.
20 COMBA 1901, 357.
21 MERLO 1977.
22 WEITZECKER 1881.

23 GILLES 1964, I, 27 ff. Vgl. ARMAND-HUGON 1963, 222 ff.
24 LEA 1909, 321.
25 Freie Übersetzung eines Vierzeilers im alttschechischen Desatero bei HRABÁK 1957, 301.
26 HAUPT 1890, 18-20, 66.
27 WATTENBACH 1886, 37 und 70. KURZE 1968.
28 WATTENBACH 1886, 69.
29 HAUPT 1890; HOLINKA 1929.
30 GONNET 1962; MOLNÁR 1966, 21-24.
31 PREGER 1875, 246 ff; DÖLLINGER 1890, 305-311.
32 MENČIK 1891; FUCHS 1902; HLAVÁČEK 1957.
33 HÖFLER 1862, 26.
34 Ed. MOLNÁR 1963 in Výbor 1, 245.
35 ŘÍČAN 1929.
36 VENTURA 1963, 86-88.
37 GRETSER ed. 1614, 216.
38 *Responsio Iohannis,* Handschrift Karlsruhe, Reichenauer-Bibliothek 48, fol. 337^r.
39 *De vita et actibus haereticorum,* ed. PREGER 1890, 710.
40 Lo Novel Sermon, V. 5 bei CHAYTOR 1930, 89.
41 Das Propositum der katholischen Armen bei MPL 215, 1513 und 216, 648.
42 Inquisitionsverfahren von 1391 bei WERNER 1963, 269.
43 DUPRÉ-THESEIDER 1963, 9.
44 VOLPE 1961, 96 ff.
45 ARMAND-HUGON 1961.
46 SCULTETUS 1620, 295; VINAY 1975, 36.
47 Bruder Gregor, Gründer der Brüderunität, in seinem Traktat über das Verhalten gegenüber der römischen Kirche vom Jahre 1471, ed. BIDLO 1915, 328.
48 KAMINSKY 1967, 177.
49 Ed. DE STEFANO 1909, 30-32. Zur Datierung MOLNÁR 1963, 108 f.
50 GONNET 1967, 102. Vgl. MOLNÁR 1969 und THLZ 101/ 1976/, 481-489.
51 Ed. MOLNÁR 1965 /Les Vaudois et l'Unité des Freres/, 3–4.
52 Johann XXII. am 8. 7. 1332 bei RINALDI n. 31.
53 *Epistula Fratrum de Italia* bei GONNET 1962 /Valdesi d'Austria /, 11-17.
54 PSEUDO-RAINER bei COMBA 1901, 251 f.
55 Bernard Gui, *Practica inquisitionis,* ed. DOUAIS 1886, 136 ff; ed. MOLLAT 1926, 46 ff.
56 Ed. WERNER 1963, 265-267, und MOLNÁR 1968, 3-6.
57 Brief an A. Ossiander 1533, vgl. R. C. GEREST, Renouveau de la confession privée et pensée des Réformateurs, Lumière et vie 13 /1964/, 127.

58 Ed. GONNET 1962, 124.

59 Ed. FREDERICQ 1889, 1, 215-217.

60 Vgl. COULTON 1955, 463 f.

61 DE STEFANO 1938, 313-314.

62 Ed. BALMAS 1971, 105.

63 *De l'ensegnament de li fiih,* Handschrift im Trinity College Dublin C. 5. 22, fol. 78ᵛ-85ʳ. Ber PERRIN 1619, 230 f. nur Fragmente.

64 Ed. DÖLLINGER 1890, 11 ff. Vgl. GONNET 1967, 9.

65 Edd. MARTENE und DURAND V, 1754.

66 Ed. DUVERNOY 1965, 67. Vgl. VINAY 1966, 17 f.

67 DUPRÉ-THESEIDER 1957, 9.

68 *Manifestatio haeresis Albigensium et Lugdunensium,* um 1200, ed DONDAINE 1959, 271.

69 GUI, *Practica,* ed. DOUAIS 1886, 225.

70 WATTENBACH 1886, 36-49. Vgl. COMBA 1901, 170.

71 Ed. DÖLLINGER 1890, 364. Vgl. MOLNÁR 1959, 166.

72 Ed. ŠIMEK 1947, 100.

DRITTES KAPITEL

1 Handschrift des Nationalmuseums Prag VIII F 38. pag. 8.

2 Ed. ERBEN 1866, II, 326 und 356.

3 Ed. GREGOR 1954, 83.

4 Ed. PALACKÝ 1869, 198.

5 GONNET 1962, 15.

6 *Sermo in memoriam novorum martyrum,* ed. NOVOTNÝ, FRB VIII, 1932, 232.

7 *De iuramento* bei SEDLÁK 1914, 40.

8 *De quadruplici missione,* ed. SEDLÁK 1914, 95-117. Die Waldenserübersetzung „Alcuns volon ligar la parola de Dio segont la lor volunta" in der Handschrift Cambridge A Dd XV. 29, fol. 136ʳ-170ʳ.

9 BARTOŠ 1931, 138.

10 Ed. PALACKÝ 1869, 633-636. Vgl. KAMINSKY 1967, 169-171.

11 HEIMPEL 1969.

12 BARTOŠ 1915.

13 Ed. HEIMPEL 1969, 123 und 126.

14 Ed. MOLNÁR 1953 und 1954.

15 Ed. ŠIMEK 1933, II, 30. Das Werk ist zwischen 1420 und 1423 entstanden.

16 *Confessio Taboritarum* 1431, ed. LYDIUS 1616, tschechische Übersetzung MOLNÁR 1972. Eine kritische Ausgabe des Originals von MOLNÁR ist im Druck.

17 Ed. ČERNY in Listy filologické 25 /1898/, 455. Vgl. MOLNÁR 1958, 49.

18 Ed. SMETÁNKA 1929; deutsch von Carl Vogl, Das Netz des Glaubens, ed. MOLNÁR, Hildesheim 1970. Vgl. MOLNÁR 1963, 108.

19 MOLNÁR in ThLZ 101 /1976/, 481-489.

20 BARTOŠ 1931, 184-186, und 1932, 290-292.

21 VINAY 1961; GOLL 1916, 300-310; BARTOŠ 1931; KÖPSTEIN 1959.

22 OCHSENBEIN 1881, 173-368 und 383-396; PFISTER 1964, 338.

23 *Monumenta conciliorum generalium sec. XV,* 1857, 153-170.

24 MOLNÁR 1972, 153.

25 JUNG 1822, 170; VINAY 1961, 41.

26 Brief vom 9. 2. 1432 an das Kapitel zu Arras bei PALACKÝ 1873, 269.

27 MOLNÁR 1963, 153 f. Waldensische Fassung der Formel in der Genfer Handschrift 208, fol. I^r: „Nos pausen la ley de Dio, la practica de Crist e apostolica e de la gleisa primitiva e la concordancia de li doctor fundant se verament en ley meseyma, sabent Crist esser fundament de tota sentencia laqual perteng al cristian."

28 Laurentius von Reichenbach, *Liber diurnus,* HEŘMANSKÝ 1953, 181-183.

29 Theobald 1750, II, 191-198.

30 MOLNÁR 1970.

31 VINAY 1961, 47; GOLL 1916, 302.

32 WATTENBACH 1886, 77; GOLL 1916, 304.

33 MÜLLER 1908; MACHILEK.

34 BARTOŠ 1931, 248-250.

35 SOUČEK 1967, 71; MOLNÁR 1979.

36 BARTOŠ 1931, 244. Vgl. KURRELMEYER 1905, 437.

37 MOLNÁR ed., 1961, 51-58.

38 BARTOŠ 1923, 1-58; ergänzt bei BARTOŠ 1932, 88-90.

39 Hus, *Uthlegghinge,* ed. MOLNÁR 1971 (wo auch weitere Literaturangaben).

40 Brief der Brüder aus dem Jahre 1471/2 in BIDLO 1952, 232. Über Lupáč BARTOŠ 1939 und MOLNÁR 1966.

41 Ed. BIDLO 1915, 327 ff. Vgl. COMBA 1901, 625-633.

42 Ed. MOLNÁR 1956, 49 ff.

43 Ed. BIDLO 1915, 328. Vgl. BROCK 1957, 79.

44 *Historia Fratrum,* Handschrift der Prager Universitätsbibliothek XVII F 51, fol. 83-90, wo der Text in tschechischer Übersetzung vorkommt.

45 Ed. WOLKAN III, 1, 1917, 56.

46 WEITZECKER 1881, 363-367; MERLO 1977.

47 COMBA 1901, 402-404.

48 GODEFROY 1684, 277. Vgl. COMBA 1901, 406.

49 Ed. ALLIX 1690, 297 f.

50 Ed. ALLIX 1690, 307-317. MERLO
51 Ed. PASCAL 1916, 40-45. Vgl. PASCAL 1960, 68-73.
52 MOLNÁR 1958 (Hus, *De matrimonio*), 142-157.
53 MOLNÁR 1970 und 1972; MOLNÁR 1964 (Tresor), 285-289.
54 MOLNÁR 1949; vgl. MOLNÁRS Aufsätze über Lukas von Prag in *Communio viatorum* seit 1960.
55 CEGNA 1954, 5-20, und 1965, 17-21. Vgl. MOLNÁR in *Protestantesimo* 21 (1966), 86-91.
56 CEGNA 1965 (Seyssel), 109-116.

VIERTES KAPITEL

1 *Luthers Schriften,* WA 31, 1, 476.
2 *Ad librum Ambrosii Catharini responsio,* g IV a.
3 Morel an Oekolampad 1533, ed. VINAY 1975, 36-51; Montaigne an Bonifatius Amerbach am 6. 5. 1533, ed. HARTMANN 1953, 217; CRESPIN 1608, 111 f.
4 Thomas Müntzer, *Das Prager Manifest,* ed. FRANZ 1968, 494. Vgl. MOLNÁR 1958 (Müntzer), 242-245.
5 HUBMAIER, *Grund und Ursach,* 1527, ed. 1962, 334 und 434.
6 Brief vom 9. 6. 1527 bei VUILLEUMIER 1927, 37.
7 CRESPIN 1608, 111.
8 Farel, *Summaire,* a2, ed. PIAGET 1935.
9 Ed. VINAY 1975, 36-51.
10 Ed. VINAY 1975, 53–63. Eine Ergänzung daselbst 65–69
11 VINAY 1975, 71.
12 Morel an Bucer, ed. VINAY 1975, 73.
13 Ed. VINAY 1975, 75-117.
14 Ed. VINAY 1975, 119-137.
15 MOLNÁR 1965 (Vaudois et Unité), 11 ff.
16 PERRIN 1618, I, 79-87; LEGER 1669, I, 92-95. Vgl. VINAY 1972 (Mémoires), 35-38.
17 FAREL 1930, 51. Vgl. GONNET 1954 (Olivétan), 126.
18 VUILLEUMIER 1927, 71, 85 und 73.
19 Calvin über seine Begegnung mit Farel in 1536 in *Calvini Opera* 31, 26.
20 Ed. VINAY 1975, 139-143.
21 Summaire 1525, Kapitel 29.
22 Summaire 1525, Kapitel 28 und 23.
23 Brief von Wilhelm an Gauchier Farel vom 8. 3. 1538 bei JALLA 1914.
24 Saunier an Farel den 5. 11. 1532 bei HERMINJARD II, 448.
25 Miolo, ed. BALMAS 1971, 104.
26 PERRIN 1619, I, 223.
27 Gilles, ed. LANTARET 1881, 1, 53.
28 Jan Blahoslav, *Summa quaedam brevissima,* 1556, ed. GOLL 1878, 125.

29 Edd. HERMINJARD 1870, III, N. 420; MOLNÁR 1952 (Valdenští), 85 f; VINAY 1975, 144-151. Vgl. MOLNÁR 1977, 73-91.

30 Ed. MOLNÁR 1972 in der allein überlieferten tschechischen Übersetzung und 1951, 102-156 französisch.

31 Gilles, ed. LANTARET 1881, 1, 56.

32 Daselbst 57.

33 M. Červenka, Handschrift der Prager Universitätsbibliothek XVII C 3, ed. ZELINKA 1942, 85.

FÜNFTES KAPITEL

1 Über das Projekt einer Sammlung von Waldenserschriften schrieb Flacius am 7. 3. 1553 an Hartmann Beyer und unter Nummer 8 der *desideria* seiner *Consultatio de conscribenda accurata et erudita historia ecclesiae* siehe SCHEIBLE 1966, 26. Am 14. 10. 1555 ermunterte er zur Zusammenarbeit die Senioren der böhmischen Brüderunität, ed. GINDELY 1859, 275.

2 JALLA 1936, 110-113; VOETZEL 1956, 89.

3 MOLNÁR 1970.

4 GONNET-MOLNÁR 1974, 323-327; BERGER 1889; SALVIONI 1890; CLAVIER 1958; KLIMEŠ 1881–86; JOSTES 1885; LAMPE ed., II, 1969, 452-465.

5 Ed. SELGE II, 1967, 3-6.

6 MPL 204, 793-840; GONNET 1958, 64-90.

7 Ed. SELGE 1967, II.

8 Ed. PATSCHOVSKY-SELGE 1973, 20-43.

9 Über lateinische Ausgaben ARMAND HUGON-GONNET 1953, N. 589. Die wald. Version in der Handschrift Cambridge Dd 15.29, fol. 235ʳ-240ᵛ.

10 Handschrift Dublin, Trinity College A 6.10, fol. 3ʳ-25ʳ. Vgl. VENCKELER 1960 und 1961.

11 Siehe die Nummern 590, 591 und 592 bei ARMAND HUGON-GONNET 1953. Dazu ed. MOLNÁR 1966, 21-24.

12 Ed. HAHN II, 1847, 623-628.

13 GONNET-MOLNÁR 1974, 355-357 GONNET 1967, 151-157.

14 Ed. MONTET 1885, 210.

15 Ed. HAHN 1847, 608–611; MONTET 1885, 207-209. Vgl. GONNET 1968.

16 Ed. SCHMIDT 1852, 243.

17 MONTET 1885, 49.63.102; BALMAS 1977.

18 Edd. PONS Amilda 1910; CHAYTOR 1930; DE STEFANO 1909. Vgl. MOLNÁR 1963, 108 f und GONNET-MOLNÁR 1974, 327-336.

19 ARMAND HUGON-GONNET 1953, N. 1403; HERZOG 1853, 95-97.

20 McCULLOCH 1963.

21 Ed. ESPOSITO 1951.
22 MONTET 1885, 81-84.
23 Ed. HERZOG 1870.
24 Handschrift Cambridge A Dd 15.29, fol. 136r-170r. Die latei-
    nische Vorlage bei SEDLÁK 1914, 95-117.
25 Ed. MOLNÁR 1973, 166-183.
26 Ed. MOLNÁR 1958 (De matrimonio), 142-157.
27 MOLNÁR (Tresor) 1964, 285-289; CEGNA 1971, 1-69; MOL-
    NÁR 1972.
28 Ed. MOLNÁR in Communio viatorum 4 (1961), 51-58.
29 Ed. BARTOŠ 1923, 1-58, und 1931, 88-90.
30 Historia Fratrum Bohemorum, Handschrift der Prager Universität
    XV II F 51a, S. 83-90. Ed. MOLNÁR 1977, 118-119.
31 GODEFROY I, 406.
32 Zum Folgenden MOLNÁR 1949, 40-64.
33 Ed. COMBA 1901, 615-616. Vgl. Miolo, ed. BALMAS 1971,
    109-110.

SECHSTES KAPITEL

1 Erschöpfende Quellennachweise für dieses Kapitel finden sich bei
    GONNET-MOLNÁR 1974, 371-441.
2 Monumenta Universitatis Pragensis II, 1834, 300.
3 HERZOG 1853, 202.
4 Ed. RICCHINI 1743, 409 f.
5 Ed. MELIA 1870, 49-51 (romanische Fassung). Lateinische Hand-
    schriften sind bei KAEPPELI und ZANINOVIC 1954, 298
    vermerkt.
6 Ed. DÖLLINGER 1890, 356-358 (unvollständig). Handschrift
    St. Florian XI. 152, fol. 38v-39r.
7 Ed. TRUHLÁŘ 1888, 150-151.
8 LAMPING 1976 (vgl. meine Rezension in Zeitschrift für Kir-
    chengeschichte 1978, 209-214).
9 Moneta bei RICCHINI 1743, 509.
10 SAMUELE DA CASSINE, Victoria 1510, 17.
11 RICCHINI 1743, 508.

Zitierte Werke

ALLIX, Peter
  1690 *Some remarks upon the ecclesiastical history of the ancient Churches of Piedmont*, London.

ARMAND–HUGON, Augusto
  1961 *Popolo e chiesa alle Valli dal 1532 al 1561*, BSSV 110 (1961), 5–34.
  1963 *I Valdesi di Calabria*, *Atti del terzo Congresso calabrese*.

BALMAS, Enea
  1971 ed. *Hieronimo Miolo: Historia breve e vera de gl'affari de i Valdesi delle Valli*, Torino
  1977 *I manoscritti valdesi di Ginevra*, Torino

BARTOŠ, František Michálek
  1915 *Německého husity Petra Turnova spis Ritus et mores Grecorum*, VKČSN 1915.
  1923 *Puer Bohemus*, VKČSN 1923.
  1931 *Husitství a cizina*, Praha.
  1932 *Manifesty města Prahy z doby husitské*, Praha
  1941 *Devět statí z českých dějin*, Praha
  1939 *Martin Lupáč a jeho spisovatelské dílo*, Reformační sborník 8 (1939), 115–140.
  1947 *Čechy v době Husově*, Praha
  1965 *Husitská revoluce* I und II, Praha

BAZZOCCHI, Dino
  1920 *L'eresia catara*, I und II, Bologna.

BELPERRON, Pierre
  1942 *La croisade contre les Albigeois*, Paris.

BERGER, Samuel
  1889 Les Bibles provençales et vaudoises, *Romania* 18 (1889), 504–561.

BIDLO, Jaroslav
  1915 ed. *Akty Jednoty bratrské* I, Brno.
  1923 ed. *Akty Jednoty bratrské* II, Brno.

BOEHMER, Heinrich
  1908 Waldenser, Realencyklopädie für protestantische Theologie und Kirche 20, 799–840.

BORST, Arno
  1953 *Die Katharer*, Stuttgart.

BROCK, Peter
  1957 *The political and social doctrines of the Unity of Czech Brethren*, La Haye

436

BUONAIUNTI, Ernesto
1930 ed. *De Articulis Fidei di Gioacchino da Fiore*, Roma.
1936 ed. *Tractatus super quatuor evangelia di Gioacchino da Fiore*, Roma.
Cahiers de Fanjeaux 2: Vaudois languedociens et Pauvres Catholiques, Toulouse
CARTELLIERI, A.
1909 ed. *Chronicon universale anonymi laudunensis*, Leipzig–Paris
CASSINE, Samuele da
1510 *De statu ecclesiae ... libellus ... contra Valdenses*, Cuneo
1510 *Victoria triumphale ...*, Cuneo
CEGNA, Romolo
1964 *La polemica antivaldese di Samuele da Cassine O. F. M*, BSSV 115 (1964), 5–20.
1965 Il Tractatus de divina providentia di Claudio de Seyssel, *Rivista di storia e letteratura religiosa* 1 (1965), 109–116.
1965 *Le fonti della teologia del Valdismo alpino–occidentale nel' 400*, BSSV 118 (1965), 17–21.
ČERNÝ, Karel J.
1898 Rozpravy Chelčického v rukopise pařížském, *Listy filologické* 25 (1898), 259–280; 384–404; 453–478.
CHAYTOR, Henry John
1930 *Six Vaudois Poems from the Waldensian Manuscript in the University Libraries of Cambridge, Dublin and Geneva*, Cambridge.
CHENU, Marie Dominique
1964 *L'Evangile dans le temps*, Paris.
CLAVIER, Henri
1958 Brèves remarques sur les premières versions provençales du Nouveau Testament, *Bulletin Philologique et Historique*, Paris 1958, 1–14.
COMBA, Emilio
1901 *Histoire des Vaudois, Première partie: De Valdo à la Réforme*, Paris–Lausanne–Florence.
CONGAR, Yves M. J.
1958 Henri de Marcy abbé de Clairvaux, cardinal-éveque d'Albano et légat pontifical, *Studia Anselmiana* 43 (1958), 1–90.
COULTON, Georges Gordon
1955 *Medieval Panorama*, New York.
GRESPIN, Jean
1608 *Histoire des martyrs persécutés et mis à mort pour la vérité d l'Evangile.*
CURSCHMANN, Friedrich
1900 *Hungersnöte im Mittelalter*, Leipzig.

DELARUELLE, Etienne

1963 L'idée de croisade dans la Chanson de Guillaume de Tudèle, *Annales d l'Institut d'Etudes Occitanes 1963*, 49 bis 63, Toulouse.

DENIAU, Jean

1951 *Histoire de Lyon et du Lyonnais*, Paris

DENZINGER, Henricus

1947 *Enchiridion symbolorum, definitionum et declarationum de rebus fidei et morum*, editio 26 augmentate, Friburgi Brisgoviae.

DE STEFANO, Antonino

1909 *La Noble Leçon des Vaudois du Piémont*, Paris.

1938 *Riformatori ed eretici del medioevo*, Palermo

DIECKHOFF, August Wilhelm

1851 *Die Waldenser im Mittelalter*, Göttingen

DÖLLINGER, Ignaz von

1890 *Beiträge zur Sektengeschichte des Mittelalters II:* Dokumente vornehmlich zur Geschichte der Valdesier und Katharer, München.

DONDAINE, Antoine

1946 Aux origines du valdéisme. Une profession de foi de Valdés, *Archivum Fratrum Praedicatorum* 16 (1946), 191–235.

1939 *Un traité néo-manichéen du XIII siècle: Le Liber de duobus principiis*, Roma

1953 Saint Pierre Martyr, *Archivum Fratrum Praedicatorum* 23 (1953), 66–162.

DOSSAT, Yves

1967 Lex Vaudois méridionaux d'après les documents de l'inquisition, *Cahiers de Fajeaux* 2 (1967), 207–226.

DOUAIS, Célestin

1886 ed. *Practica inquisitionis heretice pravitatis auctore Bernardo Guidonis ordinis Praedicatorum*, Paris.

DUPRÉ THESEIDER, Eugenio

1957 *Problemi di eresiologia medioevale*, BSSV 102 (1957), 3 bis 17.

1963 *Gli eretici nel mondo comunale italiano*, BSSV 114 (1963), 3–23.

DUVERNOY, Jean

1965 ed. *Le Registre d'Inquisition de Jacques Fournier éveque de Pamiers 1318–1325*, I–III, Toulouse

1976 ed. *Guillaume de Puylaurens:* Chronique, Paris

ENGELS, Friedrich

1850 *Der deutsche Bauernkrieg*

ERBEN, Karel Jaromír

1866 M. ed. *Jana Husi sebrané české* II, Praha

ESPOSITO, Mario
1951 Sur quelques manuscrits de l'ancienne littérature des Vaudois du Piémont, *Revue d'histoire ecclésiastique* 46 (1951), 127–159.
Fontes Rerum Bohemicarum (FRB), Praha
FRANZ, Günther – KIRN, Paul
1968 edd. *Thomas Müntzer: Schriften und Briefe*, Gütersloh
FREDERICQ, P.
1889 *Corpus documentorum Inquisitionis Neerlandicae*, 's Granvenhage
FUCHS, A. F.
1902 Urkunden und Regesten zur Geschichte des Benediktinerstiftes Göttweig, *Fontes Rerum Austriacarum* 2, 394–397.
GILLES, Pierre
1644 *Histoire ecclésiastique des Eglises Réformées autrefois appelées Vaudoises*, ed. P. Lantaret, Pinerolo 1881, I–II.
GINDELY, Anton
1859 ed. *Quellen zur Geschichte der Böhmischen Brüder*, Wien
GODEFROY, D.
1684 *Histoire de Charles VII*, Paris
GOLL, Jaroslav
1916 *Chelčický a Jednota v XV. století*, Praha
GONNET, Giovanni
1953 Waldensia, *Revue d'histoire et de philosophie religieuse* 33 (1953), 202–254.
1958 *Enchiridion Fontium Valdensium*, Torre Pellice
1962 *I Valdesi d'Austria nella seconda metà del secolo XIV*, BSSV 111 (1962), 5–41.
1967 *Le confessioni di fede valdesi prima della Riforma*, Torino.
1974 Gonnet, Jean – Molnár, Amedeo: *Les Vaudois an Moyen Age*, Torino.
GREENAWAY, George William
1931 *Arnold of Brescia*, Cambridge.
GREGOR, Alois
1964 *Jan Hus: Knížky o svatokupectví*, Praha.
GRETSER, Jacobus
1738 *Opera omnia vol. XII*, Ratisbonae
GUEBIN, P. – LYON, E.
1926–1939 edd. *Petri Vallium Sarnaii monachi Hystoria Albigensis*, I–III, Paris.
HAHN, Christoph Ulrich
1847 *Geschichte der Ketzer im Mittelalter* II: Geschichte der Waldenser und verwandter Sekten, Stuttgart.
HARTMANN, Alfred
1943 ed. *Amerbachkorrespondenz* II, Basel.
1953 ed. *Amerbachkorrespondenz* IV, Basel.

HAUPT, Herman
1888 Hussitische Propaganda in Deutschland, *Historisches Ta-*
schenbuch VI, Folge, VII. Jahrgang (1888), 235–304.
1890 *Waldenserthum und Inquisition im südöstlichen Deutschland,*
Freiburg i. B.
1893 *Vaudois allemands en Boheme* (trad. Alexandre Vinay),
BSSV 10 (1893), 76–85.

HEIMPEL, Hermann
1969 ed. *Drei Inquisitions-Verfahren aus dem Jahre 1425. Ak-*
ten und Prozesse gegen die deutschen Hussiten Johannes
Drändorf und Peter Turnau sowie gegen Drändorfs Diener
Martin Bochard, Göttingen.

HEŘMANSKÝ, František
1953 *Deník Petra Žateckého,* Praha (Übersetzung des *Liber diur-*
nus, den wir mit F. M. Bartoš Laurentius von Reichenbach
zuschreiben).

HERMINJARD, A. L.
1866–1897 ed. *Correspondance des Réformateurs dans les pays*
de langue française 1512–1544, 9 Bände, Lausanne.

HERZOG, Johann Jacob
1853 *Die romanischen Waldenser,* Halle
1870 Cantica, Zeitschrift für historische Theologie 4 (1870), 517
bis 620.

HIRSCH, Ernst
1963 *Beiträge zur Sprachgeschichte der württembergischen Wal-*
denser, Stuttgart.

HLAVÁČEK, Ivan
1957 *Inkvisice v Čechách ve třicátých letech 14. století Českoslo-*
venský časopis historický 1957, 256–358.

HOEFLER, Constantin
1862 ed. *Concilia Pragensia,* Praha.
1865 ed. *Geschichtsschreiber der hussitischen Bewegung in Böh-*
men II. Wien.

HOLINKA, Rudolf
1929 *Sektářství v Čechách před revolucí husitskou,* Bratislava.

HRABÁK, Josef
1957 red. *Výbor z české literatury před dobou husitskou,* Praha.

HUYGENS, R. B. C.
1960 ed. *Lettres de Jacques de Vitry,* Leiden.

ILARINO da Milano
1942–1945 Il Liber supra Stella del piacention Salvo Burci contro
i Catari e altre correnti ereticali, *Aevum,* Milano 16
(1942), 272–319; 17 (1943), 90–146; 19 (1945), 281–341.
1945 *L'eresia di Ugo Speroni nella confutazione di Mastro Va-*
cario, Città del Vaticano.

JALLA, Giovanni

1914 *Storia della Riforma in Piemonte fino alla morte di Emanuele Filiberto 1517–1580,* Firenze.

1936 *Glanures d'histoire vaudoise* I, Torre Pellice

1939 *Glanures d'histoire vaudoise* II, Torre Pellice

JOSTES, F.

1885 *Die Waldenser und die vorlutherische deutsche Bibelübersetzung,* Münster i. W.

JUNG, Andreas

1822 Friedrich Reiser, eine Ketzergeschichte aus dem fünfzehnten Jahrhundert, *Timotheus, eine Zeitschrift zur Förderung der Religion und Humanität* 2 (1822), 37–101; 137–177; 234 bis 280.

KAEPPELI, Thomas

1947 Une somme contre les hérétiques de S. Pierre Martyr, *Archivum Fratrum Praedicatorum* (1947), 295–335.

1947 Un processo contro i Valdesi di Piemonte nel 1335, *Rivista di storia della Chiesa in Italia* 1 (1947), 285–291.

1954 Kaeppeli, Thomas–Zanivović, A.: Traités antivaudois dans le manuscrit 30 de la Bibliothèque des Dominicains de Dubrovnik–Raguse, *Archivum Fratrum Praedicatorum 24* (1954), 297–325.

KAMINSKY, Howard

1967 *A History of Hussite Revolution,* Berkeley.

KLIMESCH, Philipp

1881–1884 *Der Codex Teplensis,* München.

KÖPSTEIN, Horst

1959 Über den deutschen Hussiten Friedrich Reiser, *Zeitschrift für Geschichtswissenschaft* 7 (1959), 223–283.

KURRELMEYER, W.

1905 *Die erste deutsche Bibel,* I, Stuttgart.

KURZE, Dietrich

1968 Zur Ketzergeschichte der Mark Brandenburg und Pommerns vornehmlich im 14. Jahrhundert, *Jahrbuch für die Geschichte Mittel- und Ostdeutschlands* 16/17 (1968), 50 bis 94.

1975 *Quellen zur Ketzergeschichte Brandenburgs und Pommerns,* Berlin.

LAMPE, G. W.

1969 *The Cambridge History of the Bible,* vol. 2: The West from the Fathers to the Reformation, Cambridge.

LAMPING, A. J.

1976 *Ulrichus Velenus and his Treatise against the Papacy,* Leiden

LANTARET, P.

1881 siehe GILLES

LEA, Henry Charles

1905 *Geschichte der Inquisition im Mittelalter,* übers. Joseph Hansen, Band I, Bonn.

1909 Band II.
1913 Band III.

LEGER, Jean
1669 *Histoire générale des Eglises évangéliques des Vallées du Piémont ou Vaudoises*, Leyde, 2 Bände.

LOOS, Milan
1974 *Dualist Heresy in the Middle Ages*, Praha.

LYDIUS, Balthasar
1616 *Waldensia*, Rotterdam.

MACHILEK, Franz
1974 Ein Eichstätter Inquisitionsverfahren aus dem Jahre 1460, *Jahrbuch für fränkische Landesforschung* 34/35 (1974/75), 417–446.

MANSELLI, Raoul
1953 *Studi sulle eresie del secolo XII*, Roma. (1975²)
1963 *L'eresia del male*, Napoli.

MARTENE, Edmond – DURAND, Ursin
1717 *Thesaurus novus anecdotorum, Paris*, 5 Bände.

McCULLOCH, Florence
1963 The Waldensian Bestiary and the Libellus de natura animalium, *Medievalia et Humanistica* 15 (1963) 15–30.

MELIA, Pius
1870 *The origin, persecutions and doctrines of the Waldensians from documents*, London

MENČÍK, Ferdinand
1891 *Výslech Valdenských*, VKČSN 1891, 280–286.

MACEK, Josef
1973 *Jean Hus et les traditions hussites*, Paris.
1973 *La Riforma popolare*, Firenze.

MERLO, Grado G.
1977 *Eretici e inquisitori nella società piemontese del Trecento*, Torino.

MOLLAT, Guillaume
1926–1927 ed. *Bernard Gui: Manuel de l'Inquisiteur*, 2 Bände, Paris.

MOLNÁR, Amedeo
1947 *Bratři a král* (Brief der Brüder an König Vladislav 1507), Železný Brod.
1948 *Bratr Lukáš, bohoslovec Jednoty*, Praha.
1949 *Luc de Prague et les Vaudois d'Italie*, BSSV 90 (1949), 40 bis 64.
1951 La correspondance entre les Frères Tchèques et Bucer, *Revue d'histoire et de philosophie religieuses* 1951, 102–156.
1952 Valdenští a reformace, *Křestanská revue*, Beilage 19 (1952), 78–86.
1952 *Boleslavští Bratři*, Praha.

1956 *Českobratrská výchova před Komenským*, Praha.

1958 Les Vaudois et la Réforme tchèque, BSSV 102 (1958), 37 bis 51.

1958 Hus' De matrimonio and its waldensian version, *Communio viatorum* 1 (1958), 142–157.

1959 Die eschatologische Hoffnung der böhmischen Reformation. *Von der Reformation zum Morgen*. Leipzig, 59–187.

1960 Etudes et conversion de Luc de Prague, CV 3 (1960). 255 bis 262.

1961 Deux homélies de Pierre Valdès?, CV 4 (1961), 51–58.

1962 Voyage d'Italie, CV 5 (1962), 28–34.

1963 L'évolution de la théologie hussite, *Revue d'histoire et de philosophie religieuses* 1963, 133–171.

1964 Les 32 Errores Valdensium. BSSV 115 (1964), 3–4.

1964 Tresor e lume de fe. CV 7 (1964), 285–289.

1964 *Les Vaudois en Boheme avant la révolution hussite.* BSSV 116 (1964), 3–17.

1965 *Les Vaudois et l'Unité des Frères Tchèques*, BSSV 118 (1965), 3–16.

1966 L'initiative de Valdès et des Pauvres Lombards. CV 9 (1966), 155-164; 251-266; 10 (1967). 153-164; 11 (1968). 85-93.

1966 Probacio preceptorum minorum de Martin Lupáč, CV 9 (1966), 55-62.

1966 *Discreto viro.* Lettre inédite d'un apostat vaudois, BSSV 119 (1966), 21-24.

1966 Nuovi studi sui valdesi in Moravia, *Protestantesimo* 21 (1966) 86-91.

1968 *La Valdensium regula du manuscrit de Prague.* BSSV 123 (1968), 3-6.

1970 Echo de la Confession taborite auprès des Vaudois romans. *Strahovská knihovna* 1970, 271-283.

1970 Fragment de la Confession taborite dans un manuscrit vaudois de Cambridge, *Mediaevalia Bohemica* III (1970). 253-264.

1970 *Réformation et révolution, le cas du senior taborite Nicolas Biskupec de Pelhřimov*, CV 1970, 137-153.

1971 ed. *Jan Hus: Dat bokeken van deme repe ...* Aus dem Tschechischen ins Niederdeutsche übertragen von Johann von Lübeck, Hildesheim

1972 *Čeští bratři a Martin Bucer*, Praha

1973 *Vadenšti, Praha.*

1974 *Storia dei Valdesi I: Dalle origini all'adesione alla Riforma.* Torino.

1976 Peter Chelčickýs Deutung von Röm. 13,1-7, *Theologische Literaturzeitung* 101 (1976), 481-489.

1977 *Slovem obnovená*, Praha.
1977 I Valdesi e la Riforma cinquecentesca, *Protestantesimo* 32 (1977) 73-91.
   Husitské manifesty, Praha. (im Druck).

MONTET, Edouard
1885 *Histoire littéraire des Vaudois du Piémont*, Paris.
1888 *La Noble Leçon*, Paris.
   Monumenta conciolorum generalium seculi XV, Wien 1857.
   Monumenta historica Universitatis Pragensis I: Liber decanorum, Pragae 1830.

MORLAND, Samuel
1658 *The History of the Evangelical Churches of the Valleys of Piedmont*, London.

MÜLLER, Joseph Theodor
1908 Über eine Inquisition gegen die Waldenser in der Gegend von Altenburg und Zwickau, *Zeitschrift für Brüdergeschichte* 2 (1908), 75-88.

MÜLLER, Karl
1886 *Die Waldenser und ihre einzelnen Gruppen*, Gotha.

MUSTON, Alexis
1851 *Bibliographie historique de l'Israël des Alpes*, Paris.

NICKSON, M.
1967 The Pseudo-reinerius Treatise, *Archives d'Histoire doctrinale et littéraire du Moyen Age*, 34 (1967), 255-314.

NICOLAUS von Pelhřimov (Biskupec)
1972 übers. Amedeo Molnár: *Vyznáni a obrana táboru*, Praha

NOVOTNÝ, Václav
1937 *Rozmach české moci za Přemysla II. Otakara*, Praha.

OCHSENBEIN, Gottlieb Friedrich
1881 *Aus dem schweizerischen Volksleben des 15. Jahrhunderts. Der Inquisitionsprozeß wider die Waldenser zu Freiburg i. A. im J. 1430 nach den Akten dargestellt*, Bern.

OTTAKAR, Nicola
1948 *Studi comunali e fiorentini*, Firenze.

PALACKÝ, František
1869 *Über die Beziehungen und das Verhältnis der Waldenser zu den ehemaligen Sekten in Böhmen*, Prag.
1869 *Documenta M. Ioannis Hus vitam doctrinam causam illustrantia*, Praha.
1873 ed. *Urkundliche Beiträge zur Geschichte des Hussitenkrieges* II *(1429-1436)*, Prag.

PARIS, Gaston
1933 *La vie de saint Alexis, poème du XIe siècle*, Paris[7].

PASCAL, Arturo
1916 *Margherita di Foix ed i Valdesi die Paesana*, Athaeneum 4/1, Pavia.

1960 *Il marchesato di Saluzzo e la Riforma protestante durante il periodo della dominazione francese*, Firenze

PATSCHOVSKY, Alexander
1968 *Der Passauer Anonymus*, Stuttgart.
1973 Patschovsky, A. – Selge, K. V.: *Quellen zur Geschichte der Waldenser*, Gütersloh.

PERRIN, Jean Paul
1619 *Histoire des Vaudois*, Genève.

PFISTER, Rudolf
1964 *Kirchengeschichte der Schweiz* I, Zürich.

PONS, Amilda
1910 ed. *Les poèmes vaudois*, Torre Pellice.

PONS, Teofilo G.
1973 *Dizionario del dialetto valdese della Val Germanasca*, Torre Pellice.

POTTHAST, A.
1874–1875 *Regesta Pontificum Romanorum 1198–1304*, 2 Bände, Berlin.

POUZET, Philippe
1936 Les origines lyonnaises de la secte des Vaudois, *Revue d'histoire de l'Eglise de France* 22 (1936), 5-37.

PREGER, Wilhelm
1875 *Beiträge zur Geschichte der Waldesier im Mittelalter*, München.
1878 ed. *Der Tractat des David von Augsburg über die Waldesier*, München.
1887 *Über das Verhältnis der Taboriten zu den Waldesiern des 15. Jahrhunderts*, München.
1890 *Über die Verfassung der französischen Waldesier in der älteren Zeit*, München.

RHODES, Montague James
1914 ed. *Walter Map: De nugis curialium*, Oxford.

RICCHINI, Tommaso Agostino
1743 ed. *Venerabilis Monetae Cremonensis Adversus Catharos et Valdenses libri quinque*, Roma.

ŘÍČAN, Rudolf
1929 *Joblín z Vodňan*, Praha
1961 Říčan, R. – Molnár, A.: *Die Böhmischen Brüder*, Berlin.

RINALDI, Odorico
1752 *Annales ecclesiastici* VII, Lucca.

ROGGEN, Heribert
1964 Die Lebensform des hl. Franziskus von Assisi in ihrem Verhältnis zur feudalen und bürgerlichen Gesellschaft Italiens, *Franziskanische Studien* 46 (1964), 1-57 und 287-321.

445

ROSCHER, Helmut

1969 *Papst Innocenz III. und die Kreuzzüge*, Göttingen.

SALVIONI, C.

1890 *Il Nuovo Testamento valdese secondo la lezione del codice di Zurigo*, Roma-Torino.

SCHEEBEN, H. C.

1935 ed. *Jordanus: Libellus de principiis Ordinis Praedicatorum*, Roma

SCHEIBLE, Heinz

1966 *Die Entstehung der Magdeburger Zenturien*, Gütersloh.

SCHMIDT, Charles

1852 Aktenstücke besonders zur Geschichte der Waldenser, *Zeitschrift für historische Theologie* 22 (1852), 238 bis 262.

SCULTETUS, Abraham

1620 *Annalium Evangelii passim per Europam decimoquinto salutis partae saeculo renovati decades* II, Heidelberg.

SEDLÁK, Jan

1914 *Mikuláš z Drážďan*, Brno.

1914 *Studie a texty* I, Olomouc.

1915 *Studie a texty* II, Olomouc.

SEGATI, D.

1955 *Gli statuti di Pinerolo*, Torino.

SELGE, Kurt-Victor

1967 *Die ersten Waldenser I: Untersuchung und Darstellung. II: Der Liber antiheresis des Durandus von Osca*, Berlin.

1968 Die Erforschung der mittelalterlichen Waldensergeschichte, *Theologische Rundschau* 33 (1968), 281-343.

ŠIMEK, František

1933 ed. *Jakoubek ze Stříbra: Výklad na Zjevenie* II, Praha.

1947 ed. *Konrad Waldhauser: Postilla studentium sanctae Pragensis universitatis*, Praha.

SMETÁNKA, Emil

1929 ed. *Petr Chelčický: Sít víry pravé*, Praha.

THEOBALD, Zacharias

1750 *Hussitenkrieg*, ed. S. J. Baumgarten, Breslau

THOUZELLIER, Christine

1964 *Une somme anti-cathare. Le Liber contra Manicheos de Durand de Huesca*, Louvain.

1966 *Catharisme et Valdéisme en Languedoc à la fin du XIIe et au début du XIIIe siècle*, Paris.

TODD, James Henthorn

1865 *The Books of the Vaudois*, London-Cambridge.

TOEPFER, Bernhardt

1964 *Das kommende Reich des Friedens*, Berlin.

TRUHLÁŘ, Josef

1888 ed. *Manuàlnik Václava Korandy*, Praha.

VASOLI, Cesare

    1963 Il Contra haereticos di Alano da Lilla, *Bollettino dell'Istituto Storico Italiano per il Medio Evo* 1963, 123-172.

VENCKELEER, Théo

    1960–61 Un recueil cathare, *Revue belge de philologie et d'histoire* 1960, 815-834; 1961, 759-763.

VENTURA, Jordi

    1963 *Els heretges Catalans*, Barcelona.

VINAY, Valdo

    1961 *Friedrich Reiser e la diaspora valdese di lingua tedesca nel XV secolo*, BSSV 109 (1961), 35-56.

    1966 *La cosidetta santa cena valdese del Duomo di Naumburg*, BSSV 119 (1966), 3-20.

    1967 La prima e la seconda Riforma nel passato e nel presente della Chiesa valdese, *Protestantesimo* 22 (1967), 127-147.

    1975 *Le confessioni di fede dei Valdesi riformati*, Torino.

VOELTZEL, René

    1956 *Vraie et fausse Eglise selon les théologiens protestants français du XVIIᵉ siècle*, Paris.

VOLPE, Gioacchino

    1961 *Movimenti religiosi e sette ereticalli nella società medievale italiana*, Firenze.

VUILLEUMIER, Henri

    1927 *Histoire de l'Eglise réformée du pays de Vaud sous le régime Bernois* I, Lausanne.

    Výbor z českè literatury doby husitské, ed. B. Havránek, I, Praha 1963.

WATTENBACH, Wilhelm

    1886 *Über die Inquisition gegen die Waldenser in Pommern und der Mark Brandenburg*, Berlin.

    1886 *Über Ketzergeschichte in Pommern und der Mark Brandenburg*, Sitzungsberichte der Preussischen Akademie der Wissenschaften zu Berlin 1886, N. IV.

WEITZECKER, Giacomo

    1881 Processo di un valdese nell'anno 1451, *Rivista cristiana* 9 (1881), 363-367.

WENDELBORN, Gert

    1974 *Gott und Geschichte. Joachim von Fiore und die Hoffnung der Christenheit*, Leipzig.

    1977 *Franziskus von Assisi*, Leipzig.

WERNER, Ernst

    1956 *Pauperes Christi*. Studien zu sozial-religiösen Bewegungen im Zeitalter des Reformpapsttums, Leipzig.

    1963 Nachrichten über spätmittelalterliche Ketzer aus tschechoslowakischen Archiven und Bibliotheken, *Beilage zur Wissen-*

    schaftlichen Zeitschrift der Karl-Marx-Universität, Leipzig
    12 (1963), 215-284.

    1963 Ideologische Aspekte des deutsch-österreichischen Walden-
    sertums im 14. Jahrhundert, *Studi medievali* 4/1 (1963),
    218-237.

WESTIN, Gunnar – BERGSTEN, Torsten

    1962 edd. *Balthasar Hubmaier: Schriften,* Gütersloh.

WOLKAN, R.

    1917 *Der Briefwechsel des Enea Silvio Piccolomini* III/1, Wien.

ZANONI, Luigi

    1911 *Gli Umiliati,* Milano.

    1912 I Valdesi a Milano nel secolo XIII, *Archivio Storico Lom-
    bardo* 1912, 5-22.

ZELINKA, Timoteus Č.

    1942 ed. *Cesty Českých bratří,* Praha.

ZEZSCHWITZ, Gerhard von

    1863 *Die Katechismen der Waldenser und Böhmischen Brüder,*
    Erlangen.

(BSSV = *Bollettino della Società di Studi valdesi,* Torre Pellice)

Personenregister

Inhalt

Weisheit, Glanz und Schrecken des Mittelalters

Arno Borst
Die Katharer
Mit einem Nachwort von Alexander Patschovsky
Band 4025

„Wen das Mittelalter interessiert, aber auch jeder, der wissen will, wie Europa geworden ist, wird das Buch mit Vergnügen lesen" (FAZ).

Malcolm Lambert
Ketzerei im Mittelalter
Eine Geschichte von Gewalt und Scheitern
Band 4047

Die packende Schilderung eines verwickelten Kapitels Geschichte. Eine exzellente Orientierung.

Hildegard von Bingen
Scivias – Wisse die Wege
Eine Schau von Gott und Mensch in Schöpfung und Zeit
Band 4115

Das Hauptwerk Hildegards: die faszinierenden, überraschend aktuellen Visionen einer der modernsten Frauen des Mittelalters.

Hans Sedlmayr
Die Entstehung der Kathedrale
Band 4181

„Ein Buch von gleicher materialer Weite und gleicher Tiefe wird nicht wieder geschrieben werden können" (Das Münster). Mit zahlreichen schwarzweißen Abbildungen.

Urte Bejick
Die Katharerinnen
Häresieverdächtige Frauen im mittelalterlichen Südfrankreich
Band 4211

Es waren Frauen, die die letzten Prediger der Katharer nach der Verfolgung durch die Inquisition versteckten oder anzeigten.

HERDER / SPEKTRUM

Faszinierende Kultur, lebendige Geschichte

Gerd Heinz-Mohr
Lexikon der Symbole
Bilder und Zeichen der christlichen Kunst
Band 4008
„Ein Nachschlagewerk, das auch zum Lesen verlockt"
(Süddeutsche Zeitung).

Hans Maier
Die christliche Zeitrechnung
Band 4018
„Eine kompakte Darstellung, die eine Wissenslücke füllt"
(Wiener Zeitung).

Joseph M. Bochenski
Wege zum philosophischen Denken
Einführung in die Grundbegriffe
Band 4020
„In klarer, eindringlicher Weise holt Bochenski Grundfragen aus dem
Elfenbeinturm" (Landeszeitung für die Lüneburger Heide).

Karlheinz Weißmann
Druiden, Goden, Weise Frauen
Zurück zu Europas alten Göttern
Band 4045
Sind die neuen Heiden im Kommen? Fakten und Trends.

Hans Zender
Happy New Ears
Das Abenteuer, Musik zu erleben
Band 4049
Der berühmte Dirigent und Komponist erschließt den fantastischen
Reichtum von Klang und Farbe moderner Musik.

HERDER / SPEKTRUM

Martin Noth
Die Welt des Alten Testaments
Eine Einführung
Band 4060

„Unentbehrlich für Wissenschaft und Studium, ein fachkundiger Führer im Handgepäck eines jeden Israelreisenden" (Deutsche Tagespost).

Carl Friedrich von Weizsäcker
Die Sterne sind glühende Gaskugeln und Gott ist gegenwärtig
Über Religion und Naturwissenschaft
Band 4077

Ein Buch, das mit uralten Mißverständnissen aufräumt und einen radikalen Bewußtseinswandel fordert.

Gustav Faber
Auf den Spuren des Paulus
Eine Reise durch den Mittelmeerraum
Band 4099

Ein kulturgeschichtliches Reisebuch der ganz besonderen Art: persönlicher kann man Paulus und seine Welt nicht kennenlernen.

Jacques Gélis
Das Geheimnis der Geburt
Rituale, Volksglaube, Überlieferung
Band 4103

Ein aufschlußreiches Kapitel Kulturgeschichte: Der Mensch ist schon vor der Geburt ein Kind seiner Zeit.

Mircea Eliade
Schamanen, Götter und Mysterien
Die Welt der alten Griechen
Band 4108

An der Wiege Europas stehen die religiösen Vorstellungen der Griechen. Mit zahlreichen Quellentexten.

HERDER / SPEKTRUM

Li Zehou
Der Weg des Schönen
Geschichte der chinesischen Kultur und Ästhetik
Herausgegeben von Karlheinz Pohl und Gudrun Wacker
Band 4114

Li Zehou, Dissident und „einer der bedeutendsten chinesischen Denker der Gegenwart" (Süddeutsche Zeitung), läßt Kunst und Literatur des Reichs der Mitte zum Erlebnis werden.

Thomas Görnitz
Carl Friedrich von Weizsäcker
Ein Denker an der Schwelle zum neuen Jahrtausend
Band 4125

Die fesselnd geschriebene Hommage an einen eindrucksvollen Menschen und prophetischen Kritiker unserer Zeit.

Ludwig van Beethoven
Briefe über Kunst, Liebe und Freundschaft
Herausgegeben und kommentiert von V. Karbusicky
Band 4127

Briefe eines sensiblen Menschen, aber auch eines Genies und Giganten unter den Künstlern. Mit zahlreichen Abbildungen.

Hartmut Stegemann
Die Essener, Qumran, Johannes der Täufer und Jesus
Ein Sachbuch
Band 4128

Das Geheimnis der Höhlen von Qumran und einer der einflußreichsten religiösen Vereinigungen zur Zeit Jesu.

Erwin K. und Ute Scheuch
USA – ein maroder Gigant?
Amerika besser verstehen
Band 4135

Das Panorama eines einzigartigen, widersprüchlichen Kontinents: „Die Ausgangsbasis für heutige Amerikaentdecker" (Neue Zeit).

HERDER / SPEKTRUM

Hanspeter Hasenfratz
Die religiöse Welt der Germanen
Ritual, Magie, Kult, Mythus
Band 4145

Zurück zu den Ursprüngen unserer Geschichte: plastische, spannende
Informationen über eine Welt voller Zauber und Magie.

Alois Halder/Max Müller
Philosophisches Wörterbuch
Erweiterte Neuausgabe
Band 4151

Die aktualisierte Neuausgabe eines konkurrenzlosen Kompendiums: klar
gegliedert, kompakt und auf das Wesentliche konzentriert.

Hugo Rahner
Griechische Mythen in christlicher Deutung
Band 4152

Aufregend neue Entdeckungen mit uralten, geheimnisvollen Mythen. Ein
Schlüssel zum Verständnis unserer Kultur.

Johannes Hirschberger
Kleine Philosophiegeschichte
Band 4168

Der Klassiker: eine prägnante Darstellung der Philosophie von der
Antike bis zur Gegenwart. Umfassend, fesselnd, höchst informativ.

Mircea Eliade
Schmiede und Alchemisten
Mythos und Magie der Machbarkeit
Band 4175

Verblüffende Zusammenhänge zwischen der Arbeit der Schmiede, dem
Werk der Zauberpriester und der Krise der modernen Welt.

HERDER / SPEKTRUM

Herder-Lexikon Symbole
Band 4187

Symbole von der Steinzeit bis zur Gegenwart, aus verschiedensten
Völkern und Kulturkreisen. Ein Schlüssel zur Botschaft der Bilder.

Helena Norberg-Hodge
Leben in Ladakh
Mit einem Vorwort des Dalai Lama
Band 4204

Mehr als ein Reisebericht. – Die Erfahrungen einer Frau, die im
Grenzland Tibets eine alte Kultur neu entdeckt und für dieses
Engagement den alternativen Nobelpreis erhalten hat.

Uwe-Volker Segeth
Das hat mir noch gefehlt
Lust und Frust des Sammelns
Band 4238

Im Kindergarten ging es los: Tausche 1a Milchzahn gegen genügsame
Gummispinne ... Ein amüsantes Brevier für passionierte Sammler und
solche, die es immer schon werden wollten.

Herder Lexikon Germanische und keltische Mythologie
Mit rund 1400 Stichwörtern sowie über 90 Abbildungen und
Tabellen
Band 4250

Das Standardwerk. Unverzichtbar zur Orientierung am Götterhimmel.
Mit Artikeln zur Dichtung und sorgfältig ausgewählten Illustrationen.

Waltraud Woeller/Matthias Woeller
Es war einmal ...
Illustrierte Geschichte des Märchens
Band 4267

Alles, was man vom Märchen wissen muß: Wesen und Geschichte,
Archetypen und kulturelle Besonderheiten. Der Grundstock für jede
Märchensammlung.

HERDER / SPEKTRUM